인민의
탄생

공론장의
구조 변동

인민의 탄생

공론장의
구조 변동

송호근

민음사

이단(異端)의 세대, 그 속죄 의식

꼭 이렇게 해야 했을까. 현실 사회도 제대로 파악하지 못하는 사회학자가 조선으로 잠입해서 역사의 미로를 헤매고 다녔던 지난 몇 년간 자주 떠올렸던 질문이다. 한국의 현실은 언제나 요동친다. 사회에 눈뜬 대학 시절부터 지금까지 그 요동치는 위기의 바다에 둥둥 떠서 살았다. 한시도 마음이 놓이지 않았다. 조마조마했다. 대학 시절 겪었던 유신 정치는 공포였고, 광주 사태는 절망이었다. 민주화는 환희였고, 외환 위기는 명료한 덫이었다. 사회학자는 한국이 어디에 놓여 있는지를 주시해야 한다. 직업적 소명이 그것이다. 한국이 어디로 가고 있는지, 어디로 갈 것인지를 알려주지 못한다면, 적어도 지금 택한 길이 정도(正道)가 아니라는 사실만큼은 분명히 말해 줄 수 있어야 한다. 농부가 스스로 정한 소출을 못 거두면 마음이 쓰리듯, 텅 빈 어선을 몰고 귀항하는 어부의 마음이 죄스럽듯, 일반 시민들이 궁금해하는 사회 문제에 답을 내놓지 못하는 사회학자가 자책감에 빠지는 것은 당연하다.

요동치는 한국은 사회학자에게는 연구의 보고(寶庫)였다. 수많은 쟁점들이 한꺼번에 쏟아졌고, 서로 엉켰다. 최단 시간에 최고의 경제 성장을 이룩한 나라답게 사회적 현상과 경험은 압축적이었다. 최하위 출산율, 고령화, 높은 자살률, 최상위 대학 진학률 등 한국은 여러 방면에서 '최고'를 기록 중이고 앞으로도 그런 분야가 속속 탄생할 것이다. 1990년대에는 아시아에서 가장 강한 시민운동이 태어났다가 요즘 들어 조금 시들해졌다. 2000년대 초반, 붉은 악마가 느닷없이 나타나 세계의 응원 문화를 뒤바꿔 놓았다. 하위권을 맴돌던 한국 축구가 4강에 올랐다가 다시 추락했다. 미국 하층민 잡화상인 케이마트에 납품했던 삼성과 엘지가 세계 최고의 기업으로 발돋움했다. 무명 정치인 노무현이 대통령으로 등극하더니 퇴임 후 자살했다. 드라마가 아시아에 한류 열풍을 만들고, 케이팝이 유럽과 미국 청년들을 열광시켰다. 빠른 속도로 진행 중인 양극화는 '평등주의 한국'을 갈가리 찢어 놓을 기세다.

마치 야구 해설가처럼, 이런 현상들에 적절한 관전평이라도 내놔야 할 사회학자에겐 요동치는 한국이 여간 버거운 상대가 아니다. 사회학 입문 이후 35년간 필자는 그 일에 매달려 왔지만 '괜찮은' 관전평을 내놓았는지 의심스러울 때가 한두 번이 아니었다. 특히 외환 위기 때에는 자괴감이 극에 달했다. 필자는 그때 사회과학은 실패했다고 썼다. 일종의 양심선언이었다. 사회과학은 현실 분석에 최대의 장점이 있다. 그 속에는 예견 기능이 포함되어 있는데, 한국 사회의 빠른 변화 속도와 고집적의 변화량은 정확한 현실 분석은 물론 어렴풋한 예견까지도 어렵게 만든다. 대학에서 지식 생산의 패러다임이 바뀐 것도 한몫을 했다. 1980년대까지만 해도 거시 구조를 탐색하는 사회과학이 환영을 받았다. 혁명이 시대적 목표였던 당시엔 미시 분석의 소립자적 지식은 팔리지 않았다. 그런데 1990년대 세계화의 거센 흐름이 지식 생태계를 바꾸어 놓았다. 기업이 영미식 자본주의로 아예 방향을 틀었듯이, 미국식 모델로 개조된 대학은 교수들을 계량적 지식 생산의 세계로 몰아넣었다. 느슨하고 추상적인 개념들에 대한 학문적 긴장이 사라진 것도 그와 동시였다. 시대정신, 세계관, 자본주의, 국가와 시민 사회, 혁명 같은 굵직굵직한 개념들이 사회학자들의 인식 공간에서 자취를 감췄다. 대학은 잘 훈련된 백발백중의 명사수, 그것도 소총수를 원했다. 엄선된 상품이 반듯하게 진열된 체인형 소매상을 원했지, 아무렇게나 어지럽게 모든 것을 갖춘 도매상을 원하지 않았다. 석학의 시대에서 전문가의 시대로, 지성인에서 지식인의 시대로 전환했다.

그런데 전문가의 지식은 용도를 다하면 폐기 처분된다. 유통 기한이 있는 것이다. 한국 사회의 빠른 변화 속도가 유통 기한을 더욱 단축시켰다. 쟁점은 쏟아졌고 트렌드는 춤을 췄다. 사회과학자들은 빠르게 폐기 처분될 운명의 글들을 빠른 속도로 쏟아 냈다. 글과 책은 많아졌지만, 도서관 서고와 창고로 곧장 입관(入棺)되는 모습을 보아야 했다. 출고와 동시에 입관될 글을 쓰는 것은 그리 유쾌한 일은 아니다. 작고 사소한 문제에 정교한 분석을 가하는 동안 거시 구조, 그것들을 관할하는 배경 법칙을 놓친다는 데에 동의해야 하는 것은 더욱 참담한 일이었다.

1980년대 중반, 후진국의 촌스러운 청년이 미국 보스턴 소재 한 대학으로 떠났다. 세계의 중심이 어떤 곳인지, 무슨 일이 일어나는지를 알아야 한다는 의욕만으로 충만한 청년이었다. 국내 대학원에서 약간 맛본 학문 세계의 문법으로 서양을 끌어안는 것은 버거웠다. 여름 방학이었을 거다. 《동아일보》에 재직 중인 기자가 어딘가 가자고 제안했다. 보스턴에서 북쪽으로 100마일가량 떨어진 세일럼(Salem)이란 도시였다. 그 도시라면 너대니얼 호손(Nathaniel Hawthorne)의 고택이 있는 곳이었다. 기자는 유길준에 대해 얘기했다. 마침 서강대 이광린 교수가 오래 전 《신동아》에 발표한 유길준 유학기가 생각났다. 우리는 주저 없이 차를 달렸다. 세일럼 소재 피바디에섹스 박물관에서 목격한 유길준의 유물은 흥분을 자아내기에 충분했다. 1883년 보빙사 일원으로 파견될 때에 입고 왔던 관복이 거기 있었다. 박물관 학예사는 우리를 지하 창고로 안내했다. 그곳에는 진열되기를 기다리는 수백 점의 조선 공예품이 놓여 있었다. 한말 독일 공사 묄렌도르프(Paul George von Möllendorf)가 귀국할 때에 세일럼을 거쳐 갔는데, 조선에서 수집한 각종 예술품과 고급 생활용품을 박물관에 팔아넘겼다고 했다. 문화재가 따로 없었다. 유길준의 유품은 따로 보관되어 있었는데, 그의 스승이던 에드워드 모스(Edward Morse) 박사에게 붓글씨로 적어 보냈던 영문 편지도 있었다. 세일럼 근교 덤머 아카데미에서 6개월 수학하는 동안 유길준이 근황을 적어 보냈던 편지였다. 당시 27세, 나와 비슷한 연배였지만 성장 과정과 인식 공간은 너무나 달랐다. 그는 어릴 때 유교 경전을 이미 독파했고, 고전과 한시에 밝아 신동 소리를 들으며 성장했다. 일본 게이요 대학 후쿠자와 유키치(福澤諭吉)에게서 1년을 사숙했으며 고종 휘하에서 박영효의 명을 받아 《한성순보》 발간을 준비했던 당대 최고의 지식 청년이었다. 조선 청년 중에 일본과 미국을 두루 다녔던 인물은 없었다. 그는 조선 최초의 미국 유학생, 그것도 민영익이 지원했던 국비 유학생이었다. 그는 당시 거기서 어떤 생각을 했을까? 무엇을 고민했을까? 미국의 고등학교가 제공했던 지식을 어떤 프리즘으로 보았을까? 그곳에서 바라본 조선은 어떤 형상이었으며, 그는 조국을 어떻게 개조하고 싶어 했을까? 그의 인생을, 그의 고민을 이해하지 못했던 나는 단지 『서유견문(西遊見聞)』을 읽는 것만으론 그 질문을 깊이 파고들 여력이 없었다. 그가 유학했던 때로부터 100년이 지난 뒤 우연히 그곳에 임시 거처를 튼 조선의 후예이자 동년배 청년은, 미국 대학이 부여한 현대적 커리큘럼을 허적허적 쫓아갈 뿐이었다.

1989년 필자가 돌아왔을 때 그 후진국은 이미 중진국으로 변해 있었다. 고층 아파트가 즐비했고, 날씬한 국산 자동차들이 잘 정비된 거리를 달렸다. 근대를 벗어나 현대, 어떤 영역은 탈현대의 모습까지도 보여 주었다. 민주화가 시작되었다. '혁명 세대'가 사위어 가는 혁명 가능성의 끝자락을 부여잡고 단말마의 괴성을 내질렀다. 그 혁명 대열의 전위에 학부 시절 동기생들도 더러 보였다. 처절하고 비장했다. 시민 사회가 꿈틀거렸고, 수많은 노동 단체와 시민 단체가 결성되었다. 보스턴에서 얻어 온 초현대식 지식은 유용했다. 현대 사회과학이 그 시대에 명확한 답을 줄 수 있으리라는 확신이 들었다. 민주화가 촉발한 큰 폭의 진동을 한국 사회는 낯설어했겠지만, 한국이 걸어갈 길이 그런대로 잘 보였다. 미국산 사회과학은 위력을 발휘했다. 특히 비교 분석의 시선은 한국의 상대적 위상을 잘 포착하도록 해 주었다. 세계화의 저수지에 한국이 어느 정도 잠기고 어떤 모습으로 허우적대는지를 가늠하는 것은 어쩌면 세계 중심부의 지식을 습득한 나 같은 사회과학자에겐 용이한 일이었는지 모른다. 그러나 거기까지였다. 토크빌의 민주주의론, 로크와 루소의 사회 계약론, 베버의 사회 경제론과 방법론, 그들의 빛나는 사회 이론에 기초해 세운 현대 사회과학자들의 역작들을 동원해서 한국 사회의 숨은 방정식을 찾아내고 보여 주었지만 한계가 있었다. 표층은 그런대로 보이는 듯했으나, 심층의 깊이는 가늠할 수 없는 암흑 상자였다. 이것을 서양 인식론으로 재단하다간 본질을 왜곡하기 십상이었다. 무엇보다 성리학과 유교가 거기에 있었다. 조선은 세계 최고의 유교 국가였고, 조선 이후 20세기 한국 사회는 유교적 생활 양식과 사고방식을 그 바탕에 깔고 있었다. 한국은 개화기를 통해 통치 이념으로서의 유교를 벗어던졌지만, 500년 동안 사회 저변에 형성된 그 끈질긴 습속까지를 송두리째 버린 것은 아니다. 유교는 오랫동안 종교였고, 사회의 조직 원리였으며, 교육과 문화의 핵심 가치였다. 한국의 20세기는 유교가 외래 종교와 가치관, 다양한 이데올로기에 자리를 내주면서 서서히 약화되어 가는 과정일 터인데, 근대화 모델에 강한 집착을 보였던 중심부 사회과학은 연속과 불연속, 화합과 충돌의 그 복잡하고 오묘한 양상을 주로 '전통과 근대'라는 이분법으로 분해하기를 은근히 부추겼다. 그도 그럴 것이 사회과학은 '근대의 자식'이었기 때문이다. 합리성이 뒷받침되지 않는다면, 사회과학은 신학의 영역에서 종교에 봉사할 것이다. 그런데 정작 서구의 사회 이론은 세속화의 사회 과정을 분석하면서도 기독교와의 긴장을 놓치지 않는다. 종교가 사회 조직 원리에, 사고와 행위 양식에 깊숙이 침윤되어 있기 때문이다. 종교와의 결별로 사회과학이 탄생했기에 서구의 사회 이론은 항상 초월성의 결핍증을 앓으면서 초월성을 경계한다. 그렇다면 한국 사회의 심층에 놓여 있는 유교, 점차 소멸되는 듯이 보이지만 중요한 계기에 불쑥불쑥 얼굴을 들이밀고 있는 유교적 습속은 현대 한국의 사회과학자들에게 어떤 숙제를 던지고 있는가? 한국 사회의 작동 원리, 사람들의 사적·공적 관계, 친족과 가족, 기업의 내적 네트워크와 정책 결정, 국가에 대한 사회적 관념, 심지어는 교육·입시와 같은 사회 쟁점을 관할하는 인식과 행동의 에너지가 서양 이론에 내재된 그것과 본질이 전혀 다른 화학적 원소라면 어떻게 할 것인가? 생각이 여기에 미치자 서가에 가지런히 꽂힌 서양산 지적 무기들이 빛을 잃기 시작했다. 그리고는『근사록(近思錄)』,『연암집(燕巖集)』같은, 예전에는 멀게만 느껴지던 책들이 숨겼던 빛을 발했다. 유길준은 나와 반대의 길을 걸었을 것이다. 성리학적 세계에 몸을 담근 채 두렵고 조심스러운 눈으로 서양을 바라봤던 것이고, 필자는 서양의 학문 세계에 투항한 채 선진국 문턱까지 치고 올라온 한국을 바라보고 있었다. 그는 심층에서 표층을 '수용'하려 하였고, 나는 표층으로 심층을 '해부'하려 하였다. 그는 심층과 표층을 '접목'시키는 방법을 고민했고, 나는 표층에서 추출한 역학(力學)으로 심층을 '정복'하려 하였다. 다시 읽은『서유견문』, 개명된 사대부 청년이 개인의 자유와 통의를 논의하고 군주의 권력적 기반을 유교에서 자유주의의 낯선 공간으로 밀어낼 때 그가 감당해야 했던 정신적 탈각의 곤혹이 나의 오류를 말해 주고 있었다.

서양의 근현대를 돌아 우리의 심층에 학문적 관심이 가 닿는 데에 꼭 35년이 걸렸다. 그것은 내가 속한 세대, 흔히 유신 세대로 불리는 '1970년대 세대'의 지적 모험과 연관성을 갖는다. 1975년, 대학 생활을 시작했을 때 그 대학은 예전의 대학이 아니라는 사실을 알아차리지 못했다. '사회과학대학'이란 근사한 팻말이 처음 등장했던 그때, 교수나 학생이나 신(新)학문이 시작된다는 그 엄청난 사실을 주시하지 않았다. 너무나 당연한 사실이었기 때문이다. 구제도와 신제도가 나눠지는 것, 인문학과 사회과학이 문리대라는 통합 문을 나서 각각의 영역을 개척하는 것, 각 대학의 전문성을 살려 교과 과정을 특화한다는 뜻이었다. 그것은 '근대적 대학'이 아니라 '현대적 대학'이었다. 문학, 역사, 철학, 자연과학, 사회과학이 한데 어우러진 '통합적 지성 체계'로부터 사회과학을 분리해 '전문적 지식 체계'로 전환한다는 뜻이었다. 1975년, 서울대는 관악산 시대를 열었다. 필자는 그곳에서 입학식을 했던 최초의 학년이었다. 3000여 명의 신입생들이 각자의 전공 대학 팻말 앞에 줄을 섰다. 공과대학은 익숙한 이름이었는데, 자연과학대학, 사회과학대학은 신생 명찰이었다. 수십 개의 학과가 한데 모인 말 그대로 '종합 대학'의 탄생을 축하하는 자리였지만, 사실은 학문적 분화와 특화의 출발이었다. 분화와 특화, 그리고 전문성을 지향하는 연구 대학(Research University)이 출범한다는 사실을 필자는 몰랐다. 종합 대학은 '학문의 종합'을 뜻하는 것이 아니라 모든 학과와 모든 학문을 갖춰 놓았다는 의미였다. 그 '종합'이란 명분하에 우리는 각자의 세분된 전공 속으로 전진해 들어가야 했다. 그것은 이미 1960년대 대학이 아니었다. 식민, 해방, 전쟁에 찌든 지적 고뇌와 신경통을 앓아 온 대학이 아니었다. 어두운 역사가 드리운 짙은 그림자를 부여잡고 절규하던 대학이 아니었다. 망국에서 건국까지, 그리고 전쟁에서 4·19혁명, 시민 사회의 태동으로 이어지는 그 파란만장한 고난의 여정을 문학, 철학, 역사의 지적 용광로로 제련해 보려고 몸부림치던 대학이 아니었다. 전쟁과 좌절로 인한 정신적 트라우마를 어찌 해 보려고 방황하던 대학이 아니었다. 자신감을 갖춘 군부 정권이 산업화에 시동을 걸었던 그 시대가 대학에 새로운 과제를 부여했던 것이다. 1960년대까지의 지적 전통과 소통하기에는 권위주의 정권에 의해 만들어진 시급하고도 중대한 새로운 과제들이 속속 쌓였다. 증산, 수출, 건설에 동원된 국민들의 피와 땀이 어떻게 소비되고 있는지를 파악해야 했다. 국가에 의해 배양된 자본이 어떻게 농민들을 산업 공단으로 분화해 내고 있는지, 1세대 노동자들이 저 악명 높은 '저임금 장시간' 노동 체제에서 어떻게 신음하고 있는지를 관찰해야 했다. 이광수보다 황석영이 먼저 다가왔고, 박재삼의 서정시보다 신경림의 농민시가 심금을 울렸다. 대학은 그런 현재를 먼저 고민해야 했다. 과거와의 대화를 미뤄 둬야 했다. 현재에서 미래로 나가는 지적 교두보를 구축하는 것이 더 중요했다. 당장 대학에 부과된 학문적 과제, '조국 근대화'가 무엇인지, 군부 정권이 선택한 길이 옳은 것인지를 판단하는 것이 더 시급했다. '잘 살아 보세'를 실현하기 위해 자유를 잠시 유보하는 것이 옳은 것인지를 판별해야 했다. 아니면, 강성 권위주의 정권이 만들어 낸 주름과 그늘의 모습을 들춰내고 고발해서 학문적 저항 기지를 구축하는 것이 더 절박했다. 그렇게 '1970년대 세대'는 개화기 이후 1960년대까지 형성된 지적 고뇌와 멀어졌다. 아니 결별했다. 적어도 많은 사회과학도가 전통과 결별하고 미래를 향해 달려 나갔다.

1970년대는 마르크스주의 발전론, 프랑크푸르트학파의 비판 이론, 서양산 근대화론과 사회 체계론이 맹위를 떨쳤고 청년들의 사고를 장악했다. 지금은 없어진 '종로서적'에서 각 학문 영역의 명저들을 공급했다. 우리는 그것을 원서(原書)라 불렀다. 원서, 마치 조선의 선비들이 북경 유리창에서 구입한 책을 한서(漢書)라 불렀듯이, 우리는 종로서적이 수입, 공급한 영문판 전문서적을 그렇게 불렀던 것이다. 원서, 오리지널 북, 1970년대 절박한 현실에 명쾌한 해답을 간직하고 있는 책이란 뜻이었다. 나 같은 1975년 입학생(75학번)이자 사회과학대 학생들은 원서를 무슨 보물이나 되는 듯 품에 안고 시대의 해결책을 찾아 지적 탐험을 떠났다. 한국에서 '본격적 사회과학의 시대'가 개막되고 있었다. 선배가 물려준 사회과학 업적도, 지적 전통도 별로 없었으므로 우리는 부채 의식이 없었다. 자유롭고 홀가분했다. 배낭은 비어 있었는데, 그 빈 주머니에 새로운 해결책을 찾아 담아 오면 그만이었다. 어찌 보면 영광스러운 일이기도 하고, 달리 보면 불행의 시작이기도 하다. 세계관과 가치관이 분리되고, 학문 정신과 태도가 분리되기 시작했기 때문이다. 교수들은 예전처럼 잘 어울렸는데, 대학별, 층별로 분리된 연구실로 돌아가 전문화의 장벽을 쌓기 시작했다. 예전 같으면 한데 어울렸을 학생들은 인문대와 사회과학대로 분절되어 각자의 독자적 영역을 가졌다. 사회과학대에서 문사철(文史哲)에의 관심은 점차 사그라졌다. 인문대학은 정치와 사회에 대한 관심에서 멀어졌다. 교수들은 특화된 교과 과정을 특화하여 가르칠 지적 능력이 부족했다. 어떤 교수는 강의록을 읽었고, 학생들은 받아쓰기로 한 학기를 보냈다. 설명할 능력이 없었던 것이다. 어떤 교수는 책 한 권을 줄 곧 읽다가 절반가량에 이르자 학기말 시험을 치렀다. 당시 자주 발생했던 데모는 교수들에게는 심심치 않은 위로가 되었을 것이다. 잠시 쉬면서 구학문과 신학문 사이 가교를 어떻게 만들 것인가를 궁리할 여유를 주었을 테니까. 가교는 잘 만들어지지 않았다. 당시 유행했던 학자들, 예를 들면 루카치(G. Lukács)와 아도르노(T. Adorno)가 인문학과 사회과학의 가교 역할을 하는 듯했지만, 한국의 전통과 근대를 잇지는 못했다. 개화기와 1960년대 사이에 발생한 역사적 사건들이 민족사와 세계사의 대립과 충돌의 산물이었기에 근대의 발생과 진화를 적절히 설명할 이론적 자원은 턱없이 빈곤했다. 외국 학위를 받아 막 부임한 싱싱한 젊은 교수들은 한껏 실력을 발휘했다. 청년 문화, 사회 발전, 사회 조사, 인구와 가족에 관한 현대 이론들을 쏟아 냈다. 예외 없이 신학문이었다. 15년 뒤, 보스턴에서 또 다른 첨단 지식을 갖고 돌아와 신세대 학생들에게 쏟아부을 미래의 교수에게 막 귀환한 젊은 교수들이 첨단 지식을 뿜냈다.

본격적 사회과학의 시대가 열림과 동시에, 나를 포함한 사회과학도들은 그렇게 외국산 이론의 세례를 받고 성장했다. 1960년대에도 외국산 지식이 더러 소개되었으나 반가운 손님이었을 뿐, 1970년대처럼 본격적 주인 행세를 하지는 않았다. 외국산 이론이라 해서 부정적인 뜻은 아니다. 어차피 사회과학 밑천이 없는 한국에선 수입에 의존할 수밖에 없었으므로. 산업화와 근대화의 역사(役事)를 뒷받침할 사회과학은 한국에서 존재하지 않았으므로, 그리고 권위주의 체제의 폭압 정치를 분해할 이론적 자원이 없었으므로, 1970년대 초반까지 사회과학은 존재하지 않았다 해도 과언이 아니다. 존재했더라도 영아(嬰兒) 수준이었다. 겨우 걸음을 뗄 정도였다. 문학과 역사에서 떨어져 나와 사회과학이 자립을 선언한 때가 그때였다. 사회과학 논문이 당시의 대표적인 두 대중 저널인 《창작과 비평》, 《문학과 지성》에 평론과 소설 작품 속에 끼여 겨우 선을 보였을 정도였다. 감히 말하건대, 개화기 이후 1970년대 초반까지 지성계의 중심은 문학, 사학, 철학에 있었다. 특히 문학이 지성계를 대변했고, 민족의 통한과 역사적 전망을 창작으로 형상화했던 지식의 전위 부대였다. 문학인이 지식인이었다. 윤치호, 최남선, 이광수, 오세창, 양기탁을 비롯하여 염상섭, 김동인, 박종화, 임화, 유진오에 이르기까지 모두 문학이 본업이었다. 문학과 사회과학이 한 몸이었고, 그 중첩된 인식 공간에서 시대적 고뇌가 분출됐다. 사학자 신채호도 소설을 남겼다. 역사학의 위상은 약간 달랐다. 사학자들은 대중적 지식인의 위치에서 약간 벗어나 식민 사관을 극복하는 힘겨운 작업을 하고 있었다. 최근 발간된 김용섭 교수의 회고록에 의하면, 1960년대 말까지 사학자들이 발굴하고 체계화한 역사적 사실들의 분량과 의미는 상당했다. 식민지를 겪었다는 특수한 사실 때문인지, 다른 어느 학문 분야에 비해 비대칭적으로 성장한 분야였다. 그런 문학과 역사학의 그늘에서 1960년대까지 한국의 사회과학은 싹을 틔우고 자라났다. 그때까지의 사회과학적 업적 리스트를 작성하는 데에는 며칠이면 충분했을 정도로 취약했다. 사회과학의 시대가 열리자 그것을 운용할 자원과 인력이 달렸던 것은 당연했다. 외국 이론을 요청할 수밖에 없었고, 외국 대학 학위 소유자가 교수직을 차지하고 지식 권력을 장악했다. 피할 수 없는 현상이었다. 새로 재편된 교과 과정, 교수들이 소화할 능력이 부족했던 그 의욕적인 교과 과정은 대부분 서양산이었다. 서양산 지식 체계로 한국을 해부하는 것이 강의실의 주된 작업이었고, 신생 사회과학도들에게 부여된 고유한 업무였다.

그 서양산 이론 체계에서 한국은 극복할 대상으로 개념화됐다. 부정적인 모습을 잔뜩 담고 있는 국가였다. 한국은 산업 사회의 대척점에 서 있었고, 선진국에 대해 후진국이자 전근대적인 국가였다. 때로는 식민지 반봉건 국가로 규정하는 급진파도 있었다. 박정희 정권이 목숨을 걸었던 산업화도 결국에는 선진국을 살찌우는 '종속적 발전'으로 규정되었다. 1세대 사회과학도들은 마르크스주의적 종속 이론과 비판 이론에 열광했다. 김지하의 「오적(伍賊)」이 그런 세대 심정을 시적 이미지로 형상화해 주었다. 「오적」은 현대적 지배 계급의 착취와 야만성을 고발한 시였지만, 조선이 망한 이유에 대해서도 똑같이 묻고 있었다. 착취 계급에 의한 민중의 고난, 지배 계급의 무능력과 탐욕에 대항한 민중적 저항이 역사의 동력으로 규정되었다. 한국의 근현대사는 민중의 무덤이었다. 1970년대 폭압적 '현재'를 만들어 낸 씨앗이 그런 과거에 숨어 있다고 생각했다. 일제 식민, 전쟁, 군부 통치가 모두 그럴싸한 근대를 만들어 내지 못한 과거의 역사적 무능력에서 유래했다고 생각했고, 왜 우리에겐 프랑스 혁명, 시민 혁명, 러시아 혁명 같은 거대한 전환의 계기가 없었는지를 아쉬워했다. 한국의 과거는 결핍과 열등감의 수원지였다. 못난이 인형이었다. 못난 과거와 폭압적 현재를 동시에 극복할 수 있는 방법을 찾아야 했다. 대학은, 한국의 지성계는 그럴 만한 사회과학을 물려주지 못했다. 원서로 망명하는 수밖에 없었다. 서양산 사회과학은 의외로 많은 방법을 가르쳐 주었다. 고은 시인이 고백했듯, 1950년대 세대가 '폐허의 자식'이라면, 1970년대 세대는 '이단(異端)의 자식'이었다. 이어령이 약간 과장되게 외쳤듯 1950년대가 물려받은 유산이 없어 척박한 땅부터 일궈야 할 '화전민 문학'의 시대라고 한다면, 못난 선조와 못난 아비를 먼저 죽여야 현재를 구출할 수 있는 '아버지 죽이기'의 시대가 1970년대였다. '친부 살인'은 과거를 부정하는 것, 과거와의 비정한 단절을 뜻한다. 1970년대 세대의 일원으로서 필자는 과거를 알기 전에 과거를 죽였다. 역사의 갈피에 접힌 필연적 이유를 묻기 전에 서양산 사회과학으로 한국 사회를 분해했다.

한국 사회가 점차 서양과 더 많은 유사성을 갖춤에 따라 그 작업이 상당히 의미 있는 결과를 선사했음을 부정하는 것은 아니다. 한국의 사회과학은 경제력의 팽창과 더불어 의외로 빠르게 성장했다. 서양산 사회과학의 적합성과 유용성은 한국이 선진국에 접근할수록 빠르게 커지고 있음은 부인할 수 없으며, 사회과학의 보편적 분석 도구가 한국의 역동적 변화를 입체 영상처럼 보여 주고 있다는 사실 역시 마찬가지다. 이런 추세는 한국이 세계화에 더 깊숙이 진입할수록 짙어질 것이고, 그럴수록 사회과학은 국제 기준을 충족시키는 방향으로 발전해 갈 것이다. 최근 영국 《더 타임스》가 발표한 학문 영역별 경쟁력에서 사회과학의 몇몇 분야는 세계 50위권에 들 정도로 발전했다. 그럼에도 문사철을 위시해서 인류학, 사회학, 문화학, 심리학, 언론학, 정치학 등 '인간'이 더 문제시되는 분야는 그 역사적 심층과 접목시키지 않고는 보편적 분석 도구들의 유용성이 반감된다는 사실을 깨닫는 것이 중요하다. 그것은 결코 새로운 깨달음은 아니다. 빈 배낭을 지고 여행을 시작했을 때에 이미 그런 의구심이 마음 한 구석에 자리 잡고 있었다. 피바디에섹스 박물관에서 유길준이 벗어 놓은 관복을 보았을 때에 느꼈던 그 아득한 충격도 그런 의구심을 살짝 동반한 것이었을 터이다. 빈 배낭에 첨단 지식을 잔뜩 넣어 돌아와 한국 사회를 마주했을 때 자신감만 있었던 것은 아니다. 한국의 사회적 현상은 개념과 이론으로 무장한 사회과학자를 자주 당혹스럽게 만든다. 필자가 그동안 겪었던 낭패감이 그것이다.

예를 들면, 한국의 노동 계급은 마르크스(K. Marx)의 이론에 정확히 부합하지 않는다. 견고한 신분적 바탕 위에서 계급적 성격이 형성됐던 때문인데, 계급 의식과 신분 의식이 섞여 있는 복합적 실체를 정확히 파악하려면 노동자층의 역사적 형성 과정을 들여다보는 것이 필요하다. 거기에는 농촌이 도사리고 있기에, 농촌의 생활 양식을 지배하는 가치관과 행동 양식의 이해가 중요해진다. 마르크스주의적 성향의 학자는 이런 복합체에서 계급 의식의 필수 요건인 '연대감'과 '적대감'을 골라내 개념화할 것이다. 그런 연구 태도가 실천적 관점에서는 받아들여지더라도 '의도적 오류'를 범하고 있음은 부정할 수 없다. 역사사회학자 베링턴 무어(B. Moor)는 세계 혁명의 분석에서 지주와 부르주아지 간의 세력 균형을 가장 중요한 설명 변수로 설정한다. 지주 계급의 정치적, 경제적 세력이 강해서 부르주아지의 형성을 저해하면 자유주의 내지 민주주의로 전진하는 길이 막힌다는 것을 밝혀냈다. '부르주아지 없이는 민주주의 없다.'라는 이 유명한 명제를 한국에 대입할 경우 건져 낼 것이 별로 없다는 데에 당혹감을 감출 수 없다. 19세기까지 조선에는 부르주아지가 존재하지 않았으며, 일제 식민 치하에서 이른바 '예속적 자본'이 형성되었을 뿐이다. 이후 박정희 정권에서 정책적으로 배양된 재벌은 부르주아지인가 아닌가? 또는 산업화와 함께 성장한 중산층은 부르주아지인가 아닌가? 이런 개념의 격차는 도처에서 얼굴을 들며 분석자를 당황케 한다. 요즘 한국의 정치권에서 비상한 관심을 끌고 있는 복지 국가 개념 역시 마찬가지다. 한국의 복지 현실은 가장 유용한 준거 틀로 애용되는 에스핑 앤더슨(Esping-Anderson)의 어떤 유형에도 부합하지 않는다. 이격차 때문에 한국을 '동아시아 모델'로 편의상 유형화하는 연구도 있는데, 동아시아 국가 내에는 공통점보다 차이점이 더 많이 발견되기에 적합한 개념은 아니다. 한국인이 갖고 있는 복지 의식 역시 오랜 기간 동안 농촌 공동체에서 형성되어 온 친족 간, 촌민 간 우애와, 천재지변과 기근에서 인민을 보호해 온 조선 정부의 시혜적 정책에서 진화한 것으로 보인다. 역사적 진화 경로와 특성을 초청하지 않고는 설명될 수 없는 것들은 그 외에도 수없이 많다. 외국 학자들은 한국의 산업화가 빠르게 이루어진 이유를 국가 주도 자본주의(state-led capitalism)로 설명하기 좋아하고, 민주화의 상대적 성공 역시 노동 운동과 시민운동의 성장으로 이해하는 경향이 있다. 맞는 설명이지만, 흡족한 것은 아니다. 같은 시기에 여러 나라에서 국가 주도로 산업화를 추진한 경우가 있고, 노동 운동과 시민운동이 일어난 사례가 있지만 모두 성공한 것은 아니기 때문이다. 왜 한국에서는 성공을 거뒀을까? 그 이유는 한국의 근대사에 묻혀 있다. 또 다른 쟁점, 우리가 '자유주의', 혹은 '민주주의'를 말할 때 그 개념의 인식이 서구와 다르다는 것도 이참에 지적해 두자. 서구에서 자유주의(liberalism)는 개인적 도덕(morality)을 전제로 성립된 이념이다. 개화기 조선에서 자유주의는 억압에서의 해방, 국가의 자주 독립을 먼저 상정했다. 그렇기에 개인이 져야 할 도덕적 의무의 측면이 약화된 채로 수용되었다. 민주화가 시작된 1987년 이후 자유주의가 도덕적 의무보다 '권리'를 강화하는 이념 체계로 해석된 역사적 배경이다. 외국 학자들이 의아해하는 한국의 높은 교육열은 어떻게 설명하나? 그것이 경제 발전의 동력이었기에 높은 교육열의 수원지가 무엇인지 궁금한 것이다. 외국의 눈으로 보면, 자녀에의 투자는 비합리적이다. 그런데 한국인들은 모든 것을 자녀에게 투자한다. 왜? 그 답도 역사에 묻혀 있다. 오랜 세월 동안 한국인의 습속으로 정착되어 왔고, 그것이 비합리적이라는 각성에도 불구하고 현대 사회로 연장되었다. 조선은 세계 최고의 지식 국가였다!는 사실을 이해해야 그 궁금증이 풀린다. 지식 사회에서 지식은 권력이었고, 가문의 영광이었던 것이다.

오늘날 한국 사회가 겪는 '공론장 균열'만 해도 그렇다. 치열하게 진행 중인 이념 투쟁과 정책 투쟁, 그리고 개념 논쟁들은 접점을 찾기가 어렵다. '소통'을 그 어느 때보다 간절히 원하는 사회 심리의 저변에는 정통성 투쟁을 향한 지성사적 유전자가 흐르고 있다. 조선 사회를 지탱하던 양반 공론장이 19세기부터 무너지기 시작했고, 평민 공론장은 싹을 틔웠다. 그러나 공론장에 나온 인민들은 지적 역량이 부족했다. 부르주아지가 형성되지 않은 상태에서 평민 공론장은 비틀거렸다. 그리고 느닷없이 일제 강점에 의해 봉쇄됐다. 이런 발생론적 결함을 안은 채 한국은 지난 20세기를 부단히 건너 왔다. 그것도 또 다른 역사적 상처를 여러 겹 입은 채로 말이다. 1987년 본격화된 시민 공론장이 제대로 작동하지 못한 이유이다. '교양 시민의 결핍', 이것이 자유주의와 민주주의라는 기본적 가치를 두고 달리 해석하는 가장 중대한 요인이다. 그렇다면, 오늘날 공론장의 균열도 역사적 기원을 갖고 있는 셈이다.

1970년대 세대가 자부심을 갖고 행했던 과거와의 단절, 못난 아비 죽이기의 대가는 혹독했다. 어릴 적 입양되었다가 성인이 되어 고국에 돌아온 입양아의 당혹감이 그런 것일까? 낯설기 짝이 없는 산천이 뭔가 부모의 체취를 풍기고 있음을 알아차려야 하는 곤혹스러움과 마주해야 했다. 부모의 체취를 어떻게 잡아내고 어떻게 이해해야 하는가? 나의 몸과 마음, 나의 가족과 사회에서도 그 체취가 풍겨난다면 어떻게 해야 하는가? 여기에 고은 시인의 말이 적절할 것 같다. "우리 자신의 심신 속 지층에도 저 광막한 선사 시대와 그 선사의 작은 단층인 역사 시대의 여러 내력들이 켜켜이 압축되어 있지. 나는 내 조상의 무한(無限)이지."[1] 역사의 내력들이 나를 통해 새로이 현현되고, 나를 통해 미래로 뻗어 나간다. 그렇다면 필자는, '이단의 자식'은 일찍이 아버지를 죽였지만 다시 아버지를 찾아야 하는 이율배반적 상황에 직면한 것이다. 어쨌든 돌파구를 만들어야 했다. 그것이 인류학적 아버지든, 사상적 아버지든 현대적 지식으로 무장한 천애의 고아에게 아버지가 절실했다. 나의 기원, 1970년대 세대의 기원, 그리고 20세기 한국의 기원이 어디에서 비롯되었는지를 알아야 했다. 우선 가장 가까운 근대, 개화기로부터 그 기원에의 탐색 여행을 출발하기로 했다. 나의 고조부가 살았을 법한 그 시대, 내가 이 땅에 태어나기 약 60년 전에 태동하기 시작했던 근대의 풍경을 살펴보기 위해 마치 무작정 상경하는 시골사람의 심정으로 여행을 떠났다. 그런 나에게 좋은 길잡이가 있었다. 미국인들에겐 토크빌의 여행기 『미국의 민주주의』가 있듯이, 1894년 호기심 하나로 조선에 입국한 비숍 여사의 조선 여행기 『한국과 이웃 나라들』이 있었다. 나는 비숍 여사의 동선을 따라 조선에 입국했다. 이 책은 그런 탐색 여행의 사회학적 보고서다.

[이 책은 필자가 기획하고 있는 장기 연구의 1권이다. 이 책이 '근대에 이르는 과정에 관한 연구'라고 한다면, 2년 뒤 출간할 둘째 책은 '근대(의 전개 양상)에 관한 연구'다. 둘째 책의 개략적 내용을 적어 두려했으나 연구 과정에서 변경될 수 있음을 염려해서 생략했다. 제목은 "시민의 탄생과 근대"가 될 것이다. 이 책은 한국연구재단에서 지원하는 우수학자지원사업(과제번호 342-B00018)의 연구 결과물이다. 연구를 지원한 한국연구재단에 이 자리를 빌려 감사의 뜻을 표한다. 그리고 역사 연구에 의욕만 앞선 필자의 글을 선뜻 받아준 민음사 여러분께 감사드린다. 가족과 보냈을 시간들이 이 책에 스몄다.]

2011년 11월
관악산 연구실에서 송 호 근

차례

서론: 인민, 담론장, 그리고 근대

사회학자의 역사 기행[1]

그렇게 필자는 여행을 떠났다. 사회과학자나 역사학자에게 근대는 항상 궁금한 신천지다. 한국의 현대 사회를 결정짓는 무슨 일인가가 그때 일어났고, 나의 조부의 조부가 근세로부터 걸어 나와 당시 사람들에게는 당황스럽기 그지없는 변화에 휩쓸렸을 것이다. 그것이 무엇인가를 엿보려고 하는 호기심은 개화기 근대에 관한 수많은 연구들에 의해 그만 또 다른 낭패감으로 변하고 만다. 사료와 사실로 무장한 선수들이 각 영역별, 주제별로 진을 치고 있기 때문이다. 각양각색의 물건을 파는 노점상들이 가득 찬 장시와 같다고 할까. 장을 돌아다니며 기웃거리고 먹고 마시고 물건을 흥정하는 것은 즐거운데, 파시 후에 찾아오는 막막함을 감당하기가 어렵다. 온갖 물산이 집하되는 저 장시의 특징을 뭐라 딱히 꼬집어 말할 수 없고, 예를 들어 왜 어물전, 건어전은 없는 것인지, 다른 장시에 비해 가격이 싼지 비싼지를 누가 말해 주지도 않는다.

사학자들에게는 조금 불쾌한 말이겠지만, 한말 개화기 한국 사회의 모습을 생생하게 보여 주는 것은 오히려 선교사들의 여행기, 여러 목적으로 조

23

선에 온 외국인들의 개략적 소개서들이다. '은둔의 나라', '조용한 아침의 나라', '금단의 나라'로 묘사되던 조선은 이들에게는 높은 문명을 간직한 채 늙어 가는, 앞으로 닥칠 어두운 운명을 전혀 눈치채지 못한 채 단단한 전통의 껍질 속에 안주해 있는 미몽의 나라였다. 한양에서 부산까지 여행한 프랑스 민속학자 샤를 바라(Charles Louis Varat)는 덤불이 무성한 산길을 헤치고 논과 밭을 지나 남하했다. 가는 길에 호랑이 은신처를 발견했고 큰 칼을 쓰고 호송되는 죄인의 행렬을 목격했다. 스웨덴 기자 아손(W. Ason Grebst)은 1898년 독립 협회 군중대회가 열렸던 당시 남대문 성곽에 걸린 아이들의 시체를 목격해야 했다. 천연두로 죽은 시체였는데, 한양 도성인들은 그곳에 시체를 걸어 놓으면 마마 귀신이 길을 잃고 다른 곳으로 가 버린다고 믿었다는 것이다. 비숍은 남한강 유역을 탐사하는 데에 드는 비용을 엽전으로 바꿀 수도 없었다. 배가 엽전 무게로 가라앉을 위험이 있었다. 이런 풍경들은 사회학자로 하여금 많은 질문들을 유발한다. 도대체 한말 조선에는 육운(陸運) 체계가 어떠했는가? 곡물과 주요 상품 유통 수단은 보부상 외에 다른 방법은 없었는가? 그렇다면 조선 후기 도시 형성은 어떻게 가능했는가? 당시 정치, 행정, 경제의 중심인 한양에는 개화된 사람과 주술 신앙에 젖은 사람들이 섞여 있었다는 뜻인데, 유교, 불교, 도교, 천주교, 기독교가 뒤섞인 사회에서 일반 서민들의 정신세계를 지배했던 것은 무엇이었나? 전염병과 재앙이 닥칠 때 주로 주술 신앙에 매달렸던 조선인은 문명개화의 물결을 어떻게 감당했는가? 민중 사학의 성전(聖戰)인 동학 농민 전쟁에서 서울로 진격했던 동학군이 가슴에 붙였던 부적 '궁궁을을(弓弓乙乙)'[2]은 '근대적 민중'의 상징인가 아닌가? 비숍의 지적처럼, 근대 경제의 상징인 화폐가 대량 유통되었고, 지방 장시에서 은과 바꿀 수 있었다면 한말 조선 경제는 근대적이었는가 아닌가? 질문이 꼬리를 문다.

　근대 국가의 외양을 착실히 갖춰 갔던 대한 제국에 대한 평가도 고종의 개혁 정치의 성격을 둘러싸고 긍정과 부정이 엇갈린다. 근대성의 기원에 합당하다는 입장과 아니라는 입장은 열띤 논쟁을 거치고도 아직 정리되지 않은 가설로 남아 있다. 필자가 이 논쟁에 뛰어들 능력은 없지만, 의문은 제기할 수 있다. 예를 들어 비숍은 남한강변 어느 고을에서 거의 쓰러져 가는 남루한 관아를 방문한 적이 있는데, 여기 관리들은 이 낯선 이방인에게 통행세를 받고 싶어 안달이었다. 통행 허락 여부가 지방관의 자의적 권한에 달려 있었고, 그 관료적 검열 권한을 이용해 뇌물을 받고 싶어 했던 것이다. 고종의 개혁 정치는 이런 지방 관아에도 그 여파가 미쳤을까? 근대 국가 건설을 위한 피나는 노력이 전국의 행정 체계에 스며들었을까? 대한 제국에 관한 연구들은 대체로 중앙 정치와 한양 중심의 변화에 시선을 집중시켜 근대성의 발화를 입증하려는 경향이 있는데, 필자로서는 지방의 상황, 지방민의 처지와 인식이 그 개혁에 영향을 받고 있었는지가 더 궁금하다.

선교사로 조선에 입국했던 호러스 언더우드(Horace Grant Underwood)와 릴리어스 언더우드(Lillias H. Underwood)는 1888년 북부 지방으로 신혼여행을 떠났다. 천신만고 끝에 도착한 평안도 어느 마을에서 도적 떼를 만나 혼쭐이 났다. 마을 한복판에서 그들 일행을 둘러싸고 위협을 가하는 도적들이 무서워 주민들도 공포에 떨었다. 언더우드는 소지한 권총을 발사해 군도를 잠시 물리쳤으며, 군도 우두머리와 모종의 협상을 한 끝에 관아가 있는 인근 마을로 밤새 피신할 수 있었다. 제물포에서는 청군과 일군이 세력을 과시했던 때였으며, 개항장을 통해 양물이 쏟아져 들어왔던 때이고, 갑오개혁이 진행되기 직전의 시기, 말하자면 서울을 중심으로 전국에 문명개화가 화두였던 시절이었다. 언더우드 부부의 신혼여행은 북부 지역에 교회 거점을 구축하고 독실한 신자들을 찾아 책임자로 임명하려는 선교 활동이 목적이었다. 언더우드 부부는 기독교 신자들의 신원과 지역 정보를 미리 접했을 것이지만, 그들이 방문한 마을에는 예외 없이 독실한 기독교 교인들이 넘쳐

났다. 평안도와 황해도 산간벽지에서 언더우드 부부 일행은 '하늘신'이 아니 '새로운 신'을 믿고자 하는 열렬한 신도들과 마주쳤다. 상층 계급은 물론 농민, 노동자, 상인, 부랑자에 이르기까지 상하 신분의 사람들이 기독교로 전향하는 것을 감격스럽게 바라봤던 것이다. 그로부터 불과 10여 년 전에는 6대 천주교 교구장이었던 리델 주교가 서울의 감옥에 갇힌 채 잔인한 고문으로 죽어 가는 천주교도에게 성은의 축복을 내렸던 그런 조선이었다. 리델 주교는 이름도 모르는 수많은 하층민들이 서양의 낯선 종교에 귀의하며 스스로 순교의 길을 택하는 것을 경이로운 눈으로 바라보았다. 공자의 나라에서 그것은 가히 기적과 같은 일이었다. 그때 향촌에는 농민들에게 유토피아 의식을 심어 주었던 동학이 전파되었으며, 급기야 그것은 유교를 대체한 서민 종교로 농민층에 급속히 파고들었다. 개혁 바람이 몰아치는 중앙 정치와 쇠락 일로에 있던 지방 관아, 문명개화와 접속한 도시와 중세 질서에 여전히 파묻힌 향촌, 동학도와 천주교도, 성리학적 우주관과 수많은 잡신, 외국인들이 진출한 개항장과 여전히 호환(虎患)과 괴질에 시달리는 벽촌 마을, 이런 '비동시적인 것들의 동시성'이 개화기의 맨얼굴일 터이다.

그런데 개화기 연구들에서 이런 맨얼굴을, 개화기의 총체적 그림을 보여 주는 연구는 드물다는 것을 조심스럽게 지적해 둬야겠다. 역사학 내부에서도 세분화된 전공 영역과 특정 주제에 매달리는 소재주의가 이런 경향을 낳았을 터이고, 오직 사료로 말한다는 역사학계의 준엄한 내규가 조각 그림이라도 정밀하게 보이겠다는 소박한 태도로 귀결되었을 것이다. 그 결과는 소재별로 분절된 논문들, 주제별로 구획된 연구들, 그리고 영역 간 담론과 소통의 결핍이다. 경제사는 사회사를, 사회사는 정치사를, 정치사는 문화사를 외면한 채, 오직 한 단면의 진화 과정을 추적하는 것, 때로는 그 소재의 분석에서 얻은 작은 추론을 연장해 개화기 전체를 채색하는 모습이 개화기 연구의 지배적 경향이다. 통사가 필요하다는 것이 아니라, 개화기 변동을 설명하는 거시 명제와 변인들의 정립, 각 분야의 연구를 가로지르는 인과 분석이 아쉽다는 말인데, 그런 유형의 연구는 잘 찾아볼 수 없었다. 예컨대 이런 식이다. 동학, 위정척사, 개화 담론이 엇갈리는 가운데, 농민은 수취 체제의 문란과 수령 이서 집단의 가렴주구로 황폐화된다. 유랑민과 화적이 들끓고, 하층민과 노비가 도시로 이주해 고공(雇工)이 된다. 신분 질서는 거의 붕괴된 것으로 묘사되고, 일·청·러의 각축전, 파벌 간 권력 투쟁이 조선의 쇠락을 재촉한다. 이런 파국적 상황을 배경에 깔고 나서 연구자들은 역사 발전의 동력을 건져 내야 한다는 비장한 사명감에 사로잡힌다. 그래서 동학 연구자들은 개화기를 동학난과 농민 전쟁으로 일관하고, 개화당 연구는 그 시대를 문명개화를 논하는 지식인 담론과 사회 운동으로 가득 채운다. 민란과 동학에서 민중 운동이, 개화 담론에서 민족주의가, 독립 협회로부터 자유주의가, 대한 제국에서 근대화 개혁이 발화되어 20세기 근대의 문을 각각 열어젖히는 것처럼 보인다. 체계적 역사 연구에는 계통(系統)과 회통(會統)이 중요하다는 신채호의 가르침을 씨줄과 날줄 삼아 명제를 이끌어 내는 연구자들은 별로 없다. 미시적 연구와 목적론적 연구가 개화기 근대에 관한 한국 사학의 연구 경향을 특징짓는 두 개의 조류다. 그것도 이론과 방법론이 잘 보이지 않는다. 사료의 풍부함과 해석의 깊이, 연구자의 시선과 입장이 문제시될 뿐이다.

주제와 구성: 근대의 기원과 인민

이제 이 책에 대해 말할 때가 되었다. 책을 관통하는 주제는 세 가지다. (1) 왜 '근대의 기원'을 인민과 결부시키는가?, (2) 인민을 결박시킨 조선의 통치 체계는 어떤 것이었나?, (3) 인민은 어떤 통로를 통해 그것에서 풀려

났는가? 이 세 가지 질문은 '인민과 근대', '조선의 통치 구조', '국문 담론과 공론장'으로 각각 개념화된다.

인민과 근대

이 책은 '근대에 이르는 과정에 관한 연구'다. 한반도에서 발아된 '근대'는 '근대의 기원'을 갖고 있다. 그 근대는 일제 통치하에서 왜곡, 변형되고 해방 공간과 한국 전쟁을 거쳐 1960년대까지 긴 꼬리를 남긴 듯이 보인다. 그렇지 않다면 1960년대 생활 양식과 사고방식에서 한말 개화기의 모습은 발견되지 않을 것이다. 그 근대는 시간대를 거슬러 조선사의 핵심과 맞닿아 있다. 즉, 근대는 조선사의 심층 구조에서 '배태된' 새로운 실체로서 한말 개화기에 발아했다가 일제 시대를 거쳐 1960년대까지 우리의 생활 양식을 지배했던 역사 변동의 특정한 속성이라고 볼 수 있다. 전기, 중세, 근대를 하나의 연장선에서 파악하려는 이 연구의 '연속론적 입장'은 근대를 중세, 또는 조선 초기와 단절적으로 규정하는 역사학계의 '단절론적 관점'과 구분된다.

필자는 앞에서 역사학계의 두 가지 경향, 미시적 연구와 목적론적 연구의 한계를 언급했다. 미시적 연구 또는 소재주의는 특정 요인의 발아와 성장에 집착하고, 목적론적 연구는 질적으로 다양한 요소들의 복합체를 '근대 만들기'의 관점에서 어떤 하나의 색깔로 채색하는 경향을 갖고 있다. 모두 부분적 설득력을 인정할 수 있다. 이 연구는 그 두 가지 연구 경향으로부터 가능하면 멀리 떨어져 조선사를 총체적으로 조망하고자 했다. 총체적 조망, 모든 역사가들이 그것을 주문하지만 말만큼 쉬운 일은 아니다. 사료 발굴과 해석만으로도 벅찬 역사 연구에 총체적 조망을 주문한다는 것은 어찌 보면 잔인한 일이다. 그러나 못할 것도 없다. 조선 사회를 유지했던 기본 골격은 무엇인가? 그 프레임이 주저앉거나 붕괴하면 새로운 시간대가 도래한다는 것은 쉽게 예상할 수 있다. 조선 사회의 기본 골격(또는 지배 구조, governance structure)이 구축되는 정도로 보면, 점진적 상승 과정(전기), 정점에서의 강화 과정(중기), 하강 과정(후기)으로 그려 볼 수 있겠다. 이 연구가 규명하고자 하는 근대는 하강 과정과 역비례해서 그 경향성이 점차 짙어지는 어떤 속성이다. 왜냐하면 조선의 기본 골격은 봉건 통치, 그것도 유교적 이상 국가의 완성을 위한 설계도이기 때문이다. 이웃 나라 일본처럼 명치유신 같은 근대 혁명이 발생했더라면 유교적 이상 국가의 외양이 근대 국가로 전환할 수 있었을 터인데, 조선의 통치 구조는 일본보다 훨씬 더 단단하고 확고해서 지배 계급을 위시하여 누구도 봉건 국가를 무너뜨리지 못했다. 국가와 지배 계급이 한 몸이었기에 국가의 붕괴와 함께 지배 계급도 동시에 무너질 수밖에 없는 구조를 가진 나라가 조선이었다.

기본 골격, 또는 지배 구조의 하강 과정은 인민 대중에게 비로소 역사와 접속하는 '기회의 창'을 열어 주었다. 19세기를 전후하여 본격적으로 열렸던 기회의 창을 통하여 인민들은 '역사의 객체'로부터 '역사의 주체'로 등장하기 시작했다. 역사의 주체라고 해서 민중사관이 강조하듯 역사 발전의 동력을 뿜어냈다는 뜻은 아니다. 지배 구조가 느슨해진 틈을 타서 인민 대중이 통치 구조로부터 이탈하는 것이 가능했다는 의미이고, 이것이 다시 지배 구조의 와해를 가속화시켰다. 유교적 통치 구조가 와해되고 균열된 그 시점에서 근대가 발아되기 시작한 것이다. 그렇다고 역사가들이 얘기하듯 어느 시점에서 근대가 발아되었다고 단정적으로 꼬집어 말하기 어렵다. 특정 소재에 집착한다면 그런 언명이 가능할 것이지만, 통치 구조는 여러 겹—적어도 삼중 구조—으로 되어 있기에 특정 시기에 봉건 체제와는 질적으로 다른 근대가 출범했다고 말하는 것은 연속론적 관점에서 보면 논리적 모순이다. 그럼에도, 통치의 삼중 구조가 동시적으로 약화되는 19세기를 전후하여 이런 경향이 짙어졌다는 관찰은 그런대로 설득력이 있을 것이다.

이 연구는 바로 인민 대중의 역사적 위상 변화에 주목한다. 인민도 역사적 소재의 하나라고 한다면 할 말은 없겠으나, 역사학계의 근대 연구에서 인민에 주목하는 연구를 찾기 어렵다는 것은 또한 이해할 수 없는 일이다. 가장 중요한 역사 동인이자 주체적 행위자로서의 인민은 계약 질서, 보부상과 장시, 상공업, 경영형 부농, 민국 이념, 민족, 실학 등과 같이 역사학자들이 주목하는 근대적 요소와는 질적으로 다른 소재이다. 간혹 민중을 전면에 배치하는 민중사학의 과감한 연구들이 있지만, 피지배 계급을 역사의 동력으로 배치해서 정치사, 왕조사 중심의 지배 계급적 시선을 뒤집어 보려는 가치 개입적 의도가 강했다. 민중 개념에는 연구자의 투쟁적 동력이 실리므로, 그것도 목적론적 연구의 혐의를 완전히 벗어나지는 못한다. 인민 대중이 모두 착취와 억압의 장벽을 뚫고자 했던 능동적 주체는 아니다. 오히려 그들 대부분은 수동적이고 순종적이었으며, 생계를 유지할 수만 있다면 굴종적 상황도 마다하지 않았다. 그런 인민 대중에게 어떤 기회의 창이 자연스럽게 열렸는가, 고된 노동과 일상사 가운데 한스럽게 읊조린 판소리 한 자락이 자신도 모르는 사이 어떤 '의도하지 않은 결과'를 낳았는가, 봉건적 통제력이 느슨해지자 그들에게 어떤 삶의 선택권이 주어졌는가를 우선 살피는 것이 중요하다. 인민은 수동적, 능동적 창구를 통해 근대로 나온다. 근대적 요소를 찾고자 하는 '내재적 발전론'이 이런 인민의 위상 변화에 주목하지 않은 것은 아무래도 납득이 되지 않는다. 사회는 국가 및 지배 계급과 인민 대중으로 구성된다. 서양의 근대는 국가(왕족)와 귀족이라는 전통적 지배층에 대해 서민들로 구성된 시민 사회가 태동할 때 출현했다는 평범한 사실을 논외로 하고라도, '인민의 위상 변화'가 질적으로 새로운 시간대를 가져온다는 것은 동양에서도 적용되는 역사적 명제다. '시민 사회의 태동'은 서양과 동양에서 공통적으로 통용되는 근대의 출발이다.

민유방본(民惟邦本)이라는 화려한 명분에도, 조선에서 인민은 오랫동안 통치 대상이자 역사의 객체였을 뿐이다. 수분공역(守分供役)을 다하는 것, 그것이 인민의 존재 이유였다. 지배 구조의 발전이 절정에 이르러 200년 정도 단단하게 유지되던 조선 중기까지 인민은 한 번도 역사의 전면에 나설 수가 없었다. 지배 계급이 구축한 유교적 이상 국가의 이념과 통치 구조가 인민들에게 정치적, 문화적 기회의 창을 열어 주지 않았기 때문이다. 19세기의 대학자 정약용의 실학 체계는 유교적 이상 국가의 완성을 향한 재건축 설계도였는데, 여기에 간헐적으로 보이는 '인민의 진출'을 부분 허용하는 논리는 결국 지배 구조의 강화를 전제로 한 것이었다. 통치 구조가 약화된 틈새에 만들어진 '기회의 창'을 빠져나온 인민들은 문득 자유로움과 허허로움을 느꼈을 것이다. 수분공역을 부분적으로 면제받거나 공동체에서 개인으로 독립하는 것만큼 두렵고 자유로운 일은 없었을 것이다. 신분 질서의 와해와 도시 형성이 그런 이탈과 자립을 북돋워 주었다. 근대는 그렇게 시작된다. 그러나 공동체의 일원에서 개인으로 변신하는 것은 전제 조건일 뿐 근대 사회의 충분조건은 아니다. 무엇인가 질적으로 새로운 인민의 특성, 봉건 체제와는 질적으로 구분되는 속성이 발현되어야 한다. 사회과학자들이 흔히 '사회(society)'라고 부르는 것, 이해관계로 엮여진 이익 사회(게젤샤프트)의 속성들이 집합적으로 발견되는 시점이 근대다. 그런 새로운 징후는 도처에서 발견된다. 예를 들면 앞서 소개한 스웨덴 기자 아손 그렙스트는 1900년대 초 한양 시내를 산책하다가 신문을 읽어 주는 노인과 그 주변에서 나라 소식에 잔뜩 호기심을 갖고 경청하던 한 무리의 상인들을 보았다. 비숍은 1894년 한양 시내에서 할 일 없이 빈둥거리는 군중, 오랑캐 문화를 받아들이지 않으려고 안간힘을 쓰는 저항 군중들을 목격했다. 그 행렬 속에서 비숍은 뭔지 모르게 불길한 근대의 징후를 읽어 냈다. 신문 읽어 주는 노인과 듣는 무리, 중세적 외양의 저항 군중, 1898년 독립 협회가 주최한 군중대회에 참여했던 인파는 분명 '중세적 인민'은 아니었다. 인민의 진화, 인민의 변모와 더불어 근대가 태동하고 있었던 것이다. 그 인민이 중세와 완전히 결별한 실체가 아니라 와해 일로에 있지만 봉건적 제도 틀 속에 놓여 있고, 이전 인민들이 남긴 전통의 유산 속에서 살아왔다는 점에서 '진화'다. 그런 의미에서 개화기 인민은 근세의 끝자락이자 새로운 시간대가 이어지는 지점에 놓인 그런 인민이다.

그 인민을 일단 '근대적 인민'으로 개념화하고자 하는 역사적 증거는 충분하다. 모든 인민이 다 그랬던 것도 아니고, 시민 사회의 속성을 충분히 갖추지도 않았지만, 봉건 체제로는 도저히 감당치 못하는 질적으로 새로운 조직이 태어난 시간대였기 때문이다. 자발적 결사체(voluntary association)가 그것을 입증한다. 자발적 결사체는 인민들이 자율적으로 모여 사적 이익을 자제하고 공적 명분과 공적 이익을 위해 헌신하고자 할 때 결성하는 조직이다. 조선 시대에 자발적 결사체에 버금가는 조직들이 존재했다. 향촌에 산재했던 동계(洞契), 송계(松契), 학계(學契) 등 촌계류(村契類)가 그것인데, 이들 전통적 계 조직은 사적 이익과 연관된 채 공동체 범위를 벗어나지 못했고, 조선 사회 전체의 보편적 이익과는 연관이 없었다. 그런데 1894년을 전후하여 생겨나기 시작한 자발적 결사체는 조선의 지배 구조와 지배 이념으로는 도저히 파악할 수 없는 자율적 조직이고, 사적 이해 관심과는 무관하게 국가적 차원의 공익과 명분에 기여하려는 목적을 향해 진군했다. 이런 조직을 스스로 결성하거나, 자율적 참여가 권장되는 사회는 분명 근대 사회임에 틀림없다. '사회'라는 근대적 개념이 도입되지도 생겨나지도 않았던 당시 상황에서 자발적 결사체가 결성되었다는 사실은, 당시의 인민은 통치 대상으로서의 인민이 아니라 주체로서의 인민, 즉 근대적 인민이었음을 말해 준다. 이 책의 주제 '근대에 이르는 과정'에 관한 연구는 바로 인민이 어떤 과정을 통해 이런 단계로 진화했는지를 규명하겠다는 의미이다. '진화'의 끝에 인민은 비로소 근대로 나왔다. 이 '근대적 인민이 탄생하는 과정'이

1권의 주제이고, 그 '인민이 시민으로 전환하는 과정'이 2권(근간)의 주제다.

조선의 통치 구조

도대체 조선의 인민은 어떤 통치 구조를 통과했는가? 이 질문이 '근대에 이르는 과정'에 해당한다. 조선은 세계에서 흔치 않을 만큼 통치 구조가 단단한 국가였다. 중국과 일본을 이웃하고 외침을 수차례 받으면서 500년을 지속할 수 있었던 비밀이 그 속에 있다. 조선은 기본적으로 '지식 국가'였다. 성리학을 유일한 국가 학문으로 설정하고 모든 것을 성리학적 논리 체계로 구축했다. 성리학은 종교이자 통치 이념이기도 했다. 그러므로 지식은 종교이고, 종교는 정치였다. 지식, 종교, 정치 간 선순환 구조를 사대부가 관할했다. 왕권은 선순환 사이클을 상징하는 최고의 권력이었지만, 항상 지식 권력을 장악했던 사대부 세력의 감시와 견제를 받아야 했다. 사대부는 성리학의 도통(道統)을 책임졌고, 왕족과 귀족은 권력의 합리성과 정당성인 왕통(王統)을 책임졌다. 일종의 분리 통치 구조였지만, 도통과 왕통은 성리학의 가장 높은 명제인 도덕 정치라는 큰 틀 속에서 일치했다. 도덕 정치에서는 도통과 왕통의 위계가 인정되지 않는다. 천리(天理), 천도(天道)와의 일치라는 유교 정치에서 왕과 사대부는 분업 관계에 놓여 있다. 인민은 도통과 왕통의 분업 체계를 완성하는 또 하나의 객체이다. 민유방본은 분업 체계의 도덕성을 보완하고 뒷받침하는 가치 체계일 뿐 실제로 민유방본이 본격적으로 실현된 것은 아니다. 지식, 종교, 정치가 삼위일체를 이뤘다는 뜻에서 이슬람의 칼리프 체제만큼 정종일치(政宗一致)의 정도가 높은 사회가 조선이었다. 그런데, 칼리프 체제가 부족으로 갈라진 사회였던 데에 비해, 조선은 지식·종교·정치의 삼위일체를 강력한 관료제적 통제로 구축했으며, 학문적 일체감으로 뭉친 사대부 계급이 그 관료제를 완전히 장악했다는 점에서 칼리프 체제와 비교할 수 없을 정도로 단단하다. 지식·종교·정치를 삼위일체로 묶어 주는 것은 궁극적 진리의 근원이자 그 자체 종교인 '하늘의 이치(天理)'에의 믿음이다. 이런 유교 국가에서 왕은 대사제, 사대부는 중사제, 민호의 가부장은 소사제였다. 비숍 여사가 조선에 입국했을 때 500년 도읍에 종교 시설이 하나도 없다는 것에 놀랐는데, 사실은 왕궁을 비롯한 십만 민가가 모두 하늘을 섬기는 종교 시설이었다는 점을 이해하기에 오랜 시간이 걸렸다.

지식·종교·정치의 삼위일체를 관할하는 것은 성리학(性命義理之學)이었고, 그것의 종교적 구현체인 유교였다. 우주를 운영하는 궁극적 진리인 이(理)를 구현하는 가장 적합한 방식을 좇아 사회 집단을 조직하고, 인성(人性)과 물성(物性)이 악(惡), 허(虛), 사(邪)를 버리고 미(美), 실(實), 정(正)을 획득하도록 교화하는 것이 도덕 정치의 목표다. 조선은 성리학적 우주관을 '거룩한 천개'로 하고 이를 실현시키는 세 개의 통치 체제를 가동시켰다. 향촌 지배(정치), 종교, 교육(지식)으로 구성된 삼중 구조가 그것이다. 이 삼중 구조를 알튀세르(Louis Pierre Althusser)의 이데올로기적 국가 기구(ideological state apparatuses, ISAs)라 불러도 무방하다. 이 삼중 구조가 인민을 어떻게 신분 질서와 직역에 포박시켰는가를 파악하는 것이 조선사의 핵심이자, 인민 대중의 역사적 위상 변화를 분석하는 데에 필수적인 작업일 터이다. 이 삼중 구조의 통치 효율성은 그야말로 세계적 수준이었다. 기근, 한발, 천재지변, 외침 같은 급박한 상황이 효율성을 자주 훼손했지만, 그때마다 삼중 구조의 통제력을 복원시켜 유교 국가의 이상을 향해 한 발짝씩 나아갔다. 지식은 국가 위기를 극복하는 원동력이었다. 15~16세기에 걸쳐 이뤄진 『성리대전』의 간행은 조선이 조선적 성리학의 골격을 세웠다는 의미이고, 국가 철학의 구심점을 만들었다는 뜻이다. 조선은 관학을 통해 국가 철학을 전국 향촌에 보급했으며, 사대부의 통치 이념과 학문을 재생산했다. 재지사족들은 향교(鄕校)와 사우(祠宇)를 설립하고, 후기에는 서원(書院)을 건립해서 지식 체계를 가다듬고 전파했다. 향교가 교육 기관이라면 사우는 종교적 의례를 집행하는 기관이다. 유교 국가에서 지식 생산은 정치와 종교 기능을 동시에 갖는다. 그러므로 세계에서 가장 철저하게 시행된 과거 제도의 기능은 통치의 삼중 구조와 정확히 대응한다. 국가를 위해서는 관료를, 향촌 질서와 가문을 위해서는 종교 집정관을, 지식 생산과 논리 체계의 확립을 위해서는 지식인과 학자를 배출하는 공식 제도였다. 조선은 '사(士)'와 '대부(大夫)'의 나라, 학자와 관직 사이에 수시로 출입할 수 있는 통로가 항시적으로 열린 나라였으며, 이들이 중앙과 지방에서 도성민과 향촌민을 성리학적 우주관 내부로 교화시키는 유교적 종교 의례를 동시에 관장했다.

인민을 단단하게 포박하는 이 삼중 구조가 유지되는 한, 중세는 성공적으로 지속되고 근대는 오지 않는다. 신분 직역을 충실히 수행하는 통치 객체로서 인민의 지위가 전혀 변화하지 않기 때문이다. 가끔 국지적 민란이 발생하기도 했고, 임꺽정과 장길산 같은 군도가 출몰하기도 했지만, 그것은 이탈이었지 인민 대중의 전면적 저항은 아니었다. 서양에서 인민 대중의 지위를 변화시키는 기제들, 예컨대 시장과 상공업의 발전은 관료제적 통제하에서 그 싹을 틔우지 못했다. 시장은 국가에 종속되었으며, 재산을 축적한 신향(新鄕) 세력도 19세기에야 비로소 전통적인 향권(鄕權)에 맞설 정도가 되었다. 중세적 인민이 근대적 인민으로 변화하기 시작하는 것은 이 삼중 구조의 통치 효율성이 쇠락했을 때이다.

성리학적 우주관과 조상 숭배를 통치 이념과 결부시킨 '종교적 의례', 신분 직역과 부세 의무를 강제하는 '향촌 지배', 지배 이념의 도덕과 윤리를 재생산하는 '교육', 이 각각의 축이 약화되거나 붕괴된다면 인민은 더 이상 유교 국가에 안주하는 인민이 아닌 것이다.[3] 후기에 접어들면서 종교, 향촌 질서, 교육 체계의 정당성과 유효성이 점차 쇠락하자 유교적 통제 질서로부터 인민의 '자발적 외출' 혹은 결박 해제 상태가 나타나기 시작했다. 우선 종교로서의 유교가 한계를 드러냈다. 유교는 내세관이 없는 현세 종교였다. 죽음을 부르는 천재지변과 전염병 앞에서 속수무책이었던 조선 인민들은 정부가 그토록 탄압해 마지않았던 불교와 주술 신앙을 그들의 내면세계로 암암리에 불러들였다. 언더우드 부부, 비숍, 그리고 당시 조선을 여행했던 많은 선교사와 저널리스트들이 흥미롭게 목격했던 것은 남루한 집 안에 곱게 모셔 둔 귀신 단자, 콜레라가 번진 마을 입구에 걸린 고양이 그림, 무엇보다 칼과 요령을 흔들며 작두 위에서 광란의 춤을 추는 무당들과 밤새도록 쿵쾅거려 잠을 설치게 하는 굿판이었다. 그런 가운데, 18세기 말에 유입된 천주교는 조선 인민의 비어 있는 내세관으로 진격해 들어갔고, 급기야는 유교가 궁극적 진리의 발원자로서 섬겨 마지않은 천리(天理)를 '하늘의 주인(天主)'으로 대치시켰다. 정신과 마음의 최종 주체로서 유교적 천리가 천주교의 천주로 바뀌자 수많은 개종자들이 속출했던 것이다. 군주와 사대부, 재지 사족의 종교적 권위가 손상됨과 동시에 중앙 정부와 향촌에서는 관료제의 부패가 진전됐다. 정조 사후 중앙을 장악한 세도 정치는 지식과 권력의 선순환 사이클을 망가뜨렸으며, 향촌에서는 구향과 신향 간 치열한 향전이 일어났다. 지식 생산에도 커다란 변화가 일어났다. 관학 체계에 대응하는 평민들의 교육 기관인 서당이 번성해서 문자 해독력을 갖춘 인민, 즉 문해인민(文解人民, literate people)을 길러 냈는데, 이것이 국가와 지배 계급의 공식 이데올로기에 대해 달리 사고할 수 있는 비판적 인식 능력을 키워 주었다.

조선의 근대는 어떤 주체 세력의 기획에 의한 것이 아니었다. 지배 계급은 19세기 후반까지 유교적 이상 국가라는 초기의 목표를 버리지 않았으며, 인민 대중 역시 그것을 대체할 수 있는 근대적 형태의 어떤 것도 기획하지 못했다. 기획할 능력이 없었다. 다만 지식 국가의 근간인 통제의 삼중 구조가 약화되자 인민 대중은 얼떨결에 낯선 미지의 세계로 나설 수밖에 없었다. 새로운 시간대인 것만은 틀림없었으나 그것이 근대인지를 알 도리가 없었다. 인민을 포박하는 통치 구조의 전반적 양상과 촘촘히 짜인 지식·종교·정치의 상호 관계의 본질을 밝히는 것이 이 책 1부의 과제다.

국문 담론과 공론장

세계에서 유례없이 단단했던 조선의 통치 체계는 왜 약화되었고, 그래서 왜 인민들의 결박 상태가 이완되었는가? 약화와 이완이 조선 중세의 쇠락에 해당한다면, 인민의 이탈과 도전은 '근대의 도래'를 암시하는 징후다. 근대에 관한 역사학계의 연구는 중세적 제도의 모순을 설명하고 그것에서 필연적으로 생겨나는 '새로운 요인'의 출현에 초점을 맞추는 경향이 있다. 수취 제도의 모순에 대한 민중의 반발, 신분 질서의 와해에 따른 봉건적 통제의 약화와 직업 분화, 상공업 발전에 의한 신흥 세력의 부상, 제국 열강의 침략에 대한 민족의식의 각성, 권력 독점에 대한 지식 계층의 반발과 국론 분열, 세도 정치에 의한 경향 분리와 관료제의 부패 등이 그것이다. 중세적 제도의 몰락으로 근대의 출현을 설명한다는 점에서는 '연속론적'이지만, 중세적 '발생 기원'을 설정하지 않는다는 점에서 '단절론적'이다. 근대는 중세와는 질적으로 전혀 다른 새로운 시간대이지만, 중세와 근대가 완전히 단절된 이종(異種)의 것이 아니라 중세적 제도에 이미 근대가 발아하고 있었다는 점, 근대의 기원은 중세의 핵심과 맞닿아 있다는 점, 그리하여 중세와 근대는 계보학적 시각으로 파악할 수 있다는 점을 강조하고 싶은 것이다. 중세는 근대의 산모이다. 근대는 중세를 부정하고 태어난 자식이나 부모를 기억하지 못하는 천애의 고아도 사생아도 아니다. 형질 변경이 일어날 수는 있다. 그러나 중세를 버린 채 새로운 근대를 상상할 수는 없다.

인민 대중을 중세로부터 근대로 날라다 준 비행체는 무엇인가? 인민은 그 강력한 통치 체계에 저항할 어떤 지식도 의지도 배양할 수 없었을 터인데, 무엇이 그들로 하여금 통치 체계의 내벽을 허물도록 만들었는가? 중세가 허용했던 어떤 생활 양식과 제도가 인민 대중으로 하여금 그 '의도하지 않은 결과'를 낳도록 만들었는가? 근대의 기원에 관한 기존의 연구들은 종교(의례), 교육, 향촌 지배라는 세 개의 영역에서 각각의 통치 효율성을 약화시키는 내적 요인들과 내적 모순들에 초점을 맞추는 경향이 있음은 앞에서 지적하였다. 그 각종 모순들을 '기원'으로 설정하고, 그로부터 발생한 새로운 현상을 '근대'로 개념화하는 일반적 설명 방식에 필자는 조금 회의적이다. 아무리 탁월한 분석이라도 소재주의와 목적론의 범주를 벗어나기 어렵다. 분야별, 영역별 연구가 대부분 그렇다. 너무나 익숙한, 그래서 너무나 당연한 인과 관계가 등장한다. 설득력이 있지만 부분적이다. 한 분야에서 밝혀진 원인(因)은 다른 분야에서는 문제도 되지 않으며, 한 분야에서 밝혀진 결과도 다른 분야에서는 '근대'로 등록되지도 않는다. 이를 인민 대중의 입장에서 바라보면, 인민의 얼굴은 실로 다양하게 나타난다. 민족주의에 경도된 인민, 상공업에 종사하는 인민, 향권에 도전하는 인민, 민란에 가담한 인민, 관료제를 비웃는 인민 등등. 개화기는 실제로 그런 인민들이 혼효되고 병존하는 시기였을 것이다. 혼효된 인민 상(像)에서 근대적 표정을 일일이 가려내는 일이 역사학자의 몫이었다. 그렇다면 혼효된 인민을 총체적으로 바라보는 것, 분절된 각 영역사에 공통적으로 적용되는 인과 요인을 찾아내는 것은 사회과학자의 몫이다. 그 인과는 이미 중세적 제도에 배태되어 있던 중추 신경으로서, 어떤 역사적 계기를 통과하면서 인민 대중이 스스로도 예상치 않았던 '뜻밖의 결과'를 낳은 것이어야 한다. 그것이 언문(諺文)이고, 언문으로 이뤄진 국문 담론(國文談論)이다.

주지하다시피, 세종이 훈민정음을 창시한 것은 성리학 경전의 내용을 백성들에게 보급하려는 정치적 의도에서였다. 훈민정음은 한자의 발음 기호였다. 한자를 쉽게 읽는 방법을 창안한다면 무지한 백성들도 사서오경의 내용을 쉽게 익힐 수 있으리라 기대했다. 훈민정음 창제 후 곧바로 사서오경 언해에 착수한 것은 통치 효율성을 높이고자 한 정치적 목적에서였다. 그 목적이 어느 정도 실현되었는지 알 수 없으나, 문자 수단을 갖게 된 인민이 지배 계급과는 다른 인식 공간을 가꿔 가게 될 줄은 세종 자신도 예상치 못했다. 훈민정음은 민족어였다. 민족어는 보편 언어인 한문을 보좌했고 또 대립했다. 이 대립 관계 속에서 예기치 않은 씨앗이 싹텄다. 지배 계급의 세계관을 습득하면서 다른 한편에서는 그것을 비웃고 냉소하고 때로는 그것을 초월하는 인식 체계를 발아시켰다. 지배 계급이 눈치채지 못하는 사이 이른바 문헌 공동체가 느슨하게 형성되어 가고 있었던 것이고, 그 속에 근대의 씨앗이 배태되고 있었다. 인민들만의 국문 담론이 산발적으로 형성되었다. 그것에 노래를 실었고, 한을 풀었으며, 이야기를 만들어 유포시켰다. 상상적 담론 속에서 개인이 태어났다. 이 상상적 담론들은 유교적 통치 체계를 이루는 세 개의 축에 각각 달라붙어 밑동을 갉아먹기 시작했다. 중세의 완성을 위한 제도 또는 문물이 중세를 무너뜨리는 힘의 원천으로 기능한 것이다. 이 연구가 인민을 근대로 날라다 준 비행체로 국문 담론에 주목하는 방법론적 이유가 이것이며, 부제를 '공론장의 구조 변동'으로 붙인 배경이기도 하다.

공론장의 구조 변동-조선사에서 이런 연구가 가능한가? 조선사에 부르주아가 없다면, 인민의 진화 양상에 초점을 맞춰야 한다. 근대라는 먼 미래에 시민이 '될' 집단이며, 새로운 시간대 속에서 시민이 '된' 집단이기 때문이다. 그들은 담론장(공론장)을 통해 근대로 나왔다. 인민은 진화한다.[4] 진화의 방향은 '통치의 객체'로부터 서서히 자리를 옮겨 독자적 주체성을 형성해 가는 쪽으로, 보호받아야 할 갓난아이 혹은 무지의 집단이라는 초기적 성격을 벗어나 현실의 모순을 깨닫고 극복할 수 있다는 앎과 신념을 획득하는 단계로 점차 나아갔다. 통치 체계를 이루는 세 개의 축을 약화시킨 추동력은 한 가지 공통 요인을 포함하고 있었다. 글을 읽고 쓰는 능력, 특히 조선의 공식 문자인 한자가 아니라 한글 해독 능력을 갖춘 이른바 문해인민이 그것이다. 문해인민은 한자를 쓰는 지배층과 구별하여 한글이라는 새로운 매체를 공유하는 기록 공동체다. 양반 사족들이 그들의 문자인 한자를 통해 소통하면서 그들의 '역사'를 써 나갔다면, 문해인민은 언문을 통하여 자신들의 현실을 돌아보고 독자적인 형상들을 만들어 갔다. 언문 독해 능력을 갖춘 문해인민의 존재가 중요해지는 이유는 조선의 정통 이념에 대한 긍정적 혹은 이단적 시선을 언문 소설, 교리서, 통문(通文) 등을 통해 습득할 수 있는 가능성 때문이다. 생각을 문자로 표현할 수 있는 수단이 마련된다는 것은 의사소통의 장(sphere of communication)이 형성되는 것을 의미한다. 의사소통의 장은 개인적 삶의 울타리를 넘어 자신의 생각과 정서를 타인과 공유하게 만든다. 하버마스가 개념화한 '공론장(public sphere)'이라고 할 것까지는 없겠으나, 자신의 생각을 말하고 교환하고 설득할 수 있는 기제, 타인의 낯선 생각을 접하고 자신의 삶을 돌아볼 수 있는 성찰의 기회가 생긴다는 사실은 사회 변혁에서 매우 커다란 의의를 지닌다. 문해인민은 그런 사람들이었다. 언문 소설을 서로 돌려 보고 같은 주제로 담화를 나눔으로써 알게 모르게 동의의 기반을 형성하게 된다. 언문은 문해인민들에게 문헌 공동체를 형성하도록 문자적 수단을 제공했다. 그것은 사대부의 세계관과는 다른 인식 공간이었는데, 그 속에서 '새로운 인민'은 싹을 틔우고 줄기를 만들어 냈던 것이다. 인민의 역할과 위상이 달라지는 것을 체제 변동이라 한다면, 체제 변동의 가능성은 바로 세 개의 축이 효율성을 소진하는 시점, 또는 세 개 중 어느 하나의 축이 붕괴되는 시점에서 비롯된다. 여기에 언문의 체제 변동적 의미가 발견된다는 사실은 놀라운 일이 아니다. 언문의 활용도가 높아지고 문해인민의 규모가 날로 증대함에 따라 언문 담론 또는 국문 담론이라고 부를 수 있는 담론장이 형성되어 세 개의 통치 축을 약화시키기는 효과를 창출했다. 이 중심축의 약화는 관료들의 학정, 현실 변화에 신축적으로 대응하지 못하는 제도적 경직성 등이 주요 원인일 것이나, 사회적 맥락 속에서 발생한 국문 담론이 지배층의 담론과 경쟁 관계를 유지하면서 장기적으로는 공식 이념을 약화시키는 기능을 수행하였다면 그런 명제가 성립될 것이다.

이에 비하면 한문 담론은 지배층의 공식적 담론으로 표현 양식, 의사소통과 전달 기제, 청중을 이미 갖췄다는 점에서 하버마스의 공론장 개념에 부합한다. 공론장은 공중(公衆, a public)으로 변한 사적 영역의 사람들이 자신들의 이해 관심을 관철시키기 위해 '이성의 공적 사용'을 활용해 공적 권력에 대항하거나 논쟁을 요구하는 행위로부터 발생한다. 하버마스의 공론장 개념이 성립하려면 공중, 정보와 상품의 교환 기제, 봉건 권력에 대항하는 비판적 논리와 매체 등을 전제로 한다. 비록 시장 경제가 활성화되지는 않았지만, 조선의 사대부들과 재지 사족들은 상소(上疏)와 상언(上言) 제도를 통하여 국사(國事)와 공적 사건에 개입할 권한이 부여되어 있고, 그들의 붕당적 견해를 취합할 수 있는 의사소통의 기제인 서원과 鄕會(향회)를 배타적으로 운영했다는 점에서 그들은 이미 공중으로서 공론장을 형성했다고 보는 편이 적합하다. 구태여 명칭을 붙인다면 그것은 양반 공론장, 유자(儒者) 공론장, 사족 공론장 등으로 불릴 수 있을 것이다.

언문을 사용하는 문해인민의 관점에서 보자면 언문은 분산적, 산발적, 우연적 담론들로 이뤄졌을 뿐 '사족 공론장'처럼 의사소통의 기제, 서원, 향회, 사발통문과 같은 전달 매체, 문집, 서책 등을 향유할 수 없었고, 무엇보다 '이성의 공적 사용'을 무기로 비판적 논리를 만들어 내는 공중으로 변할 통로와 기회가 평민과 천민에게는 허용되지 않았다. 그것은 우연히 발화되고 우연히 표현 수단을 얻어 개념화의 과정을 거치게 되는 크고 작은 언술 다발들이었다. 그런 의미에서 담론이라 불러 마땅하다. 담론은 분산된 진술과 문장의 집합이기는 하지만, 사회적 맥락과 끊임없는 교호 작용을 통하여 설득력을 얻는다는 점에서 실천 개념과 닿는다. 그것은 무엇보다 지배 담론이 권력을 강화해 가거나 정당성을 잃게 되는 다양한 모습을 포착하게 해 준다. 언문은 한문과 구별되는 사회적 상상을 인민에게 제공한다. 사회적 상상이란 문자 행위를 통해 얻게 되는 새로운 성찰이라고 한다면, 그 새로운 성찰 속에는 지배 권력의 허를 찌르고, 지배 이념의 논리를 뒤집고, 심지어는 지배 체제의 전복까지를 꿈꾸는 혁명적 이상이 싹트고 있었다. 이를 '사족 공론장'에 대한 '평민 담론장(plebeian public sphere)'이라 한다면, 이는 억압적 현실에 대한 개념 규정, 즉 저항적, 비판적 지식의 수원지였다. 통치 질서의 내부 균열이 발생하고 그것을 집요하게 파고드는 국문 담론이 비판적 의식을 증대하면서 세 개의 축은 비틀거리기 시작했다. 그런 징후가 어느 영역에서 가장 먼저 나타났는가는 별로 중요하지 않다. 각 영역에서 형성된 국문 담론의 내용과 형식, 그리고 지배 담론과 갈등하고 대립했던 양상과 효과들을 가려내는 것이 우선 필요하다. 통치 체제의 세 개의 축인 종교, 교육, 향촌 지배에 각각 대응하는 국문 담론을 '종교적 담론', '문예적 담론', '정치적 담론'으로 개념화하고, 이 각각의 담론이 전개된 역사적 양상과 지배 담론과의 대립 양상을 분석하는 것이 이 책 2부의 핵심 주제이다.

조선의 근대는 국문 담론이 한문 담론과, 평민 담론장이 양반 공론장과 각축을 이룰 만큼 성장한 그 단계에서 발현되었다. 종교적 담론, 문예적 담론, 정치적 담론이 지배 담론과 경쟁하면서 통치 체계의 세 개의 축을 내부로부터 서서히 무너뜨렸던 그 순간 말이다. 그때 지식 국가였던 조선은 지식과 정치의 분리 단계로 진입했고, 유교 국가의 틀이 해체되기 시작했다. 정조 이후 순조 시대부터 해체 속도는 매우 빨라졌으며, 그만큼 국가는 내외부의 변화에 대응할 수 없는 경직성의 공간으로 들어갔던 것이다. 동학은 정치, 종교, 문예 담론이 결집하면서 폭발한 최대의 도전이었다. 문해인 민의 관점에서 보자면 동학은 정치, 종교, 문예 담론에서 발전시킨 언문의 사회적 상상이 창출한 변동의 종합적 기폭제였다. 즉, 동학은 '언문 담론장'을 '평민 공론장'으로 확대 발전시키는 중대한 계기였다. 그러나 그 시도는 외세의 개입으로 좌초되면서 인민 대중은 곧이어 등장한 지식인 공론장, 즉 개화 관료, 유생, 유학생, 상업 부호들이 주축이 된 지식인 공론장으로 분산, 동원되었다. 이 과정에서 인민은 신민, 국민, 동포, 민족 등의 새로운 개념으로 변환되기에 이르렀다. 이런 변환이 조선에서 근대의 본격적 전개 과정일 것이다. 지식인들 중 평민 공론장의 중요성을 깨달았던 최초의 사람이 유길준이다. 그가 『서유견문』을 쓰기 전에 『대한문전』이라는 언문 문법서를 먼저 썼던 이유이다. 바로 이 평민 공론장과 그것에 의해 '시민으로 전환한 인민'에 '개화기 근대'의 요체가 숨어 있다.

I부
조선의 통치
질서와 인민

개화기 인민

적자(赤子)로서의 인민

조선에서 인민은 통치와 교화의 대상이었다. 조선의 통치 철학인 성리학이 민유방본(民惟邦本)이라 하여 '민(民)을 국가의 본(本)'으로 상정하고 있었지만, 민은 공역과 납세의 의무를 지고 군주의 권력에 복종해야 하는 집단이었다. 민이 없으면 권력은 존재할 수 없다는 의미에서 민심(民心)은 천심(天心)으로, 천심은 천도(天道)로 정의되었다. 군주는 인민에 터를 잡아야 한다는 것이 민유방본, 또는 도덕 정치의 기본 논리였다. 조선 초기 통치의 기본 원리를 구축했던 정도전은 군주-사대부-인민의 관계를 건축물에 비유했다. "당우(堂宇)는 비유하면 군주이고, 동량(棟樑)은 비유하면 재상이며, 터는 비유하면 민이다. 터가 견고하고 두꺼워 동량이 안전하게 우뚝 선 후에야 당우가 튼튼하고 치밀해질 수 있다."[1] 인민이 터가 된다고 해서 군주의 권력이 인민에 의해 제한받아야 한다는 것은 결코 아니었다. 그것은 위민(爲民)과 애민(愛民)을 통해 통치의 정당성과 군주의 도덕성이 보장된다는 것이고, 인민은 그에 대한 응분의 보답을 해야 한다는 뜻이었다. 성리학적 통치관을 정립해 가던 조선 중기, 군주와 인민의 관계를 논하는 『성학집요(聖學輯要)』「위정(爲政)」편 '안민(安民)' 장에서 당시 최고의 성리학자 율곡(栗谷) 이이(李珥, 1536~1584년)는 이런 통치관을 더욱 강조했다. "군주는 인민을 하늘로 여기고 인민은 먹을 것을 하늘로 여긴다.(王者以民爲天 民以食爲天)" 임금은 인민의 생존과 안위를 돌보는 것을 제일로 삼아야 한다고 하여 '인민을 위한 통치'를 성학(聖學)의 요체라고 설파했다.[2]

조선의 통치 철학인 성리학은 '성명의리지학(性命義理之學)'인데, 줄여서 이학(理學) 또는 도학(道學)이라 일컬었다. 인간의 본성과 의로운 도리를 깨달아 그것을 세상에 실현하는 것을 정치의 기본으로 삼았다. 수기(修己)는 치인(治人)의 전제 조건이기 때문에, 자연재해나 탐관오리의 침학(侵虐)으로 인민이 도탄에 빠질 때는 항상 수기의 문제로 돌려졌다. 수기를 통해 치인, 안민(安民)하는 것, 따라서 예치(禮治), 덕치(德治)가 애민과 위민 정치의 도달점이었던 것이다. 조선의 국정 철학인 성리학이 16세기 후반기에 들어와서야 어느 정도 뿌리를 내렸다고 한다면, 퇴계(退溪) 이황(李滉, 1501~1570년)과 율곡 이이라는 양대 산맥의 공적이 크다고 할 것이다. 1568년(선조 1년), 이황은 17세의 어린 임금인 선조에게 군왕학의 기본 원리를 도해한 『성학십도(聖學十道)』를 지어 올렸다. 태극 원리에서 천도와 도덕 정치가 비롯됨을 밝히고, 하늘을 섬기고 백성을 애달프게 생각하는 군주의 통치관을 집약한 것이다. 1575년(선조 8년), 홍문관 부제학 이이는 『성학십도』의 도해를 보다 쉽게 서술하여 군왕학을 지어 올렸는데, 이것이 『성학집요』이다. 이이는 이 책의 서문에서 진차(進箚, 지어 올림)의 의미를 이렇게 밝혔다. "이 책은 제왕이 학문을 할 때 근본이 되는 것과 말단이 되는 것, 정치를 할 때 먼저 해야 할 것과 나중에 할 것에 관한 것입니다. 사람이 본래 타고난 덕을 밝힘으로써[明德] 얻을 수 있는 실제 효과와 백성에게 덕을 자각하게 하여 새로운 백성으로 거듭나게 하는[新民] 실제 자취의 얼개를 모두 대략적으로나마 밝혀 놓았습니다."[3] 그는 「수기」부터 시작해, 「정가(正家)」(몸과 집안을 바르게 함), 「위정(爲政)」으로 나아가는 일련의 지침을 사서오경(四書伍經), 특히 정주학에서 취해 정립했다. 「위정」의 핵심은 애민, 위민, 외민(畏民)이라는 성리학적 통치관을 군왕에게 일깨우는 것인데, 이는 조선 시대를 일관하는 세계관이자 인민관이었던 것이다. 「위정」편 총론에서 이이는 "오직 하늘과 땅은 만물의 부모이며, 사람은 만물 가운데 가장 신령한 존재이다. 진실로 총명한 사람이 임금이 되며, 임금은 백성의 부모가 된다."라고 하여 임금은 부모, 신하는 맏아들, 백성은 보살핌을 받아야 할 자식으로 비유했다. 그리하여 백성은 임금을 사랑하고, 임금은 백성의 안위를 책임져야 할 존재로 설정됐다. 민유방본의 논리는 자식으로서의 백성이 튼튼해야 나라가 잘 된다는 도덕 정치의 요체였다. 율곡은 '안민' 장에서 『서경(書經)』의 가르침을 인용하여 다시 한번 강조한다. "위대한 조상께서 가르침을 남기셨다. 백성은 가까이해야지 얕보면[下] 안 된다. 백성은 오직 나라의 근본이다.[民惟邦本] 근본이 튼튼해야 나라가 편안하리라!"[4]

그러나 애민과 외민, 천심과 천도라는 이 근사한 수사에도 불구하고 인민은 한 번도 권력과 통치의 주체가 되어 본 적이 없었다. 조선의 역사는 군주와 사대부로 구성된 지배 집단의 역사였으며, 인민은 그 통치 권력에 의해 피조(彼造)되는 대상, 또는 통치 권력을 정당화할 때 필요한 객체에 지나지 않았다. 인민이 통치의 객체라는 점은 유교 문화권과 유럽 봉건 사회에서도 마찬가지였지만, '인민을 근본으로 삼아' 인민 위에 군림하는 것이 유교 정치의 본질이었다. 그들의 생각과 처지가 통치관의 변화에 영향을 미친 흔적을 발견하는 것은 동학 이후의 시기를 제외하고는 거의 불가능하기에 '지배 집단의 도덕적 위상을 가늠하는 교화의 대상으로서의 인민'이 조선 시대를 일관한 보편적 관념이었다고 보는 편이 옳을 것이다.

조선 시대 민본 의식에 대한 한 연구는 18세기 숙종이 민유방본을 더욱 강도 높게 수용해서 소민 보호 의식으로 확대하였으며, 영정조 때에는 이보다 한 차원 높아진 민국(民國) 이념이 형성, 발전했다고 지적한다.[5] 전국을 휩쓴 여러 차례의 자연재해와 관리층의 탐욕에 의해 송사가 끊이지 않고 민생 도탄의 불만이 도처에서 제기되자 숙종은 관리들의 학정을 엄금하고 향촌에 거주하는 대소민인(大小民人)의 생활 안정을 중시한다는 어지(御旨)를 자주 내렸다. "백성이 먹을 것이 없고 나라에 백성이 없다면 내가 누구와 더불어 임금이 되겠는가."라는 발언은 『성학집요』의 가르침을 환기하고 있다. 영조 역시 시폐를 파악하고자 하였으며, 언로를 열어 민은(民隱)을 해결하고자 노력했다. "민은 국(國)에 의지하고 국은 민에 의지한다. 민이 족하면 군(君)도 족하다."라는 전통적인 민본 의식[6]을 정조는 민국 개념으로 확장하여 백성의 안위와 관련된 일을 '민국의 대계'로까지 표현했다. "애석하다! 근일에 헤아려 도모함이 민국의 일을 크게 소홀히 했으니 조정에 기강이 있다고 할 수가 있겠는가? 민을 중히 여긴다고 할 수가 있겠는가?"라는 『비변사등록(備邊司謄錄)』의 기사나, 그와 같은 취지의 발언이 자주 등장하는 것은 정조가 인민을 군주와 일체화한 증거로 충분하다는 것이다.[7]

여러 연구를 종합적으로 고찰하면, 조선 초중기에 비해 숙종 이후 영정조에 이르러 시폐가 자주 논의되고 중앙 정치에서 인민의 존재가 보다 비중 있게 다뤄졌다는 점은 부인할 수 없을 터이다. 숙종에서 정조에 이르기까지 상소, 상언 제도가 보다 활발하게 운영되었고, 따라서 중앙 정치가 향촌의 사정과 민인들의 형편에 더 적극적인 관심을 표명하였다는 점에는 의심의 여지가 없으나,[8] 그것이 반드시 통치의 객체라는 인민의 위상을 바꾸는 데까지 나아갔던 것은 아니다. 숙종 연간에 자주 발생했던 천재지변과 전염병으로 피폐해진 향촌 사정을 치유해야 할 필요성이 중앙 정치의 최대 관심사로 부상한 것이 일차적 원인이었고, 다른 한편으로는 상공업의 발전과 사회 분화에 따라 보다 번잡해진 향촌 질서를 교정하고 다기화된 민은을 시급히 해결해야 했기 때문이었다. 사회 질서의 급격한 변화와 잦은 자연재해로 인한 피해가 통치관에 반영된 것이기는 하지만, 그것은 어디까지나 성리학적 질서로의 안전한 복귀를 지향했던 것이지 '자식으로서의 인민'의 이미지에 일대 변화를 낳는 근본적 전환은 아니었다. 숙종은 민유방본의 이념을 환기하면서도 면리제(面里制)와 오가통제(五家統制)를 보다 치밀하게 시행해서 국가의 통치적 효율성을 높이고자 했다. 이와 같은 당시 중앙 정치의 개혁 의지를 고려하면 지배 계급의 그런 담론들은 사대부의 인식 전환 혹은 군민 일체의 정치 개혁을 도모하는 통치관의 변화가 아니라 인민에 대한 통제 강화에 궁극적 목적이 있었다고 해석하는 편이 적절하다. 정조 자신도 그렇지만, 정조 때 실학자 정약용(丁若鏞, 1762~1836년)도 변화하는 사회상을 최대한 반영하면서 성리학적 이상 국가를 재건하는 것이 경세학(經世學)의 최대의 목표였다.[9] 사대부의 문법에서 이탈한 몇몇 지식인의 자유분방한 시도를 문체반정으로 다스렸던 정조의 경우도 민국 이념에 상정된 인민은 여전히 강상 윤리에 충직한 통치적 객체여야 했다. 그렇다면, '대개 임금은 국가에 의지하고, 국가는 민에 의지한다. 민은 국가의 근본이며 군주의 하늘'이란 믿음에 바탕을 둔 조선 초기의 민본 의식은 조선 후기에 이르기까지 질적 변화를 거의 겪지 않은 채 지속되었다고 보는 편이 옳을 것이다.[10] 민유방본은 덕치와 예치에 대한 통치자의 긴장을 재생산하는 가장 중대한 이념이었던 만큼, 인민의 관점에서는 직역과 신분 제도에 결박하는 이데올로기, 저항과 이탈을 방지하는 방파제로 기능했다. 인민은 신분 제도에 맞는 직역을 충실히 수행하는 것으로 왕과 사대부의 안민익국(安民益國) 통치에 보답해야 했던 것이다.

통치와 교화 대상으로서의 인민, 군주와 사대부 계급의 도덕적 각성을 위해서 존재 가치를 인정받는 인민은 『역경(易經)』에서 이르듯 갓난아기[赤子]로서 조선 역사의 밑바탕에 깔려 있었다. "임금은 부모, 백성은 갓난아기, 군수는 유모"로서, 사리를 분간하지 못하는 갓난아기가 위험에 빠져들지 않도록 부모는 모든 정성을 다해 보호해야 할 임무를 맡고 있었으며, 그것을 실천하는 것이 도덕 정치였다. 적자입정(赤子入井), 즉 갓난아기가 위험한 줄도 모르고 우물에 들어가는 것을 막아야 할 도리가 군주와 사대부 계급에게 있었으며, 그들이 인성의 본질을 깨우치고 수분공역(守分供役)하는 한 유교 정치에는 아무런 이상이 없었다. 그러므로 중앙 정치에서 인민이 자주 거론되는 현상은 통치 질서에 이상이 발생하고 있다는 증거로 해석해도 무리가 없다. 근력이식(勤力而食)하면서 수분공역해야 할 인민이 그러지 못했다는 것은 통치와 교화에 문제가 발생했다는 뜻이며, 인민이 유교 정치에서 이탈했다는 증거인 것이다.

새로운 인민

조선의 역사는 군주－관료－재지사족으로 구성된 통치 집단의 역사였다. 인민은 통치자들이 역사를 만들어 가는 데 필요한 질료였다. 질료는 결코 행위자가 될 수 없었다. 그러므로 질료로서의 인민이 역사와 접속할 수 있었던 것은 오직 이탈과 저항이라는 독특한 방식을 통해서만 가능했다. 이탈과 저항은 통치자들의 도덕적 위상에 문제가 발생했음을 알려주는 지표이기 때문이다. 인민이 조정에 자신들의 의사를 전달해서 정치에 반영하도록 하는 제도, 다시 말해 인민이 지배 계급이 주도하는 역사와 접속할 수 있는 제도인 공론 정치가 일찍이 마련되어 있기는 했지만, 상민에게 가용했던 것은 민·형사상 억울한 일을 호소하는 상언(上言)이 고작이었으며, 조정에 올릴 수 있는 상소나 상서는 지배 계급인 유생에게만 열려 있었다.[11] 조선 초기에 인민은 그리 흔치 않았던 상언을 통해, 그리고 향촌에서 자주 발생하던 민인 간, 민인과 향리 간 송사를 벌임으로써 공적 통치 제도와 접속했다. 그 외에 통치의 근간을 흩트리는 행위는 용납되지 않았다. 심지어는 자신들의 잉여 생산물을 내다 파는 행위도 허용되지 않았다. 물건을 사고파는 상행위는 시전 상인들에게만 허용되었던 특권이었는데, 시전 상인들도 국가에서 정한 세금을 납부한 대가로 그 특권을 누릴 수 있었다. 조선의 시장인 장시(場市)는 중종 대에 전국에 형성되기 시작했는데, 조정은 농사일을 버리고 하잘것없는 이익을 추구하는 폐단이 확산되는 것을 우려했고, 명종 때는 장시에 출현하는 백성들이 명화적(明火賊)의 무리에 휩쓸릴까 두려워하여 급기야는 장시금지론을 명하기도 했다. 양란 이후 토지겸병과 전호제의 모순이 심각해지면서 부세와 요역을 피해 도망가는 양민과 천민이 속출했다. 유랑민이 생긴다는 것은 유교 정치에 대한 심각한 거부이자 경제적 기반의 축소를 의미했으므로 왕과 신료들의 관심 사항이 아닐 수 없었다. 17세기 후반 대동법의 확대 실시와 함께 면리제와 오가통사목(五家統事目)을 반포한 것도 조세 제도의 효율적 운영 외에도 반복되는 자연재해와 학정으로 피폐화된 향촌 질서를 바로 잡으려는 의도가 더 강했다.[12] 면리제와 오가통제는 수령의 향촌 장악, 즉 백성에 대한 국가의 통제력을 강화하는 관료 통치의 근간으로서 19세기 후반 '민란의 시대'에 역도의 뿌리를 제거하려 할 때에도 가장 효율적인 수단으로 활용되었다. 예를 들어, 삼남에서 동학 비적을 색출하고자 혈안이 되었던 1894년, 동학도 진압을 목적으로 각 지역에 파견된 순무사들은 오가통제를 담당했던 말단 관리인 통수(統首)들을 활용하여 향촌의 현황을 파악했다. 북접 동학이 충남과 경기도로 진격했던 1894년 10월 17일, 『순무선봉진등록』에는 다음과 같은 현황이 기록되어 있다.[13]

참모관 별군관이 보고하는 일입니다. 공고문 두 통은 10월 16일 오시에 진위와 직산의 관가에 도착하여 한문과 언문으로 번역을 하여 각 마을에 게

시하게 하였습니다. 진위에서는 비도(匪徒)가 이미 귀화하였다고 합니다. 본
현에서는 이미 향약절목과 오가작통 문서가 있어서 다시 조사를 더하여 비
도가 갔는지 안 갔는지 또는 귀화를 했는지 안 했는지 한 사람씩 사실대로
기록하여 주둔한 진영에 보고하라는 뜻으로 해당 현령에게 지시했으며 이런
사정을 보고합니다.

조선 시대를 일관하여 인민은 몇 겹의 감시와 통제망에 포박되어 있었
다. 간혹 노비가 도망가는 일이 발생해도 주인들은 각 지역을 넘어 형성된
재지사족 간, 관료 간 네트워크를 통해 추적해서 잡아 오기가 그리 어렵지
않았다. 영조 시대 하급 무관이던 노상추의 집에서 노비 도주 사건이 발생
했지만 그는 자신이 구축했던 관료 네트워크를 통해 곧 체포할 수 있었다.[14]
그런데 통치 권력을 강화하는 지배 계급의 지속적 노력에도 불구하고 유교
정치의 효율성을 저하시키는 인민의 이탈과 저항은 꾸준히 진행되었다. 양
란을 전후해 재지사족들은 양반 중심의 향회(鄕會)를 만들어 수령권을 견제
하면서 독자적으로 향촌 통제력을 강화했고, 향교(鄕校)의 재건과 서원(書
院) 설립을 통해 민에 대한 교화 기능을 높이고자 노력했는데, 유교 정치의
통치 기반을 허무는 내적 변화가 서서히 때로는 급격하게 발생하는 것을 막
지는 못했다. 농업 생산력의 발전, 장시 형성, 신분제의 이완, 상공업의 발달
등 내적 변동의 요인들이 제공하는 예기치 못했던 길을 따라 인민들은 서서
히 유교 정치의 바깥으로 걸어 나오고자 했던 것이다.

17세기 중반 이후 개화기에 이르는 두 세기 동안 개인적으로나 집단적으
로 인민의 성장과 이탈이 점진적으로 일어났는데, 인민의 이탈이 외세의 침
략과 정치적 개입이라는 외적 변동 요인과 맞닥뜨린 것이 19세기 후반의 개
화기였다. 서구 열강이 중국을 거쳐 조선으로 진출하고자 했던 그 순간 조
선 내부에서는 인민들이 봉건적 통치의 모순에 불만과 분노를 표출하면서

산발적으로 혹은 집단적으로 지배 계급이 오랫동안 독점했던 역사의 문을 두드렸다. 18세기까지는 존재하지 않았던 전혀 새로운 두 개의 세력, 서구 열강이라는 외부 세력과 집단적 내지 산발적 저항 인민이라는 내부 세력이 조선의 역사에 개입한 것이 개화기의 본질이다. '통치 객체로서의 인민'이라는 관점에서 보자면, 그것은 근세가 저물고 새로운 시간대가 열렸다는 뜻이다. 민란 가담자나 동학교도들도 여전히 봉건적 질서에서 벗어나지 못한 인민들이었기에 그 새로운 시간대가 '근대'인가에는 이론의 여지가 많다. 그러나 인민과 역사의 본격적 접속이 이뤄지고 인민의 집단적 힘이 역사 변화의 동력이 되기 시작했다는 점에서 질적으로 새로운 시간대였음은 틀림없다.

이 시간대에 등장한 인민은 조선 초기 정도전이 얘기하듯 "어둡고 우매하여 취할 것과 버릴 것을 알지 못하고 …… 도(道)에 사(邪)와 정(正)이 있음을 알지 못하는" 그런 인민이 아니었으며, 그 모습도 천차만별이었다. 여전히 봉건제적 질서에 갇혀 신분적 역할과 직역을 충실히 수행하는 수동적 인민이 다수였던 것은 틀림없으나, 기존의 통치 기구로는 도저히 통제할 수 없는 인민들이 태어났다. 체제 변혁의 동력과 징후가 도처에서 감지되고 있었던 것이다. 가령, 19세기 후반기 인민들의 모습은 이러했다.

(1) 우리와 거의 같은 시기에 서울에서 체포되어 온 여성 신자 세 명이 역시 같은 감옥에 수감되어 지냈다. 내가 들어올 때 그중 한 명은 이 감옥 안에서 만연하고 있는 역병인지 아니면 장티푸스인지를 얻어 앓고 있었다. 나이는 겨우 26세였고 겨우 6개월 된 귀여운 두 아이의 어머니였다. …… 아무도 자신을 쳐다보고 있지 않을 때면 그녀는 그 틈을 타서 얼른 나를 바라보며 여러 차례 성호를 그었는데, 그런 모습을 보노라면 측은한 마음이 들었다. …… 네 번째 여성 신자는 내가 이 감옥에 들어오기 이틀 전에 역병으로 옥

사하였다. 영세명이 카타리나였던 그녀는, 서울의 전교회장으로 1866년 병인박해 때 순교한 말구라는 노인의 처였다. 그녀는 자기 손으로 키운 조카이자 배신자 피 바오로의 밀고로 우리와 같은 시기에 체포되었다. 형졸들은 내가 감옥에 들어오고 5~6일이 지나서야 깜빡 잊고 방치해 두었던 시체를 치우러 와서는 들것에 실어 내갔다. 옥졸은 우리에게 와서 이렇게 말했다. "족제비들이 그 못된 천주학쟁이들을 뜯어먹었다니 기가 막힌 일이면서도 참으로 지당한 일일세."[15]

(2) 이때 관병(官兵)의 후원으로 수천 명의 부상군(負商軍)은 순창 담양 등지로부터 들어와 관병과 한가지로 그 산상봉(山上峰)에 진을 치고 있었다. 이 일을 미리 알고 있었던 동학군 진중에서는 건장하고 용감한 자 수십 인을 뽑아 부상군의 모양을 가장하고 순창 담양 부상군의 뒤를 따랐었다. …… 그날 밤을 지나 익일 미명에 마침 안개가 덮여 지척을 분별키 어려웠었다. 그러나 접전 시각은 예정대로 하게 되어 약속과 같이 무장가장군(茂長假粧軍)이 선발대가 되었었다. 선발대들은 건장한 걸음으로 기운 있게 내달아 바로 중봉(中峰)을 향하여 올라서며 일성의 포향(砲響)을 발하였다. 이때 동진에서도 따라 응포(應砲)를 하였다. 선발대는 연해 발포하며 동진을 쳐들어간다. …… 한참 이러할 즈음에 그 산 동서북 삼면으로 나누어 은신하였던 동학군들은 일시에 에워싸며 관병의 뒤를 지쳐 들어섰다. 이겼다고 안심하던 관병들은 졸지에 낭패를 당하여 꼼짝도 못하고 멸망을 당하였고 도망한 군사들은 또 복병을 만나 함몰을 당하였다. …… 동학군진에서는 관병의 총포 탄약 등을 거두어 가지고 바로 부안읍을 쳐들어가니 관리는 이미 도망하였고 다만 읍중 백성들만 모여 주찬을 갖추어 대접할 뿐이다.[16]

(3) 1897년 10월 현재 한국에는 언문으로 새로운 학문을 가르치는 공립

학교가 둘 있고 영어 공부를 위한 공립 학교, 미션스쿨들이 있다. …… 또한 소년, 소녀를 위한 다른 학교들이 있다. 여기에서는 공업 교육이 이루어졌는데 같은 미션에 의해 성공적으로 실시되었다. …… 미션과 외국학교들, 국립 영어 학교를 포함하여 서울에는 거의 900명의 신교육을 받는 학생들이 있었는데 주로 젊은 사람들이었다. 이들 학생들은 기독교 도덕, 기초 과학, 일반 역사, 그리고 애국주의 원리를 교육받는다. …… 몇 년 후에는 비교적 큰 지방의 읍면들에 중학교 또는 고등학교가 설립될 것이고 작은 촌락까지 초등학교가 보급될 것이다. 자국의 언어로 된 교재의 통일적 시리즈를 모두 사용하는 학교들이…… 이제 이러한 지식들은 한문과 여러 모로 대조적인 언어-언문을 통해 획득해야 한다.[17]

19세기 후반 이 세 장면에 나타난 인민의 모습은 매우 다르다. (1)은 6대 천주교 교구장으로 임명된 리델(Félix-Clair Ridel, 1830~1884년) 주교가 감옥에서 목격한 사건들을 술회한 체험기이다. 리델 주교는 베르뇌(Siméon Fançois Berneux, 1814~1866년), 푸르티에(Jean Antoine Pourthie, 1830~1866년), 다블뤼(Marie Nicolas Antoine Daveluy, 1818~1866년) 주교가 1866년 병인박해 때 순교한 이후 조선에 잠입하여 활동하다가 1878년 관아에 체포되어 포도청 감옥에 갇혔다. 그곳에서 그는 많은 천주교 신자들이 혹독한 고문을 당하거나 질병과 기아로 죽어 가는 것을 목격했다. 서학이 국가의 적으로 규정되고 철저히 압제되던 조선에서 이름도 모르는 수많은 하층민들이 서양의 낯선 종교에 의지하며 스스로 죽음의 길을 택하는 것을 경이로운 눈으로 바라본다. 공자의 나라에서 그것은 가히 기적과 같은 일이었다. 순교의 길을 택했던 하층민들은 조상신을 신봉하고 하늘신을 받들던 조선의 전통적 인민이 아니었다. 이 같은 박해의 풍경은 불과 18년 후인 1896년엔 평화로운 기도회로 바뀌었다. 선교사였던 언더우드(Lillias Horton Underwood, 1851~1921년)

여사는 정부가 허가한 독립문 근처의 한 건물에 모여든 예배 인파를 경이로운 눈으로 보았다.

그날 일찌감치 기독교인 청년들과 소년들이 온 도시를 돌아다니며 책자와 찬송가를 나눠 주었다. 예배가 시작되기 훨씬 전에 여러 계층의 사람들이 그 언저리까지 가득 차서 연사들과 선교사들이 도착했을 때는 거의 접근할 수 없을 정도였다. 건물 안은 서 있는 사람들로 금세 꽉 찼고, 널찍한 출입구마다 사람들이 줄을 지어 늘어섰으며 층계와 가까운 곳에도 사람들이 들어찼다.[18]

짧은 기간에 현격한 변화가 발생했던 것이다. 언더우드 여사 일행은 관아의 감시는커녕 외무부 대신의 협조 공문을 휴대한 채 평안도와 황해도를 자유롭게 여행할 수 있었는데, 여행 목적은 각지에 선교 거점을 만들고, 신자들에게 세례를 주고, 언문으로 번역한 성서를 보급하는 일이었다. 평안도와 황해도 산간벽지에서 언더우드 여사 일행은 하늘신이 아닌 '새로운 신'을 믿고자 하는 열렬한 신도들과 만날 수 있었다. 상층 계급은 물론 농민, 노동자, 상인, 부랑자에 이르기까지 매우 다양한 사람들이 기독교로 전향하는 것을 감격스럽게 바라봤다.

(2)는 언더우드 여사도 목격한 바 있는 동학 농민 전쟁으로 백산에서 치러진 치열한 전투 장면이다. 수만 명의 농민군이 백산에 집결하자 전라감영은 부관 이재섭과 송봉호로 하여금 난민을 징벌할 것을 명했다. 약 1000명의 관군은 고부(古阜)로 진격했고, 도중에 동학군을 만나 치열한 접전을 벌인 끝에 패퇴하기에 이르렀다. 동학군은 농민이 주류였지만 사회에 불만을 품고 도망한 자, 무뢰한, 유랑자, 천민들도 다수 합류한 복합적 구성의 집단이었다. 동학군은 하늘님을 모시고[侍天主] 수심정기(守心正氣)하면 관군

과 왜군을 무찌를 수 있는 힘이 생긴다고 믿었다. 그들은 관군과 싸울 때 궁궁을을(弓弓乙乙)이라는 부적을 가슴에 붙였는데, 그 부적이 적의 총알로부터 자신을 보호한다고 믿었다.[19] 부패와 착취에 저항해 분연히 일어선 동학도들의 모습은 분명 새로운 질서에 대한 '근대적 소망'을 담고 있기는 했지만, 동학군 자신은 『정감록(鄭鑑錄)』의 참위설(讖緯說), 주술 신앙과 그리 멀리 떨어지지 않은 곳에 위치해 있었다. 동학 농민 전쟁은 참여한 농민들이 분명 착취 기제로 변한 유교적 통치 체계에 근본적 변혁을 요구하였다는 점에서 근대를 재촉한 일대 사건이었다. 유럽, 러시아와 중국에서 전국적 농민 봉기가 봉건 체제의 붕괴를 재촉했듯이, 역사가들이 '근대를 향한 서곡'을 동학 농민 전쟁에서 찾고자 했던 까닭은 나름대로 근거가 있다. 그럼에도 그들의 의식은 경천, 음양오행, 천도와 유토피아 의식, 영부(靈符)와 축문 등이 뒤엉킨 상태, 다시 말해 역사가들이 '근대적인 것'으로 정의한 모습과는 사뭇 달랐다.[20] 그러나 불과 십여 년 뒤 1905년에 을사늑약이 강압적으로 체결되자 촉발된 의병 운동에 의연히 가담한 사람들에게선 민족주의의 체취가 물씬 풍겼다. 의병 운동에는 전국을 떠돌던 동학의 패잔병들이 대거 가담하기도 했다.

언더우드 여사 일행이 선교 여행을 떠났던 당시, 영국의 저명한 지리학자이자 왕립학회 회원인 이사벨라 버드 비숍(Isabella Bird Bishop, 1832~1904년) 여사도 학문적 여행을 떠났다. 그녀는 제물포와 서울을 둘러보고 한강과 대동강 유역을 탐사하고서 당시 조선의 사회상을 세밀한 필체로 묘사한 여행기를 남겼다. 사회상과 정치상은 물론, 한국의 관습과 민간 신앙, 한강과 대동강 유역의 마을 풍경과 풍습, 통치 질서, 관료와 백성들의 삶의 풍경에 이르기까지 광범위한 대상을 날카로운 시선으로 분석했다. 그녀에게 포착된 당시 조선의 교육은 전통적 한학에서 막 벗어나서 이른바 근대식 교육이라 부를 수 있는 새로운 체제로 넘어가는 단계에 놓여 있었다. 위의 예문 (3)의 대상은 역시 서울이었는데 젊은 청년들이 한양의 공식 교육 기관인 사학(四學)을 벗어나 당시 설립되기 시작한 근대 교육 기관과 미션스쿨에 입학하였다는 것, 그리하여 서당과 사학 중심의 전통적 교육 체계가 배출하는 봉건적 인물들이 아니라 영어, 기초 과학, 일반 역사, 도덕, 종교적 원리를 습득한 새로운 인간형이 배양되고 있었음을 알 수 있다. 말하자면, 개화기의 인민은 조선 시대 인민의 전형적 이미지와는 사뭇 다른 모습을 띠고 있는 것이다.

이 세 장면에 나타난 인민은 지배 계급의 이념에 순종하고 통치 질서에 안주하던 그런 인민이 아니었다. 생활 깊숙이 스며든 유교적 가치관과 생활 양식을 그대로 갖고 있으면서도 유교적 통치 이념과 국가 권력이 이미 쇠락했으며 그 효율성이 소진했다는 점을 인식한 인민이었다. 그렇지 않고서는 1898년 서울 한복판에서 개최된 만민 공동회와 같은 대규모 군중 집회를 설명할 길이 없다.

통치 질서의 와해와 근대 인민의 탄생

앞의 예문은 조선의 통치 방식을 구성하는 세 가지의 기제에 심각한 변화가 발생하고 있음을 보여 준다. 종교(1), 향촌 질서(2), 교육(3)은 건국 초기부터 후기에 이르기까지 인민을 포박했던 조선의 통제 기제로서 의례, 신분, 이념의 유지와 재생산을 각각 담당했다. 조선의 공식 종교인 유교는 천도와 천리(天理)를 현실 세계에 실현하는 것을 궁극적 목표로 설정했고 도덕 정치를 통해 지배층과 피지배층의 합일을 지향했다는 점은 앞에서 살펴본 바다. 군주-사대부-인민을 하나의 세계로 통합해 주는 것이 우주의 원리 즉 태극이라면, 이 궁극적 진리에 대한 국가 차원의 예제(禮制)가 필요했다. 그래서 조선은 하늘신과 조상신을 숭배의 대상으로 설정했고 사직단과 종묘를 만들어 국가적 차원에서 의례 규정과 절차를 도입하기에 이르렀다. 제천(祭天)과 제사(祭祀)로 구성된 의례 체계에서 군주는 대사제, 사대부는 중사제, 일반 민호의 가장은 소사제로 규정되었다. 『경국대전(經國大典)』의 「예전(禮典)」에는 군주와 백성이 이행해야 할 제사의 종류와 절차, 격식에 대한 각종 규정이 빼곡히 적혀 있으며, 이 규정을 어겼을 때에는 엄한 처벌이 가해졌다. 유교 지배하에서, 그것도 국법으로 의례가 강제되는 상황에서 다른 종교의 유입은 국가 기강을 흔드는 일대 사건이었다. 18세기 말 사대부와 중인들로부터 시작된 천주교의 확산을 막으려고 조정은 대대적인 색출 작업을 벌였으며, 외국인 선교사들을 처형했으며, 2만 명에 달하는 천주교도들을 형장의 이슬로 보냈다. 예문 (1)은 그런 철저한 탄압에도 불구하고 유교적 질서가 내부에서 서서히 붕괴되는 모습을 보여 준다.

도성민을 제외하고 대부분의 인민이 향촌에 거주하고 있었던 조선에서 향촌은 인민을 다스리는 통치의 기본 단위라고 할 수 있다. 향촌의 인민들은 수령과 이서 집단이 행사하는 관권(官權)과 재지사족이 행사하는 향권(鄕權)에 의해 수분공역의 역할을 수행했다. 관권과 향권은 견제와 공조의 관계를 반복하면서 촌락민의 가족생활, 사회적 관계 및 생산 활동을 통제했는데, 촌락의 인민들이 이 두 개의 권력이 짜 놓은 신분과 직역의 의무에서 벗어나기란 불가능했다. 노비를 제외하고 평민들에겐 거주 이전의 자유가 허용되기는 했지만, 새로운 정착지라고 해서 관권과 향권의 그물망이 없는 것은 아니었다. 두 개의 향촌 권력은 신분 질서, 생산 활동, 조세 납부를 유지, 감독하는 기능을 담당하면서 인민들이 정치적, 경제적, 사회적 역할을 지켜 나가도록 감시한 포괄적 권력이었던 셈이다. 그러므로 예문 (2)에서 보듯, 수분공역을 버리고 동학에 가담한 농민들이 수만 명에 달했을 뿐만 아니라, 중앙 정치를 대변하는 관군과 전투를 벌일 만큼 지배 권력에 대한 저항 의식으로 무장했다는 사실은 500년을 지속해 온 향촌 질서 자체가 붕괴되었다는 것을 뜻한다.

교육은 의례와 신분 질서의 정당성, 유교적 지배 체제의 정당성을 재생산하고 유지, 존속시키는 교화 기제에 해당한다. 관학과 사학의 대립과 분화에도 불구하고 조선의 교육은 문자와 사상 교육을 통해 인민들을 성리학적 이념 체계로 편입시키는 데에 궁극적 목적이 있었다. 『소학(小學)』에서 시작해서 성리학의 주요 저술인 사서오경으로 나아가는 점진적 교과 과정이 연령과 능력에 따라 인민들에게 부과되었는데, 각 단계별로 국가 엘리트를 선발하는 과거 제도가 중첩되어 있었다. 따라서 교육 기구는 유교 사상의 학습과 인재 선발이라는 이중적 기능을 담당했다. 그런데 예문 (3)에서 보듯, 명륜과 입신에 초점을 맞춘 성리학적 기본 덕목을 벗어나 기초 과학, 일반 역사, 영어 학습으로 교과 과정이 바뀌고 사상 교육도 애국주의 원리와 같은 근대식 요소가 나타난 것은 이념 기구로서 교육의 유효성이 소진되고 새로운 이념이 필요해졌다는 것을 뜻한다. 선교사 아펜젤러(Henry Gerhard Appenzeller, 1858~1902년)가 1887년 배재학당을 개교한 이래 여러 신식 학교가 문을 열었고, 1894년 갑오개혁을 계기로 교육 기구의 중심축이었던 과거 제도가 폐지되었다.

종교, 향촌 질서, 교육을 축으로 한 통치 체제의 제도적 효율성이 소진했거나 통제의 정당성이 상실되자 인민의 '자발적 외출' 혹은 결박 해제 상태가 표출되기 시작했다. 성리학이라는 '거룩한 천개(sacred canopy)'가 벗겨지고 유교적 질서가 와해됨에 따라 전통적 통제 기제에 결박되어 있던 인민이 이완되는 양상이 점차 두드러졌던 것이 개화기의 모습이다. 인민들은 전통적 질서에서 이탈하는 것을 거부하지 않았을 터이지만, 불안정한 현실을 헤쳐 나갈 새로운 규율과 원리를 동시에 원했을 것이다. 내면세계를 추스를 종교적 자원이 결핍되었기에 새로운 국면을 맞는 인민들의 마음은 더욱 불안했다. 유교는 내세관이 없는 현세적 종교였다. 죽음을 부르는 천재지변과 전염병 앞에서 속수무책이었던 조선 인민들은 정부가 그토록 탄압했던 불교와 주술 신앙을 자신들의 내면세계로 암암리에 불러들였다. 언더우드 여사, 비숍 여사, 그리고 당시 조선을 여행했던 많은 선교사와 저널리스트가 흥미롭게 목격했던 것은 남루한 집 안에 곱게 모셔 둔 귀신 단자, 콜레라가 번진 마을 입구에 걸린 고양이 그림, 무엇보다 칼과 요령을 흔들며 작두 위에서 광란의 춤을 추는 무당들과 밤새도록 쿵쾅거려 잠을 설치게 하는 굿판이었다.[21] 천주교와 기독교는 조선 민중의 비어 있는 내세관으로 진격해 들어갔고, 급기야는 유교가 궁극적 진리의 발원자로서 섬겨 마지않을 '하늘의 주인(天主)'과 하나님(예수 그리스도)을 일치시켰다. 정신과 마음의 최종 주체로서 유교적 천주가 천주교적 천주로 바뀌자 개종자들이 속출했던 것이다. 유교가 지향하는 이상과 현실 사이에 메울 수 없는 틈이 생기자 유교적 의례의 집정관으로서 군주와 사대부, 재지사족의 종교적 권위는 심각하게 손상되기에 이르렀다. 따라서 향촌 질서의 집행관적 권위와 지위도 타격을 입었으며, 유교적 통치 질서의 재생산 기제인 전통적 교육 체계 역시 인민을 기존 질서에 가둬 두지 못했다.

종교, 향촌 질서, 교육이라는 재래의 통제 기제가 붕괴되자 조선은 정치적 정당성을 상실했고 새로운 정치 체제를 모색하는 일단의 군중들이 출현했다. 동학 농민 전쟁, 갑오개혁, 청일 전쟁, 대한 제국 출범 등 삶의 터전을 송두리째 뒤흔드는 역사적 대사건들 속에서 극단적 불안에 직면한 인민들은 안정을 찾아 줄 새로운 체제를 갈망하기 마련이다. 이런 갈망은 여러 가지 행동 양식으로 표출된다. 민비시해 사건에 분노한 군중들은 아무런 사전 기획 없이 광화문 네거리로 몰려 나와 항의 행렬을 이뤘고, 갑오개혁의 주도자였던 김홍집은 관군에 체포되어 죽임을 당했다. 1894년부터 1910년 사이 한양의 육조거리와 덕수궁 앞 광장은 시위대에 의해 자주 점령되었다.

조직과 단체가 주도한 시위도 있었고, 사전 계획 없이 항의차 몰려나온 경우도 많았다. 비교적 체계와 질서를 갖췄다고 평가되는 만민 공동회도 독립 협회 지식인들의 역할이 주효했는데, 종래의 국가 체제에 일대 변혁을 꾀하고 새로운 체제를 요구하였다는 점에서 그 인민들은 근대로 가는 문을 열고자 했던 열망이 돋보였던 것만은 틀림없다. 물론 만민 공동회에 집결한 모든 사람들이 그랬던 것은 아니다. 하지만 예전 같으면 광화문에 엎드려 집단 상소를 행하고 군주의 최종 결단을 기다렸을 사람들이었다. 상소 권한이 없는 평민의 경우라면, 해당 지역의 수령에게 상언을 올려 행정 처분을 기대했을 사람들이었다. 그런데 이번엔 아니었다. 그들은 모였고, 그들의 의견을 자유롭게 개진했다.[22]

올 사람이 다 온 듯하자 은빛 수염을 바람에 휘날리면서 노인장 한 분이 연단에 올라 연설을 시작했다. …… 그동안 청중들은 좋다 싫다 한마디 말도 없이 그의 연설을 숨죽여 들었다. …… 세 번째 연설이 끝나고는 토의가 시작됐다. 한 사람씩 차례로 일어나서 자기 의견을 발표했는데 거침없이 말하는 몸짓으로 미뤄 보아 모두가 명연설가인 듯싶었다. …… 결국 결의문이 채택되어 읽혔다. …… 결의문의 마지막 부분에서는 항의가 빗발쳤다. 한곳에 몰려 앉아 있던 100여 명의 사람들이 일어서서 소리를 지르기 시작했다. 바로 이때 어디선가 어둠 속에서 일본 경찰들이 나타나 이들 가운데 버티고 서서 싸움을 제지했다.[23]

오랫동안 참고 기다렸는데도 아무런 결과가 없고, 오히려 쫓겨났던 악질 관리들이 다시 임명되자, 사람들은 그들의 요구를 다시 주장하려고 종로에서 한 달 뒤 다시 모였다. 이때에 경찰들은 윗사람에게서 소집 명령을 받아 종로로 나가라는 말을 들었다. 그리고 해산하지 않은 비무장 군중을 모조리

칼로 쳐 죽여도 상관없다는 명령을 받았다. …… 그러자 중앙통에 주둔하고
있던 규모가 큰 부대가 소집되었고 군중은 총칼 앞에 흩어지고 말았다. ……
그들은 임금의 은혜를 간절히 바랄 때에 하는 오랜 전통에 따라 모두 대궐문
앞에 모였다. 수천 명의 사람들이 밤이고 낮이고 거기에 조용히 앉아서 임금
이 자기 말을 들어줄 때까지 열나흘을 기다렸다. 그것은 무시무시하고도 감
격스러운 장면이었다.[24]

만민 공동회를 목격했던 두 외국인의 시선이다. 자신의 나라, 스웨덴과
미국에서 흔히 목격했던 인민 대중 집회가 조선에도 나타나고 있음을 알려
주기에 충분하다. 종래의 질서를 거부하고 새로운 질서를 요구하는 인민 대
중, 그러나 그 질서가 무엇인지에 대해서는 뚜렷한 세계관을 아직 형성하지
못한 인민 대중이 태어난 것이다. 이 인민 대중이 무엇을 겨냥하고 무엇을
지향하고 있는지 같은 시기 조선을 관찰했던 비숍 여사는 잘 알지 못했다.

나는 서울을 밤낮으로 조사하면서 그 왕궁과 빈민가를, 빛바래 가는 왕조
의 광휘와 필설로 형용할 수 없는 궁핍한 삶을 보았다. 나는 또 목적 없이 빈
둥거리는 군중과 그들의 중세적 행렬을 보았다. 나는 서울의 군중에서 오랑
캐 문화를 받아들이지 않으려는 완강한 행렬, 이제 막 태동하고 있는 중세를
해체하려는 세력들의 면전에 좁은 길을 가득 메우고, 그들의 예법과 관습과
중세적인 군주국의 수도로서의 정체성을 지키려는 안타까운 몸부림을 하고
있는 행렬을 본 것이다. 고백하건대 나는 그 행렬의 진가를 깨닫기까지 1년
이 걸렸다.[25]

중세적 행렬에서 묻어나는 근대의 서곡을 막 입국한 외국인이 어찌 감지
할 수 있었으랴만, 그것을 날카롭게 인지했던 지식인들도 당시 조선에서는

드물었다는 점에서 비숍 여사의 이런 고백은 오히려 마음에 와 닿는다. 조정의 대신들과 고위 관료층은 체제 변혁을 몰고 오는 내외부적 변동 요인들에 효과적으로 대응할 방법을 찾아내지 못했고, 지방의 관리층은 중앙 정부의 통제가 현저히 약화된 틈을 타서 온갖 탐학과 수탈을 저질렀다는 점은 주목을 요한다.

일부 학자들이 '계몽 군주'로 조명하고자 하는 고종도 예외는 아니었다. 군주와 유교 정치에 대한 인민의 인식에 질적 변화가 발생했던 19세기 후반기에 고종을 위시한 조정 대신들의 대민(對民) 의식은 여전히 '인민은 적자'라는 초기적 개념에서 벗어나지 못하고 있었다. 1864년부터 1894년까지『고종실록』에는 적자(갓난아기)라는 표현이 총 85건이나 등장할 정도이다. 강화도 조약이 체결된 1876년, 관북 지역에서 월경 사건이 빈발하자 고종은 나라를 등지는 민인들의 이탈을 통탄해 마지않는 윤음을 내렸는데, 고종의 눈에 비친 인민은 여전히 갓난아기였다.[26] "아아, 부모 나라를 배반하고 이역의 백성이 되어 이역의 의복을 입고 이역의 땅에서 생산된 곡식을 먹는 것이 얼마나 극한 죄이며 크나큰 악인가. 아, 나는 너희를 나의 적자로 여기고 너희는 나를 너희의 부모로 여긴다. 자식이 부모의 마음을 몰라서는 아니 되며 자식이 부모의 말을 받들지 않아서는 아니 된다."[27]

개화기 초기에 왕과 조정이 갖고 있었던 적자로서의 인민 개념은 갑오개혁이 단행된 1894년경에 이르러 '통치 객체로서의 인민(人民, subject)'에서 '자유와 통의(通義)를 갖춘 인민(人民, people)'으로 서서히 전환되기는 한다. 일찍이 일본과 미국에 유학했고 세계 일주 여행을 통해 당시의 문물을 직접 목격했던 유길준(兪吉濬, 1856~1914년) 같은 개명 지식인의 영향이 컸다. 그러나 그것도 개화파 관료와 일부 지식층에 한정된 변화였을 뿐, 향촌 지배 세력이나 관리층 전반에 걸쳐 일어난 변화는 아니었다. 국가 기구의 전면적 재편을 초래했던 갑오개혁 때에도 그 여파가 조정에 국한된 것이었을 뿐,

지방의 관료 기구는 중앙 정치의 개혁과는 완전히 단절되어 있었다. 쇠락해 가는 지방 관아에는 갑오개혁과 같은 개혁의 손길이 전혀 미치지 못했으며 수령과 아전들은 수백 년 동안 전수된 그 교묘한 방식을 동원하여 지방민들의 수탈에 열을 올리고 있었다는 게 비숍 여사의 고발성 관찰이다.

명백한 절망으로 죄어진 계급들의 무관심, 타성, 냉담, 생기 없음의 마비 상태로 가라앉아 있다는 것은 놀랍지 않다. 개혁에도 불구하고 한국은 아직도 단지 두 계급, 약탈자와 피약탈자로 구성되어 있다. 면허 받은 흡혈귀인 양반 계급으로부터 끊임없이 보충되는 관료 계급, 그리고 인구의 나머지 80퍼센트인, 문자 그대로의 '하층민'인 평민 계급이 그것이다. 후자의 존재 이유는 피를 빨아먹는 흡혈귀에게 피를 공급하는 것이다.[28]

비숍 여사가 중앙 정부의 개혁을 안쓰러운 눈으로 바라보고 있었다면 그것은 지배층에게서 어떤 한 가닥의 희망도 찾아볼 수 없다는 이유에서일 것이다. 갑오개혁 이후 3년 동안 조선의 현실을 이보다 더 간결, 명료하게 묘사한 문장은 찾아볼 수 없을 것이다. 이 상태는 1897년 고종이 대한 제국을 선포할 당시에도 그랬다. 그러나 희망이 없는 것은 아니었다. 지배층에게는 갓난아기였고, 정사(正邪)를 분간할 능력도 없이 무지하고 수동적이기만 했던 그 인민이 꿈틀대고 있었다. 앞에 든 예문에서 비숍 여사가 "그 행렬의 진가를 깨닫는 데 1년이 걸렸다."라고 한 고백이 바로 그 점이다. 그 행렬은 변화를 요구하는 인민의 행렬이었고, 지배 계급의 통치에 불만을 표시하고 때로는 저항하는 능동적 행렬이었다. 지배 계급에만 의존했던 시대와 역사에 대한 책무가 그토록 천대받던 상민에게까지 지워졌던 시간대는 인민에게 수동적 객체에서 능동적 주체로 변신할 것을 요구하고 있었던 것이다. 인민은 낡아 빠진 유교 정치, 왕궁의 지붕처럼 남루하고 초췌해진 성리학적 통치 질서를 깨고 밖으로 걸어 나오고 있었다. 그러나 그것은 명확한 이상도 조직도 갖추지 않은 비틀거리는 군상이었다. 조선의 중세를 끝장내려는 외국 세력들이 눈을 번득이는 가운데 중세적 정체성을 지켜 내려고 안간힘을 쓰는 초라한 행렬, 도성 안팎에 거주하는 인구가 22만 명에 달하는 거대 도시였던 한성부의 중심가를 가득 메운 그 인파는 근세의 끝자락에서 새로운 질서가 도래하는 것을 불안한 눈으로 확인했다. 그러나 분명 그 인민들은 구질서가 강화되든, 새로운 체제가 도래하든 뭔가 달라지지 않으면 자신의 운명에 암운이 닥쳐오리라는 불길한 예감을 공통적으로 느끼고 있었다.

인민의 진화

개념의 불변성

1860년대부터 역사의 전면에 등장하기 시작한 인민은 도대체 어떤 사람들이며, 어떤 과정을 거쳐 형성되었는가? 또 그들은 어떤 처지에 놓여 있었으며, 당시의 현실에 대해 어떤 생각을 갖고 있었는가? 마르크 블로크(Marc Bloch), 뤼시앵 페브르(Lucien Febre), 페르낭 브로델(Fernand Braudel) 등 대역사가들은 유럽 중세와 프랑스 봉건 시대 농민들의 생활상과 의식의 단면을 이런 질문을 통해 복원해 냈다. 그렇다면 개화기 조선 인민의 실체도 복원이 가능한가? 이 질문을 던지지 않을 수 없는 사정은 매우 절박하다. 예를 들어, 40년 정도 지난 박정희 시대에 관해서는 비교적 소상히 그 전모를 파악할 수 있지만, 150년 정도 지난 개화기에 대해서는 정치사, 운동사, 농업사, 사상사 등의 소수 영역을 제외하고 인민이 대체로 어떻게 살았는지, 처지가 어떠했는지, 특히 인식의 기저에 깔린 심성이 어떠했는지를 심도 있게 관찰한 연구가 흔치 않기 때문이다.

새로운 유형의 인민이 형성되기 시작한 조선 후기의 정치적, 경제적 환경을 간략히 살펴보자. 조선 후기는 인구 증가와 농업 생산력의 발달로 인하여 농업의 상업화가 촉진된 시대였다. 그런 반면, 도시화와 농촌 해체가 빠르게 진행되어 신분제가 이완되고, 직업 분화가 일어났으며, 국가 통제력의 붕괴에 따른 재지사족과 관료층의 농민 수탈도 동시에 심화되었고, 빈민층과 유민이 다수 발생했다. 또한 1876년 개항과 더불어 미·영·러·청과의 통상 조약이 차례로 체결되자 개항장을 통해 서양의 화폐와 물품이 물밀듯이 들어왔다. 장시는 교란되었고 물가가 앙등했으며, 물자의 유통을 담당한 도고와 객주가 성업했고, 보부상 집단이 세력화되었다. 한편, 1860년 4월 경주에서 최제우(崔濟愚, 1824~1864년)가 동학을 창시해 교세를 넓혀 갔는데, 4년 뒤에는 서학으로 모략을 받아 대구 감영에서 옥사했다. 최제우의 가르침은 2대 교주 최시형(崔時亨, 1827~1898년)에게 유증되어 30년 뒤 거대한 농민 전쟁을 예고했다. 그러는 사이, 조정의 금압 정책과 탄압에도 불구하고 천주교도가 수를 늘려 갔다. 1850년대에는 천주교도의 규모가 약 2만 명으로 불어났다. 바로 그때, 단성과 진주에서는 수천 명에 달하는 농민이 가세한 민란이 발생해서 관아가 불타고 탐관오리가 교살되었다. 1862년 임술민란은 전국 71개 읍에 걸쳐 산발적으로 발생한 민란을 총칭하는 변란으로서 통치 체제의 약화를 보여 주는 가장 중요한 사건이다. 조선 전체에 약 340~350개 읍이 존재하였던 당시의 행정 편제로 보아 20퍼센트에 달하는 행정 단위가 농민 봉기에 직면했던 것이다.[1] 민란은 대체로 진압되었지만, 농민들의 생활고와 불안정은 계속 심화되었고, 급기야는 1890년대 동학 농민 전쟁으로 발전했다.

19세기 후반기 조선의 명세서이자 '새로운 인민'을 탄생시켰던 시대적 배경을 간략히 살펴보았다. 인민은 왕족과 귀족, 만조백관, 사대부, 재지사족을 제외한 일반 백성을 가리키는 말로서 조선 시대를 일관해서 존재했던 보편 개념이었다. 인민은 국가의 필요조건이었고, 군주의 권력이 정당화되는 토대였다. 왕과 조정의 대신들은 국가의 안위와 정책의 정당성을 논할 때 그 대상으로서 인민이란 용어를 사용했다. 조세와 공역 의무를 담당하는 평민(平民), 강상 윤리에 충실하고 농업에 힘쓰는 생민(生民), 지방에 거주하는 민인(民人), 힘들고 구차한 일들을 수행해야 하는 하민(下民), 사족과 평민을 아우르는 대소(大小) 민인 등이 인민의 대체 용어로 사용되기도 했는데, 이 용어들은 모두 인민이라는 상위 개념에서 파생된 하위 개념들이었고 '통치의 객체'라는 공통의 함의를 갖고 있었다. 그 객체는 유교 정치가 규정하는 영역 내에서 성리학적 이념에 따른 행동 양식과 사고방식을 내면화하도록 규율되고 통제된다. 그것을 벗어나면 인민은 반도(叛徒), 역도(逆徒), 명화적(明火賊), 군도(群盜), 부랑인, 유망인(流亡人)으로 분류되고 국가의 처벌을 받는다. 조선 초기 성리학적 질서에 의해 그렇게 규정된 인민은 정치, 경제적 변동에 따라 조금씩 진화의 과정을 밟아 나갔고, 18, 19세기에 걸쳐 인민의 원형적 설계를 넘어서는 새로운 유형의 인민이 태어나기 시작했다. 새로운 인민이란 이런 원형적 설계와 사뭇 달라져서 전통적 통제 체제로는 지배의 효율성을 기할 수 없는 사람들을 총칭한다고 한다면, 유교적 질서에서 약간이라도 벗어나 있는 사람들, 그 속에 구속되어 있더라도 벗어나고 싶은 욕망을 가진 사람들, 그것에 저항 의식을 품고 있던 사람들, 신분과 직역의 직접적 속박에서 이탈한 사람들을 포괄한다고 하겠다. 1장에서 예시한 풍경은 그런 집단들의 전방에 위치한 사람들로서 새로운 인민의 극단적 모습이다. 이 극단적 모습이 당시 인민의 '전형'은 아니지만, 개화기에 접어들자 그 극단적 모습을 향한 인민의 행진이 가속화되었다는 사실이 근대적 관점에서 '인민의 탄생'을 예고한다.

인민은 그렇게 변화하고 있었다. 그러나 조정은 초기의 원형적 인민관에서 한 발짝도 나아가지 않았고, 오히려 유교적 질서와 통체 체제를 위협하는 사건이 빈발할수록 더욱더 초기적 개념으로 회귀하고자 했다는 사실을 지적하는 것이 중요하다. 그렇기에 군주와 인민, 지배층과 피지배층의 인식

격차는 '민란의 시대'에 현격하게 확대되어 통치 체제의 비효율성을 증대시켰다. 고종의 개혁 정책은 비록 근대 국가적 열망을 갖고 있기는 했지만[2] 제국 열강의 개입으로부터 왕권의 자율성을 지키는 데에 초점을 두고 있었기에 '새로운 인민'의 탄생을 수용하는 정치적, 경제적 개혁 조치들에 미치지는 못하였고, 인민들과의 인식의 격차를 좁히는 데에 실패하였다.[3] 가령, 『조선왕조실록(朝鮮王朝實錄)』에 나타난 인민 개념이 초기부터 후기에 이르기까지 한결같이 '적자로서의 인민'으로 일관하였다는 점은 놀랍다. 다음의 예문들은 『조선왕조실록』에 나타난 인민의 개념을 초기, 중기, 후기로 나눠 가려 뽑은 사례들이다.

(1) 일곱째는 절약과 검소를 숭상하는 일입니다. 궁실을 낮게 짓고 의복을 검소하게 한 것은 하(夏)나라 우왕(禹王)의 성덕(盛德)이요, 백금(百金)을 아끼고 검은 명주[弋綈]로 옷을 지은 것은 한(漢)나라 문제(文帝)의 아름다운 행실입니다. 그들은 귀(貴)하기로는 천자(天子)가 되었고, 부(富)하기로는 천하를 차지했는데도 오히려 절약하고 검소함이 이와 같았는데, 하물며 동한(東韓)의 땅은 산과 바다 사이에 끼여 있어 인민(人民)의 수효와 재부(財賦)의 액수도 얼마 안 되니, 어찌 그 지출과 수입을 헤아리지 않고서 함부로 소비하겠습니까?(태조 1년, 1392년 7월 20일)

(2) 전하께서는 나라를 열어서 어버이를 높이시고, 사직(私稷)을 안정하게 하여 형님에게 사양하셨으니, 공덕의 성대함이 이미 지극하였고, 명나라 섬기기를 예(禮)로 하여 두 번이나 고명(誥命)을 받으셨고, 이웃 나라 사귀기를 정도(正道)로써 하므로, 바다에 있는 도적들도 복종하기에 이르렀으며, 조종(祖宗)을 높여서 제사하시면, 신령이 계시는 것같이 하심은 지극히 공경하심이요, 왕씨(王氏)의 후손을 남겨 두어 그들로 생업을 잡게 함은 지극한 인

(仁)이며, 간사한 자는 물러나고, 충직한 자는 등용되며, 검소함을 숭상하고, 사치함을 배척하여, 덕과 예(禮)를 앞세우고, 형과 벌은 뒤로 하는 것과, 천재(天災)를 두려워하여 백성의 숨은 사정을 살펴서 구휼하며, 만기(萬機)의 여가에도 경사(經史)를 즐겨 보시와, 미미(亹亹)한 정성으로 게을리함이 없으시니, 19년 동안에 사방이 안녕하고 병란(兵亂)도 일지 아니하여, 인민들은 생업에 즐겨 하고, 하늘은 감로(甘露)의 상서를 내렸으니, 전하의 공덕은 백왕(百王)에 으뜸이 될 것이요, 천고에 없는 군주임이 실로 신 등의 아첨하는 말이 아닙니다.(세종 3년, 1421년 9월 7일)

(3) 본도(本道)는 다만 실농(失農)한 것뿐만 아니라, 지난번에 강변(江邊)의 인민(人民)이 서로 근거 없는 말을 퍼뜨려 말하기를 "국가에서 장차 내지(內地)에 성을 쌓아서 옮겨 거처하게 하려고 한다 하여 농사를 폐기(廢棄)시켰으니, 지금 사람을 보내어 알아듣도록 타이르지 않을 수가 없습니다. 본도(本道)의 유지 별감(宥旨別監) 김익령(金益齡)은 사무를 익숙하게 아는 조관(朝官)이니, 만약 사람을 가려서 보내려고 한다면 이 사람보다 나은 이가 없을 것입니다."(성종 1년 1469년 12월 8일)

(4) 천자·제후의 예(禮)는 자연히 사서(士庶)와는 다르지 않을 수 없으니, 어찌 한결같이 지위를 계승하고 통서(統緖)를 이어받아서 인민(人民)과 사직(社稷)을 가진 천자·제후의 예(禮)를 모방하여 집에 행할 수 있겠습니까? 『주문공가례(朱文公家禮)』는 곧 고금(古今)을 참작하고 정리(情理)와 절문(節文)을 참고하여 책으로 만들어서 후학(後學)을 가르치는 것이고, 국조(國朝)의 제도(制度)와 또한 백왕(百王)의 예(禮)를 모아 일대(一代)의 전적(典籍)을 이루어서 나라 사람에게 법식(法式)이 되게 한 것입니다. 우리나라 300년 동안에 상성한 사람이 많지 않은 것이 아니라, 아직 자식이 아비를 대신하여

할아비의 복을 입은 자가 있다고는 듣지 못하였으니, 어찌 '예율(禮律)과 국제(國制)는 감히 어기지 못할 것이다.'라고 해서가 아니었겠습니까?(숙종 1년, 1674년 10월 15일)

(5) 교비(敎匪)를 토벌하는 일은 아직도 완결을 보지 못하고 있습니다. 소위 교비란 백련교(白蓮敎)·홍련교(紅蓮敎)·청련교(靑蓮敎)의 호칭을 가진 자들로서 비(匪)라는 것은 적(賊)이라는 의미입니다. 유씨(劉氏) 성을 가진 그 괴수는 본래 사천(四川)의 사인(士人)으로서 둔갑법(遁甲法)을 배워 얻었는데 이 사술(邪術)을 가지고 인민을 현혹시키면서 건륭(乾隆) 60년에 반란을 일으켰습니다. 지금은 그 도당(徒黨)이 호북(湖北)·호남(湖南)·섬서(陝西)·하남(河南) 등지에 흩어져 있는데, 수령들 모두 교주(敎主)라고 일컬어지고 있습니다. 그런데 이들도 모두 둔갑술을 배웠기 때문에 비록 관군(官軍)에게 붙잡혀도 그 즉시 곧바로 몸을 빼어 달아나곤 하는 관계로 더욱 소란해지기만 할 뿐 끝내 붙잡아 복종시키기가 어려운 형편입니다.(정조 23년 1799, 11월 16일)

태조 원년에서 정조에 이르는 400여 년 동안, 조정에서 공식적으로 사용된 인민의 개념에는 변화가 없었다. 산천에 흩어져 살고 있는 만백성(1), 생업에 종사하는 평민(2), 사직과 대조되는 피지배층(4), 사인(士人)과 대비되는 평민(5, 중국의 경우)이 그것이며, 다만 성종 때 신숙주가 평안도의 농사 상황을 아뢸 때 강변에 사는 거주민을 지칭하는 좁은 의미로 인민을 사용한 것이 다를 뿐이다. 도성민을 성내 인민, 강변 주민을 강변 인민, 향촌민을 대소 민인으로 구별하여 지칭하는 사례가 자주 등장하는 것으로 미뤄 인민은 넓은 의미에서 사족을 제외한 일반 백성을, 좁은 의미에서는 특정 지역에 거주하는 일반 평민을 지칭하는 보편적 용어였다. 그러나 통치의 객체로서 유교적 질서를 받들고 수분공역을 지켜야 하는 체제 순응적 사람들이

어야 했다. 이런 원형적 이미지는 사직의 운명이 민란의 시대를 거쳐 농민 전쟁이라는 대규모의 농민 저항에 부딪혔을 때에도 변함없이 내세워졌다. 앞에서 지적하였듯이, 고종은 위기 사태가 발생했을 때마다 '적자로서의 인민' 개념을 강조했고 동도(東徒)들이 수분공역을 다하는 인민으로 돌아가기를 희망했던 것이다. 1898년 만민 공동회를 강제 진압하고 해산시킬 때에도 수동적 피통치자로서 보호받아야 할 존재, 군주와 사대부의 손길이 필요한 갓난아이, 어리석어 할 바를 모르는 우민(愚民), 완민(頑民)의 이미지는 반복되었다. 가령 갑오개혁이 한창 진행되었던 1895년(고종 32년), 고종은 개혁 내각이 일본의 과도한 개입에 휩쓸리는 것을 우려해 칙서를 내렸다.

짐이 작하(昨夏) 이래(以來)로 민정을 유신하여 독립(獨立)의 기초(基礎)를 이룩하고 중흥의 사업을 세워 이를 묘사에 서고하고 8방에 탄유하기에 이르렀던 바 1년이 가깝도록 효과가 없어서 구습이 아직도 건재하고 신령(新令)이 오히려 저지(沮止)되어 상하의 정지(情志)가 전달되지 못하고 중외(中外)의 와독이 층생(層生)하여 민생의 곤췌와 국세(國勢)의 급업함이 도리어 전일보다 심하니 이것이 짐의 부덕함 때문인가. 그렇지 않으면 일을 맡은 자가 그 직책을 잃은 때문인가. …… 너희 각부 제신은 숨김없이 개회하고 진실한 것을 가려 찬성하여 조례를 명립하고 강기를 진숙하여 무릇 외규(外規) 신제(新制)에서 인민에게 편역하고 국가에게 이익되는 것을 자자히 강행할 것이며 또한 관찰·수재도 짐의 덕의를 선전하고 짐의 명령을 포고하여 고질된 데서 숙막(宿瘼)을 제거하고 장차 붕생(萠生)할 데서 난본을 그치게 해서 짐의 적자(赤子)로 하여금 은혜(恩惠)를 감회하여 법을 두려워하고 생활을 편안히 하여 업을 즐기게 하려 하니 모든 경장개화(更張開化)가 전혀 인민을 위하는 데서 나온 것임을 알지니라. 짐은 더 말하지 않나니 너희 신민은 힘쓸지니라.[4]

갑오 내각의 급진적 개혁 조치가 불만을 촉발하자 불안해진 백성들을 자신의 지지 세력으로 끌어들이려 했던 고종의 의도가 읽힌다. 왕권을 무력화시키고 새로운 체제를 수립하고자 했던 갑오 내각을 불신하는 데에는 인민들의 충성심이 필요했던 것이다. 여기에 '적자로서의 인민'이 다시 한번 강조되었고, 군주의 입장에서 인민을 호칭하는 신민(臣民) 개념이 등장했다. 그로부터 1년 뒤, 전국에 의병이 일어나자 다시 칙서를 내려 해산을 종용하였는데, 인민 즉 적자 개념은 풍전등화 상태에 처한 왕의 절규로 들릴 정도이다.

> 짐이 유하건대 가애(可愛)함이 짐의 적자 아니며 가애(可哀)함도 또한 짐의 적자 아니랴. 역괴 난당이 연장 결두하여 국모를 시해하고 군부를 협제하며 법령을 혼란하여 체발을 늑행한지라 팔역 내에 짐의 적자 되는 자가 분개를 회하고 충의를 격하여 처처에 창기함이 어찌 무명타 하리오. …… 사에 짐이 조칙을 루강하여 충곡을 부유하매 충의로 기하여 도리를 식하고 기이 해환하여 각기 인업하는 자가 유히니 시(是)는 짐의 가애한 적자어니와 기(基) 우준 미혹하여 상금(尙今) 불산(不散)하고 왕왕히 명리를 장살하며 여리에 침략하는 자가 유하니 시(是)는 짐의 명을 역하며 짐의 우를 이케 하여 죄려(罪戾)를 자속함이라. …… 짐의 적자를 금일에 미우함으로 쟁검을 피케 함이 어찌 가애치 않으리오. …… 경등(卿等)은 짐의 여상약보하는 뜻을 체하여 왕사저도하기 전에 연로(沿路) 각군(各郡)과 각해(各該) 지방에 전왕(前往)하여 성심으로 칙유하여 짐의 가애(可愛) 가애(可哀)한 적자로 쟁검의 화와 구학의 환을 면케 하여 짐의 위민부모(爲民父母)하는 마음을 위(慰)할지어다.[5]

군주의 적자로서 인민은 충과 신의 도리를 지켜 자신의 생업으로 돌아갈 것을 가애(可愛, 사랑스러워함)와 가애(可哀, 애통함)라는 부모의 심정으로 호소했다. 짧은 칙서에 적자 개념이 여섯 번이나 등장한 것은 의병이 전국에 궐기하는 당시의 상황이 고종과 지배 계급에게는 얼마나 위협적인 것이었는가를 짐작케 한다. "가애 가애한 적자들이 무력 충돌의 화와 개천과 구렁에 빠진 고통을 면하게 하여 민의 부모 된 나의 마음을 위로해 주기 바란다."라는 구절에서 '갓난아이(적자)'와 '부모'라는 이중적 이미지가 보이는데, 1898년 11월 26일 독립 협회 200인을 불러 만민 공동회를 해산한 이유를 밝힌 효유문(曉諭文)에서 고종은 스스로를 부모로 간주하는 입장으로 단호하게 돌아섰다.

너희 여러 백성은 다 짐의 말을 들으라. 전후 내린 조칙을 너희들이 순종(順從)치 않고 밤이 달토록 규혼하고 통구에 설정하고 횡행 패려하며 사람의 가산(家産)을 파함에 이르렀으니 이 어찌 500년 전제국에 마땅히 있던 바 일이냐. 너희는 시험하여 생각하라. 그 죄가 어디 있는가. 나라에 상헌이 있으니 합하여 중벽에 두겠으나 짐이 임어한 이래로 다스림이 뜻과 맞지 못하여 순치 서동케 하였으니 오직 너희 만민의 유죄함이 나 1인에 있음이라. 이제 대각(大覺)하여 짐이 심히 부끄러웁다. …… 오직 너희 적자들이 먹는 것을 오오하니 이 어찌 너희들의 죄이냐. 짐이 이제 궐문에 친어하여 효유하기를 순순히 하여 영아(嬰兒)를 품은 것 같아 일자에 일루라. 오호(嗚呼)라 후(后)가 민이 아니면 누구를 의지하며 민이 후가 아니면 무엇을 이으리오. 지금부터 월권 범분하는 일은 일절 통혁하라. …… 짐이 식언치 않으니 너희들은 삼가라. 회상(會商) 양민이 고루 이 짐의 적자라. 지의(至意)를 극체하여 혜호(惠好)하여 함께 돌아가 각기 그 업(業)을 편안히 하라.[6]

왕이 민이 아니면 왕일 수 없다는 민유방본의 이념을 상기시키면서도 만민(공동회)의 유죄를 준엄하게 꾸짖고 있으며, 군주의 명령을 준수하지 않고 밤새 혼란을 일으킨 인민을 심지어 영아로 격하하기도 했다. '회상 양민'은 만민 공동회에 참여한 군중[會]과 고종의 밀지를 따라 만민 공동회를 공격한 보부상단[商]을 뜻한다. 군주의 입장에서는 모두 민이었기에 양민으로 호칭한 것이다. 그런데 군주는 '회상 양민'이 조선의 전형적 인민과는 성격을 달리하는 전혀 새로운 인민이었음을 인식하지 못했다. 앞에서 지적하였듯이, 만민 공동회는 체제 변혁의 필요성을 절감한 자각적 군중(enlightened mass)이었으며, 고종의 지원과 지시를 받는 보부상단 역시 관변 단체임에도 불구하고 이해관계로 뭉친 전국 조직이었다는 점에서 질적으로 새로운 인민이었다. 향촌의 지역 경계를 넘어 도 혹은 전국 단위의 결사체가 수십 개 태동하던 시기였음에도 고종과 지배 계급은 사회의 이러한 질적 변화를 수용할 능력을 결여하고 있었던 것이다. 새로운 인민의 탄생에 부응하는 주요한 조치를 부분적으로나마 단행했던 광무개혁은 일제를 위시한 제국 열강의 개입으로부터 자주국(自主國)의 기반을 확립하는 최선의 방안을 황제권 강화에서 찾았기에 시대적 흐름과의 역행을 피할 수 없었다.

인민의 진화: 세 가지 통로

조선의 통치 계급이 애써 외면했던 이 새로운 인민의 맹아는 18, 19세기에 걸쳐 세 가지 통로를 통해 형성되고 진화한 것으로 보인다. 천주교, 민란과 농민 전쟁, 서민 문예(庶民文藝)가 그것이다. 18세기 말에 유입된 천주교는 군주와 인민의 차이, 사농공상의 신분 차별을 모두 천주와 신자 간의 관계로 대치하고 인민과 백성을 천주[神]와 구분하여 모두 '사람'(혹은 인간)으로 표현함으로써 유교적 세계관에 평등 의식을 확산시켰다. 평등 개념까지는 아닐지라도 민란과 농민 전쟁은 착취와 수탈로 생존을 위협하는 지배 계급에 대해 인민이 저항권을 갖고 있음을 유교적 세계관의 요체인 도덕 정치의 관점에서 정당화하는 데에 기여했다. 한편, 서민 문예는 양반층이 즐겼던 문학과 예술에 대비되는 평민 문학 및 예술을 지칭하는데, 양반 문화의 하층 지향적 확산이라는 의미도 있으나 서민 의식을 형상화하고 신분 차별을 약화시키는 데에 기여했다는 점에서 인민 개념에 새로운 지평을 열어 주었다. 양반의 전유물이었던 시가(詩歌)에 서민의 정서를 얹어 창작하게 되었다는 점, 중인 중심의 위항 문학(委巷文學)에서 보듯 지위 상승 열망을 사설시조에 표현하고 시사(詩社)와 시회(詩會)를 열어 자신들의 예술 취향을 발전시켜 나갔다는 점, 무엇보다 광대, 무당, 사당패, 초라니패 등 서민들의 애환을 굿과 놀이를 통해 표현했고 그 저변을 넓혔다는 점은 서민 문예의 발전에 특기할 만한 현상이다. 서민 문학의 전형인 『흥부전(興夫傳)』에서 보듯, 양반에 대한 냉소가 문자로 표현되고 '서민됨'이 민중적 동류의식으로 인식되는 것은 19세기 서민 문학이 새로운 인민을 창출하는 통로였다는 사실을 일깨워 준다.

우선, 천주교가 전통적 인민 개념을 허물던 양상을 살펴보자. 최초의 천주교 신자로 알려진 이승훈(李承薰, 1756~1801년)은 1783년 북경에서 세례를 받고 귀국하여 예배를 집도하는 과정에서 양반, 평민, 하인, 천인을 모두 한자리에 동석시켰다. 천주 앞에서는 만민이 평등하다는 교리를 몸소 실천해 보인 것이다. 양반과 중인층이 먼저 천주교를 받아들여 일반 서민을 끌어들였다는 점도 조선의 종교사에서 특기할 만한 점이다. 이승훈의 매제이자 신유박해(1801년) 때 참수형에 처해진 정약종(丁若鍾, 1760~1801년)이 저술한 최초의 국문 교리서 『주교요지(主敎要旨)』를 보면 그러한 모습이 분명하게 드러난다.[7] 정약종은 이탈리아 태생의 중국 신부였던 불리오(Ludovico Luigi Buglio, 1606~1682. 중국명은 리류사(利類思))의 한문 저술 『주교요지』를 원본으로 하여 국문 교리서를 썼는데, 그 목차에는 일반 백성 혹은 인민을 모두 사람, 인간으로 표현하였다. "사름 이젼생과후생이잇고사름 이죽어즘 생이되고즘생이또사름 이된다말이허망ㅎ니라."(『주교요지』 22장 제목), "텬 주강생ㅎ 샤셰샹을구ㅎ 시고사름 의죄를 다쇽ㅎ 야주시니라"(『주교요지』 하권 3장 제목) 같은 표현이 그것이다.[8] 인간, 사람 등의 표현은 제목에만 등장하 는 것이 아니다. 본문에서도 천주와 대비하여 그 개념을 일상적으로 사용하 였다. 가령, 다음과 같은 표현을 보자.

슬프다. 오늘 한 시각 사이에 죽는 사람이 얼마나 되는 줄 모르되, 그중에 내년을 기다리다가 지옥에 들어간 이가 무수할지니, 너도 내년이란 말을 다 시는 말지어다. 사람이 개과천선하면 천주께서는 그 죄를 사하심을 허락하 여 주시나, 내년을 기다리는 사람에게는 내년을 허락지 아니하시나니.[9]

천주의 세계에서 모든 인민은 사람, 인간이었다. 개념과 인식이 바뀐 것 이다. 이런 변화는 정조 15년(1791년) 발생한 진산 사건(신해사옥)의 주인공 윤지충(尹持忠, 1759~1791년)과 권상연(權尙然, 1751~1791년)의 진술 내용에 서 보다 분명해진다. 그들은 유교적 현실 세계에서 인민과 선비의 존재를 인정하지만 종교의 세계에서는 그저 '평등한 사람'으로 보고 있었던 것이 다. 왜 제사를 거부하는 불충을 저질렀느냐는 심문에 그들은 이렇게 답했 다. "차라리 사대부에게 죄를 지을지언정 천주에게 죄를 얻고 싶지는 않았 습니다. 그래서 결국 집 안에 땅을 파고 신주를 묻었습니다. …… 게다가 서 민들이 신주를 세우지 않는 것은 나라에서 엄히 금지하는 일이 없고, 곤궁 한 선비가 제향을 차리지 못하는 것도 엄하게 막는 예법이 없습니다." 천주 교 신자들에게 인민은 교우, 신도, 인간, 사람이었지 신분 제도에 속박된 서 민이 아니었다. 이런 관념은 1860년대 프랑스 선교사들에 의해 간행된 한글 성서를 통해 급속도로 서민층을 파고들었다. 모리스 쿠랑(Maurice Courant)의

『한국서지(韓國書誌)』를 보면 1894년까지 105종의 천주교 교리서, 8종의 기독교 교리서가 출판되었다고 하는데,[10] 인쇄기의 도입과 신자들의 급속한 증가에 힘입어 '평등한 사람'이란 인식이 빠르게 자리 잡았을 것이다.

다음으로 살펴볼 것은 민란이다. 1857년 페롱(Stanisas Feron, 1827~?) 신부가 조선에 밀입국하면서 조선에는 베르뇌 주교를 포함해 외국인 선교사 네 명과 조선인 신부 한 명(최양업)이 있게 되었다. 이들은 수천 명이 목숨을 잃었던 병인박해(1866년)가 다가오는 것에 아랑곳하지 않고 포교를 계속했다. 이 기간에 그런대로 당국의 감시망을 피할 수 있었던 것은 민란이 삼남 지역을 중심으로 전국으로 퍼져 나갔기 때문이었다. 국가의 수취 체제의 모순과 서민에 대한 수탈이 지역 경계를 넘어 전국적 현상이 되었던 1860년대에 인민들의 분노는 동시다발적으로 폭발하기에 이르렀다. 1862년 한 해 동안 전국 71개 군에서 민란이 발생했을 정도였다. 흔히 삼정(三政)으로 일컬어지는 수취 체제—전세를 징수하는 전정(田政), 군포를 징수하는 군정(軍政), 환곡과 이자를 거두는 환정(還政)—의 모순은 향촌의 수령, 이서 집단과 이들의 비호하에 자행되는 향촌 사족들의 농간과 횡포에 의해 손을 댈 수 없는 지경이 되었는데, 중앙 권력을 장악했던 세도 정치가 어떠한 개혁도 불가능한 상태로 몰아가고 있었던 것이다. 임술민란 중 가장 규모가 컸던 것은 진주 농민 항쟁이었다. 진주 민란 때 안핵사로 파견된 박규수(朴珪壽)는 항쟁의 주체를 '요호부민(饒戶富民)', '희사지도(喜事之徒)', '무뢰지배(無賴之輩)', '무식무지지배(無識無知之輩)'로 구분하고 각각의 역할을 분류하였는데, 요호부민은 신향(新鄕), 희사지도는 곤궁한 양반을 가리키는 말이고 무뢰지배와 무식무지지배는 글을 모르는 평민, 천민을 일컫는다.[11] 이들이 모두 가렴주구, 수탈의 대상이었다는 점에서 넓게는 인민에 속할 것인데, 세상의 변화에 밝았던 박규수가 가렴주구에 대항할 인민의 권리를 인정했고, 새로운 인민이 될 잠재력을 인식했다는 점에서 특기할 만하다. 가령, 환정(還政)

파 포흠(逋欠, 사취)을 바로잡을 방안을 강구하라는 왕의 지시를 따라 지어 올린 「강구방략(講求方略)」에서 그는 인민들의 분노가 국가 안위를 위협할 정도임을 우려하고 있다.

그리하여 지금과 같은 태평무사한 시대에도 오히려 난민이 준동하여 함께 일어나는 소요가 났는데, 만에 하나 홍수와 가뭄이 모두 극심하여 기민 구제 대책을 논해야 한다든지, 국경에 비상사태가 발생하여 저축한 군량을 꺼내 써야 한다면, 또 어찌 그때 닥쳐서 허겁지겁 빈 장부를 쥐고 백성들에게 급히 독촉할 수 있겠습니까? 흙더미처럼 무너지는 형세가 바로 순식간에 대두할 것입니다. 생각이 이에 미치면 두려워 떨리지 않을 수 없습니다."[12]

'생각이 이에 미치면 떨린다.' 조정의 사대부가 지방민의 분노를 이렇게 체감했다면 실로 위태로운 상태라고 하지 않을 수 없다.

진주 민란에서 주도적 역할을 했던 유계춘(柳繼春)은 곤궁한 잔반, 이계열(李啓烈)은 농민이었고 이명윤(李命允)은 조관 출신이었다. 이들은 향리 모임[里會]을 열어 통환(通環)을 혁파할 것을 모의하고 장날에 맞춰 일제히 입읍(入邑)할 것을 결의하였다. 통환과 도결(都結)을 타파하자는 취지로 향리에 통문을 돌릴 때에 이미 그들은 관아의 권력에 저항하는 것이 정당하다는 각오를 다진 후였다. 인민의 저항 의식은 초군(나무꾼)들을 동원하는 데에 결정적 계기가 된 수청가회의(水淸街會議)에서 단적으로 드러났다. 초군 취회(樵軍聚會)로도 알려진 수청가회의 직후 초군들은 바로 덕산 장시를 공격하였으며 관아를 습격하고 환곡 도결을 부추겼던 사족들의 집을 불태웠다.[13] 인민들이 수탈과 횡령을 일삼는 잘못된 국가 권력에 대항할 수 있다는 저항 권리를 인식하고 실행하는 단계로 진화했다는 증거이다. 같은 시기에 경주에서 동학을 창시한 최제우 역시 1861년 말에 지은 「권학가(勸學歌)」에

서 도탄에 빠진 민중들의 애환을 달래고 보국안민(輔國安民)을 외친다. 보국
안민의 주역들은 바로 한울님의 이치[天道]를 수심정기하여 깨닫는 민중들
이라는 것이다. "십이제국 괴질운수 다시 개벽 아닐런가 / 요순성세 다시 와
서 국태민안 되지마는 / 기험하다 기험하다 아국운수 기험하다."[14] 최제우는
종교 창시자답게 수심정기로 무극 대도를 깨닫고 명기도이(明基道而) 수기
덕(修基德)하는 수행의 태도를 각성의 요건으로 서민들에게 요구했다.[15] "정
심수도 하였으라 시간대로 시행하셔 / 차차차차 가르치면 무궁조화 다 던지
고 / 포덕천하 할 것이니 차제도법 그뿐일세 / 법을 정코 글을 지어 입도한
세상 사람 / 그날부터 군자도야 무위이화될 것이니 / 지상신선 네 아니냐."[16]
이 수심정기를 통한 저항 인식은 30여 년 후 동학 농민 전쟁을 주도했던 전
봉준(全琫準, 1855~1895년)에 의해 행동으로 표출된다. 1894년 백산 집회 이
후 금구에서 재집결한 농민군은 3월 20일 대회를 열어 보국안민의 결의를
다지는 포고문을 발표했다. 전봉준이 한글로 쓴 그 포고문엔 인민의 저항권
과 행동권이 간결하고 분명하게 요약되어 있다.

세상에서 사람이 가장 귀하다고 하는 것은 인륜이 있기 때문이다. 그러나
…… 안으로는 보국의 인재가 없고 밖으로는 학민의 관리만 많도다. 인민의
마음은 날로 흐트러져 집에 들어가도 즐겁게 일할 만한 생업이 없고, 밖으로
나가서는 몸을 보존할 대책이 없도다. …… 국가에는 누적된 빚이 있으나 갚
을 생각은 하지 아니하고, 교만하고 사치하며 음란하고 더러운 일만을 거리
낌없이 일삼으니, 팔로는 어육이 되고 만민은 도탄에 빠졌도다. 수재의 탐학
에 백성이 어찌 곤궁하지 않겠는가. 백성은 나라의 근본이니 근본이 쇠잔하
면 나라는 반드시 없어지는 것이다. 보국안민의 방책은 생각하지 않고 밖으
로 향제를 설치하여 오직 제 몸 하나 온전할 방책만 도모하고, 오직 녹과 위
만을 도둑질하는 것을 옳은 일이라 하겠는가. 우리는 비록 초야의 유민일지

라도 임금의 땅에서 먹고 임금의 땅에서 나는 옷을 입고 사는 자들인지라, 어찌 국가의 위망을 앉아서 보기만 할 수 있겠는가. 팔로가 마음을 합하고 수많은 백성들이 뜻을 모아 이제 의로운 깃발을 들어 보국안민 하기로 사생의 맹세를 하노니……[17]

조경달이 지적하듯 전봉준의 의식이 조선 왕조의 근본적 변혁이 아니라 비록 '일군만민(一君萬民)'의 국왕 환상에 머물러 있을지라도 '팔로가 마음을 합하고 수많은 백성들이 뜻을 모아 이제 의로운 깃발을 들어'에서 읽히듯 인민의 저항권을 이렇게 극명하게 드러낸 문건을 조선 시대를 통틀어 찾아보기 어렵다는 점은 분명하다. 유교적 통치관 이외에 다른 이념이나 서방 세계를 접한 적이 없는 농민들로서는 탐관오리와 부패를 일소하고 도덕 정치를 복원하는 것이 가장 이상적인 목표일 수밖에 없었다. 봉건 체제에 깊숙이 갇혀 있던 농민은 청일 전쟁, 갑오개혁, 제국 열강의 간섭을 겪으면서 빠르게 외부 세계에 눈을 떠 갔으며, 인민의 저항권이 질적으로 새로운 정치 체제를 구축하는 원동력이 될 수 있다는 가능성을 깨닫게 되었다.

마지막으로, 서민 문예가 양반과 사대부의 전유물인 문학과 예술의 창작과 소비 주체가 자신들도 될 수 있다는 믿음을 서민들에게 확산시킴으로써 '통치의 객체'라는 고정관념에서 벗어나게 하는 출구가 되었다는 점이다. 사대부가 학문과 세계관을 정립하는 배타적 영역이었던 문학과 예술이 평민으로 확대되는 데에는 우선 국문 소설의 역할이 두드러졌다. 국문으로 쓰인 허균(許筠, 1569~1618년)의 『홍길동전(洪吉童傳)』, 김만중(金萬重, 1637~1692년)의 『구운몽(九雲夢)』과 『사씨남정기(謝氏南征記)』가 평민들에게 널리 읽히면서 문자 해독의 필요성을 인식시켰을 뿐만 아니라 인민의 처지, 정서, 애환, 소망을 문자로 담아내는 것이 가능함을 보여 주었다. 국문 소설은 상층 여성들의 관심을 끌면서 독자층을 하층으로 넓혀 갔는데, 18세기에는 낭독, 세책, 출판이라는 세 가지 유통 경로를 통해 제법 두꺼운 독자층을 만들어 냈다.[18] 독서 대중이 출현함으로써 이른바 '독자의 탄생'이라고 개념화할 수 있는 현상이 나타난 것이다. 세책방은 대체로 1710년대에 등장해 서울을 중심으로 성업했고, 출판본인 방각본은 18세기 후반기에 등장해 소설책의 확산과 유통에 기여했는데, 18세기 말 19세기 초에 수십만 권 이상의 국문 소설이 전국에 유통되었다는 사실은 당시 국문 소설의 독자층이 얼마나 두껍게 형성되었는가를 가늠하게 해 준다.[19] 17세기 초반, 오사카와 교토를 중심으로 일본에 조닌[町人, 상인] 문학과 같이 도시의 발달과 경제적 여유층의 형성과 직결된 현상이 조선에서도 나타난 것은 18세기였다. 18세기 중반에 이르면 소설을 써서 생업을 해 나가는 익명의 전업 작가들도 다수 출현해서 남녀상열지사, 음담, 재담, 괴기담을 다룬 작품들을 쏟아 냈다. 마치 조닌 문학이 도시민의 일반 정서는 물론 때로는 남녀의 사랑과 정사, 음담패설까지도 대담하게 다루었던 것처럼 방각본과 세책으로 확산된 국문 소설 역시 통치 철학과 도덕을 담아내는 그릇으로서의 문학관을 역행해 오락, 쾌락, 풍류 등 탐닉적 영역으로 과감하게 나아갔다. 그리하여 정조 때에 영의정을 지낸 채제공(蔡濟恭, 1720~1799년)은 『여사서서(女四書序)』에서 소설의 패악을 우려했다.

가만히 살펴보니, 근세에 여자들이 서로 다투어 능사로 삼는 것이 오직 패설(소설)을 숭상하는 일이다. 패설은 날로 달로 증가하여 그 종류가 벌써 백 종 천 종이나 될 정도로 엄청나게 되었다. 세책집에서는 이를 깨끗이 필사하여 빌려 보는 자가 있으면 그 값을 받아서 이익으로 삼는다. 부녀들은 식견이 없어 혹 비녀나 팔찌를 팔고 혹은 동전을 빚내어 서로 다투어 빌려다가 긴 날을 소일하고자 하니 음식이나 술을 어떻게 만드는지, 그리고 자신의 베 짜는 임무에 대해서도 모르게 되었다.[20]

정조 때 규장각 초계문신을 지낸 이덕무(李德懋, 1741~1793년)도 『사소절
(士小節)』에서 여자가 집안일을 버려 두고 국문 소설에 탐닉하는 당시의 풍
조를 걱정스러운 눈으로 바라보았다. 패관잡기(稗官雜記)는 세상을 어지럽
히고 미풍양속을 해친다는 것이다.

재도지문(載道之文)으로서의 문학이 세속적 풍조를 묘사하고 쾌락과 탐
닉, 애환과 고통을 담아내는 장르로 성격 변화를 일으켰다는 사실은 양반과
인민을 갈라놓는 신분 의식에 균열이 생기기 시작했다는 것을 뜻한다. 평
민도 문학의 소비 주체가 될 수 있다는 사실, 문자를 통해 자신들의 세계관
과 정서를 대변하고 표출할 수 있다는 사실을 깨닫는 순간, 인민은 통치의
객체라는 고정관념에서 이탈한다. 경제적 여유와 전문 지식을 바탕으로 신
분 상승을 꾀하고자 했던 도시의 중인층이 주도한 18세기의 위항 문학은 바
로 '문학은 양반의 전유물'이란 등식을 깨고자 했던 식자층의 반란이었고,
18~19세기 전문 가객의 출현은 양반의 배타적 장르였던 시조에 시정(市井)
의 사소한 얘기를 섞어 창작한 사설시조와 노랫가락으로 평민 정서를 표출
한 문예적 반란이었다. 위항 또는 여항(閭巷)이란 도시 거주민 일반 혹은 통
치 계급 외 하층민 일반을 뜻하는 용어이지만, 전문 지식을 갖추고 관아에
서 공적 업무 능력을 기른 아전, 서리 등 중인들이 중심이 되어 생산한 문
학을 위항 문학이라 일컫는다.[21] 간략히 정의하자면, 조선 후기에 와서 경제
적, 문화적 성장을 통해 사회 세력으로 형성된 서울의 중간 계급이 생산한
문학이 위항 문학이다.[22] 양반 사대부들이 철학과 사상을 한문학에 실었다
면, 이들은 풍류와 세태, 신분 상승을 갈망하거나 또는 체념하는 중인층의
애환과 정서를 역시 한시(漢詩)에 담았다. 숙종 때 시사(詩社)를 만들어 풍
류를 즐겼던 홍세태(洪世泰, 1653~1725년)는 당시의 중인 작품들을 모아 『해
동유주(海東遺珠)』라는 책을 펴냈는데, 그 서문에서 "사람이 천지의 중을 얻
어 태어나 정에서 느낀 바를 시로 나타내는 데에는 신분의 귀천이 없다."

라고 선언하기까지 했다.[23] 책 제목에서도 읽히듯이, 자신들이 만든 작품들을 '해동(조선)에 남긴 진주 같은 작품들'이라 스스로 일컬을 정도로 양반 문학에 대한 대결 의식이 강했던 것이다. 영조 때 오광운(吳光運, 1689~1745년)이 편찬한 『소대풍요(昭代風謠)』(1737년), 정조 때 전문 가객 천수경(千壽慶, ?~1818년)이 편찬한 『풍요속선(風謠續選)』(1797년), 철종 때 유재건(劉在建, 1793~1880년)이 편찬한 『풍요삼선(風謠三選)』(1857년)으로 이어진 위항 문학의 전통은 19세기 후반에 급격히 약화되었지만, 서민을 뜻하는 '풍(風)' 자를 책 제목에 공통으로 사용한 것은 지배층에 속하지 못한 주변 계층의 서민적 정서를 문학과 예술로 승화시켜 사대부와 같이 주체의 지위를 부여받고 싶다는 상승 의식을 입증한다고 하겠다.

19세기 후반까지 200여 년에 걸쳐 독자적 기반을 구축했던 위항 문학은 대체로 두 가지 성향으로 구분된다. 하나는 신분 모순의 갈등을 낭만화하여 풍류 속에 용해하고 미학적, 여흥적 정서를 부각한 성향이고, 다른 하나는 사회 현실의 모순과 세태를 사실주의적 시선 내지 비판적 시선으로 묘사하고 사회 개혁의 필요성을 부각한 현실 참여적 성향이다. 이들은 권력의 주변부에 머물러 있었지만 학문과 경제적 여력을 겸비한 지식인이었다. 통치 계급에 끼지 못하는 신분적 처지를 문학 창작을 통해 달래면서 사대부의 세계와 대적할 수 있는 독자적 세계관을 문학과 예술의 영역에서 구축하려 한 이중적 욕망이 위항 문학의 특징이었다. 그래서 위항 문학의 의미는 매우 복합적이지만, 사대부 독점의 지식 영역을 공유하면서 서민 문학이 꽃필 수 있는 터전을 마련했다는 점에서 의의가 있다. 위항 문학에 대한 다음과 같은 관찰은 정곡을 찌른다.

그것은 중세 문학의 보편성을 추구한 것은 아니고, 사대부에 의한 지식과 문학의 독점을 해체하는 것이었다. 즉, 여항인의 지적 성장, 교양의 획득은 양반 사대부들의 권력의 생산처였던 지식의 독점을 해체하였으며, 이는 곧 중세 사회의 해체이자 근대로의 지향을 의미하는 것이었다.[24]

위항 문학과 서민 문학을 구분하는 것도 이런 맥락이다. 위항 문학이 글을 아는 식자들의 문학이었다면, 서민 문학은 채제공이 말한바 천백기종(千百其種)을 헤아렸던 국문 소설과, 글을 모르는 농민과 천민의 구승(口承)과 민속(民俗), 그리고 구비 문학의 형태로 전래된 것을 문자로 옮긴 것들이 대종을 이뤘다. 굿과 노래판, 광대극, 가면극, 노동요, 타령, 판소리 같은 형식을 통해 세태를 비판하고 양반에 대한 냉소를 형상화하며, 해학과 골계, 여흥을 통해 어려운 처지를 반전시키고자 했던 가락이 서민 문학의 요체였다. 은유와 해학의 세계 속에 사대부의 허위를 고발하고 사회 모순을 풍자하는 작품들 속에는 억눌린 현실과 처지를 무너뜨리고 싶은 인민의 심정이 적나라하게 표출되었다. 『춘향전(春香傳)』과 『흥부전』처럼 서민들이 즐겨 읽었던 국문 소설은 비록 봉건 사회의 규율을 긍정하는 인식에 포박되어 있었지만 줄거리에 얽혀 있는 냉소와 해학을 통해 인민들로 하여금 사대부의 통치관에서 비껴선 해방감을 제공했다. 다산(茶山) 정약용이 질서를 어지럽히는 잡류라고 준엄하게 꾸짖었던 광대, 사당패, 풍각쟁이들이 쏟아 내는 가락과 타령조의 노래들, 판소리들은 인민들을 수분공역의 자리에서 이탈하게 한 위험한 존재였다. "기껏 잡류로 보이는 것이 아직은 그 실상이겠지만, 그것은 또한 이조 관인층이 제어하기 어렵도록 서민 군상으로 와자지껄한 속에서 새롭게 움트는 대중 예술의 싹이었다."라는 평가는 이런 점에서 적절하다.[25]

문해인민의 탄생과 의미

인민이 '통치의 객체'에서 벗어나는 과정을 조경달은 사의식(士意識)의 내면화로 규정한 바 있다.[26] 양반과 사대부만이 갖고 있었던 선비 의식, 즉 사회 질서의 관리자이자 이념 생산자로서의 사의식을 농민과 천민도 서서히 깨달아 가는 과정, 그래서 지배층에 대한 자율적 세계를 구축하는 원동력으로 설정했다는 논지는 사회 변혁의 참여자 역할을 강조한 측면에서는 설득력이 있지만 일반화하기에는 약간 무리가 있다. 변혁의 주체가 되어야 한다는 측면에서는 사의식의 공유자라고 할 수 있지만, 전통적 통치 질서의 모순을 인지하고 그것에서 서서히 벗어날 필요성을 느꼈다는 점에서(물론 동학은 변혁의 전선에 나섰지만) 반미몽, 반각성의 상태에 놓여 있었다. 그럼에도 이들은 전통적 의미의 수동적 인민이 아니라 내면 의식, 가치관, 행동 양식이 사뭇 달라진, 사회 경제적, 정치적 계기가 주어진다면 크고 작은 변혁을 꿈꾸고 실천에 옮길 수도 있는 '새로운 인민'이었다는 것만은 분명하다. 그런데 이것이 근대의 징후였는가를 따지기는 아직 이르다. 새로운 인민은 형성 단계에 있었고, 어떤 계기들이 주어지는가에 따라 변신의 양상과 궤적이 다를 수 있기 때문이다.

인민의 그런 질적 변화가 없었더라면, 1876년에서 1883년까지 외국과 조약을 체결할 때 썼던 인민이라는 개념이 '적자로서의 인민'과는 사뭇 다른 중립적 함의를 띨 수 없었을 것이라는 박명규의 지적은 적합하다. 조일 수호 조약(1876년), 조미 수호 통상 조약(1882년) 등에서 쓰인 인민은 통치 대상으로서의 인민(subject)이 아니라 권력의 원천으로서의 인민(people), 나아가 시민(citizens)의 함의까지 띠고 있다는 것이다.[27] 가령 예를 들어, 조일 수호 조약 제5관 "의정된 조선국 각 항구에서 일본국 인민은 조선국 인민을 고용할 수 있다."[28]라는 조항에서 사용된 인민에는 권력의 보호 대상으로서의 인민, 권력의 원천이라는 진화된 함의가 있다. 그러던 것이 급기야는 1894년 12월 갑오 내각에 의해 반포된 '홍범 14조'에서는 맥락적으로 보아 근대 국가적 용법을 연상시키는 개념이 등장한다. "민법과 형법을 엄격하고 명백히 제정하여 함부로 감금하거나 징벌하지 못하게 하여 인민의 생명과 재산을 보호한다."[29] 앞에서 보았듯이, 그 당시에도 고종은 국가에 크고 작은 작변이 있을 때마다 '적자로서의 인민'을 강조하였다. 그러나 위의 용법은 근대 혁명의 와중에서 서양의 문물을 왕성하게 수용하였던 일본의 용례를 따른 결과로 보인다. 아직은 조선 내부에서 일본처럼 근세와 결별한 새로운 인민 개념은 나타나지 않았고, 더욱이 인민(people) 혹은 시민(citizens)과 같은 시민적 개념도 싹트지 않은 상태였다고 보는 편이 더 적합하다.

인민을 진화시킨 내적 추동력은 무엇인가? 사회 경제적, 정치적 변동과 함께 인민은 진화한다. 진화의 방향은 '통치의 객체'로부터 서서히 자리를 옮겨 독자적 주체성을 형성해 가는 쪽으로, 보호받아야 할 갓난아이, 무지의 집단이라는 초기적 성격을 벗어나 현실의 모순을 깨닫고 극복할 수 있다는 앎과 신념을 획득하는 단계로 점차 나아갔다. 시기는 다르지만, 천주교의 유입과 확산, 민란과 농민 전쟁, 서민 문예의 출현과 확대가 인민의 변신과 질적 변화를 촉진했던 추동력이었음은 앞에서 살펴본 바다. 이 세 가지 추동력은 한 가지 공통 요인을 포함하고 있었다. 글을 읽고 쓰는 능력, 특히 조선의 공식 문자인 한자가 아니라 국문 해독 능력을 갖춘 이른바 문해인민(文解人民, literate people)이 그것이다. 문해인민, 언문을 읽고 쓸 줄 아는 인민, 이들이 이 연구에서 주목하고자 하는 변동의 주체이자 추동력이다. 조선 사회에서 국문은 주로 상층 여성과 하층 남녀의 문자였다. 양반 사대부는 공식적으로 한문을 썼으나 본격적인 한문 수업을 시작할 때『훈몽자회(訓蒙字會)』나『소학언해(小學諺解)』를 배웠다고 하면, 지배층 남성들도 대체로 언문 해독 능력을 갖췄을 것으로 생각된다. 이렇게 보면, 언문은 공식 문자가 아니었더라도 평민을 포함해 많은 사람들이 해독 능력을 배양했을 것으로 추정된다.[30] 언문 독해 능력을 갖춘 문해인민의 존재가 중요해지는 이유는 조선의 정통 이념에 대한 긍정적 혹은 이단적 시선을 언문 소설, 교리서, 통문(通文) 등을 통해 습득할 수 있는 가능성 때문이다. 생각을 문자로 표현할 수 있는 수단이 마련된다는 것은 의사소통의 장(sphere of communication)이 형성되는 것을 의미한다. 의사소통의 장은 개인적 삶의 울타리를 넘어 자신의 생각과 정서를 타인과 공유하게 만든다. 위르겐 하버마스(Jürgen Habermas)가 개념화한 공론장(公論場, public sphere)이라고 할 것까지는 없겠으나, 자신의 생각을 말하고 교환하고 설득할 수 있는 기제, 타인의 낯선 생각을 접하고 자신의 삶을 돌아볼 수 있는 성찰의 기회가 생긴다는 사실은 사회 변혁에서 매우 커다란 의의를 지닌다. 문해인민은 그런 사람들이었다. 언문 소설을 서로 돌려 보고 같은 주제로 담화를 나눔으로써 알게 모르게 동의의 기반을 형성하게 된다. 천주교가 평민 세계로 빠른 속도로 스며들 수 있었던 것도 초기의 양반 신자들이 언문 교리서를 필사해서 평민 신도들에게 배포했던 까닭이고, 1860년대에 들어 선교사들이 일본에서 사들여 온 인쇄기로 언문 성서를 대량 인쇄해 유통시켰기 때문이다. 민란 당시 양반 출신의 주동자들이 향민(鄕民)에게 돌렸던 한글 통문은 분노의 동원과 결집에 매우 중대한 역할을 했다. 진주 민란 당시 언문 격문이 장시에 나붙어 결사 항쟁의 의지를 알렸고, 주동자들이 작성한 언문 통문이 시위대가 행동을 개시할 장소와 시각을 알려 주었던 것이다.

이런 역할보다 더 중요한 것은 동일 문자, 동일 텍스트를 쓰는 사람들 사이에 형성되는 연대 의식이다. 인도와 동남아시아의 언어와 역사를 연구한 셸던 폴록(Sheldon Pollock)은 이를 '문헌 공동체(communities of literature)'라고 명명했다.[31] 문헌, 역사, 언어가 공동의 정서와 감각을 생산하고 그것을 향을 향유하는 집단들에게 공통의 인식 공간을 만들어 준다는 것이다. 폴록은 이를 '사회 텍스트 공동체(Socio-textual community)'와 '정치 공동체(political community)'로 구분하여 고찰한다. 듣고 읽고 말하고 재생산하고 유통하는 그 행위로부터 공동체 의식이 발현되는 문헌 공동체가 사회 텍스트 공동체이고, 서로 이질적인 사회 텍스트 내용이 하나의 일관된 질서로 통합되어 지배적 담론을 구성하는 현실 공동체가 정치 공동체다. "언어적 특수성과 미학적 차별성은 특정 인식 공간에 관한 실제적 스토리와 공간을 묶는 스토리의 재생산 과정을 통해 매우 강력한 관념적 효과를 창출하고 그 효과는 아주 오랫동안 지속된다."[32] 앞에서 얘기한 문해인민이 언문 문헌 공동체를 형성했다면, 그것은 사대부의 세계관과는 다른 인식 공간을 구성해 나간 것으로 볼 수 있다. 그 속에서 '새로운 인민'이 싹을 틔우고 줄기를 만들어 냈다. 이것이 '인민의 진화'를 탐사하기 위해 이 연구가 고안한 탐조등이다.

근대 인민의 형성과 분화

근대 인민과 자발적 결사체

우리의 고찰 대상인 고종대에 새로운 인민, 또는 근대 인민이 등장하였다면 그것을 어떻게 증명할 수 있을까? 1860년대 초부터 1876년 개항까지 조선은 크고 작은 민란에 시달렸고, 동학의 창시와 확산, 천주교의 확대, 그리고 도시화가 진행되던 시기였지만, 그것만으로 전통적 인민 개념을 완전히 벗어난 '새로운 인민'이 탄생했다고 말하기는 어렵다. 더욱이 1876년 이후 개화기의 인민은 오늘날 역사학에서 부정할 수 없는 '기본 개념'으로 자리 잡은 민족이나 국가와 같은 단어와 어떤 깊은 관련성을 갖는 것도 아니었고, 계급, 계층과 같은 단어와 동질성이 있는 것도 아니었다. 개화기 때 인민은 피통치자 집단을 총칭하는 의미로 여전히 통용되고 있었는데, 개화파들 사이에는 천부적 권리를 갖는 정치적 주체의 의미를 다소나마 띤 형태로 인민 개념이 소개되었을 뿐이다. 앞에서 지적하였듯이, 고종 연간에도 '인민은 곧 적자'라는 원초적 용법이 자주 등장했던 것으로 미루어, 인민은 당시 사회적 분화와 함께 새로 형성되는 다양한 집단들과 직업군들을 포괄해서 권력의 통치를 받는 피통치자 일반을 막연히 지칭하는 것으로 보인다.

그러나 재차 강조하지만, 이들이 과거의 인민이 아니었다는 사실을 인식하는 것이 중요하다. 1860년대 전국적으로 발생한 민란에 참여한 농민들은 관아를 공격하고 부패 관리와 연계된 부민요호(富民饒戶)의 가옥을 불태웠으며 때로는 관군과의 충돌도 서슴지 않았다. 말하자면, 그들은 관군에 체포되어 교수형에 처할 위험도 불사할 만큼 사회적 비판 의식이 강했다. 1860년대 이후 인민의 분노와 절망은 저항, 이탈, 약탈 등으로 표출되었다. 경북 예천의 박씨가에서 6대에 걸쳐 쓴 일기 『저상일월(渚上日月)』을 보면, 1860년대 말부터 크고 작은 민변이 일어나고 도적이 날뛰고 신분 질서를 어지럽히는 하극상의 사건들이 자주 등장한다. 다음의 예를 보자.

1869년(기사, 고종 6년)

4월 전라도 광양군 관리가 안동군위(安東郡衛)에 보내온 통문에 따르면 지난 달 24일 밤에 적도 수백 명이 광양 관아에 쳐들어와 현감을 포박하고 관인(官印)과 관기(軍器), 그리고 사회미(社會米)를 모조리 탈취하여 갔다고 한다. 순천에서도 또한 같은 변이 있었다고 한다. 마침내 적도를 잡고 보니 모두 하찮은 오합지졸이라 한다.

10월 25일 고성읍에 민란이 일어났다고 한다.

11월 경상감사가 부정 관리를 심문하는 일 때문에 향시를 열지 아니하자 시험 보러 갔던 선비들이 모두 되돌아왔다고 한다. 고성 민란 때문이라 한다.

12월 이 달에 여러 곳에서 동사자가 생기고 어느 부인은 가마 속에서 얼어 죽었다고 한다. 안동 관노는 산송(山訟)에서 패소한 원한으로 대낮에 칼을 뽑아들고 동헌에 들어가 난동을 부리자 군수가 내위로 피신하는 사건이 일어났다. 이 사건으로 관노는 체포되고 군수는 파직되었다.[1]

이 당시에는 병인양요와 같이 이양선의 출몰이 빈번했고 양화가 공포심을 일으켜 사회 심리가 지극히 불안해졌다. 민심이 흉흉하고 신분 질서가 와해되자 『정감록』 같은 참서가 유포되고 혹세무민하는 자들이 나타나게 되었다. 다음의 일기가 그런 사정을 말해 준다.

1868년(무진, 고종 5년)

8월 11일 경상도 상주에 사는 이기보라는 사람이 『정감록』 같은 참서를 이용하여 인심을 현혹시킨다는 죄로 상주옥에 갇혔다고 한다. 참서의 내용은 적중하지 않은 것이 없다고 하는데, 그중에는 개국공훈록이 들어 있어 장차 새 나라의 영상은 누가 되고, 판서는 누가 되며, 경관은 누가 된다는 등 위로는 경상부터 필부에 이르기까지 모두 예언하고 있다고 한다.[2]

물론, 이처럼 지역적 소요와 민란이 다수 발생했다고 해서 당시의 인민 모두가 저항 의식을 갖고 있었다고 일반화할 수는 없다. 동학군이 서울로 진격하던 1894년 가을에도 인민의 대다수는 그들을 불온시하던 소농이었으며, 호남의 지주들이 동학군을 분쇄하기 위해 편성했던 민보군(民堡軍)은 재지사족의 토지를 경작하던 소작인, 천민, 양인 들로 구성되어 있었다. 서로 창과 총을 겨누었던 동학군과 민보군은 모두 19세기 후반기에 새로 형성되기 시작한 인민 집단의 일원이었다.

앞 장에서 제기한 거시적 관점의 질문, 즉 이 인민들은 어떤 과정을 거쳐 형성되었으며 어떤 처지에 놓여 있었는가, 이들은 당시의 현재와 미래에 대해 어떤 생각을 하고 있었는가 등을 가늠하려면 적어도 17세기 중반 이후 전개된 조선 후기 사회의 변화상에 대한 종합적 검토가 필요하다. 여러 가지 변동 양상 중에서도 신분제, 향촌 지배 질서, 경제사적 농민 분해가 이런 질문에 중요한 실마리를 제공할 것이다.[3] 왜냐하면, 신분제의 동요와 직역(職役)의 구속력 약화, 관료제적 수탈 체제가 촉발한 민중적 저항, 그리고 중소지주와 빈민층의 양극화, 빈민층의 고공화(雇工化) 또는 도시 빈민화 등이 인민 형성을 밝히는 중요 변수들이기 때문이다. 『저상일월』의 예문이 말해 주듯, 19세기 후반에는 농업 경영이나 상업을 통해 부를 축적한 관노가 송사를 제기하는 일이 발생할 정도였고, 납속수직(納贖授職), 모칭(冒稱), 교혼(交婚)이 광범위하게 일어났으므로 양인과 천민, 양반과 양인이 섞이고, 양인과 중인이 유학(幼學)을 칭하는 것을 통해 신분제적 구분이 사실상 희석되었다.[4] '신분제적 경계의 희석화'가 인민 형성의 주요 원인이라고 할 수 있으며, 토지 겸병과 농업 노동자(고공)의 증대, 임대권이나 토지를 박탈당한 전호들이 소빈민층으로 전락하는 현상 역시 경제사적 관점에서 인민 형성의 주요 통로였다. 신분 의식이 약화된 민서층과 농업적 기반을 잃어버린 소농들이 중세적 통치 질서를 이탈하는 것이 바로 19세기 후반기 인민 형성의 전형적 모습이라면, 이 각각의 과정을 추적하고 면밀히 검토하는 작업은 반드시 필요한 선행 과제일 것이다.

인민 형성의 사회 경제적, 정치적 배경에 대해서는 일단 미뤄 두고, 이 장에서는 17세기 후반 이후 인구 증가, 농업 생산력의 발달, 신분제의 동요, 유통 경제의 발전과 함께 광범위하게 형성되어 왔던 서민층이 19세기 후반기에 '두 개의 변동 단계'를 거치게 되었다는 점에 주목하고자 한다. 앞에서 서술한 그런 사회 변화상 때문에 민서층은 양인과 천민이 주류를 이루었지만 농업으로 생계를 꾸려 가는 몰락 양반, 각종 상업과 유통 과정에 개입하여 새로운 직업군을 만들어 갔던 중인층과 향리층까지도 포함하는 포괄적 인구 집단으로 구성되었다. 중세적 신분 의식이 여전히 강하게 잔존하는 가운데, 신분제적 위계를 침식하는 교차 이동이 활발하게 이루어져 경제적 기반을 여전히 유지했던 전통적 재지사족과 향촌 지배 계급을 제외한 나머지 인구 집단에서는 피통치자로서의 연대 의식과 동류의식이 자라났던 시대가 19세기 후반기였다. 정약용의 실학 사상은 이런 사회 변화상을 실사구시적 입장에서 바라보면서 어떻게 중세적 이상 국가를 재건할 것인가에 관심이 맞춰져 있었다. 그러나 19세기 중반기를 경과하면서 '중세의 재건'을 불가능하게 만드는 내외부적 변동 요인이 물밀듯 들이닥쳤으며, 중세적 통치 질서로부터 서민층의 이탈 역시 가속화되었다.

두 개의 단계란 다음과 같은 것이다. 서민층의 신분제적 강제가 약화되고 신분적 이질성이 줄어들면서 우리가 오늘날 민중이라 부르는 피통치 집단이 광범위하게 '형성(formation)'되었던 것이 하나이고(형성 단계), 다른 하나는 민중적 성격을 띤 이 인구 집단이 정치적, 경제적 엘리트층과 지식인 집단이 주도했던 여러 형태의 체제 변혁 시도에 의해 분화(differentiation), 동원(mobilization)되는 단계이다(분화·동원 단계). 이 두 과정은 거의 연속적으로 발생했다고 해도 과언이 아니다. 형성되면서 분화·동원되는 과정, 아직 새로운 세계에 대한 개념의 결핍으로 갈피를 잡지 못하는 서민층을 새로운 이념 세계로 동원해 내는 작업이 개화기 체제 변혁의 요체였다는 말이다. '형성 단계'와 '분화·동원 단계'는 시기별로도 연속적이다. 1860년부터 1894년(갑오개혁)까지의 기간은 형성 단계에, 1894년부터 1910년(한일합방)까지는 분화·동원 단계에 각각 해당한다는 것이 이 연구의 가설이다. 앞에서 고찰한 사회 경제적 변동과 천주교, 민란, 서민 문예의 성숙에 힘입어 전통적 인민들은 유교적 통치 질서를 이탈하기 시작해 갑오개혁까지 형성 단계를 통과했으며, 갑오개혁과 동시에 역사가들이 '근대적'이라고 부르는 새로운 변동의 조류로 분화·동원되었다. 인민 개념이 신민, 동포, 국민, 민족 등 당시로서는 매우 낯선 개념으로 바뀌거나 또는 변환되기에 이르렀던 것이다.[5] 새로운 인민의 형성 단계에서는 유교적 질서의 붕괴와 함께 천주교, 민란, 서민 문예가 중대한 역할을 수행했다면, 분화·동원 단계에서는 새로운 체제를 갈망하는 신구 엘리트 집단과 지식인들의 역할이 두드러졌다. '형성 단계를 거쳐 분화·동원되었다'는 사실에는 역사 연구의 쟁점이 될 만한 것

들, 특히 근대성과 관련된 문제가 다수 함축되어 있는데, 이 형성 및 분화·
동원 과정을 차근차근 짚어 보지 않고는 '개화기 근대'의 본질을 밝힐 수 없
거니와, 이후 전개된 '식민지 근대성(colonial modernity)'에 관한 어떤 논의도
기원과 전사를 의식하지 않는 일종의 목적론적, 의도적 오류를 자초할 위험
이 많다는 것이 필자의 견해다.

그렇다면 도대체 이 기간에 향촌에서 무슨 일이 일어났는가? '새로운 인
민'을 입증할 근거는 무엇인가? 바로 이 질문에 답을 해야 새로운 인민의
탄생을 말할 수 있게 된다. 인민 대중의 등장은 연구자들의 전공 영역과 관
심에 따라 초점이 달라진다는 것은 주지하는 바다. 예를 들면, 경제사에서
는 소농 경영에 따른 자소작농과 빈농의 규모 확대를 민중의 근거로 내세
우기도 하고, 사회사에서는 도시화에 따른 고공의 등장, 상인과 수공업자의
확대, 중인과 이서(吏胥)층의 도시 집중 현상을 민중 형성의 증거로 들고 있
다. 조선 후기 직역 변동에 관한 연구에 따르면, 도시화가 민중이라 부를 수
있는 서민층을 양산한 핵심 요인이었던 것만은 분명하다. 그 밖에 문학사에
서는 광대와 가객단, 놀이패와 사당패와 같은 서민 문예의 확산이 민중 줄
현의 동력이었다고 지적한다. 모두 나름의 독자적 근거와 논리를 갖추고 있
기는 하다. 그럼에도 공통적으로 가장 핵심적 요건은 건드리지 않았다.

유교적 통치 질서의 핵심은 신분에 따른 속박이다. 그러므로 향촌민이든
도시민이든 특정 신분에 구속된 개인이 '신분적 속박'을 벗어나 비교적 자
유로운 '계약적 질서'로 이전했는가의 문제를 따져야 한다. 종종 변란을 일
으킬 만큼 저항 의식이 투철했다고 해도, 인간관계가 여전히 신분적 속박
에 머물러 있다면 그것은 근세를 벗어난 새로운 인민이 아니다. 새로운 인
민을 입증할 수 있는 기준은 두 가지다. 하나는 종래의 신분적 질서를 깨고
계약적 질서가 나타났는가의 문제이고, 다른 하나는 계약적 질서로 진입한
인민 대중이 혈연, 지연, 학연이라는 전통적 연대의 경계를 넘어 공적 이익

(public interest)을 추구하는 어떤 결사체를 결성하고 있는가의 문제다. '기계적 연대'에서 '유기적 연대'로, 게마인샤프트(Gemeinschaft, 공통 사회)에서 게젤샤프트(Gesellschaft, 이익 사회)로의 전환을 강조하는 서양 고전 사회학자들의 변동론은 바로 봉건제적 신분 질서로부터 계약 질서로의 이행에 초점을 두었으며, 이런 관점은 동서양을 막론하고 근대의 도래를 판단하는 공통적 분석 도구임에는 틀림없다. 이를 조선에 대입한다면 다음과 같이 두 가지 문제를 따져 보아야 한다. 첫째, 인간관계가 종래의 유교적 '신분 원리'에서 새로운 '계약 원리'로 이동했는가 하는 문제이다. 계약 관계가 아니더라도 신분적 속박에서 서서히 벗어나 독립적 개인으로 원자화되는 과정이 형성 단계의 가장 중대한 변화라고 한다면 그것이 과연 관찰되었는가의 문제다. 결론을 미리 말하자면, '그렇다'고 할 수 있다. 양인과 노비의 관계는 양천 교혼으로 이미 신분제로서 의미를 잃었으며, 모칭과 납속수직을 통해 양반층의 특권적 지위도 약화되었다. 중요한 사실은 향촌을 장악하고 있던 향회는 물론, 상하민을 조직했던 모든 형태의 사회 조직, 향계(鄕契), 동계(洞契), 학계(學契), 송계(松契), 상계(喪契) 등이 서서히 이완되었다는 점이다. 1860년부터 1894년 사이에 향촌에서 전통적 사회 조직은 해체 일로에 있었으며, 계약적 원리가 신분 질서를 대신해 인간관계를 지배하는 새로운 원리로 태동했다.

둘째, 원자화된 개인 혹은 계약적 원리에 근거한 개인들은 사적 이익을 넘어 공적 이익을 추구하는 자발적 결사체(voluntary association) 같은 사회 조직을 결성하였는가의 문제다. 공동 작업 조직인 두레와 같은 자발적 결사체는 봉건적 질서하에서도 출현할 수 있을 터이지만, 지역적 이해 관심을 초월하여 국가적 차원 혹은 사회 전체의 공적 이익을 추구하는 조직은 근대에서만이 가능하다고 한다면, 자발적 결사체의 존재야말로 '근대의 징표'라고 할 만하다. 그렇다면 그것이 개화기에 발견되고 있는가? 결론부터 말하자면, 형성 단계를 경과한 이 새로운 인민들은 1894년 이후 분화·동원 단계에 이르러 매우 활발하게 자발적 결사체를 조직하는 과정으로 나아갔다고 할 수 있다. 자발적 결사체가 나타난 것은 조선 역사에 있어 최초의 일이며, 그 것은 조선의 통치 질서와 정면으로 충돌하는 근대적 현상이었다.

자발적 결사체의 존재를 새로운 인민의 증거로 삼는 이론적 근거는 비교적 풍부하다. 결사체적 행동(associational activity)을 시민성(civicness)의 준거로 삼은 최초의 학자는 토크빌(Alexis de Tocqueville)이다.[6] 헤겔 역시 직능 단체를 대표하는 조합들(corporations)이 의회와 같은 대변 기구에 진출해서 시민 사회의 이익을 옹호하는 것이 정치적 자유를 지키는 데에 중요함을 역설한 바 있다.[7] 직능 조합이 국가의 절대성을 견제하는 시민 사회를 역능화하는 (empowerment) 주체로 설정되었던 만큼 시민의 자발적 조직은 절대 왕정에서 근대적 정치 체제인 대의 정치로 이행하는 과정에서 필수적 요건으로 간주되었다. 사회 분업이 활성화되고 경쟁 밀도가 높아지는 것을 시민 사회의 지표로 설정했던 뒤르켐(Émile Durkheim)과 같은 사회학자들도 이타적, 도덕적 행위를 지향하는 시민성의 생산 주체로 직업 집단(occupational groups)의 역할에 주목했다. 봉건 사회에서 공동 이익을 추구했던 자발적 결사체가 길드(guild)였다면, 직업 집단은 자칫하면 이기적 경쟁에 의해 무규범 상태에 빠질 우려가 있는 시민 사회를 유지, 존속시켜 주는 공익 추구의 도덕적 결사체였던 것이다.[8] 헤겔의 직능 조합, 뒤르켐의 직업 집단 모두 산업 혁명과 정치 혁명을 통해 새로이 탄생한 시민 사회의 총아였다.

유럽이 여전히 봉건제적 잔재 속에 머물러 있을 때 미국은 왜 민주주의의 사회적 기반인 시민 사회가 일찍이 형성, 발전하고 있는가를 토크빌은 미국인 특유의 습속(folklore)인 결사체적 행동에서 발견했다. 절대 국가의 제도적 유산이 결여되었다는 것이 미국에겐 역사적 축복이듯이, 토크빌이 두루 관찰했던 1820년대 후반의 미국은 시민 권력을 국가에 빌려 주는 형태의 자치 제도(local autonomy)를 이미 구축하고 있었다. 자치 제도는 국가와 중앙 정부에 대해 시민 사회의 형성과 성숙을 추동하는 중추적 요인이었고, 결사체적 행동은 자치 제도를 작동시키는 연료였다. "미국의 시민 사회를 태동시킨 것은 결사체적 행동이다."라는 토크빌의 명제는 이후 많은 정치학자, 사회학자들 간에 미국 민주주의의 건강성을 측정하는 준거로 활용되었다. 미국의 정치학자 스카치폴(Theda Skocpol)과 퍼트남(Robert Putnam) 사이에 벌어진 '미국 민주주의의 쇠퇴 논쟁'이 전국적 네트워크를 갖는 결사체의 성쇠와 성격 변화를 중심으로 전개된 것도 이런 관점에서이다.[9] 독립전쟁 이후 오늘날까지 전국적 멤버십을 가진 결사체와 연합체가 어떤 성쇠 과정을 걸어왔는지를 연구한 저서에서 스카치폴은 1790년대 이후 1960년대까지 전국적 결사체가 꾸준히 증가했음을 밝힌다. 더욱 놀라운 것은 독립전쟁 이후 약 한 세기 동안 지역과 계급을 초월한 공익 추구의 결사체 숫자와 규모가 점차적으로 증대했다는 사실이다. 특히 1760년부터 1830년 사이에 비영리 결사체가 보스턴 지역에서는 14개에서 135개로 증가했으며, 그 외 지역에서는 24개에서 1305개로 급증했다는 것이다. 이런 관찰을 토대로 스카치폴은 "시민 사회의 성장은 대부분 미국이 탄생하고 나서 1790년 이후에 일어났다."라는 결론을 제시한다.[10] 시민 사회의 태동과 성장이 결사체에 의해 추동된다는 점을 다시 한번 확인해 주는 셈이다. 시민 사회가 성숙했던 19세기 말과 20세기 초에도 이러한 자발적 결사체가 시민 사회의 건강성을 유지하는 사회적 구심점으로 주목되었다. 자본주의의 발달에 힘입어 세기의 전환기에 급격히 부상했던 신흥 부자들과 전문가 그룹들은 이민, 공업화, 도시화라는 불안한 변화에 대응하여 새로운 결사와 시민 봉사 단체를 설립했다. 자발적 결사체가 정치적, 사회적 변동을 헤쳐 나가고 새로운 불안 요인에 대처하는 시민적 행동 양식이었다. 말하자면 자발적 결사체는 시민성을 생산하는 추동력이자, 봉건 사회와는 질적으로 다른 시민 사회의 출현과 성장을 입증하는 지표다.

개화기 자발적 결사체: 자료 분석

그렇다면 1860년부터 1910년 사이에 조선에서 이런 결사체들이 등장했는가를 살펴볼 차례다. 이를 위해서는 이 기간에 간행된 모든 역사 자료를 뒤져야 하는 수고가 뒤따른다. 한말에 사회 조직과 사회단체를 조사한 자료가 없기 때문인데, 다행히 참고할 만한 자료가 두 개 정도 남아 있기는 하다. 『한국독립운동사』 1권에 1907년 5월부터 1908년 8월 사이 서울에 존재했던 단체의 현황이 수록되어 있는데, 대체로 40여 개를 헤아린다. 또한, 1908년(융희 2년)에 조사된 사회단체 일람이 국사편찬위원회 편 『각회사조사(各會社照查)』란 이름의 등사본에 수록되어 있다. 이 자료를 분석한 이현종은 사무소 위치, 간부, 발기인, 목적, 경비, 회원 수 등으로 단체의 성격을 분류하여, 종류별로는 대체로 50여 개, 명칭상으로는 100여 개가 넘는 단체가 존립하였다고 보고하였다.[11] 두 개의 선행 연구를 소개한 조항래는 한말에 활동한 사회단체에 대해 보다 심층적인 분석을 행하였는데, 1905년 을사늑약을 전후하여 가장 활발하게 친일 활동을 전개했던 일진회(一進會)와 그 하부 단체들에 초점을 맞추고 있기에 개화기 전 기간의 전모를 파악하기에는 난점이 많다. 그래서 일단 사회단체의 명칭으로 주로 사용했던 당시의 용례를 참고하여 개화기에 발간된 역사 자료를 연도별로 살피는 수밖에 다른 방법이 없다. 당시 사회 조직을 창립할 때 다음과 같은 명칭을 주로 붙였다. ○○학회, ○○연구회, ○○업회, ○○상회, 노동회, 동지회, 구락부, 권무사, ○○사, ○○총합소, 애국회, 교육회, 친목회, 부인회, 검사소, ○○총회, ○○관, ○○조합, ○○보, ○○단, ○○협회 등이 그것이다. 국사편찬위원회가 만든 한국사데이터베이스의 근대편에는 20여 개의 역사 자료가 있는데, 그중에 이 연구의 목적에 부합하는 것은 대개 7종이다.[12] 이 자료 중 각종 기록과 신문, 출판물을 토대로 작성된『근대사연표』와『한국독립운동사』가 가장 포괄적이므로 이를 기초 사료로 하고 나머지 사료를 보완적으로 검토하여 자발적 결사체의 출현과 활동 양상을 분석하였다. [표 1]은 그 결과를 집계한 것이다.(결사체 설립 추이와 단체의 소재, 유형별 분류는 [도표 1]~[도표 3]을 참조.)

[표 1] 연도별 단체 설립 현황

연도	결사체	회사	전체	연도	결사체	회사	전체
1883	1	15	16	1897	7	10	17
1884	0	11	11	1898	9	8	17
1885	1	6	7	1899	0	41	41
1886	0	4	4	1900	1	33	33
1887	0	3	3	1901	2	25	26
1888	0	8	8	1902	1	32	32
1889	0	5	5	1903	6	24	27
1890	0	4	4	1904	11	19	29
1891	1	2	3	1905	19	46	62
1892	0	1	1	1906	33	82	110
1893	0	2	2	1907	79	70	144
1894	1	5	6	1908	81	86	146
1895	1	12	13	1909	26	82	101
1896	6	15	21	1910	28	82	106
총계					314	681	995

〔도표 1〕 연도별 결사체 설립 추이(회사 제외)

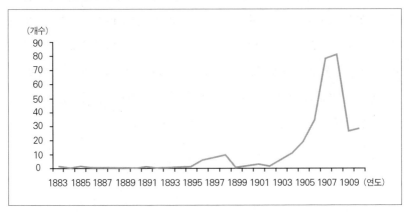

〔도표 2〕 설립 단체 소재지: 국내와 해외

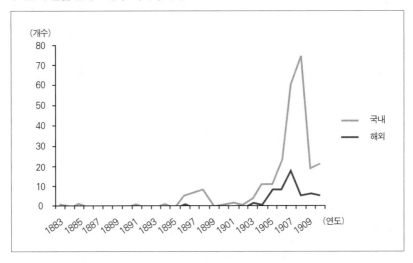

〔도표 3〕 유형별 설립 단체 수(1883~1910)

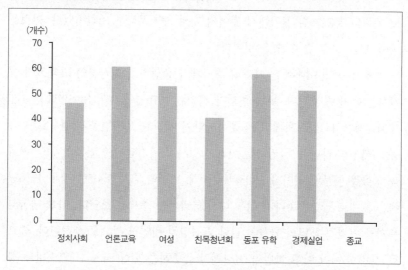

이 기간에 각종 단체와 회사를 포함하여 995개가 확인되었다. 이 중 앞에서 지적한 단체명이 붙어 있는 단체, 즉 자발적 결사체로 분류할 수 있는 단체는 1860년부터 1910년 동안에 314개가 집계되었다. 전국에 수십 개의 지부를 거느린 대규모 단체일 경우에는 한 개의 조직으로 취급했으므로 전국의 지부를 모두 합하면 더 늘어날 것이다. [표 1]에 나타난 설립 추세를 살펴보면, '새로운 인민'의 출현에 관한 전반적 양상을 가늠할 수 있다. 대체적인 추세에 대해 다음과 같은 고찰이 가능하다.

첫째, 1894년 이전에는 인천 구락부(1891년), 독립 구락부(1894년)라는 단 2개의 단체가 출현했을 뿐이어서 1860년부터 1894년 사이에는 자발적 결사체가 거의 존재하지 않았다고 할 수 있다. 1883년과 1885년에는 각각《한성순보》(1883년)와《한성주보》(1885년)가 설립됐다. 엄밀히 말하자면 둘 다 관보였기에 자발적 결사체는 아니지만, 개화기에는 신문사와 출판사가 중요한 역할을 했기에 집계하였다. 말하자면, 1860년부터 1894년 사이는 인민들이 기존의 봉건제적 질서에서 떨어져 나와 개별화되는 기간이었다. 이것을 '형성 단계'라고 할 수 있을 것이다.

둘째, 1894년 이후에는 자발적 결사체가 출현하기 시작하여 가파르게 증가하는 추세를 보인다. 독립 협회가 결성된 1896년에 6개, 1898년에는 9개, 1904년에는 11개로 확대되고, 을사늑약이 체결된 1905년을 기점으로는 급증 추세가 나타난다. 국권 상실이라는 역사적 위기감이 인민들의 저항 의식을 촉발한 때문일 것이다. 1905년에 19개, 1906년 33개, 1907년 79개, 1908년에는 81개로 급상승하다가 이후 다시 급락하는 추세를 보인다. 대한 제국의 붕괴와 정치적 체념의 확산이 급락의 직접적 원인일 것으로 생각된다. 중요한 것은 1894년 이후 자발적 결사체가 급증하는 현상 자체는 '인민의 분화·동원'을 입증하는 증거로 충분하다는 사실이다. 1894년 이전까지의 봉건적 질서에서 이탈해서 개별화된 인민들이 질적으로 새로운 정치적, 경제적 환경으로 진입했다는 뜻이고, 인간관계와 조직 원리가 근대적 형태를 띠게 되었음을 의미한다.

셋째, [도표 2]는 단체가 설립된 소재를 국내와 국외로 구분하여 본 것이고, [도표 3]은 단체의 유형별 분류이다. 이 기간에 국내에는 총 256개 단체가, 국외에는 58개 단체가 설립되었다. 일제의 침략 통치로 말미암아 해외로 망명한 사람들, 혹은 일본과 미국 유학생들이 애국, 독립운동적 성격의 결사체를 활발하게 설립하였음을 알 수 있다. 유형별로는 정치·사회(46), 언론·교육(60), 경제·실업(52), 여성(53), 친목·청년(41), 동포·유학생(58) 단체들의 숫자가 엇비슷하게 나타나고 종교 단체(4)가 비교적 적은 것이 특색이다.

종합하면, 한말 개화기에 자발적 결사체가 이 정도의 규모로 나타나는 것을 근대의 징후로 읽어도 좋을 것이다. 인간관계가 신분적 원리가 아니라 계약적 원리로 바뀌는 사회에서 자발적 결사체의 출현이 가능하다면, 1894년 이후의 기간은 계약적 원리가 신분적 원리를 빠르게 대체해 가는 상황에서 새로운 인민으로 태어난 개인들이 지식인 주도의 사회 운동으로 분화·동원되는 과정에 해당한다고 할 수 있다. 1894년 전후의 시기를 형성 단계와 분화·동원 단계로 나누어 그 과정상의 특징적 면모를 더 자세히 고찰할 필요가 있다.

형성 단계, 1860~1894년

이 시기에 자발적 결사체가 발견되지 않는다고 새로운 인민의 존재를 부인할 필요는 없다. 이 시기는 봉건제적 신분 질서에 묶여 있었던 인민들이 서서히 그 결박을 풀고 계약적 관계로 혹은 독립적 개인으로 전환하던 때였다. 그렇지 않다면, 1894년 갑오개혁을 계기로 갑작스럽게 자발적 결사체가 출현할 것을 기대할 수 없다. 그들은 독립적 개인으로 분리되어 공적 쟁점에 뛰어들 인식 능력을 갖출 준비 기간이 필요했던 것이고, 이 기간이야말로 전통적 규율을 벗어나 새로운 조직 원리와 새로운 인간관계로 진입하던 시기였다. 조선 향촌 사회의 기본 조직이었던 각종 계(契)의 변동 양상이 그것을 말해 준다.

조선의 계 조직을 연구한 김필동(金弼東)은 국가와 향촌 사회를 매개하는 관절의 역할을 담당하고 향촌 사회에서는 신분적 지배 기구로 기능했던 상하합계(上下合契)인 동계(洞契)가 19세기에 재지사족의 영향력이 약화되면서 하층민 중심의 자율적 조직으로 성격 변화를 일으켰다는 점에 주목한다.[13] 물론, 18세기 후반기에 향촌 차원에서 양반의 실질적 지배를 지탱하여 왔던 향회, 향청, 향약 등은 약화되기 시작해서 학계, 송계, 상계로 분화되었고, 이것이 다시 19세기에 이르면 군포계(軍布契), 호포계(戶布契), 보민계(保民契)와 같은 목적계 형태로 명맥을 이어 갔음은 주지하는 바이다. 동계는 원래 향촌에 대한 양반의 통제에 목적이 있었다. 그러던 것이 상하합계 형태가 출현하고 다시 하층민 중심의 조직으로 성격 변화가 이뤄지는 것이다. 민란 지역에서 동계는 향민의 의사를 수렴하는 민회의 성격도 있었던 것으로 보이는데, 촌락민의 민생과 직결되는 공동 사업이나 특정 목적의 성취를 위한 자율 조직으로 전환했다는 사실은 하층민들의 공동체적 이익에 대한 인식과 사회 참여의 폭을 넓힌 것으로 이해될 수 있겠다. 신분 질서의 통제를 위한 조직이 신분제 자체를 해체하는 기능을 갖게 된 이 역설적 현상이 19세기 후반 계 조직의 변모상이다. 김필동은 역설적 현상의 원천을 동계의 결사체적 성격에서 찾고자 한다. 그런 점이 없는 것은 아니겠지만, 신분 질서가 느슨하게 작용하고 수령·이서 체제로 불리는 관료제적 수탈 구조가 여전히 강력하게 작용하고 있는 봉건 질서하에서 '시민성'을 발현하는 결사체는 아니었다. 그럼에도 국가의 수탈에 대한 공동 대응, 부세 기능, 두레와 같은 협업 문제, 동리에서 발생하는 대소사 해결을 위한 담론장이 되었던 것만은 분명하다.

우리의 논지와 관련하여 더 중요한 주장은 이영훈(李榮薫)에 의해 제기되었다. 이영훈은 경북 예천 대저리 박씨가의 일기를 분석하여 19세기 중반 향촌의 계 조직과 인간관계가 어떻게 변화하는지를 살폈다. 특이한 점은 재지사족이었던 박씨와 개별적인 관계를 맺는 이른바 2인계가 1840년대부터 나타나기 시작했다는 것이다. 박씨와 2인계를 맺은 대상은 상인, 하인, 서리, 친족 등 다양한데, 이들은 모두 박씨 가문에 매우 다양한 편익을 제공한 것으로 나타난다. 이들은 인근 도시에 거주하면서 특정 물품을 납품하거나, 일 년에 한두 번 정기적으로 방문해 어물, 포목, 종이, 수공품을 공급하는 상인, 혹은 추수기에 노동력을 제공하는 고공들로 구성되어 있는데, 과거에 박씨가와 신분적 관계 내지 혈연관계에 있던 노(奴), 협호(挾戶), 하민(下民)들이 대종을 이룬다. 박씨가 일기인 『저상일월』에는 이런 관계를 말해 주는 내용이 적혀 있다.

1841년 4월 24일   공인이 집에 와서 가죽신을 만들기 시작했다.
9월 12일   오후부터 망공에게 망건을 만들도록 시켰다.
1846년 6월 13일   신 짜는 사람에게 신을 짜도록 했다.[14]

공인, 망공, 장판쟁이 들은 주로 향리의 장인들이었는데, 박씨가의 일을 봐주고 있다. 1849년 당시 박씨가의 협호로 들어온 수개(壽介)는 1870년 사망할 때까지 2인계 형식으로 박씨가에 노동력을 제공했다. 이영훈은 당시 향촌에 향계, 면계, 종계, 학계, 동계, 송계로 이어지는 계 조직이 점차 약화되면서 신분적 관계로 맺어진 하민들과의 개별적 관계인 2인계가 확대되고 있는 현상에 주목한다. 이것이야말로 신분 원리가 계약 원리로 바뀌어 나가는 증거라는 것이다. 더욱이 그러한 현상은 19세기 중반 이후부터 가속화되었다. 그는 이렇게 설명한다.

요컨대 2인계는 1840~1890년의 약 50년 간에 고유한 역사적 현상이다. 앞서 지적하였듯이 이 기간에 인간관계는 구래의 신분 원리를 대신하여 새로운 계약 원리로 진전하고 있었다. 바로 그러한 과도기적 이행기에 인간관계를 적나라하게 보여 주는 것이 2인계이다. 이 기간에 대저리라는 하나의 지역공간에서 상하 두 인간 집단을 통합한 가장 중요한 기제는 2인계였다. 그것은 어떤 제도화된 규범과 단체라기보다는 개인간의 신뢰에 바탕하여 선(線)의 형태로 연결된 사회적 연망(social network)이다.[15]

흥미로운 것은 18세기 후반부터 19세기에 재지사족 중심의 계 조직에 균열과 위기가 시작되었다는 점이다. 급기야 농민 반란에 직면하여 향촌의 신분 질서는 크게 동요되었고, 양반의 지위와 통제력은 급격하게 추락했다. 도둑이 자주 출몰하자 1866년 상·하리의 대동회를 조직하여 자치 규찰을 행하기도 하였지만, 1880년대에는 하민들의 반발로 동리의 어떤 결의도 통하지 않게끔 되었다. 동학란 때에는 마을을 지킬 여력이 없어 박씨가 일족이 피난길에 오르기도 했다. 당시 "2인계, 송계, 천방계, 동계 등 모든 형태의 연망과 결사가 현저히 약화되거나 해체되고 말았다. 오로지 남은 것이라곤 혈연에 바탕한 문중의 종계(宗契) 정도였다."[16] 대저리의 동계는 1893년에 해체되었다. 박씨가는 향촌의 질서를 회복하고자 양반들을 규합해서 1896년 유계(儒契)를 결성하였다. 말하자면, 1860년부터 1894년 동안에 2인계가 활성화되는 동시에 전통적 계 조직은 파괴되었다. 2인계도 동학란이 휩쓸고 사회가 지극히 혼란해진 상황에서 형해화되었던 것이다. 그러나 중요한 것은 이 기간에 전통적 신분 질서를 지탱하는 사회 조직인 계 조직이 목적계 형태로 바뀌거나 소멸되었다는 것, 2인계라는 새로운 조직 형태를 통해 신분적 관계가 계약적 관계로 변화했다는 사실이다. 대저리의 이런 변화를 일반화하기에는 약간의 무리가 있을 것이다. 그러나 박씨가가 살았던 예전 인근에 대구라는 대도시가 있음을 감안하면, 부산, 광주, 전주, 청주, 진주와 같은 도시 인근의 향촌도 이와 비슷한 과정을 겪었을 것으로 추정된다. 농촌을 미증유의 혼란 속으로 밀어 넣었던 동학란이 끝난 이후에는 이들 향촌민들은 독립적 개인으로 개별화되는 국면으로 진입했다. 새로운 인민의 '형성' 과정이 어느 정도 성숙되고, 분화·동원 단계로 들어섰다는 뜻이다.

분화·동원 단계, 1894~1910년

나는 대한의 가장 천한 사람이고 무지몰각합니다. 그러나 충군애국의 뜻은 대강 알고 있습니다. 이에 나라에 이롭고 백성을 편케 하는 일인즉 관과 민이 합심한 연후에 가능하다고 생각합니다. 저 차일에 비유하건대 한 개의 장대로 받친즉 역부족이나, 많은 장대를 합한즉 그 힘이 공고합니다. 원컨대 관민합심하여 우리 대황제의 성덕에 보답하고 국조로 하여금 만만세를 누리게 합시다.[17]

이것은 1898년 10월 29일 독립 협회 주관으로 열린 관민 공동회에서 백정 출신 박성춘이 행했던 연설문의 일부이다. 그날 열렸던 관민 공동회에는 독립 협회 계열 단체와 관변 단체들이 대거 참여했을 뿐 아니라 서민, 지식인을 포함하여 상인, 노동자, 승려, 노숙자 등 1만여 명이 운집하였다. 백정이라면 조선 사회의 가장 밑바닥에 있었던 천민이었는데, 천민 신분의 박성춘이 군중 집회에서 직접 연사로 나와 이런 취지의 말을 할 수 있었던 것은 1894년 갑오 내각이 실행한 신분제 폐지 덕분이었다. 신분제는 그 이전부터 서서히 붕괴되고 있었기에 갑오개혁은 사후 조치와 같은 의미를 띠고 있었다. 그럼에도 갑오개혁의 신분제 폐지는 그 효력이 매우 실질적인 것이어서 '개별화된 인민'들을 신분 구속에서 해방해 주었다. 군국기무처가 1894년 6월 28일 공포한 법령은 "문벌, 반상의 등급을 혁파하고, 귀천에 구애받지 않고 인재를 선용할 사", "공사노비의 제도를 일체 혁파하며 인구의 판매를 금할 사"라고 명시하여 신분제 폐지를 명문화하였고, 이후 기술관의 자유로운 등용, 역인, 창우, 피공의 면천을 허가하여 보완 조치를 단행하였다. 인민은 이제 신분적 속박에서 벗어나 완전한 자유를 누릴 수 있게 된 것이다. 1894년부터 자발적 결사체가 출현하기 시작한 것은 바로 신분제 개혁이 배경이었고, 불과 4년 만에 위와 같은 군중 집회가 개최될 수 있었던 것이다.[18]

신분제 폐지와 더불어 새로운 인민의 등장을 재촉하였던 것은 바로 인민 개념의 획기적 전환이다. 앞에서 보았듯이, 1898년 대한 제국 당시 고종과 대신들은 여전히 '적자로서의 인민'에 집착하고 있었으나, 이미 갑오개혁 내각은 인민을 군주와 함께 통치의 동반자로 설정하고 있었다. 유길준이 '군민이 공치(共治)하는 정체'로서 찬양해 마지 않았던 입헌 군주제가 갑오 내각의 공식적 입장으로 내세워지면서 인민은 통치의 파트너, 통치의 주체로 설정되기에 이르렀다. 인민이 통치의 주체로 승격되기 위해서는 '인민의 권리'가 중요했다. 유길준이 『서유견문(西遊見聞)』 4편 「인민의 권리」에서 자유와 통의(通義)를 천부적 권리라고 주장했던 것은 이런 까닭에서였다. "자유는 무슨 일이든지 마음이 좋아서 따라서 하되 생각이나 사념을 굽히거나 구속받지 않는 경우를 말한다. …… 통의라고 하는 것을 한마디로 표현하면 당연한 정리(正理)라고 할 수 있을 것 같다. …… 천만 가지 사물이 그 당연한 이치를 따라 본래부터 가지고 있는 도리를 잃지 않은 채 균형된 직분을 지켜나가는 것을 통의의 권리라고 하겠다."[19] 인민은 권리를 소유한 주체로서 자신의 운명과 정체 결정에 참여할 독립적 존재로 개념화되었다. 인식의 대전환을 가장 먼저 깨달았던 것은 물론 지식인과 학생이었다. 서재필(徐載弼, 1864~1951년)을 위시한 개화파 지식인들이 독립 협회를 결성한 1896년 7월을 전후하여 배재학당 학생 중심의 협성회, 김윤식(金允植, 1835~1922년)의 건양협회, 주시경(周時經, 1876~1914년)의 국문동식회, 정동교회청년회가 각각 결성되었다. 이후 1910년까지 대체로 다섯 유형의 결사체들이 대거 출현하였는데, 1894년부터 1904년 사이에 지식인 주도로 결성되었던 결사체들이 1905년부터 1910년 사이에는 지식인과 인민 대중의 협력 관계로 옮겨 가는 특성을 보인다. 전반적으로 보아, 이 기간에 출현한 자발적 결사체들은 주로 지식인이 주도했고, 여기에 각성한 인민(enlightened people)들이 참여하는 것이 지배적 형태였다고 보면, 새로운 인민 또는 각성한 인민들은 형성 단계를 지나 특정 목적을 지향하는 사회 운동으로 분화·동원된 것으로 해석해도 무리가 아니다. 지식인 주도의 운동이 어떤 형태를 띠고 어떤 이념을 지향했는가, 각성한 인민들과 어떤 관계를 맺고 있었는가라는 문제 속에 한말 개화기 근대성을 규명하는 중요한 실마리가 내재되어 있다. '근대 인민의 형성'은 1권에서 분석할 것이고, '근대 인민의 분화·동원'의 구체적 양상은 2권의 연구 주제이다. 여기서는 결사체를 다섯 유형으로 정리해 두는 것에 만족하려 한다.

첫째, 정치적·사회계몽적 목적을 갖고 있던 지식인 주도의 결사체이다. 지방의 사족들과 식자들도 지역민의 계몽과 동원을 위해 이런 유형의 결사체를 자주 결성했던 것으로 보인다. 예를 들면, 독립 협회(서재필), 보안회(송수만, 원세성), 서우학회(이갑), 한북흥학회(오상규), 대한자강회(윤효정), 신민회(양기탁), 흥사단(유길준, 안창호), 호남학회, 대동학회(신기선, 이도재), 한성부민회(유길준), 개성학회, 서북학회, 기호흥학회(이용직), 관동학회 등이 여기에 속한다.

둘째, 역시 지식인 주도의 신문·출판 사업이다. 신문과 출판은 미몽의 인민을 깨우는 가장 중요한 수단으로 간주되었기에 지식인, 유학생이 일찌감치 뛰어들었던 분야였다. 신문 발행과 출판 사업을 펼쳤지만 이들의 궁극적 목적은 사회 운동을 통해 위기에 처한 국가를 구출하고 새로운 형태의 국가를 건설하는 데에 있었다. 《독립신문》(서재필), 《경성신문》(이승만, 양홍묵), 《제국신문》(이종일), 《황성신문》(남궁억), 《신죠신문》(최윤백), 《대한매일신보》(양기탁), 《경향신문》(블랑즈), 보문관(권동진), 만세보(오세창), 박문관(박상환), 《해죠신문》(최봉준), 동문사(이학재) 등이 여기에 속한다.

셋째, 상업·산업 단체이다. 엄밀히 말하면 당시 설립된 일본 회사의 조선 지부, 일본과 무역을 목적으로 하는 회사 조직들도 있어서 결사체가 아닌 것들도 있지만, 상업 활동을 위한 연합체, 연합회 성격의 결사체들도 다수 결성되었다. 예를 들면 보부상 단체였던 상무사, 평양상업회의소, 화물운송조합, 한성상업회의소, 금융조합, 측량조합소, 중개조합소, 실업장려회 등이 여기에 속한다.

넷째, 학생·유학생이 주도한 결사체이다. 이들은 주로 애국 계몽 운동, 청년 운동, 교육 운동 등을 목적으로 하였는데, 일본과 미국에서도 적극적 활동을 전개하였던 것으로 보인다. 예를 들면 대조선일본유학생친목회(재일유학생), 태극학회(재일유학생), 청년회, 동경조선기독교청년회, 공수학회(관비유학생), 대한유학생학회(재일유학생), 대한학회, 동지학우친목회, 호남학생친목회, 대한흥학회, 관동학생친목회, 제국학생친목회, 학생연합친목회, 대한기독교청년회, 청년학우회 등이다.

다섯째, 일반 인민들이 주도한 친목회, 애국회, 교육회 및 여성들이 주도한 부인회이다. 이 유형은 지식인이 아니라 일반 시민, 지역민, 해외 동포들이 앞장섰다는 점에서 '새로운 인민'의 전형을 보여 준다고 하겠다. 특히, [도표 2]에서 보듯이 미국, 중국, 러시아에서 결성한 단체가 1904년을 기점으로 늘어나는 것으로 미뤄 국가 존망의 위기에 처해 해외 이주민들의 결사체적 활동이 매우 활발했다고 볼 수 있다. 국민교육회, 대한교육회(미국, 장마리아), 에와친목회(하와이), 대한부인회, 동아개진교육회, 한인민회(러시아 항일단체), 의성회(미국), 와이파후 공농회(하와이), 혈성단(하와이), 노소동맹회(하와이), 여자교육회, 부인학회, 국민공동회(하와이), 국민단합회(미국), 신간회(하와이), 대동보국회(미국), 국채보상부인회, 자선부인회, 동양애국부인회, 애국부인회, 창원항부인회, 한국부인회, 달서부인교육회, 국민회(미국), 대한인국민회(미국), 양정여자교육회, 애국동맹단(미국) 등이다.

이 다섯 가지 유형의 결사체들이 어떤 사회 운동을 전개하였으며, 인민들을 어떻게 동원하였는가의 문제 속에 개화기 근대성의 요체가 들어 있다고 지적한 바 있다. 그런데 이 장에서 중요한 것은 1894년까지 형성 단계를 거친 새로운 인민들이 1910년까지 분화·동원 단계를 겪으면서 사회 변혁의 주체로 등장하였고, 지식인과 더불어 역사 발전의 새로운 물꼬를 터 갔다는 사실이다. 조선 사회에서 오랫동안 통치의 객체로 자리매김되던 인민은 1860년대에 들어 주체의 자리로 부상하기 시작하였으며 1894년부터는 사회 변혁의 본격적 동력이 되기에 충분했다.

개념사적으로 본다면, 1894년 이후의 이런 변화의 동력과 그 배경에 잠재된 정치적, 경제적 변동 양상이 인민 개념을 변질시키거나 아예 그것을 대신하는 신개념들을 만들어 내기 시작했다는 점은 주목을 요한다. 다시 말해, 전통적 인민 개념은 새로운 조어와 경쟁 관계에 돌입하거나 외국에서 유입된 개념에 자리를 내주고 점차 무대의 뒤편으로 사라지는 운명을 맞았다. 완전하게 사라진 것은 아니었을지라도 전통적 개념의 인민은 새로운 변동의 물결, 흔히 근대의 도래로 지칭되는 일련의 변화들과 새롭게 분출되는 사회 운동의 지향과 목표들을 담아낼 수 없는 말로 간주되기 시작했던 것이다. 따라서 1894년 이후 인민의 동원·분화 과정은 인민 개념의 분화, 대치, 교체 과정과 중첩된다. 갑오개혁에 의한 신분 타파가 만인 평등의 이념을 확산시키자 인민 대신 '백성'이 자주 쓰였고, 대한 제국의 출범을 계기로 황제 국가의 백성을 뜻하는 '신민' 개념이 부각되었다. '민족'이 인민의 자리를 대신해 널리 쓰이기 시작한 것은 1905년 을사늑약에 의해 자주권을 상실한 후의 일이다. 1900년대 초만 해도 민족은 최신의 조어였으며, '1899년부터 1904년 동안에도 극히 제한적으로만 쓰였다는 사실'은 인민이 민족주의와 조우하면서 개념 전환을 일으켰다는 것을 시사한다.[20] 다른 한편, 외국 사상과 번역서의 영향을 받아 '국민'이 처음 등장하였는데, 근대 국가 건설을 향한 시대적 절박감이 국가의 인민으로서 국민 개념을 전면에 부각시켰던 것이다.[21] 그 밖에 동포, 사해동포, 족민 같은 개념들이 인민과 경쟁하면서 국가 건설과 독립을 향한 사회 운동과 활발하게 결합했다. 각 개념들이 함축하는 기대 지평에 '새로운 인민'들이 속속 뛰어들었고, 그 기대 지평이 지시하는 바를 따라 신민, 국민, 민족, 동포 등으로 분화되어 간 것이 개화기의 역사이다.

인민의 초상: 민족과 근대 만들기

민족과 근대

한국 근대사에 관한 역사적 연구에는 대개 두 가지 저술 경향이 발견된다. 미시사적 연구와 목적론적 연구가 그것이다. 역사라는 범위는 매우 넓고 광활한 바다와 같기 때문에 역사학자들은 흔히 전공 영역을 택하기 마련이다. 각 영역에서는 다시 주제별로 전공 영역이 세분화된다. 특정 시대, 특정 주제에 관해 연구자의 논리를 입증하려면 아주 정밀한 사료가 뒷받침되어야 한다. 그렇지 않으면 논리는 가설로 끝나고 만다. 이런 위험을 피하기 위해 연구자들은 역사라는 광산에 작은 구멍을 뚫고 지층을 조금씩 탐사해 간다. 그곳에서 발견된 작은 사실을 하나씩 엮는 작업, 때로는 추측과 추론이 개입되기도 하지만, 논리적 비약을 무릅쓰고 큰 담론을 전개하는 역사학자들은 드물다. 그 결과 역사학자들은 '부분적 이해'에 도달할 뿐 종합적 그림을 제시하지 못하거나 아예 그런 것은 역사학자들에겐 불가능하다는 체념에 빠진다. 한국 근대사가 정치사, 외교사, 경제사, 사상사, 사회사 등으로 쪼개져 있고, 각 영역에서 입증된 이론이 부분적, 제한적임을 면치 못하게 된 저간의 사정이다. 각 영역에서 제시된 입론들이 그런대로 단단한 근거에 입각해 있다는 것은 좋은 측면이나, 그것들을 서로 연결해 큰 시대상을 그려 보고자 하는 소중한 시도가 소재별 연구자들에 의해 기각되는 현상, 또는 시대를 관철하는 어떤 법칙을 찾아내려는 시도들이 아예 이뤄지지 않는 것은 문제가 아닐 수 없다.

예를 들어, '농업의 상업화(commercialization of agriculture)'를 서양의 근대 혁명을 설명하는 공통 요인으로 설정한 배링턴 무어(Barrington Moore)의 연구 같은 것을 한국 근대사에서는 전혀 찾아볼 수 없다.[1] 민란은 민란으로, 동학은 동학으로, 갑오개혁은 갑오개혁으로, 개화사상은 개화사상으로 끝난다. 개화기를 수놓았던 그 변혁의 소재들을 꿰고 있는 공통적 독립 변인은 무엇인지, 각각의 사건들이 고종 시대의 역사적 흐름에 어떤 의미와 관련을 갖는지, 그것이 외국의 사례와 비교해서 '근대의 도래'에 상대적으로 어떤 의미를 갖는지를 비교 분석하는 시각과 질문은 잘 보이지 않는다. 갑오개혁이 근대 국가 만들기에 실패했다면, 당시 조선의 갑오 내각은 일본의 메이지 정부와 어떤 차이가 있는가? 동학은 일반 농민들의 사고방식에 어떤 충격을 가했는가, 또는 다른 나라에서 발생한 농민 전쟁과는 어떻게 다르고 같은가? 국사학과 국문학을 가로지르는 질문들, 예를 들면 민란과 동학은 국문 가사에 어떤 충격을 몰고 왔으며, 시점의 변환, 소설 구조의 변화에도 깊은 영향을 주었는가와 같은 질문들은 잘 제기되지 않는다. 또는, 동학 농민 전쟁은 다른 국가의 농민 반란과 비교해서 어떤 유형에 속하는가? 이런 질문들이 발견되지 않는다는 말이다. 그것은 역사학자들이 소재주의에 포획되어 한 걸음도 밖으로 나오기를 꺼리고 있다는 뜻이다. 전공 소재와 전공 영역에서 한 발짝만 나오면 사료의 문제가 발생하기 때문이다. 한국 근대사에서는 '사료가 논문을 만든다'. 달리 말하면, 사료가 연구자의 시선을 좁게 제한한다. 사료 밖으로 나오면 역사학자들은 수필가가 된다고 생각하고 또 그럴 위험도 많다. 그래서 다른 영역을 돌아볼 여유도 없고, 다른 질문을 던질 의욕도 없다. 역사학자들은 자기 영역과 소재에, 미시사적 연구에 스스로 갇혀 있을 뿐이다.

이런 관점에서, 미시사적 연구를 거시사와 연결하는 작업이 필요한데, 말만큼 쉬운 일은 아닐 터이다. 거시사와 미시사는 서로 보완 관계에 있음을 누구나 인정하는 바이지만, 상호 불신도 한몫을 한다는 점을 부인키 어렵다. 역사학자들은 시대의 전모를 묻는 질문에 답하기 위해 과거라는 거대한 광산에 갱도를 뚫고 깊이 파 내려가지만, 결코 만족스러운 답을 얻을 수 없다는 것을 안다. 거시적, 관계 맥락적 질문 자체는 사료가 아니면 말을 삼가는 역사가의 금기 자체를 깰지도 모르고, 실증주의적 역사 연구의 기본 정신에 위배될지도 모른다. 미시사가들은 주어진 사료를 현미경으로 들여다보면 보다 큰 시대의 흔적이 발견될지도 모른다는 희망을 갖고 있다. 그런 반면, 거시사가들은 미시사가들을 역사라는 건물의 사랑방 정도도 차지하지 못하고 기껏해야 복도를 어슬렁거리는 잡상인으로 치부하는 경향이 있다. 두 조류는 서로에 대한 불신이 강하기 때문에 소통 자체가 어렵다. 그러나 분명한 것은 미시사적 연구가 없는 거시사는 불가능하고 또 토대가 허술하다는 점이다. 거시사에 대한 다음과 같은 언명이 비교적 정확할 것이다.

역사적 사실의 총체는 현미경으로 관찰될 수 있는 여러 요소만으로 완전히 분해될 수 없다. 역사의 총체에는 미시적 차원을 벗어난 다른 차원(거시)에서 연출되는 사건과 그 발전 과정까지도 포함된다. 그런 점에서 일반성이라는 좀 더 높은 차원에서 기술된 역사도 세부적 역사 연구와 마찬가지로 본질적이다. 그러나 거시사는 불완전하다. ······미시사를 동반하지 않는 거시사는 이상적인 의미의 역사가 될 수 없다.[2]

거시사는 미시사적 연구에 토대를 두고 작지만 단단한 연구 결과들을 종합하여 시대의 전모를 그려 낸다. 미시사는 사료 해독과 사료에 대해 말 걸기부터 시작한다. 연구 대상을 독자적 개체로 인식하여 그 내면부터 이해하는 문헌 중심적 접근 방식은 미시사가들이 중시하는 공통적 태도로서 한편으로는 문서 숭배벽을 초래했으며 다른 한편으로는 사건사 위주 내지 소재 중심적 연구 경향을 낳았다. 미시사적 연구는 근거가 확실한 연구 결과와 명제들을 산출할 수 있다는 비교 우위를 확보하는 데에 성공했지만, 역사학 내에서 '영역별 칸막이 치기'를 부추겨 역사가들 간 소통 불가의 상태를 낳는 데에도 일조했다. 시대에 대한 총체적 재구성물로서의 역사를 '조각난 역사'로 만들어 버릴 우려가 있는 것이다.[3]

이런 폐단을 일찍이 인식한 역사가가 예를 들면 마르크 블로크이다. 마치 산꼭대기에서 산 아래의 풍경을 내려다보듯이 역사가들은 보다 높은 곳에서 넓은 시야로 시대를 조망하는 것이 중요하다는 성찰에 도달한 그는 '종합' 개념으로 나아갔다. 역사학자 개디스(John Lewis Gaddis)는 조망의 중요성을 일깨우기 위해 독일 화가 프리드리히(Caspar David Friedrich)가 그린 「안개 바다 위의 방랑자」를 예로 설명한다.[4] 산정에서 안개가 깔린 산밑 풍경을 내려다보는 젊은이는 등을 돌린 채 구름바다를 응시하고 있다. 그 밑에 무엇이 전개되는지를 상상하며 골똘히 생각하고 있는 듯한 그 젊은이의 표정은 등을 돌리고 있기에 알 수가 없다. 아무튼 그는 안개에 휩싸인 풍경을 재구성하고 있는 중인데, 역사가는 마치 그와 같다는 것이 개디스의 지적이다. 풍경을 가장 잘 파악할 수 있는 유리한 위치를 찾아 자신이 어디에 있었는지에 주의를 집중하는 것, 그리고 세련된 그의 상상력을 동원하여 종합적 조망을 재구성해 내는 것, 그것이 역사가의 임무다. 블로크는 이런 임무를 비교적 훌륭하게 수행한 사람이다. 한 시대의 물질적 기반, 생활 양식과 사고방식, 집단 기억, 법적 관계와 친족 유대 등을 그려 내는 데에 필요하다면 사회학, 경제학, 정치학, 법학, 인류학 연구들을 적극적으로 동원하여 인류의 삶을 온전히 담아내고자 한다. 살아 있는 것을 이해하는 능력과 살아 있는 것들의 실제 삶을 구현해 내는 능력이 역사가의 최고의 자질이다. 그의 저작 『봉건 사회(La société féodale)』는 당시 유럽 사회와 민중적 삶의 총체적 양상을 종합적으로 구현해 내는 거시사적 연구의 전형을 보여 준다. 한국 근대사에서도 이런 유형의 연구가 필요하고, 또 적극적으로 시도해야 할 때가 되었다고 생각한다.

둘째는 목적론적 연구 경향이다. 목적론적 연구는 '사료가 말하는 것'을 넘어서서 연구자의 말과 의도를 전면에 내세운다. 사료는 연구자의 의도에 의해 변형되고 재해석된다. 인민 대중, 흔히 민중에 대한 연구가 전형적이다. 진보적 성향의 학자들은 민란과 동학으로부터 민중 항쟁의 기원과 정신을 끌어내려 한다. 그런 논지가 설득력이 없는 것은 아니지만, 이른바 '민란의 시대'에도 대다수의 인민은 신분 질서에 복종적이었고 국왕 환상을 버리지 않았다. 동학 농민들도 고종을 압살하고 조정을 무너뜨리기 위해 서울로 진격하지는 않았다. 19세기 후반기 역사를 구성하는 이런 사건들의 소용돌이에 던져져 있던 인민들은 도대체 어떤 사람들이었으며, 그들의 과거와 미래에 대해 어떻게 생각하고 있었는가? 또한 그들은 예전의 행동 양식과 사고방식을 그대로 견지하고 있었는가, 아니면 달리 사고하고 행동했는가? 이런 질문 이전에 당시의 인민들에게 민란과 농민군의 복장을 입히고 그런 이념으로 채색한다. 역사 연구는 흔히 연구자들의 현재적 관심에 지배될 위험이 많다. 오늘날 과거에 대해 사람들이 품고 있는 관념의 구조, 즉 '현존하는 과거'도 중요하기는 하지만 '과거의 현재', 즉 당시 사람들이 그 당시의 현실에 대하여 품었던 생각과 행동 양식, 희망과 절망, 미래 포부, 처지 등을 복원하는 것이 가능한지를 우선 물어야 한다.

현재적 관심으로 과거를 채색하는 것이 아니라 '과거의 현재'를 복원하는 일은 보다 어렵고 복잡한 문제다. 당시 인민들은 누구이며, 어떻게 행동하고 생각했는가? 그들의 주관적 정서와 심성 구조는 어떤가? 이런 문제에 접근하는 데에는 그 시대에 대한 현재의 지식과 연구자의 판단 및 관념 등에 의해 영향을 받기 마련이다. 그렇게 되면, 과거에 대한 현재의 형상과 판단 때문에 과거 사람들이 지녔던 생각과 지식을 온전히 해석해 내지 못한다. '과거의 현재'는 과거의 시점으로 돌아가 당시의 지식을 당시의 관점으로 재구성한 것이 참된 진술이라는 데에 초점을 맞춘다.[5] 이는 역사가들에게 새로운 인식 지평을 열어 주었던 코젤렉(Reimhart Koselleck)의 개념사 연구에서 그 모범을 찾을 수 있다. 개념은 각 시대마다 독자적 의미 연관을 갖고 있는데 사회적, 정치적 변화에 조응하면서 연관 구조도 변화한다. 개념사는 따라서 특정 언명과 개념의 의미 구조가 사회적 변화와 함께 어떻게 질적 변화를 일으켰는지를 추적하고 양자의 관계로부터 의미론적, 실천적 함의를 해석하고자 한다. 다시 말해 '과거의 현재'를 시간의 변화에 따라 일관적으로 추적하는 것, 또는 각 시대별 의미 변화를 그것을 일으킨 요인들과의 연관 구조하에서 파악하는 것이다. 예를 들면, '혁명'이라는 단어는 원래 '올바르거나 순수한 상태로 되돌아간다.'라는 의미로 쓰였는데, 라틴어 용법에서는 운동의 첫 출발점으로의 회귀를 뜻했다. 그러다가 코페르니쿠스는 '행성들의 운행'을 지시하는 용어로 썼고, 계몽주의 시대에 이르러 급격한 사회 변혁을 은유적으로 나타내기 시작했으며, 프랑스 혁명을 경과하면서 역사철학적인 전망 개념이 되었다.[6] 이 각각의 의미 변화 속에는 개념의 실천적 함의가 내포되어 있는데, 개념사는 사회적 요인과 조응하여 변화해 가는 실천적 의미 변화의 궤적을 추적하고 해석하는 작업이다.

이 연구와 관련하여 중요한 것은 개화기 인민을 당시의 언어와 관념, 당시 사람들이 품었던 정서와 느낌으로 복원하는 것이다. 그리하여 지금 오늘날에 현존하는 사람들이 과거에 대해 말할 때 마음속에 지니는 바와 형상, 즉 '현존하는 과거'와 '과거의 현재'간의 격차와 괴리, 일치와 불일치를 측정해 내는 것이 중요하다. 그래야 과거의 그 개념이 현재에 이르기까지 어떤 과정을 거쳐 의미 왜곡과 변질이 일어났는지를 밝히고, 푸코(Michel Foucault)의 표현을 빌리면, '지식의 계보'를 추출할 수 있다. 목적론적 연구 경향은 오늘의 관점에서 과거를 채색하고 해석한다. 현재의 요청에 따라 과거의 사실들이 현재의 논리로 정렬된다. 그것을 의도적 오류라고 할 수 있을 것이다.

이 의도적 오류는 특히 역사가들이 심혈을 기울여 왔던 '근대 만들기 (making of the modern)'와 관련된 여러 가지 연구들이 공통적으로 내포하고 있는 문제이다. 한국의 역사가들은 조선 후기의 사회 변동에서 '근세의 종말'을 나타내는 징후를 곧 '근대의 시작'으로 읽고자 하였으며, '자신이 상상한 근대'를 완성하기 위해 아직 준비도 되지 않은 '미몽의 인민'들을 동원하는 데에 익숙했다. 조선 후기, 근대를 알리는 어떤 변화의 조짐들을 찾아내서 근대의 맹아로 정립하고 거기서 일련의 연속적 발전 궤적을 추적하는 태도는 곧 근대성 연구가 보였던 공통점이다. 그런 연구 경향이 농업사, 상업사, 정치사 분야에서 더러는 한국의 근대를 정립하는 데에 귀중한 결실을 맺기도 했다.[7] 그러나 많은 연구들은 '근대 만들기'에서 아직 형성 과정에 있는 인민 집단을 특정한 목적에 기여하는 특정한 성격의 집단으로 규정하는 우를 범했던 것도 사실이다. 말하자면, 아직 형성 중인 인민 집단이 목적론적 연구 경향에 의해 특정한 성격을 갖는 집단으로 제조되었던 것이다. 개화기 민족주의에 관한 연구가 대표적이다.

민족(nation)은 어느 국가의 역사에 있어서도 '근대의 여명'을 알리는 표상이며, 근대 국가 만들기라는 민족적 프로젝트는 20세기의 역사에서 우승열패(優勝劣敗)를 가름하는 지표였다. 따라서 근세적 질서에서 막 빠져나왔거나 아직 그 내부에 온존하는 인민 집단은 두말할 것 없이 민족이라는 새로운 정체성을 부여받아야 했으며, 인민 집단 속에 잠재된 다양한 형태의 정체성들, 예를 들면 여성, 하층민, 자작농, 유생과 몰락 양반, 중인층과 향임(鄕任)층, 수공업자, 천민, 개화론자, 관변층, 지식인 등의 여러 집단들이 만들어 내는 사회적 위치와 이미지, 그리고 미래 전망은 모두 민족이라는 거대 담론 속에 수용되거나 다른 위치를 부여받아야 했다.[8] 민족은 모든 사회적 변동을 지휘하는 최고의 명제였으며 사령부였다. 그러므로 인민의 실제적 처지와 형편이 어떠했는가를 불문하고, 근대적 의미의 민족과 민족 국가에 걸맞은 모양과 색채의 의상을 걸쳐야 했던 것이다. 신채호(申采浩)는 역사 속에 산재해 있는 민족의 징후들과 조각들을 모아 일관된 논리를 부여함으로써 타민족(일본)에 대한 자민족의 경계를 구획하고, 그것에 국혼을 불어넣는 데에 심혈을 기울였다. 민족 국가의 여건인 영토, 주권, 국민의 역사적 진화 궤적을 중국과는 독립적 관점에서 구축하려던 것이 그의 역사 읽기의 초점이었고, 『조선상고사』는 그런 역사 읽기가 이끈 역사 만들기의 산물이었다.[9] 일제의 국권 침탈 앞에서 민족의 발견과 민족 공동체의 구축은 절체절명의 과제였고, 그런 관점에서 중국 사료들을 재해석하고 이두의 발음과 의미의 변형 과정을 추적하여 민족의 기원을 정립한 것은 커다란 공적이었다. 그러나 민족의 발견과 민족주의의 구축 과정이 그것의 투쟁 대상이었던 일본 근대의 역사 만들기 논리와 많은 측면에서 동형이라는 뜻밖의 딜레마에 부딪혔다. 만년에 그가 무정부주의에 귀의하게 된 것도 이런 모순과 무관하지 않을 것이다.

국문학사도 목적론적 연구의 딜레마를 안고 있다. 한문학과 국문학의 대립 구도를 기반으로 한문으로 작성된 모든 작품을 국문학에서 축출해 버린 끔찍한 결과가 정설로 받아들여진 것도 민족주의적 국문학사 만들기의 일환이었다. 강명관(姜明官)은 "민족이라는 서구적 표상에 의해 국문학사가 제작되었다."라고 전제하고 '국문 곧 민족'이라는 근대적 등식하에 국문학사를 제조해 온 결과가 얼마나 왜곡된 것인가를 조목조목 비판한다. 한국

역사에서 '근대 찾기'가 농업사와 상업사에서 발견한 자본주의의 맹아들과 사상사에서 찾아낸 실학의 진취성을 결합하여 내재적 발전론의 근거로 삼았으며, 정신과 물질 양 측면에서 근대로 끌어올리는 자생력이 존재했음을 입증하는 데에 성공했다고 하더라도, 그것이 앞서 얘기하였듯 서구적 근대, 즉 근대의 서구적 요건에 부합해야 한다는 뜻이다. 그렇기에 그런 요인들의 단선론적 진화의 연속선 상에 있는 것들을 색출하여 내재적 근대화론을 완성하는 것 자체가 오류와 왜곡을 내포할 수 있음을 인식해야 한다는 것이다. 고려 시대를 포함하여 조선 사회의 정신세계를 풍부하게 만든 한문학적 전통이 국문학사의 지평에서 완전히 사라진 사실을 어떻게 이해해야 하는가를 묻는 그는 바로 '국문 곧 근대'라는 서구적 등식이 주범임을 강조한다. '국문 곧 근대'라는 등식의 밑바탕에 민족 이데올로기가 작동하고 있다는 것이다. 그는 성토하듯 이렇게 말한다. "민족주의는 선형적 인식에 기반을 두어 교체를 진보·발전으로 보고 그 주체를 민족으로 보고자 하지만, 대체는 집합적 요소들의 교체이기 때문에 민족이란 주체는 작동하지 않는다. 이 교체는 내부와 외부가 만나는 지점에서 자연스럽게 진행된다."[10] 이 언명은 모든 문학사적 전통을 민족이라는 기의(sinifié) 없는 기표(sinifiant)에 의해 내리칠 때 잘려져 나가는 수많은 소중한 업적과 정신세계를 어떻게 구제할 수 있는가를 묻고 있다. 이런 반성은 조동일(趙東一)에 의해 일찍이 제기되어 한문학과 국문학을 총괄한 『한국문학통사』가 체계화되기에 이르렀다. 그는 한국 문학을 유교 문화권의 중간부적 변형으로 규정하고, 주변부 일본과 중간부 베트남 문학사와의 비교론적 관찰을 통해 한국 문학의 외연과 내부를 확장했다. 한문학이라 해서 민족 문학의 범주에서 제외해야 한다는 주장은 마치 일본과 베트남에서 모든 한문학적 전통을 제거해야 민족 문학이 발현된다는 논리와 마찬가지로 어불성설이다. 조동일의 이런 주장은 한국 문학을 민족이라는 좁은 테두리에서 건져내 동아시아 문학의 의미 있는 변형으로 생각하게끔 만든다. "하나이면서 여럿인 동아시아 문학"이 한국 문학의 본질과 특성을 비교론적 관점에서 파악할 수 있는 넓은 문화적 맥락이다.[11]

실학에 대한 해석도 사실은 그것이 근대의 표상으로 격상되기 전에, 당시 중국에서 유행하던 이탁오(李卓吾)와 원굉도(袁宏道)에 의해 실험되었던 공안파(公安派)와 양명좌파(陽明左派)의 사상적 영향을 검토해야 한다는 주장은 우리의 섣부른 태도에 제동을 건다.[12] 북학파(北學派)인 박지원(朴趾源), 이덕무, 이옥(李鈺)의 소품문과 자유분방한 문장에서 근대적 사유를 이끌어내는 것은 주자학과 대립각을 세웠던 공안파의 실험적 정신을 도외시하는 해석에 다름 아니라는 것이다. 이런 관찰 끝에 강명관은 다음과 같은 사뭇 과격한 결론을 내린다.

조선 후기사에서 근대를 찾는 작업은, 조선 역사 속에서 존재하지 않았던 타자―서구를 무의식적 차원에서 찾으려 한다는 점에서는 완전히 허구의 역사를 썼던 것이다. 그 결과 한국사 서술, 한국 사상사, 예술사, 문학사의 구도는 '근대 찾기'에 의해 왜곡된 것이다. '근대 찾기'라는 문제 설정 자체를 문제 삼지 않으면 안 된다. 실학인가 아닌가, 실학에 근대적 성격이 있는가 없는가, 실학은 자생적 주체적 근대인가 아닌가 하는 모든 문제는 무의미한 것이다.[13]

해석의 오류는 모두 목적론적 연구 경향과 밀접히 관련된다. 해석의 이런 위험은 19세기 초기 이래 한말 개화기의 사상사적 조류를 민족주의의 발전사로 정립하려는 일련의 연구에서 단적으로 나타난다. 신용하(愼鏞廈)는 19세기를 민족주의의 발전 과정으로 보았으며 오경석(吳慶錫), 유홍기(劉鴻基), 박규수 3인을 비조(鼻祖)로 하고 이들의 사상이 개화기 문명 개화론자들에 의해 계승되어 20세기 초 제국주의 침략기에 애국 계몽 운동으로 발전해 갔다는 매우 간략하고도 단선적인 해석을 내렸다.[14] 한국 근대 민족주의를 '시민적 근대 민족주의'(개화사상, 독립 협회, 동학, 갑오농민전쟁)와 '전근대적 민족주의'(위정척사와 의병 운동)의 두 흐름으로 갈라서 양자가 서로 경합, 갈등하다가 1919년 3·1운동에 이르러 합류되어 한국 근대 민족주의의 본류를 형성하게 되었다는 것이다.[15] 사상사적 관점에서는 비교적 설득력이 있는 해석이기는 하지만 19세기의 사상, 사회 운동, 농민 전쟁, 저항 운동이 모두 민족이라는 하나의 초점을 향해 진화했는지, 그 '텅빈 기표'를 채우는 데에 기여했는지는 모를 일이다. 19세기 말, 대부분의 인민은 어떤 일이 중앙 정치에서 발생하는지를 알지 못하는 무지한 상태에 놓여 있었으며, 안다고 해도 풍문을 통해 들었을 뿐 정확한 정보를 접하지 못하는 상태였다. 외세의 개입이 국권 상실을 재촉한다는 것은 알았겠지만, 열강들의 각축 구도와 조선의 생존 전략에 어느 국가가 도움이 되는지도 정확한 판단을 내리지 못하는 열악한 상태였을 것이다. 인민이 신민, 동포, 국민 등으로 바뀌어 불렸던 것도 20세기 들어서야 일어났던 일이다. 대한 제국 초기에 '민족'이란 보통 명사는 일부 지식인들에 의해 씌어졌을 뿐 일반화되지도 않았다.

그러므로 여기서 가장 중대한 오류는 민족 개념과 그것의 질료가 되는 인민 집단과의 상호 관계다. 다시 말해, 인민 집단은 민족이라는 개념을 인지하고 있었는가, 민족 개념이 1900년부터 1910년 사이에 비로소 나타나기 시작하였다면 그 이전에 그와 동의어로 쓰인 언어가 과연 존재했는지, 그랬다면 인민 집단이 어떻게 인지했고 그들의 행위 양식에 어떤 영향을 미쳤는지를 검토해야 한다. 역사가들이 만들어 낸 '민족'이 '과거의 실제적 현재'로서의 인민을 어떻게 수정하고 변질시켰는지, 그리하여 갓 태어난 인민을 어떻게 역사의 주체로 격상시켜 근대사를 제조하였는지를 밝혀야 한다.

근대사가 민족의 역사로 채워졌고 채색되었다는 사실은 비단 한국만의 일이 아니다. 중국사에서 민족 담론이 근대를 장식하고 심지어는 왜곡했다는 점을 두아라(Prasenjit Duara)는 '서사의 정치학(politics of narratives)' 개념을 들어 설명한다. 근대의 표상인 민족 국가를 창조해야 할 필연성 때문에 역사가들은 사건들의 더미 속에서 민족과 관련된 것들을 발굴해 논리적 연관망을 만들고 그것을 특정 방식으로 서사화한다. 근대를 향하여 끊임없이 진보하는 역사를 제조하려는 목적론적 역사관의 골격을 이루는 그 서사는 역사의 더미에 깔린 수많은 목소리들을 억압하거나 굴절시키고, 다양한 주체와 정체성을 하나의 일관된 서사 양식으로 흡수하는 것이다. 역사가들은 계몽 양식으로 중국 근대사를 서사화하는데, '근대를 향해 진보하는 민족'이라는 서사 양식이 종국적으로는 제국주의의 침략에 맞서 인민을 동원하고 중국적 정체성을 찾아내려는 정치적 목적에 기능한다. 바로 이 '서사의 정치학'이 중국의 과거를 변형하거나 조작할 위험을 내포한다는 것이다.[16]

독일의 게르만 민족주의가 작동하는 방식도 이와 동일하다. 독일의 역사가들은 종족적 민족주의(ethnic nationalism)를 정립하기 위해 게르만족의 이동 경로와 언어, 삶의 흔적을 찾아 로마를 거쳐 북아프리카까지 고고학적 탐사 여행을 감행했다. 19세기의 학자, 정치가, 문인 들은 역사가들이 발굴하고 들춰낸 고고학적 자료에 기초하여 게르만인의 인종적 특성을 복원했고, 자신들의 전통, 문서 자료, 전설, 신념 들을 활용하여 과거를 만들어 내는 데에 성공했다. 앤더슨(Benedict Anderson)이 개념화한 '상상의 공동체(imagined community)'는 인종, 언어, 종교의 공통성에 기초하고 있는데,[17] 여기에 문화적 동질성과 공통 경험을 일깨우자마자 정치적 기능을 부여받는다. 상상의 공동체는 항상 타자의 존재에 비춰진 자신의 정체성과 민족의 경계를 표상으로 작동하면서 근대의 모든 질병을 고치는 데에 가장 강력한 치유책이자 인민 동원의 정치적 기표인 민족주의의 의식 공간을 점유한다. 독일 민족주의의 창조 과정을 고찰하면서 기어리(Patrick Geary)는 이렇게 단언한다. "민족주의는 (어떤 집단이 종속되는) 상황을 만들어 낼 수 없지만 민족 자체는 만들어 낼 수 있다. 19세기 정치의 장에서 오랜 귀족적 질서의 명백한 붕괴를 보면서 지식인과 정치인 들은 혁명과 낭만주의의 영향을 받아 새로운 민족을 창조하였다. 그런 다음 그들은 그 민족을 중세 초의 먼 과거에 투영하였다."[18]

이 '투영'도 특정한 서사 양식을 따르지 않을 수 없다. 그러지 않으면 인민－민족 간 논리적 균열이 드러나 인민－민족이 새로운 역사적 주체로 실현하는 것을 방해한다. 인민 집단이 민족이라는 근대의 견인차로 격상되려면 근대성에 기여하는 새로운 것의 찬양과 낡은 것의 부정이 동시적으로 이뤄져야 한다. 즉, 인민은 탄생과 동시에 구질서적 존재를 벗어던지고, 새로운 국민 국가의 주역임을 만천하에 고해야 한다. 바로 이 균열을 봉합하는 데에 동원되는 서사 양식은 근대사를 단선론적, 목적론적 진보의 역사로 채색하는 데에 공헌한다. 이 과정에서 인민은 재창조된다. '과거의 현실'과는 사뭇 다른 개념이 생겨나고 근대가 창조되는 것이다. 인민의 이름으로 등장한 민족은 인민에게 새롭지만 허구적인 개념을 불어넣었다. 두아라는 균열에 대해 이렇게 말한다.

이러한 균열의 가장 중요한 정치적 표현은 '인민' 개념에 깃들어 있다. 민족 주권의 기초로서 인민은 새로울 것이 없었지만, 새로운 세계에 참여하기 위해 인민은 새로 태어나야 했다. 미국 혁명의 기초는 물론 인민이다. 하지만 혁명기에 인민이 대중 정치에 참여하며 가두에 있을 때에도 '인민'은 새로운 질서의 정당성의 원천이 될 수 없었다. 권위의 원천으로서 기능하기 위해 인민은 보다 고귀한 비인격적 메커니즘을 통해 권위를 부여받아야 했고 그것은 성문헌법으로 귀결되었다. 인민은 인민으로서 기능하기 위해 창조되어야 했던 것이다. 이와 유사하게 중국과 인도라는 '신흥' 민족에 있어서 지식인과 국가의 가장 중요한 프로젝트는 '인민'을 재창조하는 것이었고 현재도 그러하다. 인민에 대한 교육은 교육 체계를 통해서 국민 국가에 의해 수행된 것이 아니라 민속 운동과 문학, 그리고 무엇보다 반종교 운동을 통해 지식인들이 수행하기도 했다. 민족은 인민의 이름으로 등장했지만, 민족에 천명을 부여한 인민은 스스로의 주권으로 기능하기 위해 재창조되어야 했다. 인민의 창조·재창조는 시간성의 문제, 즉 동일한 것의 진화로서 '역사'의 형이상학의 정치적 표현이다.[19]

그렇기에 독일 역사학자 벨러(Hans-Ulrich Wehler)가 에르네스트 겔너(Ernest Gellner)의 표현을 인용하여 민족이 민족주의를 만들어 낸 것이 아니라 민족주의가 민족을 발견했다고 단언한 것은 정곡을 찌른다. 민족주의는 민족을 발견하기 위해 초청된 '고안된 질서(gedachte Ordnung)'이다.[20] 연구자들은 대체로 앤더슨이 민족주의 이런 측면을 꼬집어 개념화한 '상상의 공동체'라는 말에 동의한다. 민족은 언어, 인종, 경험을 공유하는 집단이지만, 존재한다고 믿는, 또 믿고 싶은 상상 속의 집단이다. 온갖 상징이 떠다니는 상상의 공간 속에 존재하는 실체가 민족이고, 그것에 이념과 논리의 옷을 입히는 것이 민족주의다.

이런 논리에 기대면, 개화기 인민이 새로운 정체로 분화, 발전해 가는 과정과 양식을 민족과 근대의 공식에 대입하려는 연구들은 연구자가 마음속에 그리는 진보의 지점을 향해 허구적으로 정렬하고 있다고 해도 과언이 아니다. 그 연구들이 그려 내는 인민의 이미지는 목적론적 역사관에 의해 채색될 우려가 많고, 따라서 '과거의 현재'로서 인민의 상태, 처지, 사고방식, 행동 양식이 아닐 수 있다는 점을 경계해야 한다.

언문일치와 내면 의식

　문학에서도 민족의 발견은 논란거리다. 일본 근대 문학의 기원에 대해 곤혹스러운 문제를 제기했던 나쓰메 소세키(夏目漱石, 1867~1916)의 질문을 '풍경(風景)'이라는 독특한 개념으로 풀어 나가는 가라타니 고진(柄谷行人)의 연구도 같은 문제의식을 공유한다.[21] 어릴 적부터 한문학을 공부했던 소세키는 영국에서 영문학을 전공하고 돌아와 어느 날 갑자기 '보편적 문학' 개념과 맞닥뜨렸는데, 일본 문학은 무엇인가, 어디에 위치해 있는가라는 질문에 답을 못했다는 것이다. 일본에서 일본어로 일본 문학을 하는 소세키에게 영문학이 보편적 문학이라면 일본 문학은 도대체 무엇인지 위치 매김을 할 수 없었던 것이다. 이 의구심은 일본 문학을 외부에서 들여다보았을 때에 비로소 생겨나는 것이다. 외부에서 보면, 일본 문학을 보편성의 관점에서 개념화한 풍경이 보인다는 것이다. 이때 풍경이란 기원과 실제를 은폐하는 개념을 덧씌워 생겨난 '전도된 이미지'를 뜻한다. 고진에게 '풍경'은 보편성의 이름으로 뒤집어씌운 허구적 개념이다. 이 허구적 개념의 '표상'이 근대화였고, 그 표상이 추출해 낸 것이 일본적인 것을 근대로 포장한 왜곡한 '표의'였다. 고진은 '풍경'을 '발명된 역사'와 동의어로 쓰고 있는 셈이다. 고진은 소세키의 고뇌를 그렇게 해석하고 나서 '발견된 풍경'이 곧 역사로 정립되었음을 지적한다. "메이지 20년대에 확립된 '국문학'이란 '문학'의 개념에 입각해서 규정되고 해석된 것임은 말할 것도 없다. …… 우리에게 자명한 것으로 보이는 '국문학사' 그 자체가 '풍경의 발견' 속에서 형성된 것이라는 것을 말하고 싶을 뿐이다."[22]

　민족의 이름으로 인민이 재창조되었듯이, 근대 문학에서도 보편성의 이름을 가진 풍경이 일본 문학의 기원과 내용을 재창조한다. 고진은 여기서 한 걸음 더 나아가 풍경을 발견한 내면이 어떻게 형성될 수 있었는가를 묻는다. 소세키가 풍경으로 엮인 것이 역사임을 성찰케 한 내면 의식은 어떻게 가능한가. 고진은 그 답이 문자-언어 문제, 그것에 의해 형성되는 내면 의식에 숨어 있다는 데에 눈길을 돌린다. 풍경이 존재하고 있음을 발견한 것은 '내부' 즉 외부 세계가 창조되었다는 것을 눈치챈 내면적 자아다. 내면적 자아는 타자에 비추어 나를 객관적으로 바라보는 능력, 타인의 시선을 나와 대립시키는 능력을 의미한다. 고진은 프로이트(Sigmund Freud)의 이론을 활용하여 외부로부터 내면을 해방시키는 조건과 수단을 찾아 나선다. 프로이트에 따르면, '내면'이 존재하는 것은 '추상적 사고 언어가 만들어지고 나서야 비로소 가능하다.'라는 것인데, 고진은 추상적 사고 언어를 자기의 사고를 표현할 수 있는 문자, 즉 언문일치(言文一致)의 문제로 보는 것이다. 자신의 사고와 세상 이미지를 그대로 담아내거나 풀어낼 수 있는 문자, 말과 글이 일치하는 문자의 정립이야말로 근대의 문을 여는 가장 중요한 열쇠라는 생각에 미치는 것이다. 언문일치가 내면을 형성하는 인식의 에너지이며, 근대의 개념이 전도된 이미지로서의 풍경임을 각성케 하는 정신의 안내자가 바로 언=문이 창조한 새로운 세계이다.

우리의 맥락에서 '추상적 사고 언어'란 무엇인가. 아마 그것은 '언문일치'라 할 수 있다. 언문일치란 메이지 20년 전후에 있었던 근대적 제도의 확립이 언어의 차원에서 나타난 것이다. 언문일치란 말[言]을 글[文]에 일치시키는 것도 아니고, 글을 말에 일치시키는 것도 아님은 말할 필요도 없다. 그것은 새로운 언=문의 창출인 것이다.[23]

풍경에 의해 '전도된 인민'이 앞에서 지적한 민족주의를 비롯해 목적론적 연구들이 만들어 낸 것이라면, 그것이 아닌 '맨얼굴의 인민'을 찾아 나서야 한다는 말이다. 배우의 인형적 몸짓과 가면의 뒷면에 살아 있는 인민 삶의 냄새가 배어 있는 인민을 찾는 길은 그들이 창출한 새로운 언=문의 세계와 언문일치를 무기로 인민들이 어떻게 한문이라는 보편어, 지배 언어에서 스스로를 해방해 왔는지를 추적하는 데에서 시작된다. 다시 고진의 글을 인용하면 이렇다.

한자에서는 형상이 직접 의미로 존재한다. 그것은 형상으로서의 얼굴이 직접 의미가 되는 것과 마찬가지다. 그러나 표음주의에서는, 설사 한자를 사용한다 하더라도 문자가 음성에 종속될 뿐이다. 마찬가지로 '얼굴'은 이미 맨얼굴이라는 일종의 음성 문자가 된다. 그것은 거기에 표현되어야 할 내적인 음성=의미를 존재하도록 만든다. '언문일치'로서의 표음주의는 '사실'과 '내면'의 발견과 근원적으로 연결되어 있는 것이다.[24]

말과 글의 일치와 그것이 만들어 내는 이미지는 새로운 세계로 나가는 출구다. 새로운 세계란 구질서의 벽을 깨고 신질서로 진입함을 뜻한다면, 근대의 산물인 민족 국가(nation-state)가 문어와 구어를 일치시키는 과정을 공통적으로 수반한다는 것은 놀라운 일이 아니다. 고진이 다른 책에서 고찰하였듯 "민족적 언어는 그 언어가 문어를 번역한 것이라는 사실이 잊혀지고 직접적 감정이나 내면에서 나온다고 생각되는 시점에서 완성된다."[25] 흥미로운 사실은 이탈리아, 영국, 독일, 프랑스를 제외하고 대부분의 국가에서는 자국어로 글을 쓰는 일이 19세기 후반에서야 가능했다는 점이다. 이 점은 일본도 한국도 예외가 아니다. 한자의 의미 구속에서 해방되어 자국어의 음성주의로 진입하는 것은 내면의 소리와 문자를 일치시킬 때에 가능했고, 그것은 인민이 역사의 전면에 등장하는 19세기 후반에 비로소 힘을 얻었다. 아니 역으로 언문일치 또는 새로운 언=문이 창출하는 새로운 세계가 인민을 역사의 주체로 안내했다고 말하는 편이 옳다. 이런 상황은 보편어의 구속력이 훨씬 약했던 일본이 조선보다 시기적으로 훨씬 앞섰던 것으로 보인다.

이렇게 말한다고 해서 '국문 곧 근대', '국문 곧 민족'이란 일반적 등식을 합리화하는 것은 아니다. 지역어인 국문이 언어 공동체의 기반이고 역사적 경험의 공유를 가능하게 한다는 점에서 민족을 만들어 낸다는 명제는 지역어와 보편어의 관계, 대립과 길항, 수용과 포용, 저항과 투항의 험난한 역사적 과정에 내재하는 인식, 지식, 개념의 발전 양상을 이분법적으로 구획할 우려가 있다. 이런 관찰은 '국문 곧 근대'에도 그대로 적용된다. 국문의 사용과 동시에 근대의 여명이 밝아 오는 것은 아니다. 국문은 근세에 해당하는 17세기에도 널리 쓰였다. 중요한 것은 국문이 창출하는 인식과 개념의 세계가 인민의 행위 양식에 어떻게 삼투하고 이것이 다시 사회 변동력, 실천력으로 전환하는가에 있다. 보편어의 세계가 깨지거나 약화되고 그 자리를 민족어가 대치하는 과정에서 생겨나는 내면 의식이 현실 변혁의 추진력으로 발현되는 양상이 중요하다는 말이다.

이런 관점에서 조선의 인민은 이미 역사의 주체가 될 수 있는 문자 수단을 갖고 있었다는 사실을 새삼스럽게 지적하여야 한다. 보편어에 의해 가능한 보편적 사고를 중세 질서라 한다면, 민족어인 국문은 중세 질서 내에 존재하면서 그것에 조응하고, 대응하고, 나아가서는 대립하고 독립적 사고 영역을 만들어 낸 동력이었기 때문이다. 한문과 국문이 서로 삼투하고 길항하는 과정에서 질서의 재편이 일어나고, 재편되는 세계에 대한 새로운 인식의 공간이 만들어진다. 훈민정음의 변동론적 의미가 그것이다. 앞에서 얘기한 언=문의 내면세계가 훈민정음을 따라 형성, 진화되어 왔다면 한문과 국문의 사회 텍스트 공동체가 어떻게 대립, 삼투하면서 상이한 정치적 공동체로 발전하였는지를 따져 봐야 할 필요가 생긴다.

1443년 12월에 창제하고 1446년 9월에 반포한 『훈민정음(訓民正音)』은 문자 그대로 '백성을 가르치는 올바른 소리'였는데, 세종의 의도는 고려 왕조의 기억에 여전히 사로잡혀 있는 백성을 조선의 정체성으로 교화하는 일, 즉 역성혁명을 통해 수립된 새로운 왕조의 정통성을 백성들에게 각인시키는 통치 목적에 놓여 있었다. 삼국 시대 이래로 사용되었던 이두와 한자음 훈차 표기법으로는 백성들이 중국 경전을 이해할 수 없었다. 그러므로 건국 이념인 유교 정신을 백성들에게 제대로 가르치려면 백성들이 자유롭게 의사 표시를 할 수 있는 표기 수단이 필요했던 것이다. 백성들이 발음하는 대로 표기하는 표음 문자가 원만한 역학 정책(譯學政策)을 위해 필수적임을 간파한 세종의 통치 의도가 훈민정음 창제로 귀결되었다. 훈민정음 본문「예의편(例義篇)」에 나오는 구절 "우리나라 말이 중국과 달라 한자와는 서로 통하지 않으므로 일반 백성이 말하고자 하는 바가 있어도 마침내 제 뜻을 펼수 없는 사람이 많다."라는 세종의 창제 의도는 대제학 정인지(鄭麟趾)의 해례본 서문에서 다음과 같은 역능적 의미로 진화한다.

이 스물여덟 자를 가지고도 전환이 무궁하여 간단하고도 요긴하고 정(精)하고도 통하는 까닭에, 슬기로운 사람은 하루 아침을 마치기도 전에 깨우치고, 어리석은 이라도 열흘이면 배울 수 있다. 이 글자로써 글을 풀면 그 뜻을 알 수 있고, 이 글자로써 송사를 심리하더라도 그 실정을 알 수 있게 되었다. 한자음은 청탁을 능히 구별할 수 있고, 악가(樂歌)는 율려(律呂)가 고르게 되며, 쓰는 데에 갖춰지지 않은 바가 없고, 가서 통달되지 않는 바가 없으며, 바람 소리, 학의 울음, 닭의 홰치는 소리, 개 짖는 소리일지라도 모두 이 글자를 가지고 적을 수가 있다.[26]

"송사를 심리하더라도 그 실정을 알 수 있다.(以是聽訟 可以得其情)"라는 말에는 무지한 인민으로 하여금 국가 기구의 전횡적 처사에 이의를 제기할 수 있는 앎의 힘을 부여한다는 의미가 들어 있다. 표음 문자는 인민을 역능화하는(empower) 창구이자 수단이다. 조선에서 '문(文)'은 세계관이자 그 자체 통치 권력이었다. 천명을 존숭하는 왕도 정치와 도덕 정치는 한문을 통한 통치, 즉 문치였으며, 한자라는 표의 문자가 구성하는 질서로의 통합이 목적이었다. 보편어로서 한문은 지배의 목적이자 도구였으므로 한문이 창조하는 세계에 모든 인민은 종속되어야 했다. 그 속에 안주하는 한 인민은 중세적 질서에 갇힌다. 그러나 표음 문자인 훈민정음이 창제되자 인민은 감정, 정서, 비판 의식 등 내면의 소리를 문자로 표현할 수 있게 되었으며, '표현된 소리' 즉 언문 문서가 다시 인민에게 새로운 의식 세계를 요구하는 것이 가능하게 되었다. 지배 계급의 전유물이었던 한문적 세계관에 대하여 언문적 세계관을 만들 수 있는 수단이 주어졌다는 것이야말로 '인민의 탄생'의 전제 조건이었다.

언문 사용이 일반화되기까지는 창제 이후 450년이 소요되어야 했지만, 인민들은 비공식적 방법을 통하여 언문을 익혔고 사적 영역과 공적 영역에서 제한적으로 언문을 사용했다. 비록 언문을 사용할 줄 아는 인민이 지극히 낮은 비율이었을지라도, 언문 사용은 한자로 구축된 '문치(文治)'의 내벽을 허물고 인민을 위한 권력적 교두보를 설치하는 기능을 수행해 왔다는 사실을 일단 지적해 두는 것이 중요하다. 언문이 새로운 인식 체계를 만들어 낼 수 있다는 사실을 조선의 지배 계급은 전혀 눈치챌 수 없었다. 언문은 지배 언어인 한자의 훈독과 음독을 위한 발음 기호였기에 우선은 보편어 질서로의 포섭을 목적으로 하였지만, 언=문이 창출하는 새로운 세계에는 지배 이데올로기의 정당성을 의심하고 유교 국가의 억압적 본질을 간파하게 하는 대안적, 저항적 인식이 싹틀 토양이 존재했다. 정음 창제 이후 불과 40년 뒤인 성종 21년(1490년)에 벌써 언문을 번역한 소장(訴狀)이 관아에 접수되는 사건이 발생할 정도였고,[27] 중종 때는 불교의 윤회설을 소설 형태로 쓴 작품이 언문으로 번역되어 세간에 유통되기도 했다. 사헌부에서 채수(蔡壽)가 쓴 『설공찬전(薛公瓚傳)』이 민중을 현혹할 위험이 있다고 판단할 만큼 언문 소설은 인민의 심리와 인식 구조에 직접적인 충격을 몰고 왔던 것이다.[28]

문자 행위는 그 문자 고유의 문법이 형상화하는 독자적 세계관을 창출한다. 한문이 형상화하는 세계와 언문이 형상화하는 세계는 다르다. 한문 경전의 해독이라는 언문 창제의 애초 의도와는 달리, 언문은 세상에 태어나자 표음주의 문법이 지시하는 바를 따라 독자적 길을 개척해 나갔던 것이다. 이는 '예기치 않은 결과(unexpected consequences)'라 할 것이다. 인민은 언문 문법이 부여하는 상상력의 공간에서 유영하기 시작했으며, 언문이 빚어내는 사회적 이미지(social imaginaries)를 정치·경제·문화적 영역에 대입하면서 자신들의 공간을 조금씩 확대해 나갔다. 언문이 빚어내는 사회적 이미지의 적용과 확대를 통해 인민은 점차 유교적 통치 이념의 내부에서 주체적 공간을 개척했다.[29] 19세기 후반기 대표적인 문명 개화론자인 유길준이 일본 유학 시절 언문일치의 문제에 주목한 것은 바로 언문이 인민의 각성에 미치는 영향 때문이었다.[30] 1880년대 말, 인민에 대한 유길준의 관심은 문자의 근대화, 즉 말과 글을 일치시키는 최초의 근대 문법서인 『대한문전(大韓文典)』의 집필로 구체화되었다. 유길준에게 인민은 구어와 문어가 일치된 문자 행위를 통해 세상에 존재를 알리는 그런 실체이자, 새로운 질서의 창조자로 보였다.[31] 문자를 이해하는 능력을 문해력이라 한다면, 언문을 터득하고 읽을 능력을 가진 인민을 '문해인민'이라고 일단 개념화할 수 있겠다.[32] 이들 문해인민이야말로 유교적 질서 내부에서 그것의 모순을 인지하고, 때로는 저항하고, 급기야는 유교적 통치 이념의 벽을 부수고 걸어 나온 사회 변혁의 주체였다는 것이 이 연구의 기본 가정이다. 모든 문해인민이 공통적으로 저항성을 갖췄다는 것이 아니다. 문자 해독력은 지배 질서인 한문 세계로의 상승 욕구와 맞물리기도 하고, 하층민의 처지를 간파해 주는 수원지이기도 했다. 따라서 문해인민은 지배 이데올로기에 대한 충성심과 보편적 질서에 대해 자연히 간파된 모순 사이에 끼여 있는 존재였고, 이런 모순적 지위(contradictory status)는 지배 질서가 붕괴되는 시점에 더욱 첨예화되었다. 보편어와 지역어의 길항 작용 속에서 문해인민은 어떻게 한문적 문법을 깨고 모순을 간파하는 내면 의식을 길러 갔는가, 어떻게 독자적 공간을 만들어 갔는가가 중요하다. 이 장의 서두에 제기한 질문, 19세기 후반기에 등장한 인민은 어떤 처지에 놓여 있었는가, '맨얼굴의 인민'은 어떤 생각을 했고 어떤 내면을 길렀는가에 답하려면, 문해인민이 형성되는 역사적 궤적을 면밀히 검토해야 하고, 문해인민이 유교적 통치 질서에 포섭되고 침식하는 과정을 고찰해야 한다. 또한 문해인민의 대척점에 놓인 지식인 집단이 지식 체계의 생산과 보급에서 어떤 역할을 담당했는가를 고찰해야 한다. 왜냐하면 인민에게 이념, 지식, 문학 예술 등을 공급했던 주도 집단이 지식인이었으며, 이들이 어떤 지식과 문화를 어떤 수단을 통해 제공했는가의 여부가 문해인민의 형성에 결정적 영향을 미쳤기 때문이다. 이것을 분석하는 것이 다음 장의 과제이다.

지식인과 문해인민: 조선, 일본, 베트남 비교

문해인민의 결정 요인

대한 제국의 개혁 정책이 한창 진행되던 1901년, 프랑스의 고고학자이자 철도 기술자인 에밀 부르다레(Émile Bourdaret)는 500년 도읍지 한양에서 저물어 가는 중세를 목격했다. 근대의 중심부에서 막 입국한 이 고고학자에겐 남루하고 궁핍해진 중세가 근대 문물과 힘겹게 투쟁하고 있는 모습이 안쓰럽게 느껴졌을 것이다. 그래서인지, 온갖 잡동사니가 진열된 잡화점과 초라한 군상들이 무질서하게 둘러앉은 주막집 풍경에 더 애정을 보였다. 오물과 쓰레기로 가득찬 골목에 지게꾼과 수레와 아낙네 들이 오고갔는데, 그들의 생활 영역에 서서히 스며드는 근대가 그들에게 어떤 운명을 선사할 것인지에 별로 관심이 없어 보였다. 부르다레는 어느 상가 골목에서 걸음을 멈췄다. 밤중에 사방에서 두드려대는 다듬질 소리처럼, 신문 읽는 소리가 신기하게 들려왔기 때문이다.

크고 세련된 목소리로 신문 읽는 소리가 이웃에까지 다 들린다. 만약 언문을 읽을 줄 모르는 이웃이라면 쌈짓돈을 털지 않고서도 하루의 모든 소식을 알 수 있다. 새소식은 조선의 두드러진 사건들을 담고 있다. 일본인들이 수입한 가짜 니켈을 세관에서 몰수했다든가, 새 대신이 폐하께 사의를 표했다거나…… 신문에서는 박씨라는 사람이 마음에 들지 않는다며 자기 이름을 바꾸었다는 소식도 전한다. 사후 100년 만에 어떤 인물에게 지위를 부여하는 공고도 있다.[1]

그보다 100여 년 전 한양에 국문 소설을 읽어 주는 전기수(傳奇叟)가 이미 등장했던 터였기에 글을 읽어 주는 풍경이 전혀 낯선 것은 아니지만, 그것이 신문이라는 것, 조정과 시정에서 일어난 사건들이 방방곡곡에 알려져 사람들의 관심을 끌기 시작했으며, 그 관심은 여론으로 발전되어 조정에 관여하기 시작했다는 점에서 전혀 새로운 현상이었다. 신문 제작자는 새로운 지식인층이었다. 전통 사회의 사대부와 출신 배경과 세계관이 다른 지식인층의 등장도 그러하지만, 그들이 제작한 신문이 이른바 '평민 공론장(plebian public sphere)'을 태동시켰다는 점도 '근대의 도래'와 관련해서 각별한 의미를 갖는다. 부르다레는 신문 읽는 사람에게서 근대의 징후를 읽었던 것이다.
개화기 인민은 그런 사람들이었다. 생활 습관과 삶의 환경은 근세 혹은 연장된 중세에 놓여 있으면서 그 기반을 무너뜨리는 거대한 변화의 물결이 두려워 온몸으로 거부하거나 선택적으로 받아들이고자 했던 사람들이었다. 베버(Max Weber)의 표현을 빌리면, 각성한 사람이 아니라 '각성을 준비하는 사람들'이었는데, 이들이 수적으로 증가하는 것이 개화기의 모습이었다. 그것이 근대인가를 말하기에는 미흡함이 많음에도 역사가들은 이 시기를 '근대'로 규정하기를 좋아한다. 조선 후기의 사회 변동에서 '근세의 종말'을 나타내는 징후들을 곧 '근대의 시작'으로 읽어 내고 그것을 입증할 단서와 조짐들을 조심스레 캐내 '개화기 근대'를 정립하려는 작업은 농업사, 경제사, 정치사, 사상사 분야에서 소정의 성과를 거두기도 했다. '근대의 표상'으로 간주되는 민족을 중세와 근대의 혼류(混流)에 맞닥뜨린 인민들에게서 발견해 내는 민족주의 연구들이 '근대 만들기' 프로젝트의 첨병 역할을 자임했던 것도 그런 관점에서 이해된다.[2] 그런데 부르다레가 목격했던 1901년의 한양 도성민들, 그보다 몇 년 앞서 비숍 여사가 1896년 목격했던 '목적 없이 빈둥거리는 군중들'과 중세를 해체하려는 세력들 앞에서 군주국 수도의 정체성을 지키려는 긴 행렬이 과연 근대적인가는 의문의 여지를 남긴다.[3] 앞에서 지적했듯이, '근대 만들기'의 역사적 의의에 충실했던 연구들은 근대의 맹아 혹은 근대의 작은 징후들을 모아 개화기를 근대로 가득 메우는 목적론적 경향을 드러내곤 했다. 무엇보다, 근대성의 본질과 근대 찾기에 관련된 연구들은 정작 그 사회의 주체인 인민의 생활, 인식, 심리 상태에 대해서는 각별한 관심을 표명하지 않는다는 사실을 지적해 두고 싶다. 개화기를 근대라고 규정한다면, 개화기 인민은 근대적 특성을 갖추고 있었는가를 검토해야 한다는 말이다.[4] 이 작업은 일단 2권으로 미뤄 두고 이 장에서는 문해인민이 형성되는 과정상의 특징을 살펴보려 한다.[5] 형성 과정성의 특징이 바로 근대화의 양식과 밀접히 관련되기 때문이다.

민족의 고유어를 사용하는 문해인민은 근대를 열어젖히는 힘이다. 그것은 근대화의 질료이자 바탕이고 환경이었다. 그것은 근대라는 새로운 시대로 흘러가는 거대한 물결과 같아서 중세적 모습을 띤 어떤 정치 세력이나 제도도 그것의 흐름을 막지 못한다. 프랑스는 그 흐름을 늦출 수 있었지만 러시아와 중국처럼 아예 그것을 저지하려던 국가의 중세적 정치 세력은 대부분 붕괴했다. 문해인민이 어떤 뚜렷한 비전과 청사진을 갖고 근대로 흘러가는 것은 아니다. 사실상, 그들은 중세적 보편 질서가 더 이상 자신들의 삶을 안전하게 보장해 줄 수 없다는 사실을 어렴풋이 깨달았을 뿐, 어떤 방향으로 가야 할지에 대해서는 뚜렷한 세계관을 배양하지 못해 혼란을 느끼는 그런 성격의 인구 집단이다. 그러므로 이들은 정치적, 사회적 변화에 분명한 방향성을 갖고 있는 다른 집단과 결합해서 근대의 문을 여는 것이다. 역으로 표현한다면, 중세가 끝나고 근대가 시작되는 변혁기에 정치적, 사회적 주도 집단들이 문해인민을 동원해서 특정한 양식의 근대화를 만들어 낸다고 보는 편이 적절하다.[6] 이런 점에서 문해인민은 근대화의 질료이다. 문해인민의 형성 과정상 특성과 규모는 '근대화의 양식(mode of modernization)'을 결정짓는 것까지는 아니더라도 그것과 불가분의 관계를 갖는다는 점은 분명히 말할 수 있겠다.

근대화가 각 국가의 고유성을 하나의 통일된 정치적, 문화적 단위로 묶어 중세의 보편적 질서에서 이탈하여 독립하는 과정이라면, 중세의 인민들이 근대로 이행할 때 타고 나오는 수단은 다름 아닌 민족어다. 셸던 폴록의 개념을 빌리면, 광범위한 동일 문명권 내에서 특수한 사회 텍스트 공동체를 형성하는 필수 요건이 바로 민족어이고, 민족어로 쓰인 문헌들과 작품들 속에 내재된 정서와 상징을 공유하는 사회 텍스트 공동체는 생존을 위협하는 외부 충격이나 어떤 계기가 주어진다면 곧바로 정치 공동체로 전환한다. 이때 동일 문명권 내에서 인종과 역사를 따로 떼내 정치 공동체화한 것이 민족 국가이다. 근대화의 가장 전형적인 현상이 민족 국가가 되는 까닭이 여기에 있다. 민족 국가는 민족어를 쓰는 문해인민, 민족어로 쓰인 문헌들을 공유하는 문해인민을 광역의 동일 문명권에서 분리해서 정치적으로 동원한 결과이다. 민족어 없는 근대는 상상할 수 없다.

이와 관련하여, 조동일의 3부작은 우리의 논지에 매우 유용한 시각을 제공한다. 문명과 문학에 관한 조동일의 탁월한 이론을 빌리면, 근대화는 중세 질서를 구성하는 두 개의 축인 보편 종교와 공동 문어(共同文語) 중에서 공동 문어를 민족어로 갈아 끼우는 과정이다.[7] 공동 문어란 보편 종교를 구현하는 경전에 쓰인 언어를 지칭한다. 말하자면 경전어에 해당한다. 중세의 문명권을 이뤘던 공동 문어는 한자어, 산스크리트어, 아랍어, 라틴어 등 네

개였는데, 한자어는 유교와 불교, 산스크리트어는 산스크리트교, 힌두교, 불교, 아랍어는 이슬람교, 라틴어는 기독교의 경전어였다. 보편 종교의 경전어로 쓰였다는 의미에서 동일 문명권 내의 사람들은 공동 문어를 신의 언어로 여겼으며, 모든 문헌을 기록하는 공통 문자로 간주했다. 조동일의 말을 인용한다.

중세 이념을 구현하는 보편 종교의 언어는 공동 문어이다. 한문, 산스크리트어, 고전 아랍어, 라틴어는 신의 세계와 통하는 신성언어이고, 신의 말씀을 적는 경전어이다. 보편 종교의 경전을 일상적으로 사용하는 민족어로 번역하면 신성 언어에서 이탈해서 경전으로서의 의의가 없다고 여겼다. 민족어는 사람들 사이에서는 편리하게 사용되어도 신과 교통할 수는 없다고 여겼기 때문이다.[8]

그래서 불교와 유교의 경전어인 한자어를 공동 문어로 사용하는 한자 문명권이 생겨났고, 한자를 창안한 중국은 한자 문명권의 중심국이 되었다. 불교가 성했던 고대가 소멸하고 불교가 유교에 자리를 내주는 중세가 되자 그것은 유교 문명권이라 불러도 좋을 종교, 문자 공동체로 발전하기에 이르렀다. 조선을 위시해 베트남, 일본, 유구, 남소가 회원국이 되었는데, 유구가 소멸하고 남소가 중국에 병합되자 조선, 베트남, 일본이 진정한 회원국으로 남았다. 중심부인 중국과의 동화 정도 및 친소 관계로 판단한다면, 조선과 베트남은 중간부, 일본은 주변부로 분류할 수 있는데, 중심부의 이념과 사상적 영향력에서 비교적 자유로운 주변부 일본에서 문학과 역사, 사상 측면에서 혁신이 먼저 일어나는 것은 자연스러운 귀결이라는 것이다. 그럼에도 중심부와 소속국 간의 문학, 철학, 사상적 흐름을 지배-종속 관계가 아니라 문명적 파트너의 관점에서 파악하려는 조동일의 시각은 한문 문학을 민족 문학에서 제외하려는 협소한 자세와 각국의 문학과 문화사를 일방적 영향 관계로 보거나 별도의 것으로 취급하는 자기중심적, 소재주의적 자세에 일대 반성을 촉구한다. 예를 들어 조선, 베트남, 일본의 한시를 상호 비교하는 그의 초점이 우열에 있는 것이 아니라 각국의 고유한 변이에 맞춰져 있다거나, 번역 소설들 역시 각국의 정치적 사정과 지적 환경을 반영한 창의적 번안 또는 고유 창작임을 밝히는 그의 서술에서 그런 점이 읽힌다.[9]

조선, 베트남, 일본은 한자를 공식 문자로 쓰는 명실공히 유교 문명권의 모범 국가였다. 그런데 한자어는 중심국인 중국에서도 구어가 아니라 문어이기에 소속국들은 한자를 읽는 방법을 고안해야 했다. 말하자면 발음 기호에 해당하는 고유의 문자가 필요했던 것이다. 그래서 조선에서는 향찰(鄕札)을 만들었고, 베트남에서는 쯔놈[字喃], 일본에서는 가나[假名]를 만들어 사용했다. 향찰, 쯔놈, 가나는 모두 한자의 파자(破字)이거나 한자를 조합하여 만든 글자인데, 조선에서는 훈민정음을 만들자 향찰이 사라졌던 반면, 베트남과 일본에서는 쯔놈과 가나를 그대로 사용하였다.[10] 이것이 민족어이다. 유교 문명권에서 민족어는 한자의 독해를 위해 고안된 소속국의 발명품이다. 조선과 베트남에서는 음독을 위한 발음 기호였던 데에 반해, 일본의 가나는 훈독과 석독(釋讀)을 동시에 하는 문자 체계였던 점이 다르다. 그래서 조선과 베트남에서는 불교와 유교 경전을 번역하는 데에 음독과 훈독 단계를 거치고도 언문과 쯔놈으로 번역한 책을 따로 내놓아야 했는데, 일본은 그럴 필요가 없었다. "번역서를 별도로 내지 않아도 모두 번역서이고 모든 독해가 번역"이었던 까닭이다.[11] 조선의 사대부들은 경전을 읽고, 이해하고, 문장을 짓는 것을 중시했던 반면, 일본과 베트남은 읽고 이해하는 데에 만족했다. 즉, 조선이 '글을 짓는 문화'라면, 일본과 베트남은 '읽는 문화'였다. 일본에서 와카[和歌]가, 베트남에서는 째오와 뚜옹이라는 가무악극이 발전한 이유이다. 베트남의 민족어 쯔놈(자남)으로 쓴 소설을 쯔놈 시전(詩傳)

이라고 하는데 모두 율격을 갖춘 율문 소설이다.[12] 아무튼 한자 중심적 문자 행위라는 측면에서 보자면 조선이 가장 치열했고, 베트남, 일본 순으로 순위를 매길 수 있을 것이다. 한자 중심적 사고와 관행이 치열할수록 민족어 문학의 발전은 지체되었고, 따라서 우리의 관심사인 문해인민의 형성은 더뎠다. 바로 이런 점들이 한문의 보조 역할을 수행했던 민족어의 사용 밀도를 좌우했고, 민족어 문학의 융성과 쇠퇴를 결정하는 동인이었으며, 문해인민의 형성을 촉진하거나 제어하는 조절기였다는 사실이 중요하다.

그렇다고 조선이 문해인민의 형성에서 가장 뒤처진 것은 아니다. 뒤처진 것은 오히려 베트남이었고, 가장 빠르고 광범위하게 문해인민을 만들어낸 것은 일본이었다. 앞에서 지적하였듯이, 일본은 유교 문명권에서 주변국의 위치에 있었기에 혁신의 여유 공간을 상대적으로 많이 확보할 수 있었던 탓이고, 베트남은 중국의 직접적 간섭과 침공에 노출되어 안정적인 문화 생산이 어려웠다. 여기에 민족어인 쯔놈이 한자어보다 오히려 더 어렵고 복잡해서 인민들이 쉽게 접근하지 못한다는 한계가 있었다. 조선의 통치 계급이 한자에 가장 강한 집착력을 보였으면서도 문해인민의 형성이 그런대로 순조롭게 이뤄질 수 있었던 것은 '무식한 자라도 열흘이면 깨우칠 수 있는' 훈민정음의 특성 때문일 것이다.

중세의 공동 문어가 민족어로 대체되는 과정을 근대화라고 한다면, 민족어의 사용 밀도와 문해인민층의 규모는 근대화의 양식에 직간접적 영향을 미친다고 할 것이다. 이 양자의 관계를 어떤 분명한 명제로 표현하기는 어렵지만, 문해인민층이 두껍게 형성되어 있을수록 중세적 유산의 장애가 작아져서 근대화 이행이 비교적 순조롭게 일어날 개연성이 커진다는 추론을 조심스럽게 내릴 수는 있겠다. 역으로 문해인민층이 엷고 지역적으로도 불균형적, 분산적이라면 '각성을 받아들일 여력'이 있는 사람들이 적어 근대 이행을 위한 개혁 운동이 좌절로 끝날 위험이 많다. 각 국가에서 문해인민층이 어느 정도 형성되어 있었는가를 입증하는 자료는 없기에 정확한 언명은 거의 불가능하다. 각국의 사회 문화적 연구들을 종합적으로 고려하여 가장 실체에 근접한 추론을 내릴 수밖에 없는데, 일본이 가장 크고, 베트남이 가장 작으며, 조선은 그 중간쯤에 위치한다고 말할 수 있다. 이는 각국의 문학사, 문화사, 정치사를 개괄적으로 검토하여 얻은 추론이다.[13] 이렇게 말할 수 있는 논거는 비교적 풍부하다. 일본에서는 임진왜란 직후인 16세기 말에서 17세기 초반 인쇄술의 발달에 힘입어 가나로 쓴 유교 문답 교리서 『시미즈 모노가타리(淸水物語)』가 2000부 이상 팔렸으며, 가나조시[假名草子]와 쇼와[笑話]류도 수천 부가 팔릴 정도로 시장이 형성되어 있었다. 또한 문학의 대중화가 가장 활발하게 이뤄진 18세기 조닌 시대에 무사, 관료, 평민을 위한 사립 학교가 전국에 설립되어 교육 기회를 확장했다.[14] 인쇄와 교육은 문해인민을 만들어 내는 제조기이다. 한편, 조선에서 필사본이 유통되고 세책방이 성업한 시기가 18세기 초중엽이었는데, 서울과 전주에 한정된 제한적 시장이었다. 서당이 설립되어 평민 자제들을 가르치기 시작한 것은 17세기 초 이후였지만 일본처럼 독서 시장과 결부된 언문의 대중화가 이뤄지지 않아 문해인민의 확산은 그 속도가 느렸다. 베트남은 18세기 중반 이후에 쯔놈 소설이 유행하고 대중화가 이뤄지는 듯했으나 쯔놈 자체가 워낙 어렵다는 점과, 프랑스의 식민화에 의한 쯔놈 사용 금지 조치와 강압적 국어 정책을 계기로 문해인민의 형성이 심각하게 지체되었다. 또한 정치적 사회적 혼란은 인쇄술의 발달을 저해해서 저작과 출판이 순조롭게 진행되지 않았다.

문해인민층의 형성은 근대화의 이행 양식에 영향을 미친다. 근대화 이행이 순조롭게 추진된 국가가 일본이고, 좌절된 경우가 베트남이며, 조선은 성공도 좌절도 아닌 그 중간쯤에 위치한다.[15] 물론, 여기에는 근대화 변혁을 결정짓는 사회 과학적 요인들, 예를 들면 국가 구조, 지배 세력의 통합과 성격, 균열 구조, 국제 관계가 동시에 고려되어야 체계적 설명이 가능할 터인데, 문해인민층의 두껍고 엷음이 근대화 이행을 부드럽게(연속적), 혹은 거칠게(단절적) 만드는 하나의 요인이라는 점을 일단 확인해 두려 한다. 지금까지의 논의를 느슨한 명제로 표현한다면, '문해인민층의 폭은 근대화 양식에 개입한다.'라는 것으로 요약할 수 있을 듯하다.

문해인민층과 근대화 양식의 관계보다 이 장의 주제와 관련하여 더욱 중요한 것은 문해인민층의 형성을 좌우하는 요인에 관한 것이다. 모두 유교 문명권에 속해 있었고 고유의 민족어를 갖고 있었던 세 나라에서 문해인민층의 폭이 달라진 가장 중요한 이유는 무엇일까 하는 질문이다. 여기서는 두 가지 요인을 지적할 수 있다. 대외적 요인으로서 유교 문명권에서 차지하는 '각국의 상대적 위치'가 하나이고, 대내적 요인으로서는 '사회 내에서 지식인이 갖는 상대적 위치(또는 지식인의 사회적 위치)'가 다른 하나이다. 양자는 밀접히 연관되어 있다. 문명권에서의 상대적 위치는 각국에서 지식인의 사회적 위치를 일차적으로 규정하는 거시적 환경이다. 우선, 유교 문명권의 중심국인 중국과의 관계 밀도이다.[16] 조선과 베트남은 중간부, 일본은 주변부였다는 사실은 전자가 한자어 중시, 민족어 경시의 정책을 폈으며, 후자는 민족어에 대해 비교적 관대했다는 점을 설명해 준다. 유교 문명권 내부에 같은 책봉-조공 관계였던 국가라고 해도 상대적 위치에 따라 민족어 문학의 활용 정도가 달랐던 것이다.[17] 주변부일수록 중심국에 대한 긴장이 높지 않아 민족어 사용이 비교적 자유로웠을 것이고, 중간부로 갈수록 한자어에 대한 집착이 높아졌을 것이다. 중세의 조선은 중심국인 중국보다 더 철저하게 유교를 표방했던 국가였으며, 치열한 논쟁을 통해 사상적 정통성을 유지하려 했던 국가였다. 그런 만큼, 경전 해석이 사대부의 정치 철학으로 직접 발전되었으며 문학은 사대부의 정치관과 세계관을 집약하는 실천의 영역이었다. 한문 중심성이 중국보다 조선에서 더 커진 이유가 이것이다. 조선만큼은 아니었어도 베트남 역시 왕족과 관료 계급들이 유교 경전에서 정치 철학을 도출하고 한문 창작을 통해 유교적 통치관을 강화한 나라였다. 주변부에 놓여 있던 탓에 일본은 유교를 도교, 불교, 신도(神道)와 비슷한 비중으로 생각했으며 유교를 공식 채택한 막부 정권하에서도 신분 질서와 상하 윤리를 저버리지 않는 한 사상적 유연성을 허용한 국가였다. 그러므로 주자학과 경전의 정통적 해석을 두고 지배 세력이 충돌하는 일 따위는 일어날 수 없었다. 지배 권력을 행사하는 무사 계급에겐 주자학적 정통 철학과 인식론이 별로 의미가 없었으며 오히려 실질과 실용을 강조하는 논리가 관심거리였다. 이런 종교적 지적 상황에서 한문 중심성은 낮을 수밖에 없었고, 역으로 한문보다 쉽고 편리한 민족어인 가나의 사용은 여러 방면에서 활성화되었다.

문명권에서의 상대적 위치는 대내적 요인을 규정하는 일차적 환경이다. 그것은 사회 내에서 차지하는 '지식인의 상대적 위치'를 좌우하는 외부적 환경이라는 말이다. 문해인민의 형성에는 이 외부적 환경보다 대내적 요인인 지식인의 사회적 위치가 결정적 영향을 미친다는 것이 이 연구의 핵심 주장이다. 문해인민에게 읽을거리를 제공하고 그들을 문(文)의 세계로 끌어들이는 것은 바로 지식인 집단이다. 지식인 집단이 한문 저작만을 생산하고 제공한다면 문해인민의 형성은 그만큼 늦춰질 수밖에 없다. 따라서 지식인이 한문에 집착했던 조선과 베트남에서는 문해인민의 형성이 늦고 그렇지 않았던 일본에서는 빠르다고 할 수 있겠다. 문해인민의 형성을 촉진하거나 제어하는 가장 중요한 조절기로서 '지식인의 사회적 위치'를 조금 더 상세히 고찰할 필요가 있다. 왜냐하면, 그것은 유교 국가의 통치 구조를 그대로 반영하고 있으며 같은 유교 문화권 내에서도 문학과 사상의 국가적 차이를 창출하는 기제이기 때문이다. 문해인민의 형성을 결정하는 요인과 관계를 [도표 4]에 요약 제시했다.

〔도표 4〕 문해인민의 형성: 결정 요인

지식인의 사회적 위치와 문(文)의 전통

　동일한 유교 문명권이라도 식자층의 사회적 위치는 달랐다. 일본과 베트남에서 지식인은 통치 계급에 속해 있기는 했지만 왕족과 귀족을 보좌하는 관료이거나 종속적인 지위에 머물렀다. 일본에서는 지배 집단인 무사 계급을 주로 보좌하였고, 베트남에서는 왕족과 귀족 바로 밑층에 있거나 더러는 과거를 통해 고위직까지 올라갔다. 반면, 조선의 지식인은 통치 계급이었다는 점이 두드러진다. 조선의 지식인은 사대부이자 고위 관료로서 통치 이념을 생산하고 사회의 규율을 바로 잡아야 하는 중책을 맡고 있었던 반면, 일본의 식자층은 그런 통치 의무를 무사 계급에게 맡긴 채 비교적 자유로웠다. 베트남 역시 사대부가 존재했으나 조선만큼 통치 의무를 무겁게 진 것은 아니었다. 조선은 사대부의 나라였고 지식인의 나라였다. 나오면 사(士)요, 들어가면 대부(大夫)인 사대부는 그 자체 지식인이었으며 문(文)을 통해 통치 이념을 세워 나갔다. 왕과 귀족들도 사대부의 논리를 수용해서 정치를 행하지 않으면 안 될 만큼 사대부의 정치 이론과 철학은 통치의 근간이었던 것이다. 조선의 공식적 통치 이념으로 수용한 성리학은 주로 사대부들의 학문에 의해 발전하였고 시대에 맞춰 새로이 해석되었다. 따라서 조선의 지식 생산은 중국 경전을 어떻게 해석하는가에 맞춰졌으며 새로운 논리를 세우기 위해 많은 저작들이 출현했다. 한자가 사대부의 문자였음은 두말할 나위가 없다.

불교를 국교로 받아들였던 일본의 헤이안[平安] 시대와 무로마치[鎌倉] 시대에는 불교 교리의 해석과 실행을 담당한 선승(禪僧)이 지식인 집단이었는데, 유교를 채택한 도쿠가와 막부가 열리자 불교 지식인들은 점차 쇠퇴하고 유교 경전 해석과 국가 정책을 담당하는 유사(儒士)들이 등장하기 시작했다. 도쿠가와 시대의 지식인들은 대부분 유사였고 권력 핵심층으로부터 떨어진 주변부에 위치하고 있었다. 이들은 대체로 몇 가지 부류로 나눌 수 있다. 중앙 권력에 봉사하는 지식인, 개별 무사 계급의 대변자, 일반 서민의 정서를 대변하는 식자, 그리고 산야에 은둔한 유사가 그들이다. 중앙 권력에 봉사한 지식인들의 주요 임무는 도쿠가와 막부의 관학이었던 송학(宋學, 주자학)을 체계화하여 쇼군에게 정치적 조언을 하는 일이었다. 17세기 초반, 후지와라 세이카(藤原惺窩)와 하야시 라잔(林羅山)이 대표적 지식인이었는데 이들은 주로 한자로 글을 썼다. 반면 무사의 대변자, 대중 지식인, 은둔 유사들은 한자와 가나를 섞은 화한(和漢) 혼용체 문장을 주로 썼기 때문에 일반 대중들의 접근이 가능했다. 산야에 묻힌 은둔 유사와 선승들은 한시로 시를 짓거나 가나로 와카를 지어 대중들에게 널리 알렸다. 즉, 일본의 지식인들은 한자와 가나를 동시에 사용하였으며, 일찍이 대중 서민을 위해 가나로 저술을 내거나 시를 지었다.

일본의 선승과 유사들이 일본어로 글을 쓰는 데에 아무런 거리낌이 없었던 것은 그들이 통치 이념을 담당한 계급이 아니었던 까닭이다. 그렇기에 성서의 번역도 16세기 말과 17세기 초반에 이뤄졌으며, 예수회 수도사가 되어 기독교 교리를 설파한 후칸사이 하비안(不干齊)은 1605년 교리 문답서인 『묘정문답(妙貞問答)』을 한자와 가나가 섞인 문장으로 쓸 정도였다. 17세기 말 오사카, 교토, 에도를 중심으로 개화한 겐로쿠[元錄] 문화는 다양하게 분화된 지식인 집단이 창출한 화려한 생산물이었다. 이 시대를 대표하는 유학자 오규 소라이(荻生徂徠)는 한어의 동사 및 형용사에 일본어 해설을 붙인 일종의 '한일사전'을 편찬하기까지 했으며(1711년), 최대의 서정시인으로 알려진 마쓰오 바쇼(松尾芭蕉)는 일반 대중이 암송하는 일본어 하이쿠[俳句]를 수백 편 지었다.

조선에서 지식인은 주로 양반 신분에 한정되어 있었던 반면, 일본의 지식인은 여러 계층에서 배출되었다는 점이 다르다. 문학과 예술의 대중화가 본격적으로 이뤄지던 조닌 시대에 특히 그러했다. 18세기가 되면 무가와 승려가 독점하던 지식인의 충원은 상업에 종사하는 조닌층, 즉 상인층으로 확산되어 걸출한 문인과 예술가가 이들로부터 배출되기에 이르렀다. 따라서 일본의 18세기는 도시 상인 계층이 축적한 부와 시장 유통망을 바탕으로 지식의 대중화 시대라고 불러도 좋을 것이다. 지식 영역도 문학뿐만 아니라 의학, 수학, 과학, 언어학, 박물학 등으로 다양화되었으며, 이에 따라 일본의 지식층은 무가 지식인을 대변하는 유학자, 실용적 학문 분야에 종사하는 전문가, 문인과 예술가로 분화되기에 이르렀다. 조닌 시대 최대의 종교학자였던 도미나가 나카모토(富永仲基)는 오사카 상인의 아들이었으며, 철학자인 안도 쇼에키(安藤昌益)는 동북 지역의 작은 마을 태생이었다. 조닌층은 문학과 예술의 주요 생산층이자 소비층이었다. 이런 경향은 19세기에 들어 더욱 심화되어 문학과 예술이 정치에서 분리되는 현상이 뚜렷해졌다. 인쇄술의 발전, 상공업과 화폐 경제의 발달에 힘입어 직업 작가들이 다수 나타났으며, 광범위한 소비층이 형성되어 작가들을 지원했던 것이다. 통속 소설과 가부키가 조닌층을 위한 주요 장르로 정착되던 것도 이즈음이었다. 다음의 예문은 당시의 상황을 집약한다.

가부키를 구경하고 배우 그림을 사고 소설을 읽는 것은 상층 또는 중층까지의 조닌이었다. 19세기 중엽 에도의 인구는 100만, 그 반이 조닌이며 나머지 50만 명의 거처로 파고들었던 것은 아마도 말로 하는 고바나시[小噺], 야담 종류였을 것이다. 그 규모는 광범한 대중을 끌어들인 요세[寄席]의 수로도 살필 수 있다.[18]

통치 계급과 떨어져 있었던 일본의 지식층은 말하자면 '부유하는 지식인(free-floating intellectuals)'이었다. 그렇기에 조선과 베트남에 비하여 상대적으로 큰 이념적 자율성을 누릴 수 있었고, 문학뿐만 아니라 종교, 지리학, 어학, 박물학 등 다양한 영역으로 지식 분야를 개척하는 데에 아무런 장애물이 없었다. 이념적 자율성은 지식인들이 한문과 주자학 경전에 구속되는 것을 완화해 주었으며, 한자는 물론 민족어 가나를 사용하여 일본 고유의 정서를 표현하는 데에 서슴지 않았던 것이다. 주자학 해석을 둘러싸고 정파 간 사투를 벌였던 조선, 한문 중심성에서 한 발짝도 벗어나지 못했던 조선과 대비되는 가장 큰 차이점이 이것이다. 18세기 영정조 시대에 출현했던 자유로운 정신의 문인들, 예를 들면 박지원을 비롯한 연암파에 속하는 문인들이 일본에 있었다면 사문난적으로 몰리지도 않았을 것이고, 쇼군이 정조처럼 문체반정을 시도하지도 않았을 것이다.

조선처럼 유교를 공식 이념으로 숭상하였던 베트남의 지식층은 통치 계급이 아니었다는 점에서 사회적 위치는 오히려 일본과 가까웠다. 그렇다고 일본의 지식층처럼 자유롭지도 다양하지도 않았다. 유교 외에 다른 종교와 철학을 인정하지 않았기 때문에 유교 경전을 해석하고 그 원리를 자국의 사정에 맞게 정립하는 업무는 기본적으로 지식층의 몫이었다. 그럼에도 중국에 대한 베트남의 자립성을 과도하게 의식한 까닭에 한문 창작과 쯔놈 글쓰기를 병행할 수 있었다. 이런 점에서 베트남의 지식층과 지식인의 글쓰기는 일본과 닮은 점이 많다. 불교가 융성했던 리 왕조(李王朝, 1009~1225년)와 불교와 유교가 동시에 개화했던 쩐 왕조(陣王朝, 1226~1400년) 시기에 한문학과 당률시를 모방한 쯔놈 문학(당률 쯔놈시)이 발달할 수 있었던 것은 당대의 걸출한 문인들 덕분이었다. 주안과 여꽐 같은 사대부들이 수많은 한시를 지었으며, 선종 승려들이 노래 형식의 가(歌)와 부(賦)를 지어 쯔놈 문학을 풍요롭게 하는 데에 공헌했다. 쩐 왕조가 몰락하고 등장한 호꿔리[胡季犛] 정권(1400~1407년)은 쯔놈 문학을 장려했다는 점에서 특기할 만하다. 민족어인 쯔놈 문학을 장려했던 것은 380년 이후 응우옌 후에(阮文惠)가 세웠으나 단명했던 꽝쭝 왕조(光中王朝, 1789~1802년)가 유일하다. 농민 봉기인 따이손[西山] 운동의 기치를 이어 가려 했던 꽝쭝 왕조에서 민족어인 쯔놈을 중시했던 것은 어쩌면 당연한 것처럼 보인다. 꽝쭝 왕조는 쯔놈을 한자 대신 공식 문자로 공포했으며, 과거 제도와 교육에서도 한문을 쯔놈으로 번역하거나 쯔놈으로 시부(詩賦)를 쓰도록 할 정도였다. 호 정권에서 응우옌 짜이(阮廌), 꽝쭝 정권에서 호쑤언 흐엉(胡春香) 같은 대가들이 나와 한문 창작과 쯔놈 문학을 동시에 발전시켰다. 한문학과 함께 쯔놈 시가 동시에 발전할 수 있었던 것은 일본과 유사한 점이다. 응우옌 짜이의『국음시집』, 레 왕조(黎王朝) 성종(聖宗) 시대 창작품을 모은『홍덕국음시집』, 응우옌 빈 키엠(阮秉謙)의『백운국어시』같은 작품들이 쯔놈 문학을 풍요롭게 만든 작품들이다. 한자와 구별하여 쯔놈을 '국음'이라 별도로 명기해서 민족어 문학의 전통을 이으려 했다는 점이 특기할 만하다. 그 외에도 베트남 문학사에 나타나는 걸출한 문인들, 예를 들면 응우옌 두(阮攸), 까오 바 꽛(高伯适), 응우옌 끼엔(阮權) 등은 한문학과 쯔놈 문학의 뛰어난 작가였다. 다시 말해, 조선과는 달리 베트남의 사대부들은 쯔놈 문학과 한문학에 동일한 비중을 두면서 문(文)의 전통을 만들어 갔던 것이다.

지식층이 공동 문어와 민족어(쯔놈)를 모두 중시할 수 있었던 까닭은 지식층이 통치 계급의 지배 이념을 세련화하는 역할에서 비교적 자유로웠다는 점에 있다. 사회적 신분이 사농공상으로 구분되어 있었던 것은 조선과 같았지만, 사회의 기본 윤리와 사상을 생산하고 관리하는 역할이 선비 계급에 속하는 사대부들의 전유물이 아니라 왕과 귀족, 그리고 그들을 보좌하는 소수 관료 계급의 몫이었다. 쩐 왕조 이후 명나라의 지배기를 거쳐 설립된 후레 왕조(後黎王朝, 1428~1789년) 시기는 남북 분열이 오랫동안 지속되었던 극도로 혼란한 시대였다. 이때 사대부 계급은 관료유사(官僚儒士), 은일유사(隱逸儒士), 평민유사(平民儒士)로 분화되었고 이에 따라 문학도 다변화되기에 이르렀다. 관료유사는 지배층을 보좌하고 유교적 정책을 담당한 고위 관료층, 은일유사는 지방과 시골에 은둔한 지식층, 그리고 평민유사는 일반 서민의 정서를 문학과 예술로 대변하는 대중적 지식인이라고 할 수 있다. 이 시기에 남녀 애정, 축재(蓄財), 무용담, 소화, 야담 등을 주제로 한 은일유사와 평민유사의 쯔놈 작품들이 인기를 끌었으며 18세기에는 상당한 독서층을 만들어 내기도 했다. 그러나 쯔놈이 한자보다 더 어려워서 독자층의 확대에는 한계가 있었다.[19] 어떤 연구에 의하면, 쯔놈을 읽을 수 있는 문해인민층은 과거 시험을 준비하는 지식층과 거의 유사한 규모에 지나지 않았다는 것이다. 조선처럼 베트남에서도 과거를 통해 인재를 등용했는데, 정치적 혼란과 여러 가지 천거 제도 때문에 시험은 불규칙적으로 시행되었고 과거를 통해 선발된 인원도 매우 적었다.

요약한다면, 베트남의 지식인은 일본처럼 통치 계급이 아니었고 왕과 귀족들의 권력을 보좌하는 주변 계급이었다. 베트남은 쩐 왕조 멸망 후 15세기 초 후레 왕조부터 유교를 공식 이념으로 채택하였는데, 조선처럼 유교 경전을 해석하고 정통성 구축을 향한 쟁론을 벌이지는 못했다. 지식인층이 두껍지 않아 학파가 형성되지 않았고 철학적 논리를 발전시켜 나가기에는 왕조의 교체가 너무 잦았으며 정치적 혼란이 오래 지속되었던 탓이다. 이념적 자율성을 향유할 수 있었다는 사실은 문해인민의 창출에 도움이 되었지만, 지식층의 분화가 더디고 지식층의 충원이 제대로 이뤄지지 않은 까닭에 문학과 예술이 다양하게 발전하지 못했으며 문해인민의 기반 확대에 별로 공헌하지 못했다. 민족어인 쯔놈이 일찍이 마련되어 많은 쯔놈 문학이 생산되었지만 문자가 너무 어려워 대중적 기반을 구축하는 데에 실패하였다는 점도 문해인민의 창출이 지체된 지적 환경이다. 이와 관련하여 최귀묵은 다음과 같이 지적한다.

쯔놈은 한자 해득 능력이 없으면 사용할 수 없는 데다가 어찌 보면 한자보다 더욱 난해한 문자였기 때문에 널리 일반에게 보급되기 어려웠다. 쯔놈을 읽고 쓰는 식자 엘리트의 수는 시대가 내려올수록 증가되었겠지만 전체 인구 비례로 본다면 여전히 소수에 지나지 않았다. 한문을 공부할 필요가 있는 사람, 즉 과거 응시자의 범위와 쯔놈 사용자의 범위가 대략 일치한다는 견해가 과히 틀리지 않을 것이다.[20]

지식인층이 얇았고 정치적 혼란이 오랜 기간 지속되었다는 점이 유교 국가였던 베트남에서 유교 내지 불교에 관한 학문과 철학이 체계적으로 발전하지 못했음을 설명한다. 선조들의 사상을 차분히 음미하여 장단점을 따지고 그것을 기초로 새로운 학설을 만들기에는 정치적 혼란이 너무 극심했다. 1428년 후레 왕조 건립 이후 겨우 100여 년을 넘기면서 남북이 대립하는 남북조 시대를 맞더니 급기야 17세기는 남북 전쟁(1627~1670년)에 휘말렸다. 정국 혼란을 수습한 응우옌 왕조(阮王朝, 1802~1945년)가 유교 이념을 강화하기 위해 교육, 과거 제도를 정비하고 중앙 집권의 기초를 닦았지만 곧 프랑스의 침략에 부딪혔다. 그러는 가운데에도 응우옌 두와 같은 뛰어난 작가가 나타나 중국의 『금운교전(金雲翹傳)』을 쯔놈으로 번안하여 『단장신성(斷腸新聲)』을 썼다. 이 작품은 베트남인들이 애호하는 최대의 명작이 되었다.

베트남은 유교와 문학에서 학파가 성립될 조건을 갖추지 못하였던 반면, 가끔씩 걸출한 인재들이 독자적 업적을 내는 형태로 명맥을 유지한 경우다.

이렇게 본다면, 지식 계보와 학맥이 뚜렷한 조선의 경우는, 유학·난학·국학으로 분화 발전되었지만 어떤 학맥을 찾기가 쉽지 않은 일본의 전통과도 다르고, 개별 업적이라는 분절적 형태로 이뤄진 베트남의 전통과도 다르다. 일본의 지식계는 자유분방함과 자율성이 돋보이고, 베트남은 비교적 강한 유교적 관심하에서도 지식인의 주변적 위치 때문에 통치 이념과의 연관성이 약한 반면, 조선의 지식인은 학문과 정치 권력의 영역에서 핵심부에 위치하고 있었다. 사대부는 지식인이고 권력 집단이자, 중앙과 지방의 유력자들이었다. 왕과 귀족은 사대부에 둘러싸여 그들이 주장하는 주자학적 논리와 통치 이념을 수용해야 했다. 조선은 왕의 나라였고 동시에 사대부의 나라였다. 사대부는 군주의 권력에 복종했지만 군주를 가르치는 위치에 있기도 했다. 퇴계의 『성학십도』, 율곡의 『성학집요』는 모두 어린 군주가 성군이 되기를 바라는 사대부의 지침서라고 할 것이다. 퇴계는 아예 『성학십도』를 병풍으로 만들어 임금인 선조의 침실에 놓아 두기를 권했는데 어린 선조는 그의 권고를 따랐다.

조선만큼 과거 제도를 철저히 운영한 국가도 없을 것이다. 앞에서 지적하였듯이, 베트남은 세계에서 과거 제도를 가장 오랫동안 운영한 국가였지만, 불규칙적으로 시행되었으며 몇 년 또는 수십 년 만에 한 번씩 과장을 열어 소수의 관리를 등용했다. 19세기 응우옌 왕조 때는 중앙 집권제를 강화하느라고 한 번에 수백 명의 관리를 대거 선발하기도 했는데, 그 이전까지 과거에 급제해서 관직으로 나간 자는 소수에 지나지 않았다. 필요한 인재를 충원하기 위해 과거 외에 천거 제도와 음서 제도를 병행하기도 했다. 일본에서는 과거 제도를 시행하지 않았고, 단지 무사 계급이 당대에 이름난 식자들을 정책 관료로 임용하는 방식을 취했다. 이에 반해 조선의 과거는 생원, 진사시를 비롯하여 3년마다 시행되는 식년시, 그 밖에 증광시, 알성시 등 국가 존망의 위기가 없는 한 정기적으로 치러졌으며 양반 계급에서 인재를 충원하는 주요 창구였다.[21] 조정에 경사가 있을 때에 임금에게 특정 인물을 추천하여 등용케 하는 천거 제도가 있기는 했지만, 공식적인 과시를 통해 등용되지 않은 관료들은 정통성 결핍에 시달려야 했다. 과시는 주자학과 중국 경전에 관한 이해 정도를 측정하는 명경(明經)과 문장력을 측정하는 제술(製述)로 나뉘어져 있었다. 전자는 생원시, 후자는 진사시였는데, 생원과 진사는 한양에서 시행하는 과시에 지원할 자격과 최고의 교육 기관인 성균관에 입학할 자격이 주어졌다. 사대부의 관직 진출의 통로인 과시가 명경과 제술로 이뤄졌다는 것은 조선의 문의 전통이 '읽고 해석하고 쓰기'를 동시에 중시했다는 사실을 가리킨다. 조선의 교육 제도가 『소학』, 『동몽선습(童蒙先習)』, 『훈몽자회』에서 시작하여 음과 훈을 깨우치면 곧장 유교 경전인 사서오경의 해석과 암송 단계로 나아가는 것은 이런 까닭이다. 읽고 이해하고 외울 뿐만 아니라 그것을 응용하여 새로운 논리를 펴는 입론(立論)이 사대부가 지향하는 문의 목표였다. '글을 잘 한다는 깃'은 문장이 좋고 철학적, 사상적 심오함을 갖췄다는 표현이다. 이에 비해 읽고 이해하는 데에 만족한 일본에서는 경전에 관한 논쟁도 별로 없었고 독창적 이론도 나오지 않았다.[22]

그러므로 조선 지식인의 글쓰기는 통치 이념과 철학의 생산과 재생산을 목적으로 한 것이었고, 공식 이데올로기인 주자학적 논리에서 시공을 뛰어넘는 진리를 찾아내는 데에 초점을 맞추었다. 한자어는 지식인의 그런 인식 세계를 표현하는 경전어였는데, 글쓰기의 목적과 유형에 따라 시(詩), 부(賦), 논(論), 소(疏) 등의 형태로 분화되었다. 언문은 사대부에게는 한자를 보좌하는 보족어에 지나지 않았으며 주자학적 도(道)를 담는 그릇이 아닌 것으로 간주되었다. 도와 이(理)의 언어가 아니었다는 말이다. 유교 문명권에서 한문 중심성이 가장 밀도 높게 추구된 것은 자연스러운 귀결이었다. 민족어인 언문은 한문이 표현해 내지 못하는 감정을 나타낼 때, 무지한 인민을 교화하는 훈민을 목적으로 글을 쓸 때에 사용되었을 뿐이다. 그래서 언문은 주로 율문인 가사 문학의 형태로 발전했다. 정철(鄭澈, 1536~1593년)의 「훈민가(訓民歌)」가 『소학언해』 「경민편(警民篇)」에 언문으로 실리게 된 배경이다. 베트남과 일본과는 달리 조선 지식인들의 한문 존숭 사상이 문해인민의 형성을 지체시켰던 것은 말할 나위 없다. 다시 말해, 통치 계급으로서 지식인의 사회적 위치가 한문 중심성의 강화로 연결된 결과 민족어가 비교적 빨리 마련되었음에도 불구하고 문해인민의 형성은 늦어졌다는 말이다. 고대에서 근대까지 구비 문학, 한문학, 국문 문학의 비중을 비교하면, 일본은 국문 문학의 비중이 압도적으로 크고, 조선은 세 개의 비중이 거의 같고, 베트남은 문자의 어려움 때문에 구비 문학의 비중이 컸다.[23] 이를 문해인민의 관점에서 말한다면, 일본은 가나를 읽을 줄 아는 문해인민의 폭이 상당히 넓게 형성되었고, 베트남은 좁았으며, 조선은 그 중간 정도에 해당한다.

서민 문학의 태동

조선의 문은 정치였고 철학이었다. 오직 주자학적 질서 내에서 무극과 태극의 이치를 탐구하고자 했던 이 유별난 전통은 외국을 야만으로 간주하고 천주교와 같은 외래 종교를 탄압하는 지식인의 배타적 인식 세계를 낳았다. 예를 들어, 일본에서는 17세기 초반에 기독교 문헌이 로마자와 가나, 한자를 섞어 번역 출판되었으며, 베트남에서는 파리 외방 전교회 출신인 알렉산드르 드 로드(Alexandre de Rhodes, 1591~1660년) 신부가 17세기 중반에 입국해 왕성한 포교 활동을 벌였다. 로드 신부는 당시 베트남어, 포르투갈어, 라틴어 대역사전을 편찬했는데, 선교 활동을 위해 교리 문답서를 쓰면서 베트남어의 로마자 표기법을 고안했다. 그것이 현재 베트남에서 공식 채택하고 있는 국어가 되었다. 물론, 조선처럼 일본과 베트남에서도 천주교와 기독교의 박해가 없었던 것은 아니지만, 서방 종교에 대한 지식인들의 배척은 조선만큼 강하지 않았다.

문의 철학, 즉 문학관을 둘러싸고 일어난 사대부들 간의 논쟁이 권력 투쟁으로 비화하는 현상은 일본과 베트남에서는 결코 볼 수 없는 조선만의 배타적 특징일 것이다. 문은 정치였고 철학이었으며 수기정심의 구현체였기 때문이다. 이런 점에서 조선은 유별난 '문의 사회'였다. 건국 초기부터 사대부들은 문학의 '가야 할 바'와 '지향할 바'를 두고 치열한 논쟁을 벌일 정도였다. 문학이 무엇이어야 하는가는 곧 유학의 정통론을 찾는 과정이었다. 송학을 받아들인 일본에서는 정통론이 무엇인가를 두고 논쟁이 일어나지 않았다. 15세기 초 베트남은 사정이 약간 달랐다. 호뀌리 정권에서 주자의 견해를 수정하기 위해 유교 경전을 새로이 해석하고자 하는 시도가 있기는 했으나 결코 문학론을 중심으로 사대부들 간의 치열한 논쟁으로 발전하지는 못했다. 조선은 문과 도덕(道德, 주자학)과 통치가 일체를 이루는 문학관이 무엇인가를 두고 충돌했다. 이른바 훈척(勳戚) 세력을 중심으로 한 사장(詞章) 문학과 사림(士林) 세력을 중심으로 한 재도(載道) 문학 간의 대립이 그것이다. 훈척 세력은 개국 과정에서 권력과 부를 독점한 개국 공신들, 왕의 인척들, 고관 귀족들로서 수기보다는 치인(治人)과 외교(外交)에 치중해서 문장과 수사를 문학의 본질로 보았던 반면, 권력에서 소외된 지방의 중소지주인 사림파는 내면 수양을 통한 도(道)의 정립을 문학의 정도로 생각했다. 사림파에게는 도덕과 윤리에 의한 문의 창달이 지배 권력에 대한 비판의 칼날이었던 셈이다. 훈구파와 사림파 모두 성리학적 도덕을 소중하게 생각했던 것은 마찬가지였지만, 사림파는 '문학이 도를 싣는 그릇'이 되어야 한다고 주장했던 반면[載道之器], 훈구파는 도와 문의 분리, 즉 문은 도를 꿰는 수단[貫道之器]이며 인간의 감정과 정서를 표출하는 문학의 독자성이 따로 있다는 문학관을 내세웠다. 그리하여 훈구파는 사장을 경시하고 도덕에 복무하는 문학을 비판했던 것이며, 사림파는 경술(經術)을 중시하여 '도로써 문을 한다'는 이도위문(以道爲文) 내지 도문일치(道文一致)를 주장했다. 이 양자의 대립은 과시에도 그대로 반영되어 생원은 명경과 경술, 진사는 제술과 사장에 중점을 두는 두 갈래로 나눠질 정도였는데, 조선 초기 문학관의 이런 대립은 관각 문학파와 사림 문학파의 격돌 양상으로까지 치달았다. 재도 문학의 논리는 건국 공신이자 개혁가였던 정도전에게서 분명히 나타난다. 고려가 무너지자 향촌에서 산야에 은거한 이숭인(李崇仁)을 추모하며 그가 지은 『도은문집서(陶隱文集序)』에 이런 구절이 있다.

일월 성신은 하늘의 문이요, 산천초목은 땅의 문이요, 시서 · 예악은 인류의 문이다. 그런데 하늘의 문은 기(氣)로써 되고, 땅의 문은 형(形)으로써 되며, 사람의 문은 도로써 이루어지는 것이다. 그러므로 문이란 '도를 싣는 그릇'이다.[24]

재도지기(載道之器)로서 도문일치론은 조동일의 말을 빌리면, 유교 문명권의 중세 보편주의를 문을 통해 완성하겠다는 조선의 의지를 집약한다. 이런 상태에서 언문은 사대부들이 감정과 정서를 표현하고자 할 때 쓰는 문자로, 여성들의 편지 문자로, 그리고 작자 미상의 천박하고 위험한 소설과 패관잡류의 문자로 취급되었다. 한문학이 지배하는 문의 세계에서 시조와 가사, 소설과 언간 형태로 언문이 살아남았고 발전의 숨통을 틔웠다는 것은 일종의 역설적 현상이다. 훈민정음이 널리 보급되지 않았던 15세기 후반과

16세기에 주로 사대부와 재지 사족들에 의해 훗날 피지배층의 전유물이 될 감성의 담론장이 실험되고 구축되었다. 권력으로부터 밀려난 선비들, 흔히 처사로 불리거나 한사(寒士)를 자처했던 유생들은 산천을 떠돌면서 혹은 향촌에 은거하면서 권력의 일장춘몽적 성격과 인생무상, 때로는 임금에 대한 그리움을 노래했는데, 이런 정조를 담아내기에는 언문 시조와 가사가 한시보다 더 적합했던 것이다.

한문 중심의 문의 세계에서 언문의 생존을 도운 것으로 번역 사업이 있었다는 점은 흥미롭다. 경전 번역은 유교 문명권의 소속국들이 중세 보편주의를 실현하는 방법이었는데, 주변국 일본은 한문을 훈독하는 전통과 사상적 자율성 때문에 가나로 번역할 필요성이 그리 크지 않았다. 반면, 베트남과 조선은 음독 전통이었기에 민족어로의 의미 해석이 필요했고, 또한 경전을 널리 알려 유교적 통치의 기틀을 잡으려 했기 때문에 경전 번역에 많은 공을 들였다. 그런데 베트남은 앞에서 지적했듯이 잦은 왕조 교체와 지식인층의 형성이 지체된 때문에 조선만큼 지속적으로 이뤄지지 못했다. 15세기 초반, 유교 이념을 공식 채택한 호뀌리 정권에서 『서경』과 『시경(詩經)』이 번역되고, 이후 18세기 말 꽝쭝 황제가 유학자 완협(阮浹)을 초빙해서 『소학국음(小學國音)』을 쯔놈으로 편찬토록 했다.[25] 조선은 달랐다. 15세기 중반 훈민정음이 창시되자 번역 작업이 매우 활발하게 이뤄졌다. 세종은 스스로 나서서 언문으로 『월인천강지곡(月印千江之曲)』과 『석보상절(釋譜詳節)』을 지었고 『삼강행실도(三綱行實圖)』를 언해토록 하였으며, 세조는 간경도감(刊經都監)을 설치해서 수십 종에 이르는 불경을 언해했고, 성종은 유교 경전을 포함 중국 문학과 구전 문학을, 선조는 성균관에 경서교정청(經書校正廳, 1584년)을 두어 사서와 삼경을 본격적으로 언해했다. 훈민정음 창시 후 거의 100여 년 동안 끊임없이 번역 작업이 이뤄진 것이다. 불경 언해와 경전 언해가 어느 정도 완료된 16세기 초, 경상도 관찰사 김안국은 풍속 순화를 위하여 『이륜행실도(二倫行實圖)』, 『여씨향약(呂氏鄕約)』, 『정속언해(正俗諺解)』를 언문으로 간행해 지방 관아에 보급했다. 16세기 말 임진란까지 편찬된 한글 문헌을 망라해 보면 약 70종에 이르는데, 이 중 15세기 말까지의 문헌이 35종으로 절반가량을 차지한다.[26] 15세기까지는 주로 중앙의 언문청과 간경도감이 불서와 경전의 언문 출판을 맡았고, 16세기에는 지방 관아에서 『이륜행실도』와 같은 교화서와 『훈몽자회』와 같은 언문 교과서 출판을 담당했던 것으로 보인다.

조선의 번역 사업은 무지한 백성들을 유교 이념으로 교화하는 훈민에 목적을 두었는데, 그것은 중세 보편주의와 일체화하려는 조선의 노력이었다. 훈민을 통한 중세 보편주의의 완성이 곧 번역 사업으로 나타난 것이다. 중세 전기에 베트남과 조선에서는 경전 번역을 통해 유교 중심국과 일체화하려는 노력이 나타났던 반면, 불교 선종이 세력을 떨쳤던 일본에서는 무사 계급이 유교 경전에 관심을 보일 필요가 없었다. 중세 후기 유교를 채택한 막부 정권에서도 신분 질서와 인·의·예·지·신의 유교적 덕목이 훼손되지 않는 한 지배 계급이 경전을 일반에게 널리 보급할 필요성을 느끼지 못했다. 따라서 송학(주자학)을 새로이 해석해서 중세 후기적 시대 변화를 수용하고 주도해야 할 이론적 혁신의 작업은 주로 조선의 몫이었다. 이 과업을 성종 이후 급격히 부상한 사림들이 맡았다. 16세기, 김장생(金長生)을 필두로 퇴계와 율곡 같은 대가들이 나타나 기존의 주자학에 이기론(理氣論)의 기초를 세우고 성정론(性情論)을 접목했다. 이 과업을 신유학의 정립이라고 규정하면서 조동일은 비교론적 관점에서 이렇게 요약한다.

신유학의 근본이 되는 철학의 어렵고 복잡한 문제를 온통 한국에서 떠맡아 고민하는 시대가 중세 후기였다. 그때의 한국인은 중국인과 다름없이 글은 한문으로 쓰는 한편 한국어로 번역해 이해하는 데도 힘쓰면서, 경전 해석

상의 시비를 그 양면의 글쓰기에서 철저하게 따져 해결하려고 했다.[27]

조선이 불서와 유교 경전 언해에 그렇게 노력을 기울이긴 했어도 언해본이 일반 백성에게 어느 정도 유포되었는지는 알 수 없다. 그럼에도 언해가 문해인민의 형성을 촉진했을 것이라는 추론은 가능하다. 언해가 활발하게 이뤄지던 16세기에 평민들의 교육을 담당했던 향촌 서당이 설립되고, 17세기에는 전국적으로 확대되었기 때문이다. 서당은 국가의 공적 교육 기관인 향교, 재지사족들의 사설 교육 기관인 서원, 향사(享祀) 기능을 담당했던 사우(祠宇)와는 다른 향촌의 사설 교육 기관이었다. 양반 및 상민(常民) 자제까지도 포함하여 동몽자제(童蒙子弟) 및 연소자들에게 강상 윤리와 명륜 교육을 시키려는 목적에서 설립되었던 서당은 보통 서너 개의 마을을 단위로 지방 토호들과 유지들이 기금을 모아 설립 운영하는 것이 보통이었다. 17세기에 들어오면 이미 서당이 전국적으로 확대되는 양상을 보이고 18세기에는 가장 중요한 향촌 교육 기구로 자리를 잡게 된다.[28]

서당 교재로 널리 쓰였던 『소학』은 언문으로 번역한 『소학언해』가 이미 임란 전에 간행되어 있었으므로 동몽들이 언문과 한문을 동시에 배우는 교재로 널리 쓰였다.[29] 최세진(崔世珍)이 1527년 지은 『훈몽자회』 역시 교과서로 쓰였는데, 『훈몽자회』는 한자 기본 교과서인 『천자문(千字文)』과 『유합(類合)』에 수록된 모든 한자에 당시 국문으로 '석'을 달아 음과 뜻을 쉽게 익히게 했다. 부록으로 실려 있는 「언문자모」에서 최세진은 한글 자모의 명칭을 일일이 명기해서 훗날 반절(反切)로 일컬어지는 한글 자모표를 제시했다.[30] 이렇게 본다면, 16세기 중후반에 나타나서 17세기에 걸쳐 전국적으로 확산된 향촌 서당의 교육에 힘입어 일반 서민의 언문 문해력은 날로 증대했다고 볼 수 있다. 언문을 읽을 줄 아는 인민의 규모가 어느 정도였는가는 구체적으로 파악하기 힘들다 하더라도, 서당의 확산과 함께 평민의 상당수가 언문을 접하고 해독 능력을 갖췄을 것이라는 추측이 가능하다. 언문이 배우기 쉽다는 장점 외에도, 17세기에 접어들면 언문 소설이 대거 출현한다는 사실로도 문해인민의 등장과 형성을 뒷받침할 수 있다. 최초의 언문 소설인 허균의 『홍길동전』이 1600년에 창작되었고, 김만중의 『구운몽』, 『사씨남정기』가 17세기 후반에 선을 보였으며, 그 밖에 일기 형식과 기록 형식을 빌린 언문 작품이 여럿 출현했다. 언해본, 언문 소설, 언문 교과서의 보급에 힘입어 문해인민의 규모가 급격히 확대된 것이다.

인쇄술과 시장의 발전은 문해인민의 형성을 가속화한다. 삼국 중 일본이 그런 점에서 가장 빨랐고 시장 규모도 가장 컸다고 할 수 있으며, 조선과 베트남이 그 뒤를 따른다. 앞에서 지적했듯이, 일본은 도쿠가와 막부 초기에 인쇄술을 도입해서 목판 인쇄가 1620년대에 출현했다. 목판 인쇄는 17세기 후반 이후 전국으로 확대되어 유교 문답 교리서인 『시미즈 모노가타리』가 대략 2000부 정도가 팔렸다. 겐로쿠 시대에는 일반 서민과 조닌을 위해 글을 쓰는 전문 작가들이 출현했다. 지카마쓰 몬자에몬(近松門左衛門), 마쓰오 바쇼(松尾芭蕉), 노모토 기카쿠(檀本其角) 등이 그들이었으며, 무가를 위해 글을 쓰는 작가들 중에도 조닌들을 독자로 하여 상인과 평민적 삶의 가치를 수용하는 경우도 많았다. 17세기 말, 조닌들의 남녀 애정과 성적 흥미를 통속 소설로 썼던 이하라 사이카쿠(井原西鶴)가 독자층을 넓힌 대표적 작가일 것이다. 『호색일대남(好色一代男)』(1682년), 『세간의 속셈(世間胸算用)』(1692년), 『혼초오인히지(本朝櫻陰比事)』(1689년) 등이 그러하다. 가장 널리 읽혀진 『호색일대남』은 수천 부가 팔렸다.[31] 조닌 시대가 본격적으로 개막된 18세기에는 가부키를 비롯한 가무악극이 성행했으며, 난학(蘭學)이 도입되어 서양의 풍물지, 지리서, 외국 여행기 등이 출판되었다. 역사서, 사전, 철학서, 국학 관련서, 통속 소설, 하이쿠, 렌가[連歌] 등 문학과 정치에 이르기까지 다양한 서적들이 출판되어 유통되었다. 이들이 대부분 일본의 가나로 쓰인 작품들이라고 보면, 시장과 인쇄술의 발전에 힘입어 독서 능력을 갖춘 문해인민이 일본에서 가장 폭넓고 두껍게 형성되었다.

베트남 역시 쯔놈 소설과 시가 일찍이 나타나 독자층을 넓혀 갔다. 16~18세기가 그러했는데, 16세기 초반에 중국의 『전등신화(剪燈新話)』를 베트남식으로 개작한 응우옌 즈(阮璵)의 『전기만록(傳奇漫錄)』이 창작되었는데, 이 작품은 김시습(金時習, 1435~1493년)의 『금오신화(金鰲新話)』와 같이 서민적 삶의 애환을 그리고 관료들의 착취를 고발하는 내용을 담고 있어 일본의 『오토기보코(御伽婢子)』와 함께 유교 문명권의 공유물이라고 할 것이다. 이 작품들은 모두 한자로 쓰여서 독자를 확대하는 데에는 그다지 기여를 하지 못했다. 반면, 전설과 야사를 쯔놈어로 쓴 운문체 역사서『천남어록』이 편찬되어 유통되었다. 18세기에는 쯔놈 소설인 시전(詩傳)이 많이 나타나 독자층을 넓히는 데에 공헌했다. 일본보다는 훨씬 규모가 작지만 이 시기에는 도시가 어느 정도 형성되고 상업이 발전해서 목판 인쇄로 된 쯔놈 시전이 다수 유통되었다. 1734년 도입된 목판 인쇄술이 쯔놈 시전의 확산에 도움을 주었던 것은 물론이다. 시전은 저자가 명기된 사대부의 작품인 '박학(博學) 시전'과 저자가 없고 평민 유사가 쓴 것으로 추정되는 '평민 시전'으로 구분되는데, 박학 시전은 주로 중국 소설을 베트남식으로 개작한 경우가 많다.

인쇄술과 시장의 발전 수준으로 본다면 조선은 일본과 베트남의 중간 정도에 속한다. 금속 활자가 발명되고 목판 인쇄가 시작된 것은 조선이 가장 앞섰지만 일반 서민의 읽을 거리를 위해 서책이 상품으로 유통되기에는 18세기 초반까지 기다려야 했다. 상업이 보잘것없는 이익을 추구하는 천한 직종으로 간주되었고 시장을 억제했기 때문이다. 16세기 초, 명종 연간에 장시가 출현하자 명화적을 염려하여 장시 철폐론이 나왔으며, 성종조에는 일반 서민이 농업을 작파하고 말리를 추구하는 폐단을 없애려고 무본억말책(務本抑末策)을 폈다. 조선의 시장 억제책은 삼국 중 가장 유별나서 1789년 정조가 한양 육조거리에 포진한 시전의 특권을 폐하는 신해통공의 반포를 계기로 겨우 시장이 활성화될 수 있었다. 일본, 베트남과 마찬가지로 소설은 조선의 독서 시장을 활성화한 일등 공신이다. 1600년 허균이 한글로 지은 『홍길동전』을 필두로 김만중의 『구운몽』, 『사씨남정기』가 창작되면서 소설에 대한 세간의 관심이 높아지기 시작했다. 17세기에는 군담 소설과 패관잡류가 출현하면서 사대부 남성들도 언문 소설의 독자층으로 포섭되기에 이르렀다. 그러나 이 시기 주요 독자층은 사대부 상층 여성, 하층 남성 등이었고, 교육의 일반화가 이뤄지지 않은 탓에 독자층은 매우 제한적이었다고 할 수 있다.[32] 『요로원야화기(要路院夜話記)』, 『어우야담(於于野談)』, 『대동야승(大東野乘)』 한글본이 독자층에게 인기 있는 야담책이었는데, 이 책들은 독자들 사이에서 필사본으로 전해지고 유통되었던 것으로 보인다. 김만중의 『구운몽』과 『사씨남정기』, 조성기(趙聖期)의 『창선감의록(彰善感義錄)』이 널리 읽혔던 것도 이 시기였으며, 서울에 세책가들이 등장해서 필사본 소설을 유통한 것은 18세기 초엽이었다. 영조대에 들면 이미 수백 종의 국문 소설과 중국 소설을 번역한 작품들이 서울 지역을 중심으로 유통되고 있었으며, 부녀자를 위시한 문해인민들에게 각광을 받았다. 이른바 위항 문학이라 해서 사대부 문학을 모방한 중인들의 문학이 유행하기 시작한 것도 18세기 중엽 무렵이었고, 전문 가객이 출현해 가단(歌壇)을 운영한 것도 이 무렵이었다.[33] 문학과 예술의 소비층이 어느 정도 형성된 것이다. 그리하여 18세기는 이른바 언문 소설이 활성화된 시대라고 보아 무리가 없다.[34] 세책본의 유통 양상을 분석한 정병설은 숙종 연간인 18세기 초 전국에 수십만 종 이상의 세책 소설이 유통되고 있었음을 전제로 "한글 소설을 통해 한글 향유 공동체의 저변은 놀라울 정도로 넓어졌다."라고 결론짓는다.[35] 우리의 용어로 말하자면, 문해인민의 규모가 확대된 것이다. 하지만 이것은 소설, 야담, 소화, 판소리 등에 제한적인 독자층이어서 일본만큼 다양한 분야에 걸쳐 광범위하게 형성된 문해인민 내지 문학과 예술의 소비층은 아니었다. 근대적인 출판이 시작된 것은 선교사들이 성경 한역본을 찍어 내기 위해 일본에서 인쇄기를 수입했던 1850년대였다.

유교 문명의 종주국으로서 중국의 위상은 명이 망하고 청조가 들어서면서 정체되기 시작했다. 만주족이 세운 청은 비록 권력을 장악했지만 진한(秦漢)을 맥으로 하는 한족 중심의 문화를 수용하지 않을 수 없었다. 조선과 베트남이 명의 전통을 잇는 적자(嫡子)로 나설 수밖에 없던 이유였는데, 신유학의 새로운 해석을 조선이 온통 감당하려고 했던 시대적 배경이기도 하다. 유교 문명권의 소속국에서 근세 혹은 근대라고 불리는 새로운 시간대가 개막되면서 유교에 대한 시각과 태도가 달라지게 된 것도 이와 무관하지 않다. 근대가 자국의 고유성을 정치적, 문화적 단위로 묶어 중세의 보편적 질서에서 이탈, 독립하는 과정이라고 한다면, 일본은 유교에 대해 빚진 것도 담당할 역할도 적어 비교적 자유로웠던 반면, 베트남과 조선은 종주국이 방기해 버린 사상 혁신의 역할까지를 떠안아야 했다. 도쿠가와 막부가 신유학을 공식 이념으로 채택했다고 하더라도, 일본의 유학적 전통은 송학에서 형이상학적 요소를 제거하는 방식, 즉 '주자학의 일본화'에 주력했기에 18~19세기의 국내외 변화에 융통성 있게 대응할 수 있었다. 주변국에서 혁신이 가장 빠르게 일어난 이유이다. 달리 말하면, 주변국이었기에 유교의 사상적 긴장에서 빨리 벗어날 수 있었다는 뜻이다. 16세기 이래로 다양화, 다기화된 지식인 집단이 유교를 떠나 학문의 여러 영역을 개척하면서 혁신의 자원이 축적되었고, 18세기에는 난학과 국학이 유교로부터 벗어나는 구심체 역할을 맡았다. 그 결과는 자연스럽게 문해인민의 생산을 가속화하는 것으로 귀결되었다.

베트남이 사상 혁신의 역할을 수행하기에는 너무나 벅찼다. 남북 전쟁이 일단락된 후 전국적인 농민 반란(1739~1751년)에 직면했다. 베트남의 근세는 전쟁으로 시작해 농민 반란으로 끝났고, 근대는 외세의 침략으로 개막되어 식민지화로 끝났다. 이 시기 쯔놈 문학이 민중의 애환을 노래하고 이후에는 민족주의적 색채가 짙어진 것도 이런 까닭이다. 따라서 유교를 새롭게 혁신해야 할 역할은 오직 조선의 몫이었다. 일본이 유학에서 형이상학적 요소를 제거하는 데에 기울었다면, 조선은 형이상학적, 관념론적 깊이를 더욱 심화하는 데에 주력했다. 18세기 노론 사대부들 간에 벌어진 낙론(洛論)과 호론(湖論) 논쟁이 대표적인 예이다. 이런 상황에서 제기된 실학파의 경험론적 논리와 북학파의 실용주의적 관점은 19세기 중후반 문명 개화론의 이론적 자원이 되기는 했지만, 당시에는 집권 세력의 전반적 동의를 끌어낼 수 없었다. 이런 가운데 지식계의 분화는 필수적이었다. 집권 사대부들이 신유학의 사상적 혁신에 몰두하는 동안, 18세기 이래로 진행된 경제적, 사회적 변화에 힘입어 전문 지식을 갖춘 중인 집단, 처사로 불리는 유랑 지식인들, 그리고 향촌에 거주하면서 평민과 다름없는 생활을 했던 몰락 유사(沒落儒士)들이 저변에서 지식의 유형을 바꾸기 시작한 것이다. 한자는 사대부의 문자였고, 언문은 인민의 문자였다. 사대부의 문자는 18세기와 19세기 중반까지 진행된 사회 경제적 분화 양상을 한문의 세계와 유학의 세계에 가둬 놓기에는 벅찼다. 그 변동을 대략 농업 생산성의 증대와 인구 증가, 도시화, 유민과 빈민의 발생으로 인한 신분 직역의 이완 등으로 요약할 수 있을 것이다. 농촌을 이탈한 유민과 빈민은 도시로 가서 상업과 수공업과 같은 말업(末業)에 종사했다. 18, 19세기 대구부(大邱府)의 신분제를 분석한 연구에 의하면, 도시에서는 중인(中人)과 천역양인(賤役良人)의 증가세가 뚜렷하고, 농촌에서는 유학을 칭하는 준양반이 대량으로 증가하고 있다.[36] 도시의 중인들은 대체로 관아와 관련된 물품 조달 및 영세 상업, 의생(醫生), 율생(律生)과 같은 전문직(잡직), 아전(서원, 사원, 소동, 나장) 등이 직업이었으며, 천역양인들은 고공, 수공업자, 장인, 품팔이, 머슴, 노비 출신 임노동자 등으로 농촌의 전호가 담당하는 봉건제적 강제에서 벗어난 사람들이었다. 말하자면, 농촌 분해에 따라 전통적 신분제가 요동치고 있었던 것이다.[37] 이들의 문자는 언문이었다. 중인들은 위항 문학을 통해 자신들도 문학의 창조자이자 소비자임을 나타내기도 하였으며, 다른 한편으로는 전문 지식의 중요성에 눈을 떠서 19세기 유홍기와 오경석 같은 개화 지식인의 탄생을 예고했다. 서민들에겐 자신들의 고난과 삶의 애환을 감성적, 정서적 언어로 표현하는 것이 필요했으며, 빈민과 천민들은 자신들의 한을 달랠 광대극, 가면극, 굿과 노래판, 타령이 필요했다. 사대부의 한문학과 경계를 접하면서 언문으로 쓰인 서민 문학이 태동한 배경이다. 조선의 사대부들이 청나라가 하지 못한 유학의 사상적 혁신을 떠맡는 것까지는 역사적 운명이라고 하더라도 그것을 관념론적, 이상주의적 세계에 호소함으로써 농촌 분해와 더불어 다기화된 인민들을 끌어들이는 데에 실패했다. 인민이 한문 세계에서 탈출하기 시작했는데, 이를 도운 것은 민족어였다. 문해인민의 형성에 힘이 실린 것은 당연한 결과였다.

훈민정음과 문해인민의 탄생

훈민정음의 철학과 정치학

문자를 소유한다는 것은 사유와 상상 체계의 형성에 각별한 의미가 있다. 생각하는 것은 소리를 내지 않고 말하는 것이며, 말하는 것은 소리를 내며 생각하는 것이라고 한다면, 말과 생각, 생각과 언어는 매우 밀접하고 복합적인 영향 관계에 놓여 있다. 언어 없이는 생각이 진행되지 않는다. 언어는 사유에 형식의 옷을 입히고 그 형식은 문자에 의해 형상화된다. 언어는 모든 사유 행위와 떼놓을 수 없는 동반자인데, 사유는 언어적 문법의 도움을 받아 비로소 모습을 갖춘다. 인간이 현실 생활과 맺는 관계가 경험에 녹아든다고 할 때, 이 경험의 바다에서 개념을 길어 올리는 것이 언어다. 말하자면, 언어가 경험을 주조하고 변조한다. 그러므로 모어(母語, Muttersprache)가 있는 것과 없는 것의 차이는 문자의 유무가 아니라 그 이상의 무엇, 단적으로 말한다면 세계관 형성의 유무, 나아가 그 공동체의 역사의 유무를 결정짓는다.[1]

조선의 인민이 그들의 말을 문자로 옮길 수 있는 말글을 일찍이 소유했다는 것은 이런 의미에서 행운이다. 세종이 1443년(세종 25년)에 창제하고

1446년에 반포한 훈민정음이 그것이다. 훈민정음은 구어로만 존재했던 민족어를 문어로 표현하는 수단이다. 훈민정음이라는 민족 문자의 출현은 비단 우리의 경우에만 해당하는 독자적 현상은 아니다. 세계사적 관점에서 볼 때, 민족 문자는 중세의 보편적 현상이라고 할 수 있다. 유럽의 경우 라틴어라는 보편 공통어에 대항하여 각국 고유의 민족어가 중세에 출현하면서 지역 문화를 꽃피우기 시작했다. 앤더슨이 '상상의 공동체'라고 불렀던 민족 인식의 형성이 가능했던 것은 자국어로 사고하고 자국어로 표현하는 지역 문자 공동체가 그때부터 진행되었기 때문이다. 중세는 공통어와 지역어 간의 경쟁이 비롯되던 시기였는데, 지역어의 발달이 인쇄술과 맞물려 역사적으로 유례없는 인쇄물들이 보급되기에 이르렀다. '인쇄 자본주의(press capitalism)'는 자국어의 사용이 확대되면서 수요가 늘어난 인쇄물과 출판물의 상업화로 나타난 결과였다.

앞 장에서 살폈듯이, 유교 문화권에서 한자를 표기하는 자국어의 필요성이 일찍이 대두되었고, 우리의 향찰과 이두, 일본의 가나, 베트남의 쯔놈, 백족의 백문(白文), 그리고 서하와 요, 금의 자국 문자가 나타났다.[2] 이들은 한자라는 공동 문어를 자국의 발음대로 표기할 필요성에 의해 만들어진 민족어였다. 동아시아를 포함하여 세계의 중세는 공동 문어와 민족어가 동시에 사용되면서 양자 간 각축전을 예고했던 이중 언어의 시기라고 할 수 있다. 공동 문어가 보편어로서의 위상을 갖고 지배 계층에 의해 쓰였던 반면, 민족어는 주변부의 인민들, 피지배층의 언어였다. 공동 문어와 민족어의 역전 현상은 근대에 들어서야 비로소 가능해졌으며, 한국도 그런 범주에 속한다. 그러나 특기할 만한 점은, 위에서 예를 든 동아시아 각국의 표기 문자들이 그 쓰임새가 불편하고 문자로서의 요건을 충분히 갖추지 못해 보편적 공동 문어와의 경쟁에서 대부분 패배했던 반면, 우리의 경우는 향찰을 대신하여 창제된 훈민정음이라는 문자 체계가 소멸되지 않고 근대화 요구가 분출했던 순간까지 존속, 활용되었다는 사실이다. 일본은 이런 점에서 남달랐음은 이미 지적한 바이다. 한자를 모르는 일반 백성들이 쉽게 쓸 수 있는 문자가 일찍이 주어졌다는 사실은 사유의 문자화, 사유의 체계화가 가능하게 되었다는 것을 의미하고, 그것은 다시 지배층의 사유 체계와 차별성을 갖는 독자적 세계관을 형성할 수 있는 언어적 토대가 마련되었음을 뜻한다. 역으로, 일반 평민들에게 민족어는 지배층의 세계로 진입할 수 있는 문자적 통로가 마련되었음을 동시에 의미한다. 즉, 지위 상승의 욕구를 민족어에 실었을 것이다.[3] 지배층의 언어인 한문의 세계관과는 별도로 백성들에게도 언=문을 통한 새로운 세계의 형상화가 가능해졌고, 동시에 지배층의 세계관을 엿볼 수 있게 한 민족어의 활용은 민족주의의 발전 과정 이상의 것을 함축한다. 훈민정음의 창제와 사용은 역사의 객체이면서 통치 권력의 대상인 인민을 역사의 주체로 변조하는 가장 중요한 계기이자 인민을 통치 권력의 중앙 무대로 진입케 하는 수단이었다. 그것은 '의도하지 않은 결과(unintended consequences)'였다. 세종이 의도한 바는 성인지학(聖人之學), 즉 통치의 성리학적 완성에 있었지만,[4] 소리와 운(韻)을 표기하는 문자적 수단이 인민에게 주어지자 피지배 집단적 사유의 표현이 출현하게 되었으며, 지배층의 인식과는 구별되는 독자적인 인식 공간을 개척할 수 있게 되었던 것이다.

　훈민정음 창제의 기본 목적이 성리학적 통치 이념에 있었다는 것은 주지하는 바이다. 세종의 언어 정책이 그것을 말해 준다.[5] 세종은 신라 시대 설총이 만들었던 이두가 한자음을 표기하는 문자 체계로서 충분치 않다는 것을 인식했고, 이두로 조선의 건국 이념인 유교 경전을 백성들에게 알린다는 것은 거의 불가능함을 깨달았다. 또한 이웃 나라인 거란, 서하, 여진, 몽고 등이 각각 고유 문자를 갖고 있음에 비하여, 조선만 고유 문자가 없다는 사실이 세종으로 하여금 번역 사업과 동시에 우리의 발음에 적합한 문자 체계를 갖춰야 한다는 절박감을 갖도록 만들었다. 당시 집현전에 운집한 학자들

은 세종의 이런 언어 정책을 보필할 만한 능력을 갖추고 있었음은 세종으로
서는 큰 행운이었다. 신숙주, 성삼문, 박팽년, 정인지, 최항, 강희안, 이개, 김
증 등이 그들이었는데, 이들 학자 관료들은 여진, 몽고, 거란족의 언어에 해
박한 지식을 갖고 있었고, 중국의 음성학에도 조예가 깊었다. 세종은 예치
(禮治)와 덕치(德治)의 본질이 성리학적 인성론에 바탕을 두며 수기치인(修己
治人)의 궁극적 논리가 태극도(太極圖)와 태극도설(太極圖設)에서 유래한다는
송학의 기본 가설을 받아들였다.[6] 훈민정음의 제자 원리가 송학 이론을 원
용한 언어관과 문자론에 근거한다는 것은 이런 관점에서 결코 이상한 일이
아니다. 세종은 성리학적 통치론의 기본 논리를 정이(程頤)의 『역전(易典)』
과 주희(朱熹)의 『사서집주(四書集註)』에서 찾았다. 정주학(程朱學)의 삼대전
인 『사서대전』, 『오경대전』, 『성리대전』을 기본으로 삼고, 백성들로 하여금
우주 만물의 기본 원리인 음양오행의 이치를 깨닫게 하는 방법을 고안하고
자 했다. 그것이 정주학에서는 성음학(聲音學)으로 발현되는데, 이는 다름
아닌 성(聲)과 운(韻)이 일치하는 소리, 즉 '표음 문자'로 결집되는 것이다.

(1) 天地之道 一陰陽伍行而已 …… 古人之聲音 皆有陰陽之理 古人不察耳
(천지의 도는 순전히 음양오행일 따름이다. …… 그러므로 사람의 성음도 모두
음양의 이치를 지녔건만 진실로 사람이 살피지 못할 뿐이다.)[7]

(2) 대개 음(音)이란 것은 인심에서 생기고 정(情)은 마음속에서 우러나는
것이므로 성(聲)으로 나타나게 된다. 성이 조화를 이루어 아름다운 곡조를
이룬 것을 음악이라 한다. 그러므로 태평세월의 음악은 편안하고도 즐거우
며 그 정치도 평화스럽고, 난세의 음악은 원망스럽고 노여우며 그 정치도 인
심과 어긋나고, 망국의 음악은 슬프고도 근심스럽고 그 백성은 고달프다. 성
음(聲音)의 도는 이렇듯 정치와 통한다.[8]

(1)에서 천지의 도, 천도(天道)는 성리학에서 음양오행을 관할하는 이(理)인데, 성음의 이치를 깨닫는 것은 곧 만물의 이치를 깨닫는 것과 같다는 것이다. 그렇다면 (2)에서 성음은 만물의 이치를 담고 있는 것이며, 성음이 천도와 일치할 때 음악이 되고 정치가 된다. 이 "치세지음(治世之音)을 안이락(安以樂)하게 하고, 정치를 화하게 하기 위해 성음을 순정하게 한다는 사상이 훈민정음 창제"[9]의 철학적 원리인 것이다.

정치의 기본으로서 성운학(聲韻學) 원리는 세종조 이전에 중국에서 유입된 『성리대전』에 이미 수록되어 있었고, 정인지가 『훈민정음 해례』의 서문을 쓸 때에는 송학의 대학자였던 정초의 저술을 참작했을 정도였다. 정인지가 해례본 서문에서 "비록 바람 소리, 학 울음소리, 닭 울음소리, 개 짖는 소리라도 다 표기할 만하다."라고 한 이 구절은 이미 정초(鄭樵)의 「칠음략(七音略)」 서에 그대로 수록되어 있으며, 『홍무정운역훈(洪武正韻譯訓)』과 『동국정운(東國正韻)』의 서를 썼던 신숙주도 집필 당시 송학의 성운학을 참조했음은 두말할 나위가 없다.[10]

『홍무정운역훈』은 중국 한자음의 표준음을 언문으로 정리한 것이고, 『동국정운』은 한국 한자음을 정리한 것인데, 그 서에 '성인지도(聖人之道)'로서의 성운학이라는 성리학적 정치 철학이 명기되어 있다.

하물며 서계(중국의 태고 문자)가 만들어지기 전에는 성인의 도가 천지에 붙어 있었고, 서계가 만들어진 뒤에는 성인의 도가 여러 가지 책에 실리게 되었으나, 성인의 도를 밝히고자 하면 마땅히 글의 뜻을 먼저 알아야 하고, 글 뜻의 요점을 알고자 하면 마땅히 성운부터 알아야 하니 성운은 곧 도를 배우는 시초가 되나, 또 어찌 이를 쉽게 깨우칠 수 있는가! …… 아아, 소리를 살피어 음을 알고, 음을 살피어 악을 알고, 악을 살피어 정사를 알게 되니, 뒷날 보는 사람은 반드시 얻는 바가 있을 것이다.[11]

하늘이 내신 성인이신 세종대왕께서 밝고 넓게 아시지 못하는 바가 없으셔서 성운학의 근원도 밝게 연구하시어 (우리가 밝히지 못하는 바를) 헤아리시고 결정해 주심에 힘입어서, 성모(칠음)와 운모(사성)를 배열한 하나의 경(經), 하나의 위(緯)로 하여금 마침내 바름으로 돌아가게 하였다. 이 결과 우리 동방에서 천백 년 동안 아직 알지 못하던 바를 열흘이 못 되어 공부할 수 있게 되었으니, 진실로 되풀이하여 깊이 생각한 다음에 이를 깨우칠 수 있으면, 성운학인들 어찌 연구하기가 어렵겠는가?[12]

훈민정음 창제의 최고의 공신이었던 성삼문, 신숙주, 정인지, 최항, 김문 등 관료 학자들은 세종의 목표가 신생 국가 조선을 성리학의 모범 국가로 만들려는 것임을 이미 터득하고 있었다. 그런 세종과 신하들에게 마음속에 고이는 생각을 성과 음으로 발현해 주는 문자의 발명은 유교 국가의 기틀을 잡는 데에 가장 중요한 전제 조건이었던 것이다.

세종대까지만 해도 고려의 그림자는 사회 곳곳에, 그리고 백성들의 관습과 사고방식에 길게 늘어져 있었는데, 특히 백성들이 미신과 불교식 제례에 깊이 젖어 덕치와 예치를 근본으로 하는 유교적 이상 국가를 만드는 데에 최대의 걸림돌이 되었다. 세종이 일찍이 『삼강행실도』를 편찬케 하여 백성들로 하여금 정주학에서 강조하는 강상윤리와 명륜(明倫)을 익히게 하고, 더 나아가서는 삼재지도, 성명도덕, 예악형정을 깨우치게 한다면 유교 국가의 기틀이 잡힐 것이라고 내다본 것은 당시의 그런 사정에 기인한 것이었다. 세종의 사서삼경 언해는 그런 관점에서 중요한 번역 사업이었다. 백성들로 하여금 성리학 경전을 읽을 수 있는 수단을 제공하는 것, 이를 통해 유교 국가의 성리학적 이념을 전 백성에게 유포하고 확산시키는 것은 훈민정음 창제의 무엇보다도 중요한 목표였다. 문명론적으로 말한다면, 그것은 중세 보편주의를 실현하려는 조선적 시도였다. 훈민정음 창제 이후 표음 문자로서의 기능을 처음 시험한 『용비어천가(龍飛御天歌)』는 최초의 한글로 된 뛰어난 작품이기도 하지만 그 내용과 구성을 살펴보면 세종의 고민, 즉 무지한 백성을 어떻게 교화해서 통치 질서 내부로 끌어들일 것인가를 고뇌한 흔적이 역력하다. 육대조의 공적을 찬양하는 것에서 시작되는 『용비어천가』 108개 장은 태조(65개)와 태종(20개)에 관한 것이 대부분을 차지한다. 조선 건국의 정당성을 구축한 그 토대 위에 유교적 이상 국가를 세우려는 세종의 통치 의도가 이 보다 더 명확하게 드러난 것은 없을 것이다. 육대조를 찬양하는 내용을 노래[歌]라고 이름 붙인 것은, 사유가 음을 얻으면 예가 되고, 예는 안이락(安以樂)의 근본이고, 악은 정치로 통한다는 유가 사상의 가르침 때문이다. 그리하여 『용비어천가』는 이후 세종이 직접 창작한 『월인천강지곡』과 함께 궁중 연회 때 노래로 연주되었는데, 일반 백성들이 널리 그 노래를 불러 예악 사상과 성인지도를 깨달으라는 세종의 소망이 담겨 있는 것이다.

'백성을 측은히 여기는' 세종의 마음은 급기야 척결의 대상이었던 불교의 경전 언해로까지 나아갔다. 『용비어천가』에서 자신을 얻은 세종은 『용비어천가』의 운율을 그대로 활용하여 석가의 일생을 노래한 『월인천강지곡』을 손수 창작하였으며, 수양대군에게 『석보상절』을 짓게 했다. 유학자들의 반대 상소와 저항에도 불구하고 세종은 정음청이 주관하여 불경을 언해하도록 지시하였는데, 유교를 국가 이념으로 받아들였음에도 여전히 민간에 널리 전파되던 불교적 관행과 관습을 일거에 타파할 수는 없었기 때문이다. 세종은 불교에 대한 민간의 믿음을 이용하여 훈민정음을 전파하는 것이 오히려 유교 국가의 구축에 득이 될 것으로 믿었거나, 유교가 인간의 내면 세계를 감당할 수 없다는 사실을 일찍이 간파했을지도 모른다. 불경 언해는 불교에 각별한 관심을 보였던 세조 연간에 이어져서 간경도감을 주축으로 수많은 불전이 언해되었다. 『능엄경언해』, 『묘법연화경언해』, 『금강

반야바라밀경언해』, 『원각경언해』, 『지장경언해』가 세조 연간에 번역된 불
경들이다.

　한편, 불교에 부정적인 태도를 보였던 성종은 불경 언해 대신 유교 경전
의 번역과 중국 문학 및 구전 문학을 언문으로 집대성하는 것으로 전환했
다. 『내훈』, 『명황계감언해』, 『두시언해』, 『삼강행실도언해』, 『연주시격언
해』, 『황산곡시집』, 『향약집성방』, 『악학궤범』 등을 언해로 출간했다.[13] 한시
중 가장 어렵다고 정평이 난 두보의 시가 언해될 수 있다는 사실을 보여 줌
으로써 훈민정음의 문자적 역량을 한껏 드높인 계기가 되었을 것이다. 특
히, 성종이 『악학궤범』을 편찬케 하여 구전되어 오던 설화 및 속요들을 언
문으로 정리케 한 것은 천도(天道)와 애민(愛民)이 노래로 합일되기를 바라
는 군주의 통치관의 소산이다. 『악학궤범』은 『악장가사』, 『시용향악보』와
함께 조선 전기 삼대 가사집이라고 할 만한데, 당시 세간에 노래로 불리던
악장, 경기체가, 가사 작품을 언문으로 수록하고 있다. 고려 시대부터 전래
되던 「동동」, 「쌍화점」 등 속악 가사 작품이 그러한 예이다. 민간의 속된 풍
습과 그리움의 감정을 그대로 표현한 노래로서 백성들의 삶의 정서를 언문
에 담아 기록했다는 사실은 인민과 역사의 접속이 언문을 통해 비로소 가능
해졌음을 뜻한다. 민족어가 출현했던 초기의 주된 역할은 구전 노래, 신화,
설화를 글로 담아내는 것이었다.

　　德으란 곰비예 받고 福으란 림비예 받줍고
　　德이여 福이라 호늘 나ᅀᆞ라 오소이다 아으 動動다리 (「동동」)

　　三藏寺삼장ᄉᆞ애 블 혀라 가고신된 그 뎔 사주샤줘 내 손모글 주여이다
　　이 말ᄉᆞ미 이 뎔 밧긔 나명들명
　　다로러거디러

죠고맛간 삿기 上座샹좨 네 마리라 호리라

더러둥셩 다리러디러 다리러디러 다로러거디러 다로러

그 자리예 나도 자라 가리라

위 위 다로러거디러 다로러

긔 잔 딕 ᄀ티 덦ᄉ거츠니 업다 (「쌍화점」)

  이 노래들은 속요 내지 속악 가사라고 불렸던 것으로서 민중들이 흥이
날 때 불렀다.[14] 한문은 감성, 정서, 운율을 담아내지 못한다. 그래서 한문은
논리를 표현하는 문장에 쓰였고, 국문은 노래와 운율을 갖춘 가사를 표현하
는 역할을 각각 맡게 되었다. 그것은 조선뿐만 아니라 동아시아 각국에 공
통적으로 나타났던 문자적 분업이었다. 한문은 사대부 중심의 논리 표현에,
언문은 일반 백성들이 구전 노래, 설화, 운율을 담은 가사 문학을 담당하는
자연스러운 분업이 훈민정음 창제를 계기로 정착되었던 것이다. 그런데, 이
런 노래들이 훈민정음에 의해 기록되면서 백성들은 비로소 역사와 대면할
수 있었다. 세종이 성리학적 통치의 완성을 위하여 훈민정음을 창제했다면,
일반 백성들은 훈민정음을 통해 자신의 사유의 공간을 개척하고 마음속에
형성되는 인식을 형상화하는 수단을 마련했음을 의미한다. 문자화된 인식
이 시간과 섞이면 역사가 된다. 역사에 흔적을 남길 수 없었던 인민이 문자
해독 능력을 갖추자 역사적 존재로 전환하는 것이다. 문해인민의 탄생은 그
런 의미를 갖는다.

문해인민의 형성

'모든 백성이 쉽게 익히고 날마다 쓰는 데 편하도록(欲使人人易習 便於日用

퇴)' 만든 훈민정음이 실제로 그 목적을 달성하는 데까지는 한 세기가 넘게 걸렸다. 창제 이후 훈민정음은 중앙의 관료들이 주관한 번역 사업(언해)을 통해 그 명맥이 유지되었을 뿐 일반 백성이 글을 익혔던 사례는 지극히 드물었다. 그렇다면 언문을 해독할 능력을 갖춘 인민, 즉 문해인민은 언제 출현하였으며, 그 규모는 어느 정도인가? 이 질문은 문자 생활과 관련된 여러 가지 사료와 언문 관련 문서들을 두루 살펴보아야 정확한 규명이 가능하다. 이와 관련된 연구들을 종합적으로 고찰하여 대체적인 윤곽을 다음과 같이 일단 정리해 두고자 한다.

언문 반포 3년 뒤인 세종 31년(1449년), 당시 조정 관료인 하 정승을 비난하는 언문 벽서가 궁중에 나붙었는데, 그것을 작성한 것은 훈민정음을 익혔던 하급 관리였고, 예종 1년(1469년)에는 사대부가 언문으로 상소해 처벌을 받았다는 기록이 나오며, 중종 4년(1509년)에는 "철비가 언문으로 종의 신분을 면해 줄 것을 상언해 벌을 주었다."라는 기록이 나온다. 철비는 원래 왕실 사람이었는데 어떤 정사(政事)에 연루되어 천민으로 전락한 여자였다.[15] 말하자면 언문이 만들어졌으나 언문 사용은 글을 해독할 능력이 있는 사대부, 왕실 여인, 그리고 일반 백성 중 지극히 일부분에 한정되었다는 것이 일반적 견해이다. 언문 창제 26년 뒤인 성종 3년(1472년)에는 임금의 교지를 언문으로 번역해서 관문, 시장, 촌락에 걸어 두라는 교지가 내렸다. "임금이 언문으로 번역하고 인쇄하여 전국 곳곳에 반포해, 부인과 어린이들까지도 두루 알지 아니함이 없도록 하라고 명하셨다."라는 기사에서 보듯, 일반 백성에게 알리는 수단으로 언문을 활용하고자 한 것이다.[16] 그러나 왕의 의도가 그렇다는 것이지 실제로 언문 교지를 해독할 능력을 가진 사람, 즉 문해인민이 얼마나 있었는지는 분명치 않다. 창제 초기 언문 활용이 중앙의 관료와 사대부, 왕실 여인에 한정되었다는 점으로 미루어 언문 교지는 실효성 없는 정책으로 그쳤을 개연성이 높다.

성종 6년 왕의 어머니인 소현왕후가 부녀자의 예법과 행실 교육을 위해 『내훈(內訓)』을 언문으로 편찬했다. '여유사행(女有四行)'이라 하여 부덕(婦德), 부용(婦容), 부언(婦言), 부공(婦功)을 여성 교육의 핵심으로 삼아 유교 정신에 충실한 여성 행실과 몸가짐을 가르치는 것이 목적이었는데, 이 책도 궁중 여인과 고위 신료들 사이에서 읽혔던 것이지 지방의 향촌으로까지 확산된 것은 아니었다.[17] 몇 년 뒤인 성종 16년(1485년)에는 언문을 쓸 줄 아는 상인 79명이 검거되어 심문을 받은 언문 투서 사건이 일어났는데, 이를 보면 한성부의 시전을 중심으로 언문 해독이 가능한 상인들이 꽤 있었다는 것을 짐작할 수 있다.[18] 그러나, 이 역시 조정을 중심으로 중앙에 한정된 현상이었다고 보는 것이 적절하다. 1504년 연산군의 언문 탄압은 '조정 관리들의 집에 보관된' 언문 구결책을 불온시한 것이었다. 말하자면 언문은 세조의 불경 언해 사업과 성종의 경전 언해 사업에도 불구하고 중앙의 관료, 사대부의 문학, 일부 왕실 여성의 언찰(諺札)에 한정적으로 활용되었을 뿐, 일반 백성에게 확대 보급되기에는 시간이 더 필요했다.[19]

불경 언해와 경전 언해가 어느 정도 완료된 16세기 초, 경상도 관찰사 김안국은 풍속 순화를 위하여 『이륜행실도』, 『여씨향약』, 『정속언해』를 언문으로 간행해 지방 관아에 보급했다. 이때에도 지방 관아 및 향교를 대상으로 한 것이지 일반 백성에게까지 두루 보급되었다고는 할 수 없을 것이다. 그런데 16세기 말 임란 당시 선조가 백성들에게 내린 유서(諭書)는 언문 사용이 어느 정도 확대되었음을 나타내 주는 증거로 볼 수 있겠다. 선조는 왜군에게 납치된 백성들을 효유하여 다음과 같은 언문 교지를 내렸다.

백성에게 이르는 글이라. 임금께서 말씀하시되, 너희가 처음 왜놈들에게 휘둘려 다니는 것은 너희들 본 마음이 아니니, 나오다가 왜놈들에게 붙들려 죽을 것인가 여기며, 도리어 의심받을까 왜놈들에게 끼어들었던 것이니,

…… 서로 권하여 다 나오면 너희를 각별히 죄주지 않을 뿐 아니라, 그중에 왜놈을 잡아 나오거나 왜놈들이 하는 일을 자세히 알아 나오거나 잡혀 있는 사람과 많이 더불어 나오거나 하는 등의 공이 있으면 평민과 천민을 막론하고 벼슬도 할 것이니 너희 진심이 전에 의심하던 마음을 먹지 말고 빨리 나오라.(1593년 9월)[20]

전시에, 그것도 매우 다급한 상황에서 언문 교지를 내렸다는 것은 16세기 후반에는 언문을 이해하는 백성들이 '어느 정도' 형성되었다는 사실을 시사한다. 안병희는 훈민정음 사용의 역사를 고찰하면서 "16세기 후반에 이르러서는 한글이 시골에 이르기까지 광범위하게 보급되었을 것으로 보인다."라고 조심스럽게 진단하고 그 증거로 네 가지를 제시한다. 한 세기에 걸쳐 한글 문헌이 활발하게 간행되었고, 천자문 입문서와 경전 언해가 향교를 중심으로 확대 보급되었으며, 가사 문학과 언문 소설이 활성화되었고, 여성들의 언간(諺簡)이 확산되었다는 사실이다.[21] 그 후 약 80년 뒤 언문 사용이 보다 확대되었다는 추론을 가능하게 하는 사례가 있다. 한글 관련 문서의 사용을 금한다는 법령이 그것인데, 숙종 1년(1675년)『수교집록(受敎輯錄)』에 다음과 같이 명문화되어 있다.

出債成文 必具證筆者廳理 諺文及無證筆者 勿許廳理(『수교집록』「호전(戶典)」 징채조(徵債條))

사채의 문서에 증인과 집필인이 없고 문서가 한글로 되어 있을 때에는 채권을 인정하지 말라는 내용이다.[22] 이와 유사하게 1750년 전후에 편찬된 『백헌총요(百憲摠要)』 형전에 명시된 "諺文及無訂筆者勿施(언문 문서와 증인 및 집필인이 없는 문서는 정당한 문서로 인정하지 않는다.)"라는 조문이 구태여 법

전에 기록되어 있는 것은 언문 문서 금지를 뜻하기도 하지만, 당시에는 언문 문서가 시중에 상당히 유통되어 많은 송사를 발생시켰다는 것을 역으로 추정할 수 있다.

한글 사용이 확대된 데에는 양반 자제를 포함하여 중인과 양인 자제를 교육하는 향촌 서당의 존재를 거론해야 한다. 서당은 향촌의 사설 교육 기관으로, 국가의 공적 교육 기관인 향교, 재지사족들의 사설 교육 기관인 서원, 향사 기능을 담당했던 사우와는 달랐다. 사설이라는 점에서는 사원과 다를 바가 없으나, 서원은 향교의 기능이 쇠락하자 양반 토호들이 향촌에 대한 그들의 도덕적 지배 체계와 문중의 위세를 강화하기 위해 설립한 배타적 교육 기구였다면, 서당은 양반 및 상민 자제까지 포함한 동문 자제 및 연소자들에게 강상 윤리와 명륜 교육을 시키려는 목적에서 설립되었다. 최초의 서당은 영남 지방의 전통적 재지사족인 김성일가(金誠一家)가 세운 전암서당(傳巖書堂)으로 알려져 있고, 1560년대에는 예천에 금곡서당(金谷書堂)이 설립되었다.[23] 서당의 설립은 향교와 서원의 폐단이 점차 심각하게 인식되기 시작한 이후의 일이었다. 16세기 초반 이후 국가의 공식 기관인 향교와 재지사족들의 세운 서원이 교육 기능보다는 향사 기능와 문중 세력 확대 기능에 치우치자 조정과 재지사족들은 향촌 교화의 새로운 수단으로서 서당에 주목하게 되었는데, 17세기에 들어오면 이미 서당이 전국적으로 확대되는 양상을 보이고 18세기에는 가장 중요한 향촌 교육 기구로 자리를 잡게 된다.[24] 안동 지방의 서당 운영 현황을 연구한 우용제(禹龍濟)는 양반 사족 중심의 서원과 사우가 향사와 제례 기능을 강화해 감에 따라 그 대체 기관으로서 서당이 16세기 후반부터 확대되었다고 보고 있다.

서당 교육의 절차와 교재는 정해진 바가 없었다. 다만 대체로 『소학』에서 제시한 구성 원리를 따르는 것이 상례였으며, 입교(立教), 명륜(明倫), 경신(敬身)에 주안점을 두었다. 글자를 모르는 아동들은 처음 『천자문』과 『동몽선습』으로 음을 깨우치면, 사략과 통감으로 훈석(訓釋)을 익히고, 이후 『맹자(孟子)』, 『논어(論語)』, 『대학(大學)』, 『중용(中庸)』의 사서 독해 단계로 진입하는 것이 보통이다.[25] 최세진이 1527년 서술한 『훈몽자회』가 교과서로 널리 쓰였는데 수록된 모든 한자에 당시 국문으로 '석(釋)'을 달아 음과 뜻을 쉽게 익히게 했다. 서당 교재로 널리 쓰였던 『소학언해』에는 언문 번역문이 흔히 발견되는데, 「경민편」에는 정철의 「훈민가」가 언문으로 실려 있고, 「계몽편」에는 군신 관계를 강조하는 언문이 수록되어 있다. 「계몽편」에 나오는 군신 관계를 비유한 예문을 보자.

　　들에 밧가는 이는 님군의 ᄯᅡ흘 먹고 죠뎡에 셧는 이는 님군의 록을 먹으니 사름이 진실로 부뫼 아니시면 나지 못ᄒᆞ고 또 님군이 아니시면 먹지 못ᄒᆞᄂᆞᆫ고로 신하의 님군 셤기믈 ᄌᆞ식이 아비셤김ᄀᆞ티 ᄒᆞ야 오직 올흐미 이슨 바애는 목슘을 ᄇᆞ리고 튱셩을 드릴ᄂᆞ니라.[26]

사람이 부모 덕에 나고 신하가 임금 덕에 먹을 수 있으니, 자식이 아비 섬기는 것처럼 신하가 임금을 섬겨야 정덕(正德)이 생겨난다는 것이다. 이렇듯 동몽들에게 조선의 기본 덕목을 언문으로 가르칠 때 훨씬 이해가 빨랐다.

이렇게 본다면, 16세기 중후반에 나타나서 17세기에 걸쳐 전국적으로 확산된 향촌 서당의 교육에 힘입어 일반 서민의 언문 문해력은 날로 증대했다고 볼 수 있다. 언문을 읽을 줄 아는 인민의 규모가 어느 정도였는가는 구체적으로 파악하기 힘들다 하더라도, 서당의 확산과 함께 상민의 상당수가 언문을 접하고 해독 능력을 갖췄을 것이라는 추측이 가능하다. 문해인민은 한자를 쓰는 지배층과 구별하여 한글이라는 새로운 매체를 공유하는 새 기록 공동체로서의 의미를 갖는다. 양반 사족들이 그들의 문자인 한자를 통해 의사소통과 의견 개진을 하면서 그들의 '역사'를 써 나갔다면, 문해인민들은

언문 사용을 통하여 자신들의 현실을 돌아보고 독자적인 형상들을 만들어
갔다고 할 수 있다. 통치의 객체이자 종속적, 주변부적 지위를 갖는 이들은
'비주류' 또는 '소외'를 내면화한 집단으로서 시간의 흐름에 따라 투서, 벽
서, 송사, 소설, 편지, 기록 문학 등등의 다양한 방법을 통하여 역사의 주변
부로부터 중심부를 향해 서서히 이동하였다.[27]

한문과 언문의 정치학

언문의 진화와 기능

(1) 이런들 엇더ㅎ며 뎌런들 엇더ㅎ료
草野愚生이 이러타 엇더ㅎ료
ㅎ믈며 泉石膏肓을 고텨 므슴ㅎ료

幽蘭이 在谷ㅎ니 自然이 드디 됴해
白雪이 在山ㅎ니 自然이 보디 됴해
이듕에 彼一美人을 더옥 닛디 몯ㅎ애.[1]

(2) 나모도 바히 돌도 업슨 뫼헤 매게 쪼친 가토리 안과
大川 바다 한가온대 一千石 시른 빗에 노도 일코 닷도 일코 뇽총도 근코
돗대도 것고 치도 빠지고 ㅂ라 부러 물결치고 안개 뒤섯계 ᄌ자진 날에 갈
길은 천리만리 나믄듸 사면이 거머어득 져뭇 天地寂寞 가치노을 떳ᄂᆞᆫ듸 水
賊 만난 都沙工의 안과
엊그제 님 여횐 내 안히야 엇다가 ᄀ을ᄒ리오.[2]

(3) 길동이 지비고 왈 쇼인이 평싱 셜운 바는 대감 졍긔로 당당ᄒ온 남
지되여 ᄉ오ᄆᆡ 부싱모휵지은이 깁습거늘 그 부친을 부친이라 못ᄒ옵고 그
형을 형이라 못ᄒ오니 엇지 사름이라 ᄒ오릿가 ᄒ고 눈믈을 흘여 단삼을
젹시거늘 공이 청파의 비록 측은ᄒ나 만일 그 뜻을 위로ᄒ면 ᄆ음이 비단
너뿐이 아니여든 네 엇지 방ᄌᆞᄒ미 이 ᄀᆞᆺᄒ요 ᄎ후 다시 이런 말이 이시면
안젼의 용납지 못ᄒ리라 ᄒ니 길동이 감이 일언을 고치 못ᄒ고 다만 복지유
체뿐이라.³

(4) 국호는 죠션이오 업호는 경쥬로다
성호는 월성이오 슈명은 문슈로다
긔즈때 왕도로셔 일천 년 안일넌가
동도는 고국이오 한양은 신부로다
아동방 싱긴 후에 이런 왕도 또잇는가
슈세도 조컨이와 산긔도 죠을시구
금오는 남산이오 귀미는 셔산이라
봉황ᄃᆡ 놉흔봉은 봉거ᄃᆡ공 하여잇고.⁴

조선은 '문(文)'의 사회였다. 문은 인격이었고 세계관이었으며, 사유의 깊
이와 통치 능력을 동시에 의미했다. 사대부들은 좋은 문장, 기개 있는 글귀,
도덕과 사상이 담긴 글을 선호했고 흠모했다. 조선의 선비를 사대부라고 부
르는 것은 물러나면 사요, 나아가면 대부였고, 수기의 사와 치인의 대부가
분리할 수 없는 하나의 종합체로 간주되었기 때문이다. 사는 대부의 전제이
며, 대부는 사의 궁극적 목표였다. 벼슬로 나아가기 위해 글을 읽고 썼으며,
수기정심을 위해 고문 경전을 외우고 문장을 지었다. 그러므로 선비는 문에
삶을 바치는 사람이었다. 사서경전은 그들의 사유의 논리와 근거를 제공했

고 16세기 말경에 전국적으로 배포된『주자대전(朱子大典)』과『성리대전(性理大典)』은 그들의 성전이었다. 조선 건국 세력이 성리학을 공식 이념으로 받아들였지만, 세종·성종·중종대에 걸친 유교 경전 보급 사업에도 불구하고 주자학이 재지사족과 유생들에게 확산되어 정착되기까지는 많은 시간이 소요되었다. 주자학이 전국 유생들에게까지 확대 정착된 시기가 선조 6년 (1573년), 유희춘(柳希春)이 교정을 본『주자대전』이『성리대전』과 함께 전국에 배포된 때와 궤를 같이 한다면,[5] 개국 후 임란 이전까지 200여 년 정도가 걸렸다고 할 것이다.

이 200년 동안에 조선 사대부 문학은 훈척 세력의 사장 문학과 사림 세력의 재도 문학 간 대립 양상을 보였다는 것은 앞에서 지적한 바다. 왕의 인척들과 고관 귀족들은 수기보다는 치인과 외교에 치중해서 문장과 수사를 문학의 본질로 보았던 반면, 권력에서 소외된 지방의 중소지주인 사림파는 내면 수양을 통한 도의 정립을 문학의 정도로 생각했다. 훈구파와 사림파 모두 성리학적 도덕을 소중하게 생각했던 것은 마찬가지였지만, 사림파는 '문학이 도를 싣는 그릇'이 되어야 한다고 주장했던[載道之器] 반면, 훈구파는 도와 문의 분리, 즉 문은 도를 꿰는 수단이며[貫道之器] 인간의 감정과 정서를 표출하는 문학의 독자성이 따로 있다는 문학관을 내세웠다. 성리학의 성정론, 인성론 중 인간의 감정과 정서를 표현하는 것을 문학의 독자성으로 추구했던 훈구파의 문학관은 16세기 중엽에 이르러 사림파의 도문일치의 논리에 밀려난다. 그것은 사림파의 중앙 정계 진출과 맞물렸던 결과이면서, 사림파가 권력 투쟁의 정신적 무기로 활용했던 성리학적 이념이 16세기 중후반 향촌 질서를 관할하는 지배 이념으로 정착되어 갔던 것과 무관하지 않다.

16세기 사림파의 사상적 지도자였던 퇴계 이황은 정도전의 재도 문학적 논리를 계승하면서 주리론적 입장에서 사대부 문학관을 정립했던 중세 최대의 학자였다. 퇴계는 우주의 궁극적 원리를 천명도설(天命圖說)로 설명하고, 천을 태극과 같이 모든 성정의 발원지로 설정했다. 하늘이 명하는 것이 곧 이이며, 이로부터 인간의 심성과 성정이 비롯된다는 주리론적 관점을 문학에 그대로 적용한 것이 천명지위성(天命之謂性)의 문학관이다. 인간과 만물의 본성은 천리에서 비롯됨으로 문(학)은 사단칠정을 발하는 기를 정화하여 천인합일로 나아가는 그릇이 되어야 한다는 것이다. 즉 인간 세상의 온갖 부패와 무질서를 씻어 주는 정신적 수양의 통로가 문학이며, 문학은 천명과 천리에 복무하는 것으로서 의미를 갖는다. 인간이 외물과 욕망에 물들면 천리에서 멀어지고 덕성을 쌓지 못한다. 그러므로 외물과 거리를 두는 것 또는 자연 속에서 소요하며 하늘의 명을 듣는 것의 주요한 창구로서 문학의 의의가 찾아진다. 퇴계가 「도산십이곡(陶山十二曲)」을 읊었던 것도 '자연과의 친화'가 '천리와의 접속'의 지름길임을 말해 주려 했던 때문이었다. 여기에는 당시 사대부의 문학이 칠정(七情)의 표출로 오염되었다는 비판적 의식도 작용했다. 「도산십이곡」의 발문에 이런 구절이 나타난다.

한거하여 휴양하는 여가로 무릇 성정에 느낌이 있는 것을 매양 시로 표현하는데 지금의 시는 옛날의 시와 다르기 때문에 영(詠)은 할 수 있으나 가(歌)를 할 수 없어 만약 가를 하고자 할 경우 반드시 이속(俚俗)의 말로 엮지 않을 수 없다. 대개 국속(國俗)의 음절이 그렇게 하지 않을 수 없는 것이다.[6]

여기서 두 가지 점이 중요하다. 하나는, 천리를 깨닫는 도구로서의 문학은 자연과의 친화 속에서도 이뤄질 수 있다는 사실, 그리하여 음풍농월하고 감정을 소비하는 문학은 진정한 문학이 아니라는 점을 일깨워 주고자 함이다. 다른 하나는, 그럼에도 불구하고 성정을 표현할 때 한시는 음영하는 문학이고 노래를 부를 수 없는 단점이 있기에 언문으로 표기하여 가창의 형태로 나가는 것을 인정했다는 사실이다. 바로 여기에 시조와 가사를 중심으로 한 국문학이 가창 형태로 발전해 온 소이가 있다. 마음속에 고이는 사유의 진솔한 형태로서의 감성과 정서를 표현하는 데에는 언문이 적절하고 또한 가창에 맞다는 점을 중세 유학의 대표격인 퇴계가 인지했고, 또 언문으로 창작을 했다. 앞의 예문 (1)은 퇴계가 이런 뜻을 세상에 전하기 위해 손수 창작한 언문 시조이다. 일반 백성들이 이 노래를 직접 부르고 춤추게 하면 세속의 때를 벗고 마음을 깨끗이 할 수 있으며[蕩滌鄙吝], 마음의 감동이 발해 큰 뜻을 이해할 혜안이 생겨날 수 있다[感發融通]는 것이다.[7] 마치 동시대의 관료 학자 송강 정철이 무지한 백성들이 즐겨 불러 스스로 깨우치게 하기 위해 「훈민가」를 언문으로 지었던 것과 같은 맥락이라고 할 수 있겠다.

그것이 재도 문학이든 관도(貫道) 문학이든, 혹은 사림파 내부의 분화인 관료(官僚) 문학이든 처사(處士) 문학(강호 문학)이든 간에, 한자라는 지배적인 문자와는 별도로 감정을 표출하고 표현하는 문자 체계가 갖춰졌다는 사실과, 언문을 통해 인민 백성의 솔직한 감정 토로가 가능해졌다는 사실은 우리의 논지와 관련하여 매우 중요한 의미를 갖는다. 세 가지 관점에서 그렇다. 첫째, 언해를 통해 일반 서민층을 사대부 계급의 이념과 도덕 체계로 끌어들일 수 있는 교화 수단이 마련된 점(순종), 둘째, 한문 세계로의 접근 가능성은 서민들에게 지위 상승의 욕망을 불러일으켰다는 것(선망), 셋째, 지배 집단의 담론과는 본질적으로 다르고, 때로는 비판적 감정을 담거나 그것의 허구성을 폭로하는 피지배층의 담론장이 형성될 수 있는 문자적 기반이 조성된 것(저항)이 그것이다. 그렇기에 통치론적 관점에서 문해인민의 성격은 복합적이다. 인민이 문자 해독 능력을 갖추면 사대부 계급에 대해 순종적, 선망적, 저항적 성격을 띠게 되고 여기에 어떤 역사적 충격이 가해지면 위의 세 가지 유형으로 분화하게 되는 것이다.

아무튼, 훈민정음이 널리 보급되지 않았던 15세기 후반과 16세기에는 주로 사대부와 재지사족들에 의해 훗날 피지배층의 전유물이 될 감성의 담론장이 실험되고 구축되었다는 것은 일종의 아이러니이다. 권력에서 밀려난 선비들, 흔히 처사로 불리거나 한사(寒士)를 자처했던 유생들은 산천을 떠돌면서 혹은 향촌에 은거하면서 권력의 일장춘몽적 성격과 인생무상, 때로는 임금에 대한 그리움을 노래했는데, 이런 정조를 담아내기에는 언문 시조와 가사가 한시보다 더 적합했던 것이다. 예를 들면, 조선 중기의 송강 정철과 고산 윤선도는 언문 창작의 품격을 한 단계 올린 사람들로서 사대부의 정조를 시조와 가사에 담아내고 있다. 정철은 인생무상과 권력의 허망함을 느껴야 했던 유배지에서 술 취하고 음풍농월하고 싶은 인간의 진솔한 심정을 이렇게 읊었다.

> 흔 盞잔 먹새 그려 또 흔 盞잔 먹새 그려
> 곳 것거 算산 노코 無무盡진無무盡진 먹새 그려
> 이 몸 주근 後후면 지게 우히 거적 더퍼 주리혀 미여 가나 流뉴蘇소寶보
> 帳댱의 萬만人인이 우러 녜나 어욱새 속새 덥가나무 白빅楊양수페 가기곳
> 가면 누른 히 흰둘 フ는비 굴근 눈 쇼쇼리브람 불 제 뉘 흔 盞잔 먹쟈 홀고
> 흥믈며 무덤 우히 쥔나비 프람 불 제 뉘우춘들 엇디리.[8]

육신은 죽어 흙 속에 파묻혀 있는데, 무덤 위에 잔나비만 뛰어노는 황량한 광경을 뉘우쳐 봐야 아무 소용없다는 그 쓸쓸한 심정은 아무리 문장을 휘날리는 사대부여도 언문으로밖에 표현할 수 없는 것이다. 이것을 한자로 옮겼을 때는 한스러운 심정과 율격이 살아나지 않는다. 예를 들면, "一杯復一杯 折花作籌無盡杯 此身己死後 束縛藁裡屍 流蘇兮寶帳 百夫總麻哭且隨"[9]라고 옮기면 아무런 감흥이 일지 않는다. 뜻과 논리, 사상을 중심으로 하는 사대부의 한문의 세계와는 달리 언문은 백성들로 하여금 그들의 정서, 감정, 감

흥, 한탄을 마음속에 고이는 그대로 담아낼 수 있는 새로운 세계를 열어 주었다. 그런 세계가 예문 (2)과 같이 나타난다는 것은 전혀 이상한 일이 아니다. 임을 여읜 애달픈 마음을 일상생활에서 흔히 일어나는 변고(變故)와 비유하여 해학의 차원에서 해갈시키는 언문의 표현력은 한문이 따를 수 없다. 숨을 곳이 없는 들에서 매에 쫓기는 까투리, 난파 직전 풍랑 치는 바다에서 도적을 만난 도사공의 심정보다 더 다급하고 비통한 마음을 언문은 더 절박하게 표현해 낼 수 있음을 보여 준다. 언문은 백성들을 구구절절 넘치는 감정의 바다로 데리고 갔고, 그것을 문자로 실어 나를 수 있다는 깨달음을 심어 주었다. 언문이 그려 내는 그런 표현의 세계는 사대부의 철학과 인식의 벽을 허물고 유교적 이념의 경직성을 드러낼 것임을 백성도 지배 계층도 인지하지 못했다.

예를 들어 허균이 그렇다. 사대부 문중의 관료이자 당대의 문인으로서 이름을 날렸던 허균은 조선 사회가 안고 있는 신분제적 모순을 언문으로 고발한 최초의 언문 소설 작가이다. 허균은 과거 시험에 급제해 이조판서까지 지낸 인물이었지만 유교적 신분 질서를 못마땅하게 여긴, 당시로서는 보기 드문 학자 관료였다. 그의 주변엔 그런 현실에 불만을 가진, 특별한 재능과 취향을 기르며 살아가는 달인들이 많았으며, 그들은 대부분 서얼 출신이었다. 그는 권력과 부귀영화를 노리며 거짓 관계를 맺는 사대부들의 허위에 찬 교제 행위를 비난하고, 취향과 생각이 통하는 흔히 '칠서(七庶)'로 말해지는 자유분방한 집단과의 교우가 진정한 우정임을 허균은 믿어 의심치 않았다. "오직 이 두세 사람들과는 속태에 구애하지 않고, 나의 기량을 좋아해서 사랑함이 표리가 없으매, 찾아와 술에 취하여 서로 손짓하고 서로 부르고, 먼저 읊으면 거기에 화답을 하니 편편마다 주옥이라……." 인간의 본성과 감정에 충실한 교제의 소중함을 부르짖었던 그가 인재론에 이르러서는 조선 사회의 신분적 질곡을 벗어던지라는 경고조의 발언까지 나아가게 된 것은 당연한 이치였다. 허균은 「유재론(遺才論)」에 이렇게 썼다.

하늘이 재주를 낳으매 원래 일대(一代)의 쓰임이 되기 위한 것이다. 따라서 인재를 내매 귀망(貴望)이라고 품부하기를 풍성하게 하는 것도 아니고 측루(側陋)라고 품부하기를 인색하게 하는 것도 아니라 …… 하늘이 낸 인재를 인간이 버린다면 이는 역천(逆天)이다.[10]

허균의 궁정 혁명이 실패로 돌아간 사실에서 보듯이, 그가 용의주도한 개혁론을 펼치고 실행 전략을 구상한 것은 아니었지만, 당시 조선 사회의 신분제적 모순과 유교 정치의 경직성과 허구성에 대해 냉혹하리만치 비판적 인식을 갖고 있었던 것만은 분명해 보인다. (3)의 『홍길동전』은 광해군 연간에 충청도를 무대로 전국에 이름을 떨쳤던 실제 인물을 주인공으로 설정하여 자신의 혁명적 이상을 펼쳤던 작품이다. 홍길동은 역사적으로 실존했던 농민군 두목이자 광한지괴(獷悍之魁)였으므로 허균 자신의 비장한 사유를 실어 내기에 적합한 인물이었다. 이것을 한문으로 쓰지 않고 언문으로 집필하였던 까닭은 백성들이 널리 읽는 것이 더욱 중요하게 생각되었기 때문이다. 다시 말해, 『홍길동전』은 최고의 사대부가 성리학적 문의 전통을 거부하고 '인민의 담론'을 형성하는 문자 통로를 개척한 것이다. 허균 자신은 언문 소설이 향후 조선 사회의 담론장에 어떤 충격을 초래할 것인지를 예견하지 못했을 것이지만, 훈민정음 창제 후 150여 년이 지난 시점에서 그의 작품은 백성들의 인식 세계의 독자적 형상화를 위한 공간을 제공했다.

언문을 통한 고발 의식과 비판 의식의 문자화가 250년의 세월을 거쳐 확산, 성숙되면서 (4)와 같은 종교 집단의 가사로 발전되기에 이르렀다. 경주의 유생 최제우는 1860년 동학을 창시하면서 일반 백성들에게 경주 용담에서 자신이 한울님의 계시를 받은 것을 널리 알릴 목적에서 노래를 창작했

고 이것에 곡조를 붙여 종교 의식에 활용했다. 국문 가사가 오래전부터 가
창 형식으로 발전되어 왔다는 사실과, 노래가 일반 백성들을 상대로 포교하
는 데에 설법보다 더 유리하다는 사실이 고려되었을 것이다. 최제우가 동학
의 주문(呪文)을 한자로 지었던 것은 한자가 뜻을 압축적으로 표현하는 데
에 알맞고, 그것에 대응하여 언문 노래는 신자들의 감흥을 유발하는 데에
더 적합하다고 판단했기 때문이다. 노래는 글을 모르는 백성들에게 동학의
존재를 알리는 데에 유리했으며, 어른 아이 할 것 없이 약간의 글자만 알아
도 쉽게 그 뜻을 이해할 수 있다는 점이 고려되었을 것이다. 최제우는 그런
점을 간파하고 있었다. 한문 역량이 그다지 뛰어나지 않았던 2대 교주 최시
형이 동학 경전인 『동경대전(東經大全)』을 한문으로 구상했던 것은 양반층
을 이해시키는 것의 중요성을 인지했던 까닭이며,[11] 교조 최제우가 언문으
로 노래를 지은 것은 일반 백성을 대상으로 한 포교가 주된 목적이었다. 아
무튼, 「용담가(龍潭歌)」를 비롯한 동학 가사들은 허균 이래로 진화, 발전되
어 온 비판 의식의 결정체였고, 언문은 인민의 그런 의식을 담아내는 그릇
역할을 했다.

조선의 문과 언문

들어가면 사요, 나아가면 대부인 사대부, 학문과 통치의 일치를 지향하면
서 성리학적 세계관의 완성을 추구하는 사대부 계급이 중앙 정치와 향촌 질
서를 지배하던 조선 사회에서 인민이 역사의 주체가 될 수 있는 공간은 존
재하지 않았다. 역사의 주체까지는 아니더라도 인민이 생존의 가치를 인정
받았던 유일한 명분은 직역 수행의 의무를 통해서였을 뿐이다. 국가에서 명
령한 조세, 공물, 요역을 바쳐야 할 의무와 그것을 제도화한 사회 조직을 이

탈하는 것은 도망과 유민, 또는 군도에 가담하는 것 외에는 불가능했다. 성종 때에 완성된『경국대전』은 조선의 건국 사상을 체계화한『조선경국전(朝鮮經國典)』과『경제육전(經濟六典)』을 토대로 성리학적 통치관과 유교적 사회 질서를 법제화한 통치 법령이었다. 성리학은 인성을 욕망·물욕의 측면과 도덕·규범의 측면으로 나누어 전자를 사(邪)로, 후자를 정(正)으로 구분했으며, 통치의 목적을 천리(天理)와 일치하는 도덕·규범을 인성과 통치 질서에 실현하는 것에 두었다. 이런 세계관에서 공사 구분은 의미도 없었고 허용되지도 않았다. 주관적인 세계[私]는 객관적이고 도덕적인 질서[公]에 의해 정련되어야 하고, 공으로 사를 다스릴 것을 요구했다.[12] 사림들이 추구했던 수기치인에서 치인에 요구되는 덕목인 오륜, 즉 인·의·예·지·신은 스스로 마음을 닦는 데서 나온다는 공사 일체론적 명제이다. 이런 관점에서『경국대전』이 몸가짐, 격식, 예의, 의례에 관한「예전」과 그것을 어겼을 때에 적용되는 처벌 조항인「형전(刑典)」에 비중을 두고 있는 것은 우연이 아니다. 가령, 형전에는 공공질서를 교란하는 자에 대해서 매우 엄격한 처벌을 적용할 것을 명시했다.

익명서에 대해서는 설사 나랏일에 관계되는 일이라 하더라도 부자간에까지 알리지 말아야 하는 것으로서 만일 퍼뜨리는 자가 있거나 여러 날이 지나도록 소각해 버리지 않은 자가 있으면 모두 법조문에 따라 처결한다.

불온한 말(亂言)을 한 자에 대해서는 임금에게 보고하여 사실을 조사하고 장형 100대, 유형 3000리에 처한다.

이주시켜 놓은 백성이 도망치면 그 처자를 살림이 군색한 역참의 노비로 박아 버리며 붙들리게 되면 호수(戶首)는 참형에 처한다. 자수해서 나타나면

본래의 이주 지역으로 돌려보내는 동시에 처자를 놓아준다.[13]

유교적 이상 국가를 실현하는 데에는 『경국대전』이 규정한 예제와 형제 정도로는 충분치 않았을 것이지만, 중앙 집권적 관료제와 향촌 재지사족의 이중적 지배 체제에 편입된 일반 인민이 그 통치 질서를 이탈하기란 거의 불가능했다고 봐도 과언이 아니다. 그러나 조선 사회에서 익명서는 자주 나돌았으며, 특히 정변이나 민란이 발생했을 때에 벽서(壁書)와 괘서(掛書)가 궁중이나 지방의 장시에 나붙기도 했다. 성종 13년(1482년) 성균관 유생들에 의한 벽서 사건, 명종 2년(1547년) 양재역 벽서 사건이 대표적인 사례에 속한다. 숙종조에 괘서 사건이 빈발하자 대신들이 다음과 같이 건의했다.

근일에 차마 듣지 못할 말로써 여러 신하들의 죄목을 구성하여 익명서를 써서 더러는 공해의 담벽에 붙이고, 더러는 길가의 여염집에 건 것을 도성 민들이 앞을 다투어 등서를 하여다 도처에 전파시키고 있으니 말세의 나쁜 습속은 상법으로서 금지될 바가 아닙니다. 이제 만약 별도로 조복을 제성한다면 괘서인은 대명률 본율에 의거하여 교수형에 처하고……[14]

익명서는 평민보다는 권력 투쟁과 이해관계에 자주 얽히는 지식인들에 의해 자주 활용된 것이지만, 시국에 관한 괘서와 벽서들은 평민들에게 널리 알릴 목적을 갖고 있었음이 분명하다. 대신들의 건의에서 "더러는 길가의 여염집에 건 것을 도성 민들이 앞을 다투어 등서를 하여다 도처에 전파시키고 있으니"라고 한 것은 특히 벽서의 전파력을 우려한 발언이다. 조선 후기로 갈수록 벽서와 괘서의 사용자가 지식인들로부터 평민으로 이동하고 있는 것은 그러한 우려가 기우가 아님을 뜻한다. 19세기 초반 순조 재위 당시에는 총 12건의 괘서 사건이 발생했는데, 주동자들은 대부분 농업에 종사하는 몰락 양반이나 유랑 지식인들이었다. 그들은 한문을 읽고 쓸 줄 안다는 점에서 양반층에 속했지만 경제적 지위와 사회적 신분에 있어서는 평민과 다름없는 계층이었다. 순조 26년(1826년) 새벽에 청주성 북문에 두 장의 괘서가 걸렸다. 이 괘서에는 조정의 무능, 관리의 부패, 왕실의 비리 등을 고발하고, 『정감록』과 같은 비기를 활용하여 조선 왕조가 멸망할 것임을 암시하면서 홍경래가 살아서 제주도민을 규합할 것이라는 내용이 적혀 있었다. 특이한 점은 그것이 익명서가 아니라 괘서의 작성자가 연명으로 적혀 있었다는 점이다. 주동자 김치규(金致奎), 이창곤(李昌坤)은 관헌에 체포되어 처형되었다. 당시 추국안에는 이렇게 쓰여 있다.

글을 지으면 필시 허(虛)가 실(實)이 되고, 무(無)가 유(有)가 되는 것이므로 이 일을 해야 하는 것이며, 이 글을 지은 연후에는 인심이 소동하게 되고, 인심이 소동하게 된 연후에는 무리가 많이 소속하게 되어 거당(渠黨)이 되는 것이다.[15]

괘서와 벽서들은 대부분 한문으로 쓰였지만, 일반 평민들도 이해할 수 있도록 쉬운 글자를 골라 썼고 더러는 파자(破字)를 쓰기도 했다. 벽서의 이런 형식이 19세기 민란 시기 민중 동원을 위해 진화한 것이 언문 통문일 것이다. 그런데 조정의 사대부와 관헌들도 문자의 기능을 간파하고 있었다는 점이 중요하다. "글을 지으면 허(虛)가 실(實)이 되고, 무(無)가 유(有)가 되는 것이므로"라는 구절은 문(文)과 의식(意識) 간의 상호 작용을 주목한 것이다. 국내 소설과 중국 소설에 정통했던 홍희복(洪羲復, 1794~1859)이 "문자를 허비해 헛말을 늘여 내고 거짓 일을 사실같이" 하기에 소설이 성행했다고 단언한 소설론의 배경에도 상상 속에 있는 것들을 문자화했을 때 그 문자적 개념이 실제 행동에 영향을 미친다는 자각이 놓여 있다.

더욱이 언문은 한문과는 달리 마음속 깊숙이 잠재해 있는 감성과 정서를 문자화하는 기능을 갖고 있었으므로 언문 통문이나 언문 가사는 문해인민들로 하여금 논리의 세계를 넘어서게 하는 힘을 발휘한다. 성리학적 세계관을 담는 한문 문법이 논리의 세계라고 한다면, 언문은 성리학적 논리를 감성, 감정, 정서, 감흥의 세계로 끌어들여 분해하거나 논리의 연결 고리를 끊어 버리기도 한다. 예를 들어, 19세기 초 전라도 정읍에서 민란이 발생했을 때 인민들은 언문 노래를 지어 주동자들의 억울한 죽음을 위로했고, 그 죽음에 자신들의 처지를 투영했다.

> 학정도 하거니와 남살인명(濫殺人命) 어인일고?
> 한일택 정치익과 김부담 강일선아
> 너희 등 무슨 죄로 장하(杖下)에 죽단 말가?
> 한 달 만에 죽은 사람, 보름 만에 죽은 백성
> 오륙인이 되었으니 그 적원(積怨)이 어떠한고?
> 불쌍하다 저 귀신아, 가련하다 저 귀신아.[16]

「정읍군민란시여항청요」라는 이름이 붙은 이 가사를 노래하는 민중들의 가슴속에는 억울한 죽음에 대한 원억(冤抑)이 사무치고 그것을 자행한 조정 권력에 대한 거부가 싹튼다. 장살당한 사람들의 이름을 하나씩 부르면서 치죄의 부당함을 항의할 때 이미 그 속에는 성리학적 통치와 권위를 부정하는 민중적 저항 의식이 싹트고 있는 것이다. 자신이 처한 상황을 학정이라고 발음하고 개념화하는 순간, 그 개념은 당시의 상황과 서서히 결합해 새로운 인식 체계가 만들어진다.

성리학적 문의 세계를 이탈해서 현실을 새롭게 조명하려 했던 것은 비단 언문에 내장된 표현의 기능뿐만은 아니었다. 한문의 세계에서도 성리학적 문법에 따른 고문주의(古文主義)를 벗어나려는 시도가 18세기 초반 이후 사대부 문인들 사이에서도 서서히 고개를 들고 있었다. 18세기 초, 조구명(趙龜命, 1693~1737년)의 경우 도문일치에서 벗어나 도문분리를 과감하게 주장한 바 있고 신유한(申維翰, 1681~?), 권구(權榘, 1672~1749년), 최성대(崔成大, 1691~?) 등이 천지, 인물, 성정을 일체화할 것을 요구하는 성리학적 도식을 떠나 인간의 욕망과 감정에 충실한 문장을 지을 것을 권했고 또한 실천했다.[17] 그 배경에는 인성을 관찰함으로써 세상의 이치[理]를 새롭게 조명할 수 있다는 인식이 놓여 있었는데, 조정의 관료층과 향촌 재지 사족들이 양란 이후 무너진 유교 질서를 성리학적 이념과 향촌 질서의 재구축을 통해 바로잡으려고 시도하는 상황에서 나타났다는 점이 주목할 만하다.

인조가 삼배구고두(三拜九叩頭)의 수모를 겪어야 했던 병자호란 이후 송시열(宋時烈, 1607~1689년)을 위시한 노론 세력이 양란의 폐해를 치유하고 무너진 향촌 질서와 사대부의 권위를 회복하기 위해 주자학적 세계관과 이념을 한층 강화하였던 것은 널리 알려진 바이다. 16~17세기의 조선은 사실상 재지사족의 '일향 지배 체제(一鄕支配體制)'라고 부를 수 있을 만큼 사족들의 권한은 막강했다.[18] 흔히 향권으로 불리는 재지 사족들의 이 권한은 향촌의 관료였던 향임의 권한을 포함하여 향임의 인사권까지를 행사했던 포괄적 권력이었다. 인조반정으로 권력을 장악한 노론 세력은 양란에 의해 붕괴된 향촌 질서를 회복하기 위해 전국에 서원을 세워 유교 이념을 강화하고자 했고, 재지사족들은 향권 강화를 통해 부세 운영, 교육, 향촌 지배에 효율성을 기하고자 했다. 일향 지배 체제를 구축하는 데에는 『경국대전』에 명시한 예전과 형전의 율법을 더욱 강화하는 것은 물론 『주자대전』의 근본 원리인 성리학적 세계관을 더욱 세련화하고 민을 대상으로 교화하는 것이 필요했다. 그러므로 사림파의 철학인 도문일치의 문장론이 더욱 힘을 얻을 수밖에 없었던 것이다. 이런 가운데에 인간과 현실에 한층 다가서려는 새로운 인식론, 또는 그것에 의한 새로운 창작 방법을 주장하는 일단의 이단적 지식인들이 나타났다는 것은 놀라운 일은 아니다. 왜냐하면, 양란 이후 17~18세기 조선 사회는 농업과 상업에 커다란 변화가 진행되었던 시기였으며, 그런 만큼 유교적 통제 체제를 버겁게 생각했던 개인 의식이 성장했던 시기였기 때문이다.

17~18세기 조선 사회를 그 기저부터 흔들었던 변동의 요인은 연구자의 관심에 따라 매우 다양한데, 조선 사회가 농업 사회였던 만큼 농촌 분해가 무엇보다 중요하다는 데에는 이견이 없다. 그중 봉건 지주층의 토지겸병 확대, 소생산자층의 계층 분화, 그리고 빈농들의 임노동화 및 상업이나 수공업으로의 분화가 변동의 축을 이룬다. 그것은 곧 신분제의 동요로 집약된다.[19] 신분제의 동요란 사농공상으로 층화된 위계질서적 지위와 신분에 따른 직역 체계의 와해를 의미하는 것이며, 동시에 성리학적 통치가 추구하는 집합적, 통합적 질서가 개별화 과정을 겪게 됨을 뜻한다. 사대부와 양반 관료층의 정당성 약화, 저항과 이탈 경향의 확산, 개별적 존립을 지원하는 경제적, 사회적 조건의 성숙 등이 이 시기를 특징짓는 사회적 변동의 전반적 모습일 것이다.

17~18세기는 농업 생산성의 증가에 따라 인구가 현저하게 늘어났던 시기다. 세종조에 약 300만 명을 헤아리던 인구는 숙종조에 들어 약 680만 명(1720년) 정도로 늘어났고 상업과 수공업의 발전에 힘입어 도시가 확장되었다.[20] 봉건지주층, 양반 관료층, 토호(土豪) 및 호상(豪商) 들이 토지겸병을 통해 대토지 소유를 실현하고 있었으며, 일부 중소자작농과 소작농들은 합리적 토지 경영과 발전된 농업 기술을 활용하여 생산량을 늘리고 잉여 생산물을 상업화하는 경향이 확대되었다. 그런 한편, 토지를 소유하지 못한 유민들과 빈농들은 전호(佃戶)에서 임노동자로 전환하거나, 도시로의 유입을 통해 상업과 수공업에 종사하는 경향이 나타났다. 대지주층들은 소작과 노

비 노동력에 의존하였으므로 자연히 소작료와 지대를 둘러싸고 소작농과 잦은 분쟁을 치러야 했다. 이 분쟁들은 관권과 향권을 동원한 지주층들의 일방적 승리로 끝나는 경향이 많았으므로 지주층에 대한 소작농들의 저항감을 촉발하는 원인이 되었다. 토지에서 유리된 빈농과 유민들은 농촌을 떠나 도시로 몰려들었는데, 상업과 수공업과 같은 미천한 일에 종사하는 인구가 늘어나는 배경이자, 직역을 근본으로 하는 조선 사회의 신분제를 동요시킨 요인이기도 하다.[21] 말하자면, 농촌 분해에 따라 전통적 신분제가 요동치고 있었던 것이다.[22]

　김용섭(金容燮)이 밝힌 경영형 부농의 존재는 통합적 질서의 분해와 개별적 존립 공간의 확대라는 측면에서 중대한 의미를 갖는다. 경영형 부농은 중소지주로서 자작농이거나, 소작농이면서 차지 경영을 겸하는 농민층으로서 가족 노동과 임노동을 최대한 활용하여 부를 축적해 간 부농층이다. 이들은 근면, 성실, 합리적 경영을 통하여 크게 늘린 농업 소득을 토지에 재투자하거나, 잉여 생산물을 상품화하는 상업적 농업 경영을 확대해 감으로써 농촌의 새로운 계층으로 부상할 수 있었다. 이들이 전통적 지주층과 양반 관료층에 대하여 반드시 저항적일 이유는 없었으나, 농업의 상업화를 촉진함으로써 봉건제의 해체를 가속화하였다는 사실에는 변함이 없다. "이 시기에는 봉건적인 신분 체제가 동요 해체되는 가운데 몰락 양반층의 농민으로의 변신이 불가피하게 되고 실지로 그러한 농민층이 늘어났다. 이들은 평민이나 천민층과 마찬가지로 사회 현실에 비판적이었다."라는 것이 경영형 부농층의 사회적 성격이다. 18세기 말과 19세기 중반기까지 전통적인 향권을 장악하고 있던 구향(舊鄕)과 대립하여 이른바 향전(鄕戰)을 감행한 세력이 바로 경영형 부농인 부민요호였으며, 향촌의 양인, 천민들과 개별적 계약 관계를 맺고 물품 조달과 상품 판매를 활성화했던 층도 이들이었다. 경영형 부농층은 그들의 재력을 바탕으로 전통적 봉건지주층과 양반 관료층의 봉건제적 강제에 대하여 자신들을 보호할 수 있는 능력을 키웠으며, 중층 이하의 평민과 하층민, 천민들과는 농업의 상업화와 관련된 각종 이해관계와 계약 관계를 발전시켰다. 이러한 사정은 예천 박씨가의 일기에서도 밝혀졌는데,[23] 19세기로 접어들수록 양반 중심의 향촌 질서를 유지 관리하던 향계, 동계, 면계가 개별적인 2인계로 분화해 나가는 양상이 보다 뚜렷해진다는 것이다.[24] 2인계는 가문의 대소사에 필요한 물품의 조달을 작인들에게 맡기거나, 노비 및 가난한 친족들과 계약을 통해 특정한 임무를 수행하도록 하기 위해 맺는 특수 관계를 의미하는데, 2인계가 종래에는 볼 수 없었던, 신분과 지위를 떠나 상업적 목적으로 체결된 계약 관계라는 점이 주목할 만하다. 그것이 계약 관계라고 해서 반드시 '근대의 맹아'를 기대할 필요는 없다. 다만, 농업의 상업화, 장시와 유통 경제의 발달, 그리고 경영형 부농층의 확대와 사회적 관계의 변화가 모두 성리학적 질서가 추구하고자 했던 집합적 통합적 질서를 벗어나 개별적 존립 공간을 확장하였다는 사실, 다시 말해 봉건 체제의 해체와 근세로의 이행을 촉진하였다는 사실은 분명하다.

그렇기에 17세기 말과 18세기 초 숙종조에 민에 대한 조정의 의식이 한층 고양되었던 까닭은 이러한 사회 변화에 바탕을 두고 있다.[25] 숙종은 대소인민의 양적 확대와 사회적 관계의 분화가 유교적 통치 질서를 깨뜨리지 않게 하기 위하여 관리들의 학정을 금하고 인민의 생활 안정을 기하도록 촉구하는 어지(御旨)를 자주 내리게끔 되었다. "백성이 먹을 것이 없고 나라에 백성이 없다면 내가 누구와 더불어 임금이 되겠는가."라는 숙종의 발언은 양란 이후 급변하는 향촌 질서와 인민의 대두를 염두에 둔 것이었다. 실제로 숙종조에 들어 인민들의 분노를 부추기는 괘서와 벽서 사건이 급증했으며, 이후 영정조 시대에 들어 인민의 원억(冤抑)을 호소하는 상언격쟁(上言擊錚)이 늘어난 것은 그러한 사회적 변화상을 반영한다고 하겠다.[26] 김만중의 『구운몽』과 『사씨남정기』, 조성기의 『창선감의록』이 널리 읽힌 것도 이 시기였으며, 서울에 세책가들이 등장해서 필사본 소설을 유통한 것도 18세기 초엽이었다. 영조대에 들면 이미 수백 종류의 국문 소설과 중국 소설을 번역한 작품들이 서울 지역을 중심으로 유통되고 있었으며, 부녀자를 위시한 문해인민들에게 각광을 받았다. 이른바 위항 문학이라 해서 사대부 문학을 모방한 중인들의 문학이 유행하기 시작한 것도 18세기 중엽 무렵이 었으며, 전문가객이 출현해 가단(歌壇)을 운영한 것도 이 무렵이었다.[27] 사회적 분화와 더불어 문해인민들이 폭발적으로 증가했으며, 이를 바탕으로 이른바 '국문 담론'이라고 명명할 수 있는 전혀 새로운 형태의 담론이 출현했다.

국문 담론이 '언문일치'를 실체화하는 새로운 표현 방식이라는 점에서 성리학적 논리와 세계관에 대립적인 '사회적 상상'을 생산한다는 점은 우리의 논지와 관련하여 주목을 요한다. 발성과 표기가 동일한 국문 담론의 배타적 특징이 개인의 존립 공간의 의의를 확인해 주는 것이라면, 이런 변화와 사회적 배경이 당시의 지식인들에게도 감지되지 않을 리 없다. 즉, 사회의 이러한 변화가 문체에 반영되지 않을 리 없고, 따라서 한문의 문법과 고문주의(古文主義)를 비판하고 개별적 인간과 사회적 현실을 문장에 담으려는 성찰적 인식이 생겨난 것은 자연스러운 귀결이라 하겠다. 영정조 시대에 활동한 문인들 중 기존의 고답적인 한문의 세계를 버리고 새로운 문법을 개척하려 했던 사람들이 다수 발견되는데, 이들은 젊은 선비의 서글픈 사랑을 소설체로 쓰거나, 기생, 벙어리, 맹인, 똥 장수 등 교화를 목적으로 하는 강상 윤리적 문법에는 결코 등장할 수 없었던 사람과 소재에 눈을 돌리고 있다는 점에서 그러하다. 가령, 이옥이 전형적이다.[28] 그는 전통적인 한문 문법의 중압감에서 벗어나 매우 자유로운 글쓰기를 시도하고 있으며, 자신의 시선에 잡힌 어떤 대상일지라도 마치 사실적인 스케치를 하듯 현상 속을 파고든다. 검을 만드는 장인 벙어리 신씨의 얘기(「신아전(申啞傳)」)에서 그는 벙어리의 인간성과 성찰적 자세가 누구보다 낫다는 것에 감탄한다. 한낱 천민에 불과한 검공의 독특한 성품과 내면을 부각한 글인데, 도덕과 윤리의 천착을 중시하는 전통적 고문과는 사뭇 성격을 달리하는 것이다. 그는 장터의 좀도둑을 묘사했으며(「시투(市偸)」), 주막에서 저잣거리를 관찰하는 자신도 대상으로 취했다 (「시기(市記)」). 「시기」를 잠시 엿보자.

내가 머물고 있는 주막은 시장에 가깝다. 2일과 7일이면 어김없이 시장의 소리가 와자지껄하게 들려왔다. …… [나는 너무도 무료해서 종이창에 구멍을 통해 밖을 내다보았다. 그때 하늘에서는 여전히 눈이 쏟아질 태세여서 구름인지 눈기운인지 분간이 가지 않았으나 대략 정오는 이미 넘긴 때였다. 소와 송아지를 몰고 오는 자가 있고, 소 두 마리를 몰고 오는 자가 있고, 닭을 안고 오는 자가 있고, 팔초어를 들고 오는 자가 있고, 돼지의 네 다리를 묶어서 들쳐 메고 오는 자가 있고 …… 손을 잡아당기며 희롱하는 남녀가 있고, 갔다가 다시 오는 자가 있고, 왔다가 다시 가는 자가 있고……] 구경이 다 끝나지 않았는데 땔나무를 한 짐 진 자가 나타나 종이창 밖의 담장 징면에 앉아 쉰다. 나도 그제야 안석에 기대 누웠다. 세모라서 시장은 한결 붐빈다.[29]

이옥이 1799년에 쓴 글이다. 장날의 풍경을 주막집 방 창문 구멍으로 내다보는 작가, 당대에 문명을 날리던 선비의 모습이, 사문척결을 외치며 문체반정을 주도하던 정조와 노론 세력의 단호한 법고주의와 날카롭게 대립한다. 이황 이래 이단으로 취급된 양명학적 창작 정신을 되살려 내는 자유로운 사유, 주자학과 대척점에 서 있는 사상적 요소를 문체에 실어 내는 전복적 의도를 조선의 정통파 관료들이 묵과할 수는 없었다. [ ] 속의 문장에서 보듯이, 작가는 장터에 오가는 사람들을 사실적으로 묘사한다. 줄잡아 50여 명 정도의 인물들은 작가의 망막에 잡히자 곧 생동성을 얻는다. 이

글이 수록된 문집 제목이 『봉성문여(鳳城文餘)』인데, 120여 년 후 모더니즘의 작가 이상(李霜)이 정주 산골에 요양차 내려가서 성하의 산골 풍경을 묘사한 수필 「권태」와 다름이 없고, 『봉성문여』도 「권태」도 작가의 촉수가 무료함과 만나 만들어진 작품이다.[30] 모더니즘이 부조리의 세계에 던져진 개인을 고독의 공간으로 몰고 가 끝내 문명의 허위성과 맞닥뜨리게 하는 인식론이라고 한다면, 이옥 역시 주자학적 이념의 세계를 비켜 가고 싶은 개인을 드러내고 있는 것이다. 천민으로 분류되어 이기론의 저류를 형성하던 천박하고 무지한 인민들이 개별적 존재감을 획득하고 그들을 통해 사대부 세계의 허위가 폭로되는 것은 박지원의 박진감 있는 문장을 통해서이다. 말거간꾼(「마장전(馬駔傳)」), 거지(「광문자전(廣文者傳)」), 똥 장수(「예덕선생전(穢德先生傳)」)의 인물됨과 성품이 종횡무진한 문체에 실리면서 법고창신적 고문을 앞세운 사대부의 정신세계를 여지없이 타격하는 박지원의 한문체적 문장은 바로 언문의 사회적 상상을 조선의 공식 문자인 한문으로 실현하려는 것이었다. 말하자면, 연암체는 '언문적 한문'이었다.

조선의 통치 질서와 국문 담론

통치 질서: 삼중 구조

영국의 지리학자 비숍 여사가 1894년 서울에 도착했을 때에 가장 놀랐던 것은 500년 도읍지에 종교 시설이 하나도 없다는 사실이었다. 그녀가 체류했던 도쿄에는 신사(神士)와 불사(佛舍)가 자주 눈에 띄었던 데에 반하여 서울에는 절은커녕 공자의 사당도 하나 없었던 것이다.[1] 조선은 무종교 국가였을까? 아니다. 유교는 종교였다. 그것도 매우 철저하게 정치와 일치하는 종교였다. 사대부는 국가의 사제였으며, 가족의 수장은 가족원의 작은 사제였다. 사대부와 재지사족, 평민과 천민이 거주하는 그들의 집은 유교 의식을 집행하는 사원이었다. 집에는 조상신을 기리는 위패가 모셔 있었으며, 명절과 국가의 공식 기념일, 군왕과 왕비, 대비의 서거일에는 『경국대전』에 명시된 의례를 치렀다. 유럽의 봉건 사회에는 종교 사제와 군주가 분리되어 통치권을 두고 자주 충돌했다면, 조선은 사제와 군주가 한 몸이었다는 점이 다르다. 건국 초기 철저한 척불 정책을 펴고 무격 신앙을 타파한 이래 유교는 군주의 통치 권력의 원천이자 현실 생활에서 일반 백성이 지켜야 할 예법의 근본이었다. 조선은 군주, 사대부, 일반 백성이 혼연일체가 되어 천명을 받들고, 자연을 운영하는 궁극적 원리인 태극이 사회 현실과 인간성에서도 그대로 실현되는 것을 지향하는 체제였다. 도덕은 우주관과 사회 현실을 하나로 통합하는 연결 고리로서 국가와 사회를 조직하는 근본 원리로 설정되었다.

성리학이 성명의리지학의 줄임말이듯, 인간의 본성과 의로운 도리(義理)를 성찰해서 현실 세계에 실현하는 철학이다. 그러므로 사회 집단은 모두 우주를 운영하는 궁극적 진리인 이(理)가 명하는 바대로, 이를 구현하는 가장 적합한 방식을 찾아 조직되어야 하며, 인성과 물성은 악(惡)과 허(虛), 사(邪)를 버리고 미(美)와 실(實), 선(善)을 획득해야 함을 명한다. 퇴계가 선조에게 지어 올렸던 『성학십도』에는 도와 인 속에 수기(修己, 인을 어기지 않는 마음)와 치인(治人, 나라를 다스리는 사업)이 하나라는 사실을 거듭 강조하고 있다.

계속해서 부지런히 힘써 나의 재능을 다하면 안자(顔子)의 '인을 어기지 않는 마음'과 '나라를 다스리는 사업'이 다 그 속에 있게 될 것이며, 증자(曾子)가 말한 충서(忠恕)로 일관하게 되어 도를 전할 책임이 몸에 있게 될 것입니다. 일상생활에서 경외함이 떠나지 않게 되어 '중화를 극진하게 이루어 천지(天地)가 제자리에서 운행되고 만물이 육성되는' 공을 이룰 수 있고, 덕행(德行)이 일상의 윤리를 벗어나지 않는 가운데 천인합일(天人合一)의 오묘함을 여기서 얻을 수 있는 것입니다.[2]

군주는 천인합일을 위해 통치권을 행사한다. 여기서 자연법칙과 도덕의 원천인 천(天)의 의미를 깨닫는 것이 우선이다. 천이란 만화(萬化)의 근원이며, 만수(萬殊)의 근본이다. 우주의 생성 원리로서 천은 절대, 무한, 무궁한 것으로서의 태극이다. 태극에서 음양오행이 나오고, 인성과 물성이 비롯되며 만물이 생명을 얻는다. 천의 근본 원리인 이가 인간 세계에 실현되는 것, 천인합일의 경지로 나아가기 위해서는 태극도의 깊은 이치를 깨달을 것이 요구된다. 그러므로 『성학십도』의 첫째 그림이 태극도인 것은 우연이 아니다. 이황은 이렇게 썼다. "무극인 태극이 있다.(無極而太極)"[3] 이것이 조선의 종교였으며, 현실과 이념을 감싸 안는 '거룩한 천개'였다.

조선은 거룩한 천개를 실현하는 세 개의 통치 체제를 가동했다.([도표 5] 참조) 향촌 지배, 종교, 교육으로 구성된 삼중 구조가 그것이다. 이 삼중 구조를 알튀세(Louis Althusser)의 이데올로기적 국가기구(ideological state apparatuses, ISAs)라 불러도 무방하다.[4] 각각의 구조 요인을 간략히 고찰하면 다음과 같다.

(1) 향촌 지배는 중앙 집권적 관료 체계를 지칭한다. 전국을 8도로 나누고, 각 도를 십수 개의 군현으로 구분하고, 군현은 다시 면과 리로 세분하여 중앙 집권적 관료제로 총괄하는 방식을 취했다. 가장 작은 단위인 촌락은 리, 서너 개의 리를 면, 몇 개의 면을 군과 현으로 구분하여 이를 수령이 지배하고, 수령 – 현감 – 관찰사 – 조정 – 왕으로 이어지는 통제 실서를 구축했다. 이렇게 보면, 통치 체계는 중앙 정치와 지방 정치로 대별되는데, 조정에서는 양반 관료층이, 향촌에서는 수령과 이서가 통치를 각각 담당했다. 도성민을 제외하고 대부분의 일반 백성들은 향촌에 거주하고 있으므로 향촌의 통치 방식이 조선 사회의 기본 질서라고 해도 과언이 아니다. 향촌은 관료제의 말단 조직인 수령·이서와 재지사족 중심의 향청으로 이원화되어 있었다는 점이 특기할 만하다. 건국 초기에는 중앙 집권적 관료제의 말단 조직인 수령·이서가 향촌에 절대적 권력을 행사했던 반면, 중종 대에 접어들면서 사림파가 주도한 유향소(留鄕所) 복원 운동과 향약 보급 운동에 힘입어 향촌은 향안(鄕案)과 향약(鄕約)을 바탕으로 한 사족 중심의 일향 지배가 정착되었다고 보는 것이 일반적 견해이다. 재지사족들은 향안과 향규를 만

들어 향임 임명권과 부세 운영권을 행사하면서 수령·이서들을 견제하였는데, 이를 관권에 대비하는 용어로 향권이라 부른다. 향권은 향촌 사회를 재지사족의 지배하에 두는 포괄적 권력이었다. 수령·이서의 관권과 재지사족의 향권은 서로 견제와 협력 관계를 이루면서 향민의 가족생활과 생산 활동을 통제했으며, 촌락에서의 공식, 비공식 행위를 관장했고, 조세, 공물, 요역을 납부하도록 부세 기능을 담당했다. 즉, 조선의 정치 기구로서 봉건 사회의 경제적 강제와 비경제적 강제를 수행하는 집행 기구였던 셈이다.

(2) 종교(혹은 의례 체계)는 유교적 종교 의식을 국가, 향촌, 가족 단위에서 관습화하는 일련의 제도를 말한다.[5] 그것은 중앙 사대부, 향촌의 사족들과 일반 백성들의 의식과 행동을 유교적 격식과 율법에 맞게 제례화하는 것으로서 유교적 이념의 재생산을 담당한 기제였다. 척불사상과 무속(巫俗), 무격(巫覡)의 타파를 앞세운 건국 세력이 제일 먼저 부딪힌 문제는 장구한 세월을 거쳐 민간에 뿌리내린 귀신관, 정령 사상, 무격 신앙을 어떤 새로운 제례 체제로 대체할 것인가에 있었다. 건국 세력은 일체의 기복 신앙과 귀신관, 정령 사상을 음사(淫祀)로 규정해서 금단 조치를 내리고, 그것을 대체하는 의례로서 조상 숭배와 산천에 제하는 사직(社稷)을 채택했다. 인성의 선한 발현을 중시하는 유교에서 조상은 현세의 근원이었으므로 조상 숭배는 자연스럽게 받아들여졌고, 농본 사회의 전통과 부합하는 제례인 사직 또한 주술적 신심을 집중시킬 수 있는 방법이었다. 사는 토지신(土地神), 직은 곡지신(穀之神)으로 사직은 토지와 곡물을 관장하는 신주를 모시는 곳이다. 이것이 가묘제와 사직을 조선의 공식적 의례로 국가 제례화했던 주된 이유였다. 조상은 하늘[天]이고, 토지는 땅[地]이었던 까닭에 제례를 지내는 사람[人]과 함께 천지인의 삼위일체가 이뤄졌다.

이에 따라 태조는 왕의 가묘인 종묘를 신축했고, 사직단을 만들었으며,[6]

종묘와 사직단을 정점으로 모든 인민은 조상 숭배를 위한 가묘제를 지낼 것과 모든 향촌은 향리의 사직인 이사(里社)를 신설해 제례를 올릴 것을 사전(祀典)으로 지정했던 것이다. 의례의 구제적 절차와 격식은 『주자가례(朱子家禮)』를 따르도록 했다. 그리하여 조상 숭배와 이사제(里社制)의 대체적인 윤곽이 마련되었다. 우선, 가묘제는 신분 고하와 경제적 능력에 따라 달리 지낼 수 있게 하였는데, 대부(大夫) 이상은 3세를, 6품 이상은 2세를, 칠품 이하와 서민들은 당대 부모를 제하되, 방을 만들어 신주를 모시고 출입 시에 반드시 위패에 고하고 기일에 제사 지낼 것을 사전(祀典)으로 정하였다. 그 외에 음사를 지내는 자는 엄벌에 처하였다. 한편, 향촌에서는 오랫동안 전래되어 온 민간 신앙을 대체할 방법으로서 향촌의 사직인 이사제를 도입하였는데, 대부분의 수령 소재지에 이사를 지어 토지신과 곡물신에게 제하는 의례를 적극 시행했다. 대체로 천재지변이나 극심한 한발이 발생했을 경우 왕이 사직단에 나가 제하는 때가 많았던 것과 마찬가지로, 이사는 지방 수령이 기우제를 지내는 용도로 많이 쓰였다. 그 밖에 명산대찰에 길흉화복을 비는 산신제가 조금 허용되었을 뿐, 무녀를 앞세운 무격 신앙과 여타의 정령적 행위는 엄격하게 금지되었다.

그리하여 다음과 같은 언명이 가능하다. 유교는 국가의 공식 종교로서 종묘와 사직을 두 개의 제례로 시행했다. 왕은 국가 제례의 대사제, 사대부는 중사제, 민인들은 가족의 소사제였는데, 『주자가례』가 명시한 일체의 격식과 절차를 제례에 적용함으로써 모든 민인들을 종교 의례 속에 포섭했고 또 유교적 이념을 재생산하고자 했다. 건국 초기의 이러한 종교 의식은 세종대의 오례, 성종대의 『국조오례의(國朝五禮儀)』에 의해 예제로 전환되었고, 조상 숭배를 포함한 관혼상제의 사례가 사대부의 생활 양식으로 정착되었다. 이 절차와 격식을 어기는 자는 엄한 처벌로 다스려 사회의 기본 질서를 유지토록 했다. 이렇게 마련된 의례와 예제는 인민들의 교화(敎化,

indoctrination)를 겨냥한 '행위 양식의 기본 프레임'이었다.

그럼에도 불구하고 조선 사회에서는 천재지변이 일어나고 질병이 창궐할 때마다 도참설이 유포되고 무녀의 요령 소리가 끊이지 않았으며, 불교에 귀의하는 자가 속출했다. 그것은 현세적 종교인 유교가 인간 내면의 요구와 내세적 세계를 감당할 수 없었기 때문인데, 한말 조선을 여행했던 비숍 여사가 무당을 신기한 눈으로 바라보고, 조선의 인민들은 이름도 다양한 수많은 귀신들 속에 살고 있다고 한 이유이기도 하다.[7]

(3) 교육 체계는 사대부와 인민들이 유교 이념을 습득하는 예비 지식으로서의 문자 교육과 경전 지식을 함양하는 사상 교육의 공식 기제를 말한다. 앞에서 고찰한 예제가 유교적 행위 양식의 프레임이라면, 교육 기구는 유교적 사상과 의식을 주입하고 생산하는 기본 프레임으로서 조정에서 향촌에 이르는 위계 서열로 구축되었고, 각 단계별로 국가 엘리트를 선발하는 체계가 중첩되어 있었다. 따라서 교육 기구는 유교 사상의 학습과 인재 선발이라는 이중적 기능을 담당했다.[8]

조선의 교육 기구는 성균관을 정점으로 하여 한성부의 사학(四學), 지방의 향교와 촌락의 서당으로 구성된다. 성균관은 관학의 최고 학부로서 전국에서 생원시와 진사시에 합격한 유생을 대상으로 매년 200여 명을 선발하여 가르쳤으며, 입학 자격을 엄하게 규정했다. 사학 생도 중에서 13세 이상으로 『소학』에 능통한 자, 경향 사대부 집안 자손으로 총명한 자, 조사(朝士)로 입학을 자원한 자를 선발했으며, 『대학』에서 『주역』까지 사서오경의 사상적 의미를 깊이 해석하고 이해하는 교육을 시행했다. 사학은 한성부 중·동·남·서 네 곳에 설치하여 양반 자제에게 성균관 이전의 중등 교육을 전수한 학교다. 정원은 100명 정도였으며 주로 중앙의 자제들을 선발했다. 한편, 향교는 지방의 아동과 청년들의 교육을 담당했던 공식 기구로서 전국의 군현마다 설치 운영되었으며, 양반을 포함하여 평민 자제에까지도 교육 기회를 부여했다는 특징이 있다. 8~9세 아동에서 15~16세 자제에게 우선 『소학』을 익히게 한 후 『대학』, 『논어』, 『맹자』, 『중용』을 가르치고 우수한 자를 선발하여 사학과 성균관에 진학하도록 했다. 평민에게도 문호를 개방 했지만, 재지사족들이 주도하는 향교에 평민 자제의 입교는 현실적으로 어 려운 일이었기에 서민들을 위한 별도의 교육 기구가 필요해졌는데, 그것이 향촌 서당이다. 향촌 서당은 촌락의 사족들과 평민들이 학계(學契)를 결성 해 마련한 재정으로 운영하는 마을 학교다. 훈장을 별도로 초빙하거나 빈농 유학자가 교육을 맡았으며, 신분에 상관없이 촌락민의 아동이라면 누구든 교육을 받을 수 있었다. 서당에서는 『천자문』과 『유합(類合)』을 가르쳐 한자 음독과 훈독을 익히고, 『소학』과 『훈몽자회』, 『격몽요결(擊蒙要訣)』, 『명심보 감(明心寶鑑)』, 『동몽선습』 등을 단계별로 학습했다. 건국 초기에는 향교-사 학-성균관으로 이뤄진 관학이 교육을 주도하였으나, 15세기 중후반 사림 파의 등장 과정에서 관학이 쇠퇴하고 사학이 형성되기 시작했다. 15세기 사 림들은 옛 척신 세력을 견제하고 향촌 질서를 사족 중심으로 재편하기 위해 사창제, 향사, 향음주례, 향약 보급을 시도하였으나 척신 세력의 반대에 부 딪혀 이렇다 할 진전을 보지 못하였다. 그러자 그 대안으로 도입된 것이 서 원과 사우 건립이다. 이후 서원은 사림들이 향촌 지배의 일환으로 활용하면 서 전국으로 확산되어 나갔으며, 향교를 대신하여 양반과 지방 토호들의 자 제를 교육하는 사학(私學)의 대표적 기구로 자리잡았다. 서원은 선현을 봉 사하는 사와 자제 교육의 재가 결합된 것으로서 교육 기능이 일차적인 것이 었지만, 근세로 접어들면서 향촌 지배권을 위한 양반들의 연대, 가문과 문 중의 세력 규합과 확장을 위한 기능으로 변질되어 갔다. 서원이 사림들의 연대 기구인 향결의 회합 장소로 사용되었다면, 서당은 평민 중심의 동계, 학계 등의 장소로 쓰였다.

관학과 사학의 분화와 대립에도 불구하고 조선 교육의 요체는 유교 이념과 사상을 전수하는 데에 있었다. 천자문과 유합의 음독과 훈독 과정에서 자연히 반절표(半切表)에 의한 언문 교육이 이뤄졌는데, 이것이 '문해인민의 형성'이라는 '예기치 않은 결과'를 가져왔다는 점은 이미 지적한 바다. 연령과 지식 수준별로 교재와 강습 내용이 달랐지만,『소학』과 삼강오륜에서 모든 교육이 출발한다는 것은 인민의 교화에 목적이 있기 때문이다. 성리학의 입문서인『소학』은 신분 계급주의, 가부장주의, 가족주의, 조상 숭배 이념의 내용을 집약하고, 삼강오륜은 그것을 이행하는 구체적 행실에 관한 지침서다. 세종 때에 편찬된『삼강행실도』가 군신, 부자, 부부의 윤리 덕목, 즉 국가와 가족의 윤리를 강조한 것이라면, 김안국이 1519년 편찬 간행한『이륜행실도』는 촌락 사회에서 재지사족 간, 사족과 평민 간의 인간관계를 붕우유신과 장유유서로 집약한 사회적 관계의 지침서인 것이다. 이런 기초 윤리와 교양을 함양한 이후 성리학 경전에 관한 본격적 교육이 이뤄지고, 명경(明經, 사상)과 제술(製述, 문장)로 분화된 과시(科試)가 단계별로 대응되는 것이 조선 교육의 골간이었다.

이상에서 고찰한 조선 통치 질서의 삼중 구조는 [도표 5]와 같다.

국문 담론의 의미

성리학이라는 '거룩한 천개'로 둘러싸인 조선 사회의 향촌 지배와 종교(의례), 교육을 중심축으로 구축된 통치 질서에서 언문은 도대체 어떤 역할을 수행하였는가가 이 연구가 규명하고자 하는 질문이다. 평민과 천민은 세 개의 축으로 짜여진 질서 내부에서 신분과 직역의 단단한 사슬로 묶여 있었으며, 그 질서를 거부하고 외부로 이탈한다는 것은 상상할 수 없었다. 유민,

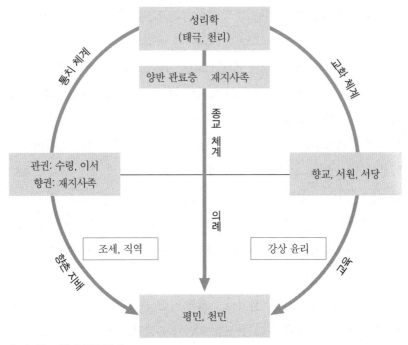

성리학
(태극, 천리)

통치 체계

교화 체계

양반 관료층 재지사족

종교
체계

관권: 수령, 이서
향권: 재지사족

향교, 서원, 서당

의례

향촌 지배

종교

조세, 직역

강상 윤리

평민, 천민

〔도표 5〕 조선의 통치 질서

도망자, 군도가 되는 것 외에 합법적이고 정당한 방법은 존재하지 않았다.
이탈의 유일한 가능성은 통치 질서의 와해, 즉 정당성 약화 또는 내부 균열
에 의해 세 개의 중심축이 무너지는 것이었다. 이탈을 포함하여 인민의 역
할과 위상이 달라지는 것을 체제 변동이라 한다면, 체제 변동의 가능성은
바로 세 개의 축이 효율성을 소진하는 시점, 또는 세 개 중 어느 하나의 축
이 붕괴되는 시점에서 비롯된다고 할 것이다. 여기에 언문의 체제 변동적
의미가 발견된다는 사실은 놀라운 일이 아니다. 언문의 활용도가 높아지고
문해인민의 규모가 날로 증대함에 따라 언문 담론 또는 국문 담론이라고 부
를 수 있는 담론들이 형성되어 세 개의 축(향촌 지배, 종교, 교육)을 변질 또는

약화시키기에 이르렀다. 이 중심축의 약화는 관료들의 학정, 현실 변화에 신축적으로 대응하지 못하는 제도적 경직성 등이 주요 원인일 것이나, 사회적 맥락 속에서 발생한 국문 담론이 지배층의 담론과 경쟁 관계를 유지하면서 장기적으로는 공식 이념을 약화시키는 기능을 수행하였다면 그런 명제가 성립될 법하다.

국문 담론을 알튀세의 용법으로 말한다면 저항 이데올로기의 형성으로 볼 수 있고, 푸코식으로 말한다면 대립적 담론들의 경쟁 속에서 국문 담론이 권력을 획득해 나가는 과정으로 파악할 수 있겠다. 조선에서 국문 담론은 어떤 체계적 논리를 갖고 있었던 것도 아니고 그것을 전파하고 재생산하는 매체와 청중을 처음부터 확보하고 있었던 것도 아니다. 다만, 자연 발생적으로 이뤄진 발화가 언술과 개념으로 표현되고, 문자화된 언술들이 사회적 상황과 조우해 예기치 않은 실천력과 설득력을 얻게 되는 것, 그리고 장구한 세월을 거치면서 의식과 행동에 영향을 미치는 일련의 언술들이 서로 논리적 연관성을 갖게 되면서 역사적 흐름에 개입하는 기회가 점점 늘어났다는 것이 한문 담론과 구별되는 국문 담론의 특징이라 하겠다.

그런 반면, 한문 담론은 지배층의 공식적 담론으로 표현 양식, 의사소통과 전달 기제, 청중을 이미 갖췄다는 점에서 하버마스의 공론장 개념에 부합한다.[9] 공론장은 공론(the public)으로 번한 사적 영역의 사람들이 자신들의 이해관심을 관철하기 위해 '이성의 공적 사용'을 활용해 공적 권력에 대항하거나 논쟁을 요구하는 행위로부터 발생한다. 하버마스의 논점은 17~18세기 유럽에서 부르주아 공론장의 발생과 기능을 규명하는 데에 맞춰져 있는데, 가계 경제의 확장을 시도하려는 부르주아가 국왕과 봉건 귀족들이 시민사회에서 자신들의 이윤 추구 행위를 어떻게 방해하고 새로운 질서의 형성을 저지하려 하는지를 여러 형태의 통신과 의사소통 수단을 통하여 의견을 공유하는 데에서 공론장이 발생하였다는 것이다. 부르주아 계급은 그들의 의사를 개진하고 공유하기 위해 차 모임, 커피 하우스, 토론 모임을 탄생시켰으며, 신문은 부르주아 공론장의 외연을 확대하고 기반을 다지는 가장 중요한 의사소통 기제였다. 따라서, 하버마스의 공론장 개념이 성립되려면 공중, 정보와 상품의 교환 기제, 봉건 권력에 대항하는·비판적 논리와 매체 등을 전제로 한다. 비록 시장 경제가 활성화되지는 않았지만, 조선의 사대부들, 재지사족들은 상소와 상언 제도를 통하여 국사(國事)와 공적 사건에 개입할 권한이 부여되어 있고, 그들의 붕당적 견해를 취합할 수 있는 의사소통의 기제인 서원과 향회를 배타적으로 운영했다는 점에서 그들은 이미 공중으로서 공론장을 형성했다고 보는 편이 적합하다. 구태여 명칭을 붙인다면, 그것은 양반 공론장, 유자 공론장, 사족 공론장 등으로 불릴 수 있을 것이다.[10]

언문을 사용하는 문해인민의 관점에서 보자면, 언문은 분산적, 산발적, 우연적 담론들로 이뤄졌을 뿐 '사족 공론장'처럼 의사소통의 기제, 서원, 향회, 사발통문과 같은 전달 매체, 문집, 서책 등을 향유할 수 없었고, 무엇보다 '이성의 공적 사용'을 무기로 비판적 논리를 만들어 내는 공중으로 변할 통로와 기회가 평민과 천민에게는 허용되지 않았다. 그것은 우연히 발화되고 우연히 표현 수단을 얻어 개념화의 과정을 거치게 되는 크고 작은 언술 다발들이었다. 그런 의미에서 담론이라 불러 마땅하다. 담론은 분산된 진술과 문장들의 집합이기는 하지만, 사회적 맥락과 끊임없는 교호 작용을 통하여 설득력을 얻는다는 점에서 실천 개념과 닿는다. 명확한 개념 규정을 내리기를 다소 주저하는 푸코는 담론을 '말하고 있는 대상을 체계적으로 형성시키는 실천'으로 간주했다.[11] 그가 구태여 이데올로기라는 선명한 개념을 피하고 다소 모호하고 열려진 의미로 '담론'을 선호하는 이유는 이데올로기가 발화 주체와 진리를 암암리에 상정하고 있다는 사실에 있다. 담론은 발화자와 청자가 서로 섞이고 언술이 마찰을 일으키는 복합적 양상을 분석하려는 관찰자에게 중립성을 허용하고, 그 과정에서 생겨나는 새로운 언술들이 현실에 개입할 때 방향성을 지시하지 않는다는 장점이 있다. 그것은 무엇보다 지배 담론이 권력을 강화해 가거나 정당성을 잃게 되는 다양한 모습을 포착하게 해 준다. 담론은 현실에 대한 개념 규정, 즉 지식이고, 지식은 권력이다. 지식 – 권력의 양면성이 담론에 투영되어 있다는 점에서 푸코는 그의 저서 『지식의 고고학(L'Archéologie du Savior)』(1969년)과 『지식/권력(Power/Knowledge)』(1980년)에서 담론 분석의 유용성을 증명해 보였다. 그는 『성의 역사(Histoire de la sexualité)』에서 이렇게 말한다.

담론이 침묵보다도 더 권력에 봉사하거나 저항하는 것은 아니다. 우리는 담론이 권력의 수단도 되고 효과도 되는 동시에 권력의 장애물, 권력이 비틀거리며 부딪히는 벽, 저항의 지점, 반대 전략의 출발점도 될 수 있는 복합적이고 불안한 과정을 고려해야 한다. 담론은 권력을 생산하고 전달하며 강화할 뿐만 아니라 권력을 소멸시키고 폭로하며 허약하게 만들고 권력을 좌절시킬 수도 있다.[12]

앞에서 고찰한 바 있는 언문의 사회적 상상은 그 자체로는 권력에 저항적이다. 그러나 반드시 저항적일 필요는 없다. 자아를 발견하고, 사회적 상황에 대한 객관적 인식을 얻는다고 해서 곧 바로 권력의 벽에 부딪는다고 할 수는 없다. 『홍길동전』은 저항적이지만, 19세기 서민들에게서 커다란 인기를 누렸던 『흥부전』은 권선징악과 선한 것에 대한 보상을, 『춘향전』은 봉건 권력에 대한 서민적 선망과 전통적 관습의 미학을 그렸다. 그럼에도 담론이 '권력의 장애물, 권력이 비틀거리며 부딪히는 벽'일 수 있다는 푸코의 지적은 성리학적 한문 담론으로 구축된 통치 질서가 언문 담론과 경쟁하고 마찰을 일으킬 때에 내는 파열음에 주목하고자 하는 이 연구의 초점과 정확히 일치한다. [도표 5]에서 도해한 세 개의 축은 각 영역에서 발화되고 생산된 국문 담론과 조우해야 했는데, 성리학적 지배 담론이 항상 승리를 구가했던 것은 아니다. 건국 초기 이래 숙종과 영정조에 이르기까지 지배 담론의 위력은 그야말로 막강했으며, 언문은 '권력의 보조 수단이자 부수 효과'로 기능했다고 할 수 있을 것이다. 그러나 통치 질서의 내부에 균열이 발생하고 그것을 집요하게 파고드는 국문 담론이 비판적 의식을 증대하면서 세 개의 축은 비틀거리기 시작했다. 그런 징후가 어느 영역에서 가장 먼저 나타났는가는 별로 중요하지 않다. 각 영역에서 형성된 국문 담론의 내용과 형식, 그리고 지배 담론과 갈등하고 대립했던 양상과 효과들을 가려내는 것이 우선 필요하다.

종교(의례)에서 생성된 담론의 예를 들면 이러하다. 종교로서의 유교는 18세기 말까지는 거의 도전에 직면하지 않았다. 1601년에 저술된 『천주실의(天主實義)』가 곧장 조선에 수입되어 지식인들 사이에서 널리 읽히기는 했지만, 이수광(李睟光 1563~1628년), 이익(李瀷, 1681~1763년)에서 보듯이 대체로 조선 선비들은 천주교에 부정적인 태도를 견지하고 있었다. 그러나 1783년 이승훈이 북경을 다녀온 이후에는 사정이 급변했다.[13] 그는 세례를 받았고, 북경 주교가 건네준 한문 성경을 품에 안고 돌아온 뒤, 이벽(李檗, 1754~1786년), 권철신(權哲身, 1736~1801년), 김범우(金範禹, 1751~1787년) 등 친우들과 더불어 교리 공부에 열을 올렸다. 그는 마침내 『주교요지』라는 언문 교리집을 발간했고 신자들 사이에서 강론을 행했던 것이다. 『천주실의』는 성리학적 관점에서 보면 위험하기 짝이 없는 책이었다.[14] 마테오 리치(Matteo Ricci, 1552~1610년. 중국 이름 利瑪竇)는 중국에 건너온 이후 10년 동안 중국 경전을 공부한 끝에 주자학적 우주관이 태극에서 기원한다는 것을 깨닫고 태극을 천주로 대치하였다. 태극은 허무 그 자체이며, 허무, 허공, 무(無)에서 만물이 생성된다는 논리가 얼마나 덧없는 것인지를 자신을 따르는 중국 선비들과 치열한 논쟁 끝에 설득할 수 있었다. 중국 선비들과 논쟁한 내용을 요약한 것이 『천주실의』인데, 천주를 천리와 대체한 종교를 조선에 유입해 '거룩한 천개'를 벗겨 버리고자 했던 것이다. 그 시도는 처음에는 성공하지 못했다. 그러나 수많은 언문 성경이 출간되고 비밀리에 유통되면서 신자 수가 급격히 늘어났다. 종교적 문해인민이 탄생한 것이다. 성리학적 이념의 유효성이 침해되고 있었던 것이다. 1850년 경에는 신자 수가 거의 2만 명으로 불어났는데, 성리학적 원리를 지키기 위해 조선은 거의 2만 명에 달하는 천주교도들의 목숨을 빼앗아야 할 만큼 가혹한 형벌을 적용했다.[15] 조선에서 종교 전쟁에 해당하는 이 담론 투쟁은 1886년 조불 수호 통상 조약을 맺으면서 끝났고, 1901년 제주 목사와 프랑스 선교사들 간에 체결된 '교민사의협정(敎民私議協定)'으로 마감되었다. 그것은 공식 종교로서 유교의 포기 선언이자 성리학이 국가 이념으로서의 지위를 상실한다는 것을 뜻했다.

교육에서 형성된 국문 담론은 국문학사를 서술해도 좋을 만큼 자료도 많고 내용도 풍부하다. 언문으로 쓰인 모든 문학 작품이 여기에 포괄되고 비록 언문으로 쓰지는 않았지만 성리학의 새로운 해석을 둘러싼 사상서와 사상 논쟁이 포함된다. 문학은 사회적 상상이 생산되고 현실과 대립하여 변형되고 다시 새로운 상상으로 전환되는 영역이었다. 마음속에 형성되는 인식이 발화되어 언술로 나타나고 그것이 문자에 실려 논리를 갖추면 작품이 된다. 앞에서 자주 언급하였듯이 허균 이후 출현한 수많은 언문 소설들은 사회적 맥락과 긴장 관계를 이루면서 사회적, 문화적, 문학적, 예술적, 사상적 담론을 형성하는 촉매제였다. 『흥부전』과 『춘향전』에 사회학적 시선을 부여하면 당시 조선 사회의 지배 계급에 대해 서민이 명료하게 발화할 수 없었던 숨은 코드가 드러난다.[16] 그것이 조선 후기에 판소리로 만들어져 서민들의 사설 가락에 실릴 때 언문 가사와 판소리의 사회적 상상은 새로운 실천의 장으로 진입한다. 어디 그것뿐이겠는가? 서포 김만중의 언문 존중 선언이 있은 후 쏟아진 중국 번안 소설과 국문 소설들은 18세기 초에 들어 독자층을 확대했으며, 서민을 독서의 세계로, 문자의 세계로 안내했다. 문해인민이 양적으로 팽창한 것이다. 저변층의 확대라고 불러도 좋을 이 현상은 '민의 시대'의 단초였으며, 영정조대 문화를 꽃피운 동력이기도 했다. 그런한편, 한문의 세계에서도 언문적 문법과 발화 방식에 접근하려는 문체 변혁의 시도가 있었다. 비록 그것이 중국 공안파의 양명학적 사상을 좇으려 했다는 비교론적 분석이 역사적 사실에 부합한다고 해도,[17] 문해인민의 성장과 언문 서적의 영향력 확대에도 부분적인 이유가 있었을 것이다. 한문과 언문의 대립 구도 속에 정통으로의 복귀를 명한 것이 문체반정임은 앞에서 살펴보았다. 다산 정약용의 저술들은 새로운 사회, 문체, 의식의 변화가 유교 국가의 중심축을 흔들어 대는 위기적 상황에서 새로운 요인들을 흡수할 수 있는 수용력을 키워 봉건 국가의 틀을 갱신하고자 하는 시도였다. 여기에 실학의 의미가 있다.

교육과 관련하여 반드시 조명되어야 할 사안은 서당의 역할 변화이다. 향촌 서당은 17세기에 들어 향교의 쇠퇴와는 역으로 전국에 확대되었는데, 강습을 맡은 훈장들이 유랑 지식인이거나 빈곤한 유생들이었기에 체제에 대체로 비판적 입장을 견지하였다는 점, 그리하여 후기에는 촌락민들의 토론장이 되거나 민란이나 변고가 발생했을 때 서민적 대안을 모색하는 역할을 했다는 점이다. 이런 성격이 향촌의 계 조직인 동계, 학계, 송계, 민회와 역할 중첩이 일어나 19세기 '민란의 시대'에 서민 담론을 만들어 내는 장소로 자주 활용되었다. 서당은 평민 자제가 언문을 깨우치고 기초 소양을 배양하는 장소였으며, 서민 간 의견 교환을 할 수 있는 의사소통의 장소였다. 양반에게 서원이 있었다면, 서민에게는 서당이 있었다.

마지막으로, 향촌 지배의 담론 분석은 관권과 향권에 대항하는 인민의 논리가 향촌 차원에서 어떻게 확대되고 재생산되었는가를 추적하는 일이다. 이 영역은 사실상 서민들의 활동에 관한 역사 문서와 언문 자료가 거의 없어서 연구 진행이 매우 어렵다는 점이 앞의 두 영역과 다른 점이다. 통치의 공식 용어가 한문이기에 몇몇 언문소지(諺文訴志)와 언장(諺狀)을 제외하고는 언문 자료가 거의 남아 있지 않다. 서민들이 어떤 방식으로 자신의 권리를 주장하였는지, 어떤 문자와 문서로 권리를 보호하려 하였는지, 상언, 상서, 투서, 괘서를 어떻게 얼마나 활용하였는지 등의 문제를 연구하는 것이 저항 담론을 분석하는 데에 필수적인 작업이다. 또한, 18세기 상공업의 발달과 화폐 경제의 확대와 더불어 민의 양적 성장이 일어날 때 대소민에 대한 조정의 정책이 어떻게 변화했고, 그에 대한 향민의 대응은 무엇이었는가, 관권과 향권은 여기에 어떻게 반응했는가 등의 문제가 연구의 대상이다.

향촌 질서를 담당했던 중요한 기제인 계 조직의 성격 변화는 신분 분화와 민의 성장을 조명하는 데에 중요한 실마리를 제공한다. 향규는 재지사족이 향촌 질서를 주도하기 위해 향약에 의거해 만든 조직 규약이다. 17세기 중반까지 향안과 향규, 향회, 향계는 재지사족의 일향 지배의 근간이었는데, 18세기로 접어들면서 일향 지배 체제는 서서히 약화되고 관 주도형 향촌 통제책이 강화되면서 수령·이향 체제로 전환되어 갔다. 18세기 중반 이후 이런 추세가 점점 짙어지면서 향회는 권한을 상실하고 여러 형태의 계 조직으로 분화하거나 아예 서민이 주도하는 민회의 성격으로 변질되었다.[18] 구향과 신향 간 향전이 일어난 것도 이즈음이다. 신향은 농업의 상업화에 성공한 부농과 상업을 통해 재력을 쌓은 부호들로서 구향에 대항해 향촌의 주도권을 장악하고자 하였다. 이 과정에서 서민의 역할을 규명하는 것, 언문의 사회적 상상이 향촌 질서의 변화에 어떤 영향을 미쳤는가를 추적하는 것이 이 영역의 주요 과제일 것이다. 이는 19세기 민란의 시대를 낳게 한 원동력이기 때문이다.

그리하여 세 개의 축인 종교(의례), 교육, 향촌 지배에 각각 대응하는 국문 담론을 '종교적 담론', '문예적(사상적) 담론', '정치적 담론'으로 개념화하고,[19] 이 각각의 담론이 전개된 역사적 양상과 지배 담론과의 대립과 경쟁을 추적하는 일이 2부의 연구 대상이다.[20] 종교적 담론, 문예적 담론, 정치적 담론은 지배 담론과 각축을 하면서 조선 사회 통치 질서를 이루는 세 개의 축을 내부부터 서서히 무너뜨렸다. 정조 이후 순조대부터 붕괴의 속도는 매우 빨라졌으며, 그만큼 국가는 내외부의 변화에 대응할 수 없는 경직성의 공간으로 진입해 들어갔던 것이다. 동학은 정치, 종교, 문예 담론이 결집하면서 폭발한 최대의 도전이었다. 문해인민의 관점에서 보자면, 동학은 정치, 종교, 문예 담론에서 발전시킨 언문의 사회적 상상이 창출한 변동의 종합적 기폭제였다고 할 수 있다. 동학은 '언문 담론장'을 '평민 공론장'으로 확대 발전시키는 중대한 계기였다.[21] 그러나 그 시도는 조정의 정치 세력에 의해 좌초되면서 다시 지식인 공론장(개화 관료, 유생, 상업 부호 들)의 부활로 연결되었다. 개화기에 출현한 지식인은 전통적 사대부와는 질적으로 다른 집단이었다. 이 새로운 세력에 의해 인민은 신빈, 국민, 동포, 민족 등 낯선 개념으로 분화되었다. 지식인들 중 평민 공론장의 중요성을 깨달았던 최초의 사람은 유길준(兪吉濬)일 것이다. '개화기 근대성'이라는 개념이 가능하다면, 바로 이 평민 공론장의 형성과 그에 따른 '인민의 탄생'에서 찾아야 할 합리적 근거가 여기에 있다.

Ⅱ부
담론장의
형성과 전개

종교 담론장: 유교의 균열

성경으로 천주 계심을 증명함이 아주 분명하나이다. ……하늘로 덮으시고, 땅으로 실으시고, 일월성신으로 비치시고, 온갖 초목과 오곡백과와 물고기와 새, 짐승과 금은동철 등의 가지가지를 사람에게 주시어 이롭게 하고 계시나이다. ……이렇게 지극히 크고 넓으신 은혜를 보답하기는커녕 생각지도 아니하고, 도리어 천주를 공경하는 성교인을 애매하게 사도로 몰아 억울하게 죽이오니 주를 위하여 죽는 이는 본분을 다하거니와, 백성의 부모이신 관장들은 왜 허물을 무릅쓰라고 하나이까?[1]

나는 천주교도 수만 명의 순교자를 존경합니다. 그 역사를 잘 알 수 없음이 한이어니와 조선인이 수만의 순교자를 내었다는 것이 불후의 자랑으로 알며, 네 혈관에도 이러한 순교자의 피가 흐르거니 하면 마음이 든든하고 큰 긍지를 느낍니다.[2]

조선, 천주교와 조우하다

서양 열국들이 산업 혁명과 정치 혁명을 통해 근대라고 불리는 새로운 시대를 활짝 열어젖혔던 19세기에, 바다를 봉쇄한 채 중국으로 난 작은 문만 열어 두었던 조선은 천주교라는 매우 낯선 문물과 조우했다. 그것은 신기하고 낯설어서 지적 호기심을 자극하기에 충분했는데 그 호기심 속에는 조선 사회를 붕괴할 만한 위험천만한 힘이 숨어 있다는 사실을 처음에는 사대부들도 인민들도 인식하지 못했다. 17세기와 18세기 말까지 부경사행원(赴京使行員)들이 중국에서 반입했던 한역서학서(漢譯西學書)들은 단지 새로운 서양 학문으로 간주되어 조선의 학자들 사이에서 널리 읽혔으며 규장각 도서 목록에 차곡차곡 정리될 정도로 신문물의 한 조각쯤으로 여겨지던 것이 당시의 사정이었다. 그러던 것이 최초의 세례자인 이승훈이 명례동 소재 김범우(金範禹)의 집에서 주재한 일종의 교리 연구 모임이 우연히 발각되어 결국 포도청 추국으로 이어진 을사추조 적발 사건(1785년)을 계기로 조정의 주목을 받기 시작했다. 그때까지만 해도 조정은 중인 김범우만 유배형에 처하고 양반들은 가벼운 경고로 봉합했을 정도로 천주교의 존재감을 별로 느끼지 못했다. 그러던 것이 진산사건으로 유발된 신해박해(1791년)와 정조 승하 이후 노론 세력의 남인 탄압 결과로 빚어진 신유박해(1801년)를 계기로 조선은 안개처럼 퍼지는 천주교와의 피비린내 나는 싸움, 그러나 결국 패배를 자인할 수밖에 없었던 헛된 싸움으로 기력을 소진해야 했다. 그런 의미에서 조선은 미약한 천주교와의 사소한 투쟁으로 19세기를 시작했고, 싹을 잘라도 끊임없이 돋아나는 천주교와의 전면전으로 19세기를 보냈으며, 피로 얼룩진 천주교의 장엄한 종소리가 서울 한복판에 울려 퍼지는 가운데 19세기를 마감했다.

유교 문화권에 천주교가 유입된 것은 일본이 가장 먼저였고 베트남과 중국이 비슷한 시기였으며 조선이 가장 나중이었다. 로마 교황청 소속 예수회 수사들이 동아시아에 천주교를 들여올 때 유교와의 친화성을 강조한 까닭에 통치 이념과의 큰 마찰은 없었다. 문명권의 중심국답게 중국은 신부들이 갖고 온 서양 과학에 더 많은 관심을 쏟아서 북경에 성당 건축을 허가할 정도로 여유 있는 모습을 보였다. 일본과 베트남은 이와는 매우 달랐다. 이념적 토대가 취약했던 도쿠가와 막부는 유교를 통치 이념으로 정립하면서 정권 초기부터 천주교를 탄압하는 정책을 취했는데 이런 억압 정책은 메이지 유신을 계기로 종교 자유가 허용되던 시기까지 지속되었다.[3] 그러나 지식 계급의 사상적 유연성과 범신론적 대중 종교인 신도(神道)의 존재로 인해 천주교가 통치 계급의 위협적 요인으로 인식될 정도는 아니었다. 베트남은 사정이 약간 달랐다. 유교 이념에의 집착이 매우 강했던 베트남은 천주교가 도래했던 16세기 후반기부터 탄압을 공식화해서 프랑스 외방전교회 소속 신부들과 다수의 천주교 신자들이 형장의 이슬로 사라져야 했다. 성경이 베트남 국문으로 번역된 1560년대 이후 베트남에는 다수의 신자들이 출현하였지만 숭유 정책을 채택한 조정의 끊임없는 박해로 인해 천주교의 성장은 프랑스의 식민화 정책이 본격화된 1860년대를 기다려야 했다. 유교 이념에의 집착성과 통치 계급의 경직성이라는 점에서 조선은 베트남과 유사성을 공유한다. 조선은 서학과 천주교가 유입된 초기부터 서학을 사학(邪學), 천주교를 사교(邪敎)로 단정하고 유교주의에 반하는 위험한 문물로 간주했다. 그런데 주로 남인 계열의 학자들이 서학과 천주교를 긍정적인 것, 혹은 철학과 교리는 부정적이어도 서학의 과학 기술적 측면은 눈여겨볼 것이 많다는 실용주의적 태도를 취한 것을 제외하고는 사대부 일반은 대체로 벽사론(闢邪論)의 입장을 강하게 표명하고 있었다는 점이 다르다. 벽사론적 입장은 베트남과 유사하지만 그 강도와 심도에 있어서 조선은 베트남에 비할 수 없을 정도로 혹독하고 지속적인 박해 정책을 폈던 것이다. 그 결과, 베트남에 비해 몇 십 배 많은 신자들이 포졸들의 고문과 사형 집행인들의 칼을 받아야 했다. 사대부와 중인을 비롯하여 양인과 천민, 남녀노소를 가리지 않고 폭넓은 인구 집단의 끝없는 순교가 19세기 조선을 피로 물들였다. 영국의 교회사학자인 로빈슨(Charles Henry Robinson)이 지적하듯 "고대 로마 제국의 그리스도교인들이 극심한 박해를 받았다고 하더라도 19세기에 한국 천주교 신자들이 겪었던 것과 마찬가지의 형고를 겪었다고 잘라 말하기 어려울 것이다."라는 평가가 설득력 있게 다가오는 역사적 배경이다.[4] 사악한 것을 제거하고 바른 것을 지킨다는 벽사위정(闢邪衛正), 그것이 조선 사대부가 천주교에 대해 견지했던 일반적 태도였으며, 이런 입장은 19세기 말에 이르기까지 일부 개화파 지식인과 유학파 지식인들을 제외하고 변함없이 지속되었다.

19세기가 서구 열강이 동아시아로 몰려드는 서세동점(西勢東漸)의 시기였다는 점을 감안하면 조선이 천주교와 맞닥뜨렸다는 것은 필연적 귀결이다. 역사적 운명과도 같았다는 사실과 함께, 그것은 조선이 서양의 실체와 부딪힌 첫 번째 본격적 대면이었다는 점에서 천주교 유입의 문명사적 충격을 검토할 필요가 있다. 천주교에 대해 동일한 금압 정책을 폈던 일본은 일찍이 포르투갈 상인을 통해, 그리고 네덜란드와의 무역을 통해 천주교와 접촉한 경험이 있었으며, 도쿠가와 막부 치하에서도 난학이라는 작은 창구를 열어 둠으로써 국제 정세의 변화와 외래 문화의 충격에 자주적으로 대응할 여력을 키웠다고 할 수 있다. 그런데 조선은 달랐다. 임진왜란 당시 천주교도였던 고니시 유키나가(小西行長, 아우구스티노)를 따라 조선에 온 세스페데스(Gregorio de Cespedes) 신부가 약 1년 동안 일본 진중을 누비면서 조선인들을 상대로 포교를 한 것으로 전해지지만, 그 정확한 성과는 알려지지 않았다. 다만, 일본으로 붙잡혀 간 조선인 포로들이 나가사키에서 천주교 교육을 받고 신자가 되었다는 것이 어느 정도 밝혀져 있을 뿐이다.[5] 양란 이후 정조대까지 약 200년 동안 조선은 중국의 그늘 밑에서 자족하고 있었으며,『곤여만국전도(坤輿萬國全圖)』,『곤여도설(坤輿圖說)』,『직방외기(職方外紀)』등 한역 서학서를 통해 서양의 존재를 알고는 있었지만 조선의 존립과는 무관한 경계 밖의 존재 정도로 인식하고 있었을 뿐이다. 일부 학자들이 한역 서학서를 회람하여 읽고 서양 문물을 평하는 글을 남기기는 하였지만, 서양의 도래에 어떻게 대응할 것인가 하는 구체적인 사고까지는 나아가지 못했고, 중국이 흔들리지 않는 한 그럴 필요성도 느끼지 못하였다. 조선 통치 계급은 양란 이후 가속화된 사회 질서의 붕괴를 성리학과 예학의 이념적 세련화를 통해 수습하려 했고, 18세기에는 상공업 발전에 따른 급속한 사회적 분화의 위험 요인을 약간의 개혁적 조치를 통해 봉건 질서 속으로 흡수하는데에 급급했다. 200년 동안 서양은 조선 통치 계급의 인식에는 거의 존재하지 않았거나 단지 중국 문헌을 통해 형성된 흐릿한 이미지로 형상화되었을 뿐이다. 그러므로 천주교가 조선의 닫힌 국경을 넘어 들어와 가시적인 어떤 실체로 출현했을 때에 아무런 준비도 되어 있지 않았던 조선 사대부의 당혹감은 남달랐다.

신유박해 때 충청도 청양에서 체포된 천주교도 이도기(李道起, 바오로)를 마을 장에 끌고 다니면서 수령은 이렇게 외쳤다. "이 악한들은 천주교인이요, 이들의 죄는 반역죄이다. 이놈들은 임금을 섬기지 않고 부모도 공경치 않아 인륜을 어긴다. 이놈들을 장을 한 바퀴 조리 돌린 다음 죽일 것이다." 이도기는 죽을힘을 다해 말했다. "만 번 죽어도 저는 배교할 수 없습니다." 수령은 다시 힘줘 말했다. "너는 속았다. 중국에서 마테오 리치는 그의 지식으로 백성을 속였다. 너는 어떻게 해서 그것이 속임수라는 것을 보지 못하느냐?" 이도기는 매를 맞아 다음 날 장거리에서 순교했다. 수령은 인륜과 효와 조상 제사를 댔고, 천주교인은 효와 임금을 수긍했지만 그것을 주재하는 천주를 덧붙였다. '천주'만 대지 않는다면 목숨은 살려 주겠다는 수령의 호소가 이어지고 '천주를 부정할 수 없다'는 죄인의 말이 돌아온다. 그리고 매질과 참수. 1870년대까지 천주교도에 대한 심문은 항상 이런 형태의 반복이었다.[6] 조선의 통치 계급은 '임금과 조상 제사'를 통치의 최종 근거로 설정했고, 천주교인은 천주를 최종 목적지로 삼는 논리의 평행선이 천주교와 조우한 19세기 조선의 모습이었고, 유교와 천주교의 대치는 이 평행선에서 한 발짝도 벗어나지 않았다. 이도기는 글을 읽지 못하는 평민이었다. 문자 그대로 '적자로서의 인민'이었는데, 명화적이나 군도를 포함해서 인민이 통치 계급의 이론 체계에 반하는 '논리'를 내면화해서 죽음을 불사한 것은 천주교도가 처음이었다. 천주교는 인민을 논리로 무장시켰고 그 논리는 조정의 탄압이 심해질수록 신념 체계, 곧 종교로 변해 갔다. 마테오 리치가 천주교를 유교와 친화성을 가진 논리로 해석하고 소개했던 『천주실의』는 조선의 양반들에게는 지적 호기심을 충족시키는 서학서였지만,[7] 조선의 인민들에게는 통치 이념을 부식하는 저항 이념의 지침서가 되는 데에 오랜 시간이 걸리지 않았다.

천주교리에 저항적 요소가 들어 있음을 초기 단계부터 명확히 인식한 평민은 얼마 되지 않았을 것이다. 그러나 천주에의 봉사, 천주의 선택을 받은 '영광스러운 순교' 자체가 유교 윤리를 정면 거부한다는 사실을 평민 신자들은 점차 깨닫게 되었다. 반면, 양반 신자들은 유교와 천주교의 친화성을 강조했다. 1839년 기해박해 때 순교한 정하상(丁夏祥, 1795~1839년)은 당시 영의정 이지연에게 천주교리가 유교와 배치되는 것이 아님을 호소하는 글을 상소문 형식으로 올렸다. 그것이 글머리에서 인용한 「상재상서(上宰相書)」인데, 천주교도들도 유교에서 강조하는 효와 군신 윤리를 다하거늘 왜 사도(邪徒)로 몰아 죽이는지 억울하고 잘못되었다는 점을 호소하려는 목적에서 쓰였다. 정하상은 신유박해 때 참수된 정약종의 아들로, 조선 최초의 신부인 모방(Pierre-Phillibert Maubant, 1803~1839년), 샤스탕(Jacques

Honor Chastan, 1803~1839년)과 2대 주교인 앵베르(Laurent Joseph Marie Imbert, 1797~1839년)를 중국에서 안내해 잠입하는 것을 도왔을 뿐 아니라 조선 입국 후 그들의 포교 활동을 수행했던 핵심 인물이었다. 정하상이 순교했던 기해박해 당시 천주교도는 이미 1만 명에 육박하고 있었다. 인구 1000명 중 1명 정도에 지나지 않는 작은 무리였지만, 통치 계급에게는 천주교가 내뿜는 변혁의 기운은 그 어느 것보다 위험스럽게 간주되었다. 수렴청정을 하고 있던 조대비(趙大妃)는 기해박해를 마감하는 윤음을 내렸다. "백성의 어버이 된 자격으로 모든 방법을 써서 사교와 싸우고 그 교를 전파하는 자들과 두목들을 사형시킬 의무가 있다."라고 만방에 고했다.

'씨를 말리겠다'는 조정의 단호한 의지를 표명한 이 척사윤음(斥邪綸音)은 통문으로 만들어져 조선 팔도에 고해졌는데, 그 덕에 무지했던 조선의 인민들이 신앙에 눈을 뜨는 계기가 되었다는 것은 일종의 역설이다. 달레(Charles Dallet)는 이렇게 썼다.

영의정에서 옥졸에 이르기까지 관장, 고관, 양반, 선비, 상민, 포교, 형리 등이 모두 서울을 비롯하여 아주 멀리 떨어진 지방에서까지 천주교에 대한 얘기를 들었고, 모두가 그 주요한 교리를 약간은 알게 되었다. 천주의 말씀이 폭풍에 날려 사방에 흩어졌으니, 얼마나 많은 사람들의 마음이 이 번식력 있는 씨앗이 싹이 터서 구원을 맺게 되겠는지 그 누가 말할 수 있겠는가. …… 조정의 적의는 줄지 않았다. 그러나 일반 여론은 그때 우리의 증거자들이 그렇게도 빛난 본보기를 보여 준 애덕, 정조, 인내, 성실 등 모든 덕을 인정하였다.[8]

천주교는 서세동점의 시기에 동아시아에 출현할 필연적 현상이었다는 점, 그러나 서양에 대한 실질적 인식이 결여되었던 조선 사대부들은 중화중심주의에 안주해서 서양 문물의 예고된 유입에 아무런 대비도 하지 않았으며, 그런 상태에서 출현한 천주교는 조선이 대면한 최초의 본격적인 서양 문화의 충격이었다는 사실이 천주교 도래의 문명사적 의미일 것이다. 1795년 중국인 주문모(周文謨, 1752~1801년) 신부가 입국할 당시 4000명에 지나지 않았던 천주교도는 끊임없는 박해에도 불구하고 대원군에 의해 자행된 병인박해(1866년) 때에는 2만 명을 넘어설 정도로 성장했다. 외래 종교가 조선 인민들에게 이렇게 커다란 반향을 불러 일으켰던 이유는 통치 계급의 가혹한 착취와 부패, 그것으로 피폐해진 인민들의 생활 상태를 두루 살펴보아야 한다. 그런데 유교주의와 관련하여 보면, 그것은 조선 초기부터 시행된 유교적 통치 기제가 19세기 초반까지도 인민들을 충분히 포섭하지 못했을 가능성을 암시하거나, 또는 조선 중기에 증가한 통치 기제의 효율성이 17~18세기의 사회적, 경제적 변동에 의해 소진되었을 가능성을 동시에 지시한다. 천주교가 급속히 파급된 이유가 이 중 어떤 것인지를 명확히 가늠하기엔 더 많은 심층적 논의가 필요하지만, 외래 종교 때문에 거의 1만 명에 가까운 신도들이 목숨을 버렸고 순교의 마지막 순간까지 '은총에 빛나는 기쁜 얼굴로 죽어 갔다'는 사실은 경이롭기까지 하다. 형장으로 끌려가는 사람들의 밝고 빛나는 표정을 보고 구경꾼들은 오히려 신기해했고 천주교에 더 많은 관심을 기울이게 되었다. 조소와 욕설을 퍼붓는 구경꾼들에게 거의 빈사 상태에 이른 죄인들이 이렇게 말하는 것은 일상적 풍경이 되었다. "당신네들은 웃을 것이 아니라 오히려 울어야 할 것입니다. 불쌍한 건 우리 처지가 아니고 당신네들의 처지니까요."[9] 그것은 빈 공간으로 남아 있는 유교의 내세관에 천주의 성령이 들어선 때문일 것이다. 천주교는 내세관이 없었던 조선의 인민들, 그리하여 주술 신앙, 민간 신앙, 때로는 금지된 불교에 귀의할 수밖에 없었던 인민들에게는 최초의 종교다운 종교였다. 천주의 성령으로 내세를 채우자 인민들은 죽음을 불사할 용기가 생겨났던 것이다. 국가가 공식적 종교 의례로 채택한 조상 숭배는 천주 앞에서는 아무런 증거도 없는 혼령이나 귀신 숭배와 같은 것으로 여겨졌다. 따라서 위패와 신주를 버린다고 조상을 흉보는 것이 아니었다. 그런 행위가 '천주쟁이'에 대한 서민들의 분노와 모멸감을 낳았고 통치 계급의 경악을 촉발했지만, 점차 천주교의 풍습이 향촌 사회에 퍼지는 것을 막아 낼 효율적 방법은 궁색했다. 그래서 1860년대에 접어들자 장례식 풍경에도 천주교의 모습이 나타나기 시작했다. 5대 주교였던 다블뤼 주교의 어느 교우촌 방문기가 그것을 말해 준다.

조선말로 된 장례식 기도문과 예절을 공포한 뒤로 많은 신자가 외교인을 상관하지 않고 그것을 공공연히 행하기 시작했습니다. 이곳 조선에서 대낮에 십자가를 앞세우고 참석자는 각기 촛불을 들고 성영(聖詠)을 큰 소리로 외치면서 동네 길을 지나가는 장례 행렬을 펼친다는 것을 상상하시겠습니까. 어떤 곳에서는 이 때문에 시비가 일어나고 싸움이 벌어지고 했지만, 다행히도 과히 중대한 결과는 빚어지지 않았습니다. 또 다른 곳 몇 군데에서는 외교인들이 일치해서 우리 예절이 매우 점잖고 아주 아름답다고 인정했고, 이 광경을 보고 개종한 사람이 몇 명 있었습니다. 아아, 우리는 왜 오늘 이 나라에 정착할 신부를 가질 수가 없습니까. 얼마나 풍성한 추수를 그가 거둘 것입니까. 3개월 동안 동분서주하는 동안 내가 세례를 준 어른이 230명이 넘습니다.[10]

주교와 신부들은 전국의 교우촌을 돌아다니면서 세례, 고해, 영세, 견진, 혼배, 종전성사를 준 신도 수를 상해에 위치한 파리 외방 전교회 경리 본부로 시시각각 보고해 올렸다. 천주교로 개종한 인민이 1860년대 거의 2만 명에 달할 정도라면 천주교가 유교 사회에 미친 충격이 어느 정도인지 짐작할 수 있을 것이다. 다블뤼 주교가 전국의 교우촌을 열심히 다니고 있을 때 경주에서는 최제우가 동학을 창시해 포교에 나섰다. 유교 사회의 저변을 형성한 인민의 대량 개종은 유교적 통치 기제의 기반을 통째로 흔들었다. 천주교의 출현과 확산이 던진 충격은 세 가지로 요약된다.

첫째, 정교일치를 근본으로 하는 유교의 사회적 구성 원리에 틈을 만들었다는 사실이다. 천주교는 정교분리를 원칙으로 정치 불개입과 종교 선택의 개인적 자유를 지향한다. 정교일치와 정교분리는 병존할 수 없는 대립적 논리로서 종교의 의례화를 통치의 중심축으로 구축했던 조선 사회에는 치명적 결과를 초래할 수밖에 없었다. 왕은 대사제, 사대부는 중사제, 가장은 소사제로서의 위계적 의미를 무너뜨릴 뿐만 아니라, 그 위에 만물을 주재하는 천주를 상정함으로써 왕-사대부-평민의 종적 관계를 천주를 중심으로 한 개별적 관계로 바꿀 위험을 안고 있었다.

둘째, 그렇다면 조선 사회를 떠받치고 있던 통치의 삼중 구조 중 가장 핵심적인 것, 즉 유교의 의례화와 그것을 위한 각종 기제들이 정당성을 상실한다는 사실이다. 왕이 지내는 종묘와 사직단의 제례 의식이 형해화되고, 문중과 가족에서는 봉제사와 조상 숭배가 무너지고, 향촌에서는 향사례와 향음주례, 또는 사원의 기능이 약화되는 것을 뜻한다. 명시적인 것은 아니었더라도, 천주교는 조선 사회를 지탱하던 통치 기제의 중심축을 공격했던 것이다.

셋째, 신분 체계와 수분공역을 근간으로 한 유교 사회의 수직적 질서가 천주 앞에서는 만인이 평등하다는 수평적 질서로 바뀐다는 사실이다. 천주를 흠숭하는 데에는 반상(班常), 양천(良賤), 남녀의 차별이 없으며, 사대부와 중서, 천민을 포함하여 모든 생명은 사람으로 통칭되었다. 말하자면, '적자로서의 인민'이라는 특수 개념이 보통 명사인 '사람'으로 바뀌는 것이다. 천주교가 유입된 초기 단계부터 양반 신자들은 일반 평민과 천민들의 개종을 위해 천주교의 이런 평등 의식을 모범적으로 실천하고자 하였다. 정약종이 저술한 최초의 한글 성경 교리서인 『주교요지』, 이가환(李家煥, 1742~1801년)

이 한글로 번역한 『성경직해(聖經直解)』 등 초기 교리서에 '인민', '백성'이 '사람', '인간' 개념으로 대체되어 있는 것은 놀라운 사실이다.[11]

그러므로 유교 이념에 융통성을 전혀 허용하지 않았던 조선 사회는 천주교의 이런 도전을 막아 낼 효과적인 방안을 고안할 수 없었고, 따라서 가장 융통성 없는 방법인 투옥, 고문, 매질, 사형이라는 극단적 조치를 취할 수밖에 없었다. "그럴수록 순교는 풍성한 씨앗을 사방에 퍼뜨린다."라고 한 샤를 달레(Claude-Charles Dallet)의 지적처럼 신입교도가 급증했다. 19세기 중반까지 조선은 세도 정치로 일관했기에 어떤 효과적인 정치 수단을 강구할 능력이 없기도 했다. 1만 명의 목숨을 앗아간 효수와 참수형은 1870년대 대원군 집정기까지 지속될 만큼 조선의 대응 방법은 미숙했고 원시적이었다. 인민은 천주교로의 개종을 통해 유교 정치의 한 축을 무너뜨리기 시작했다. 인민들은 천주교로의 개종이 그런 엄청난 결과를 가져올 것이라고는 상상하지 못했다. 다만, 천주교로부터 생명의 환희를 느꼈을 것이고 존재의 새로운 지평을 인식했을 뿐이었다. 그것이 적자로서의 인민, 통치의 수동적 객체로서의 인민(subject)을 서서히 주체적 개념의 인민(people)으로 진화시킨 동력이었음을 알게 된 것은 19세기 후반 종교의 자유가 허용된 후였다. 그런 자각이 근대의 여명을 가져왔던 것이다.

서학(西學)에서 서교(西敎)로

천주교가 서학의 이름으로 조선에 유입되었다는 것은 잘 알려져 있는 사실이다. 조선의 유일한 지식 자원이 중국이었기에 조선은 건국 초기부터 부경사행원(赴京使行員)을 통해 유교 경전을 비롯하여 중국 선비들의 저작을 대량 구입하였다. 세종이 집현전을 설치하여 훈민정음을 창안할 때 집현전학사들이 참고하였던 것도 중국에서 간행된 음운학, 어학 관련 서적들이었다. 정인지가 『훈민정음 해례』의 서문을 쓰면서 정초의 저작을 텍스트로 삼았던 것도 이런 까닭이다. 중국에 서양인이 도래하여 서학을 전파한 것이 16세기 말이었으므로 조선도 부경사행원을 통해 자연히 서양 신부들이 저술한 여러 가지 저술을 접하게 되었다. 서양 신부들이 직접 저술한 한문 저작과 당시 중국 선비들이 쓴 서학 관련 저작들을 통칭하여 한역 서학서라고 부르는데, 부경사행원들이 조선에 반입한 것이 바로 이것들이었다. 명말 청초에 걸쳐 저술된 한역 서학서는 천주교를 비롯하여 지리, 천문, 역사, 과학과 기술을 망라한 광범위한 지식을 포괄하고 있었다. 따라서 한역 서학서는 조선에 서양의 존재를 알려 준 계기였는데, 중국을 중심으로 한 조선 학자들의 중화주의적 세계관에 얼마나 큰 충격을 안겨 주었는가는 충분히 짐작하고도 남는다.

최초의 한역서는 예수회 소속 신부였던 루지에리(Michael Ruggieri, 1543~1607년) 신부가 1584년 저술한 『천주성교실록(天主聖教實錄)』이고, 마테오 리치가 1603년 저술한 『천주실의』는 두 번째 한역서이다. 천주교를 포교하기 위해 중국 경전과 고전을 익혔던 마테오 리치는 20여 권의 서학서를 저술했는데 여기에 『곤여만국전도』가 포함되어 있다. 『천주실의』와 『곤여만국전도』를 1603년 사행원으로 갔던 이광정(李光庭, 1552~1627년)이 입수하여 조선에 전래하였고, 이를 선조대 지봉 이수광이 보고 『지봉유설(芝峯類說)』에 소감을 피력했다. 이후 인조대 북경에 파견된 정두원(鄭斗源, 1581~?)이 『치력연기(治曆緣起)』, 『천문략(天問略)』, 『원경설(遠境說)』, 『직방외기(職方外紀)』 등 천문·역학·과학 기술 및 종교 관련 서적들을 광범위하게 구입하여 조선에 들여왔다.[12] 1636년 병자호란 이후 이승훈이 북경에 들어가 세례를 받았던 1783년까지 167회에 걸친 사행원 파견이 있었는데, 그동안 얼마나 많은 한역 서학서들이 조선에 유입되었는가를 정확히 파악할 수는 없지만

360여 종에 이르는 한역 서학서의 상당수가 매입, 유포되었을 것으로 보고 있다.[13] 부경사행원들은 북경 유리창(琉璃廠)에서 각종 서적을 구입할 수 있었고, 북경에 건립된 네 개의 천주당(天主堂)을 방문하여 종교관련 서적을, 천문역학 기관인 흠천감(欽天監)에서 역서와 과학 기술 서적을 구입했다.[14] 이승훈 역시 북경의 신부들에게서 천주교 서적 외에 『기하원본(幾何原本)』, 『수리정온(數理精蘊)』 등의 과학서를 받고 귀국했다. 이승훈이 북경을 방문하기 40여 년 전 사대사신이었던 홍대용(洪大容, 1731~1783년)이 천주당을 방문하고 썼던 여행기는 당시 북학파와 실학파 학자들에게 널리 읽혔다. 실학자의 선배격인 홍대용은 천주당을 방문해서 두 명의 서양 신부(유송령, 포우관)를 만났고 다음과 같은 인상기를 남겼다.

유송령과 포우관은 모두 서해(西海) 사람이다. …… 성 안에 사당(四堂, 동·서·남·북당)을 지어 그들을 살게 하고 천상대라 불렀다. …… 강희 연간 이후부터 우리나라 사신이 연경에 가면 더러 그들이 있는 집으로 가서 관람하기를 청하면, 서양사람들은 매우 기꺼이 맞아들이어 그 집안에 설치된 특이하게 그린 신상(神像) 및 기이한 기구들을 보여주고, 또 서양에서 생산된 진이한 물품들을 선물로 주었다. ……유송령과 포우관은 남당에 기거하는데 산학(算學)이 더욱 뛰어났고 궁실과 기용은 4당 중 으뜸이었는데 우리나라 사람이 항상 내왕하는 곳이었다.[15]

홍대용의 북경 여행기인 『연행록(燕行錄)』은 북학파들에게 영향을 미쳐 청의 과학 기술에 대한 적극적 수용론으로 이어졌다. 조선 서학을 연구한 이원순(李元淳)은 규장각 소장 목록과 학자들의 문집, 저술을 광범위하게 검토하여 17~18세기에 조선의 지식계에서 널리 읽혔던 서학서가 거의 200여 종에 달한다고 지적했다.[16] 당시 대표적인 학자들이 읽었던 것으로 확인되는 서학서들의 면면을 보면 조선 지식인들의 관심과 고민을 짐작할 수 있다. 예를 들면, 『천주실의』(이수광, 이익, 이헌경, 안정복, 신후담), 『교우론(交友論)』(이수광, 유몽인), 『동문산지(同文算指)』(이이명), 『태서수법(泰西水法)』, 『천문략(天問略)』, 『건곤체의(乾坤體義)』, 『주제군징(主制群徵)』(이익), 『직방외기』(이익, 신후담, 이가환), 『칠극(七極)』(이익, 안정복) 등이 있고, 『진도자증(眞道自證)』, 『만물진원(萬物眞源)』, 『서학범(西學凡)』, 『양의현람도(兩儀玄覽圖)』, 『기인십편(畸人十篇)』, 『이십오언(二十伍言)』, 『성세추요(盛世芻蕘)』 등이 널리 읽혔던 것으로 파악된다. 서학은 크게 나눠 이편(理篇, 종교·윤리에 관한 책)과 기편(器篇, 과학·기술·역학·산학·의학)으로 구분되는데, 전자는 주로 천주교에 관한 서적들이고 후자는 과학 기술, 지리, 천문학에 관한 서적들이다. 전자는 주로 관념론과 예학에 경도된 당시의 성리학적 풍토에 불만을 품은 남인계 학자들에 의해 수용된 반면, 후자는 북학파와 같이 실용적 학문에 관심을 가진 유학자들에게 널리 수용되었다. 정조 21년, 정약용은 당시 조정에서 서학 열풍에 대한 우려가 제기되자 학문적 호기심으로 서학을 대했던 시절을 회상하며 이렇게 말했다. "서학서를 처음 본 것은 약관의 나이 때이며, 그 무렵 서학서를 가까이 함은 하나의 유행이었다." 서학서 가운데 특히 주목을 끌었던 책은 『천학초함(天學初函)』이었는데, 이것은 이편과 기편을 종합적으로 엮은 일종의 총서였고 따라서 전체적 조류를 한눈에 알아볼 수 있도록 꾸며졌기에 여러 학자들과 둘러앉아 토론하기에 꼭 알맞은 책이었다. 서학은 현실 개혁에서 점점 멀어지는 성리학에 불만을 가진 당시 학자들에게는 매우 매력적인 학문으로 다가왔던 것이다. 기편보다 이편, 즉 서양 종교에 대한 관심이 확산되는 당시의 지적 풍토를 우려하면서 성호 이익의 제자였던 안정복(安鼎福, 1712~1791년)은 걱정스러운 표정을 내비쳤다.

서학서는 선조 말년에 이미 우리나라에 들어와서 고관이나 학문하는 사람들 가운데 이를 보지 않은 이가 없었다. 그들은 서학서를 제자(諸子)나 불도(佛道) 관계 서책과 같이 여겨 서재에 비치해 두고 완상하였다.[17]

안정복은 자신의 스승 성호 이익이 서교 옹호자로 비난받을 것을 걱정해서 이를 적극 부정하고, 천주학은 위선지학이며 오직 성인지도는 유학임을 밝히고자『천학고(天學考)』와『천학문답(天學問答)』을 지었다. 그런데 실지로 성호는『천주실의』,『칠극』,『주제군징』을 읽고 천주학에 대한 태도를 명확히 밝힌 바 있는데 "구라파 천주지설은 내가 믿는 바가 아니다."라고 단언하였다. 그러나 천주교에서 상정하는 천주는 불가의 석가와 유사한 존재로 파악해서 그 교화적 기능을 인정하였고,『칠극』의 논리 역시 유학에서 건드리지 못한 점을 밝히고 있어 수신극기에 많은 도움이 된다고 하여 보유론적(補儒論的) 입장을 취하였던 것이 오해의 소지를 안고 있었다. 안정복이 우려했던 점이 바로 이것이었다. 더욱이 성호의 제자였던 권철신과 그의 아우 권일신(權日身, 1751~1791년), 그리고 당시 청년 학자였던 이벽, 정약종, 이승훈, 정약용 등이 천주교에 현혹되는 경박한 풍조를 개탄하고 천주학이 사학(邪學)임을 만천하에 고해야 한다고 생각했다. 그래서 그는 서사(西士)와 중사(中士) 간 대화체로 쓴『천주실의』의 형식을 빌려『천학문답』을 썼고 31항에 달하는 질문을 제기하고 자신의 견해를 밝혔다. 천주학이 말하는 동신제(童身制)와 삼구설(三仇說)은 모두 그릇된 논리라는 것, 현세의 잘못을 빌며 원죄를 사하여 달라는 것이 이치에 맞지 않는다는 것, 서사의 천(天)은 천주를 들어 제후를 호령하려는 뜻이 숨어 있다는 것, 인간은 음양의 조화로 생성된 것이어서 아담과 이브의 인조론(人祖論)은 꾸민 얘기라는 것 등을 설파했다.[18]

안정복은 남인과 노론 간의 당쟁에서 천주학이 권력 투쟁의 빌미를 제공할 수 있음을 우려했는데, 자신의 사위 권일신이 매우 독실한 신자였기 때문이었다. 그는 동료인 권철신에게는 사학을 버리고 정학으로 돌아가서 그를 따르는 소장학자들이 서교의 헛된 교리에 빠지지 않도록 계도하라고 간곡히 호소했다. 그는 권철신을 포함하여 남인 계열의 소장학자들에게 다음과 같이 경고했다.

서양에서 일찍이 천주학을 금하고 잡아 죽이기를 천만인에 그치지 않았으나 끝내 능히 금지시킬 수 없었고, 일본도 역시 천주학을 금하여 수만 명을 잡아 죽였다 한다. 그러니 어찌 우리나라만이 무사할 수 있을 것이라 할수 있겠는가. 하물며 당쟁이 벌어져 피차간에 틈을 엿보며 좋은 일은 덮어두고 좋지 못한 일은 드러내는 때에 혹 일망타진할 계책을 꾸미는 사람이 있다면 패가망신하여 이름을 더럽히는 일이 생겨날 때 천주가 능히 구해 줄 수있을 것인가. 천당의 즐거움이 미치지 않았는데 현세에서의 양화가 미쳐 올까 두려우니, 삼가지 않아도 될 것인가, 두려워하지 않아도 될 것인가.[19]

과연 안정복의 우려대로, 권철신, 권일신 형제를 비롯하여 징약종, 정약전, 정약현(丁若鉉), 정약용 형제와 최초의 세례자 이승훈은 모두 정조의 승하와 동시에 일어났던 신유박해 때 참수되거나 유배형에 처해졌다.

남인 계열 소장학자들이 서학에 매력을 느낀 배경에는 조선의 건국 이념으로 채택한 정주학이 점차 관념론과 예학으로 흘러 중기 이후 진행된 급격한 사회 변동에 적절히 대응하지 못한다는 반성이 놓여 있다. 주지하다시피 17세기는 양란 이후 피폐된 향촌의 사회 질서를 회복하고 토지 제도와 조세 제도를 바로잡아 통치의 기강을 정비해야 하는 시대 전환적 과제에 직면해 있었다. 숙종 시기 대동법의 확대 시행과 오가작통의 강화를 통해 통치 기반을 튼실히 하고자 하였지만, 빈발하는 자연재해, 전염병 창궐, 토지겸병에 따른 유망민의 발생, 만연된 기근 등으로 인하여 사대부의 권력 기반은 매우 취약한 상황으로 치달았다. 17세기에는 송시열을 중심으로 한 노론 세력이 두 차례의 예송 논쟁을 일으킬 만큼 주자학의 예학적 성격을 더욱 강화하여 사대부부터 향촌민에 이르기까지 유교적 질서에 더욱 단단히 결박하려 했던 것은 이런 까닭이다. 17세기를 지나면서 퇴계, 율곡이 기초를 닦았던 주자학은 인물성론(人物性論)과 이기론(理氣論)에 치우치면서 현실 제도의 효율적 운용에 필요한 경세학적(經世學的) 논리가 퇴색하기에 이르렀던 것이다. 조선 중기를 지나면서 몇 차례 당쟁을 격렬하게 치른 정주학은 삼강오륜적 도덕과 윤리를 강조하는 한편, 성리론과 예학으로 치우쳐 통치 이념으로서의 융통성과 효율성을 상실해 갔다. 이에 일단의 젊은 학자들은 허에 대한 실, 추상에 대한 실증, 관념에 대한 실리를 뒷받침하는 논리에 목말라했는데, 송대의 주자학(宋學)을 버리고 시대적 변화에 부응할 수 있는 이론 체계를 고경(古經) 중심의 개신유학 사상에서 찾고자 했다. 그것은 근본 유학, 즉 유학의 본질로의 회귀를 뜻하는 것이었다.[20] 배주상고(排朱尙古)는 추상화된 당시의 주자학을 배격할 수 있는 기본 논리였는데, 서학이 제공하는 실증주의적, 실용주의적 관점은 오경을 본질적 정신에 비춰 재해석, 재정립하는 논리적 원천이었다. 이렇게 보면, 1779년 천진암 주어사에서 권철신 주도하에 개최된 강학회에서 왜 젊은 학자들이 고전적 유학의 출발점인 잠(箴)과 명(銘)을 암송하고 본래의 정신을 갱신하고자 했는지를 짐작할 수 있다. 정약용은 이렇게 회상했다.

일찍이 주어사에서 우거하며 강학을 했는데 모인 사람은 김원성, 권상학, 이총억 등 몇 사람이었다. 녹암 선생은 스스로 규정을 만들어 주시어, 새벽에 일어나서는 차가운 샘물을 떠서 세수를 하고 나서 숙야잠(夙夜箴)을 암송케 하고, 해가 뜨면 경제잠(敬霽箴)을 암송케 하고, 정오가 되면 사물잠(四物箴)을, 해가 지면 서명(西銘)을 암송토록 하였다. 엄숙하고 경건하여 그 규정을 어기지 아니했다. 이때 이승훈도 자신을 갈고 닦으면서 서교(西敎)에 나가 향사례(鄕射禮)를 행했는데, 심유를 빈(賓)으로 삼고 모인 사람이 백여 명이나 되었다.[21]

잠과 명은 모두 성리학의 본질에 관한 것으로서 고경(古經) 정신을 존숭함을 뜻한다. 여기에 서학의 실용주의적 관점이 결합되었다는 것은 매우 주목할 만하다. 배주상고적 유학 정신과 실용주의적 관점의 결합은 곧 위민과 애민의 실천적 경세학으로 응결되었고, 그것은 곧 기반이 허약해진 국가의 기틀을 실증과 실리로 바로잡아 유교적 이상주의를 완성하겠다는 의지의 표현이었다. 실학이 유교적 이상 국가의 완성을 지향했다고 평가되는 이유이다.

잠과 명을 암송하면서 고경 정신으로 회귀하려는 개신유학적 논리가 어떻게 남인 계열 학자들에게서 천주교와의 종교적 접합이 일어났는가를 규명하는 것은 쉽지 않은 문제이다. 앞의 인용문에서 "이승훈이 자신을 갈고 닦으면서 서교에 나가 향사례를 행했는데"라는 구절은 도대체 무엇을 의미하는가? 1779년이라면 최초의 자생적 신자로 알려진 홍유한(洪有漢, 1736~?)과 이벽 외에 천주교에 몰입한 사람은 없었을 때이고, 이승훈 자신도 신자가 되어 가던 과정에 있었다. 이승훈 역시 권철신이 주재하던 강학회에서 잠과 명을 암송하면서도 '서교에 경도된 채 사대부의 유교적 의식이었던 향사례를 행했다.'라는 것인데, 서교와 향사례의 병존 혹은 결합이 가능한 것인가, 양자간의 모순을 느끼지 않았던 것인가를 질문할 수 있다. 천주교가 유입된 초기 남인 계열 학자이자 신자들은 천주교와 유교 간 모순이 존재한다고 생각하지 않았다. 그들은 천주는 만인의 창조주요 주재자로, 임금은 현실 권력의 정점에 있는 존재로 각각 분리해서 인식하였기 때문이다. 말하자면 유교는 현세의 논리이고, 천주교는 내세의 논리로 받아들였다. 그러기에 동양 사상에 고유한 '천(天) 곧 상제(上帝)'라는 관념론적 개념을 '천(天) 곧 천주(天主)'라는 인격적 개념으로 대치하기만 하면 천주교와의 자유로운 소통이 가능했던 것이다.

1779년 강학회에 참석했던 이승훈은 바로 이러한 인식 단계에 이르고 있었다. 그러던 것이 1783년 북경 주교에게서 세례를 받고 귀국했을 때에는 천에서 이와 기, 도덕과 윤리가 비롯된다는 허무주의적 논리를 부정하고 그곳에 인격적 신(神)인 천주를 인정하기에 이르렀다. 천리와 천도에서 만물의 원리가 도출된다고 설정하는 태극론과 무극론의 우주관을 천주설로 부정한다고 해서 '군주는 곧 인민의 부모'라는 유교적 현실 질서를 거부하는 것은 아니었다. 유교의 내세론적 공간을 천주로 채우는 대신, 현실적 질서를 부정하지 않는 이런 해석을 보유론적 관점이라고 한다면, 이는 유교를 훼손하지 않고 천주교를 포교하려던 마테오 리치가 『천주실의』에서 제시한 논리적 체계였다. 서사가 중사를 설득하는 대화체로 쓰인 『천주실의』의 초점은 태극설을 천주설로, 다시 말해 무의 공간에서 유가 비롯된다고 하는 우주관을 부정하는 데에 있었다. 이것이 『천주실의』 상권 1편과 2편의 목적이었다.

중사의 첫 질문은 '만물이 하늘[天]에서 말미암은 것'이라는 이 대전제가 왜 그릇된 논리인가 하는 것이었다.[22] 서사의 답은 처음부터 분명했다. 만물은 하늘에서 비롯되는데 그 '천'은 바로 천주이다. 천주는 누구로 말미암아 생기는 것이 아니고 그 자체 천지를 주관하고 낳고 기르는 '지극히 위대한 소이연(所以然)이다.'라는 것이다. 그것은 '원초적 소이연'이어서 그 위에 누구를 상정할 수 없다. 서사는 잘라 말한다. "천주는 인간이 아니지만 성인의 지혜를 훨씬 초월해 있습니다. 천주는 도와 덕이라고 말할 수 없으며 도와 덕의 근원입니다." 중국에서 예부터 믿어 온 상제라는 관념론적 개념을 천주로 대치한 이후 마테오 리치는 태극설을 부정하는 데로 나아간다. 서사는 사물의 범주를 실체(자립자)와 속성(의뢰자)으로 구분하고 실체에서 속성이 나오는 것이지 속성이 실체를 만들어 낼 수 없다고 하였다. 따라서 속성에 속하는 천리와 천도가 자립자 즉 만물을 만들었다는 논리는 오류이다. 유학이 사물의 근원으로 설정하는 태극은 서양의 경험론과 실증론에 입각한 서사 마테오 리치에게는 '아무것도 없는 것' 또는 허공(nothingness)으로 보였던 것이고, "원초에는 신묘하고 기이한 이 허리(虛理)가 어찌하여 하늘과 땅의 거대함을 조화해 낼 수 있었는데, 지금은 쇠퇴하고 미미해져서 한 대의 수레라는 작은 것조차 만들어 내지 못하는 것입니까?"라고 중사에게 되묻는다. 서사에게 만물의 소이연인 하늘은 속성이 아니라 실체여야 했고, 따라서 태극은 허공이 아니라 천주라는 인격적 실체여야 했다. 마테오 리치의 논리는 '천지만물에는 원주가 존재하고 있다.(有原主在也)'로 요약되고 그것이 상제로서의 천주이다. 상제는 곧 천주와 다름없다는 뜻이다. 여기서 상제와 천주의 교체가 발생한다.

우리나라(서양)의 천주는 곧 중국말로 하느님[上帝]입니다. 도교에서 만들어 놓은 현제옥황의 조상(彫像)과는 같지 않습니다. 현제옥황은 무당산에서 수도하며 살던 한 사람에 지나지 않습니다. 그 역시 같은 인간인데 인간이 어떻게 하늘의 임금님이 될 수 있겠습니까? 우리(서양)의 천주는 바로 (중국의) 옛 경전에서 말하는 '하느님'입니다.[23]

마테오 리치는 태극과 이기론, 인물성론으로 집약되는 성리학적 우주관을 실체와 속성으로 재분류하고 자립자와 의뢰자 간의 위계를 설정한 '만물의 새로운 분류도표[物種類圖]'를 만들었다.[24] 그리고 '만물의 원인 없는 원인'으로서 이(理)나 태극은 해당하지 않으며 오직 만물의 조화를 관장하는 근본자로서 천주만이 가능하다고 설파하였다.

신해박해와 신유박해 때 검거된 양반, 중인 신자들은 이미 태극도설을 버리고 천주를 받아들인 상태였으며, 그런 의미에서 독실한 천주교도였다고 할 것이다. 그럼에도 현실 세계에서 군주의 존재를 부정하는 것은 아니었고 조상 숭배만 제외하고 천주교가 유교적 윤리와 위배된다고 생각하지 않았다. 신해박해의 계기가 된 진산사건의 당사자 윤지충은 천주교가 사교이며 미신이라는 관장의 심문에 이렇게 답했다.

> 윤지충: 천주는 가장 높으신 아버지시요, 하늘과 땅과 천신과 사람과 만물의 창조주이신데, 그분을 섬기는 것을 미신이라 할 수 있습니까? …… 우리가 실천하는 것은 십계와 칠극입니다.
> 관장: 이 교에는 십계가 있음에도 불구하고 왕과 신민의 관계는 들어 있지 않다. 이것이 임금을 가지고 있지 않거나 임금을 업신여기는 도리라 부르는 것이다.
> 윤지충: 그렇지 않습니다. 임금님은 온 나라의 어버이시고, 관장은 그 고을의 어버이십니다. 그러므로 그분들에게는 충성의 본분을 지켜야 합니다. 그런데 이 모든 것이 제4계에 포함되어 있습니다.[25]

마테오 리치의 보유론적 논리처럼, 윤지충의 천주교적 신심에는 유교와의 충돌이 없었다. 유교적 이기론이 유신론(有神論)으로 바뀌었을 뿐이다. 윤지충의 공술(供述)에 명확히 표현되어 있듯이 천주교적 신심과 유교적 윤리 간에 모순이 없다는 믿음은 초기 신자들에게 널리 공유된 것이었고, 따라서 현세에서 고통을 받는 서민들을 감화시킬 수 있었다. 윤지충의 공술에 강조된 논리는 바로 『천주실의』와 정확히 부합한다.

중인 김범우의 집에 우연히 들렀더니 그 집에는 『천주실의』와 『칠극』이 있었는데, 그 책을 대충 읽으니 천주는 우리 공동의 아버지요, 하늘과 땅과 천신과 사람과 만물을 창조하신 분임을 어렴풋이 알게 되었습니다. 그분은 중국에서는 상제라고 부르는 분입니다. 하늘과 땅 사이에서 사람이 태어났는데, 비록 살과 피는 부모에게서 받았으나 사실인즉 천주께서 그들에게 주시는 것입니다. 한 영혼이 육신과 결합하는데, 그것을 결합시키는 것도 천주이십니다. 임금께 대한 충성의 근본도 천주의 명령이요, 부모에 대한 효도의 근본도 역시 천주의 명령입니다. 이 모든 것을 중국의 경서에 실린 상제를 마음과 정성을 다하여 섬기라는 형률과 비교해 본 결과 거기에는 같은 점도 많다고 믿게 되었습니다. 실행할 것은 십계(十戒)와 칠극(七克)에 포함되어 있습니다.[26]

신유박해 때 죽은 여섯 명의 주요 인물들, 이승훈, 최필공(崔必恭), 최창현(崔昌賢), 홍교만(洪教萬), 홍낙민(洪樂敏), 정약종 역시 이러한 믿음을 공유했고, 그 믿음을 순교로 증명했다. 순교하는 순간까지 서교와 유교가 서로 다르지 않다는 믿음을 버리지 않았던 것이다. 그러나 조정과 유교 지식인들은 안정복이 썼듯 서교와 유교 간의 충돌을 매우 위험한 것으로 이해했다. "이교(教)는 부모가 낳아 준 육신을 미워하라고 명령하니 부모를 미워하라고 명령하는 것이며, 왕이 다스리는 세상을 원수라고 고발하니 왕을 원수로 취급하라고 명령하는 것이며, 끝으로 동정을 결혼보다 더 완전하다고 가르치니 인류를 멸하려고 하는 것이다."[27]

십계와 칠극이 유교적 관행과 친화성을 갖고 있다는 신자들의 논리에는 무리가 없다고 하더라도 그것이 서학의 영역을 떠나 종교적 영역, 즉 서교로 전환되는 순간 유교적 의례에 기초하고 있던 조선의 통치력은 심각하게 훼손될 위험이 있다는 사실에 조정은 주목했다. 종교적 선택의 여지가 없었던 조선 사회에서 초기 신자들은 서학의 유교적 친화성을 기반으로 선택의 자유를 갈망했던 것이다. 유교가 내세 종교가 아니라는 사실로 보면 그것은 진정한 종교에의 갈망이었을 것이다. 형체를 알 수 없고, 볼 수도 없는 허공에서 비롯되는 천리와 천도, 이와 기를 어떻게 현세의 근본이라 할 수 있으며, 어떻게 내세를 다스릴 수 있을 것인가? 유교는 이런 질문에 답하지 못하였는데, 조정은 이 질문 자체가 불온하고 임금을 부정하는 것으로 해석했다. 초기 신자들은 이 질문에 대해 천주를 초청해 해결하고자 하였는데, 그렇게 해도 유교적 질서를 부정하는 것은 아니라고 항변했다. 이 논리적 격차는 결코 메워지지 않는 종류의 것이었고, 한 세기 동안 이 격차가 빚어낸 벼랑으로 거의 1만 명에 가까운 신자들이 몸을 던졌다. 사실 천주로의 귀의는 초기 신자들이 상상했던 것보다 훨씬 심각한 정치적, 사회적 결과를 빚어낼 것이었다. 신심의 영역에서는 양자의 모순을 최소화할 수 있었던 반면, 현실 생활에서 표출되는 천주교의 행동 양식은 신분 차별, 부부유별, 조상 숭배와 제사, 과녀의 재혼 금지, 경제적 경제외적 불평등, 남녀노소의 위계질서 등에 기초한 유교주의의 원리를 무너뜨리기에 충분히 위력적인 요인들을 함축하고 있었기 때문이다.

천주교의 확산과 의미

천주교 신자들이 애초부터 유교적 통치에 저항하기 위한 명시적 목적을 갖고 개종했던 것은 아니다. 그들은 조상 숭배와 제사 의례를 제외하고는 유교적 생활 양식을 견지하고자 했고 유교적 도덕과 윤리를 실행했다. 신자들은 여전히 유교적 인민이었다. 그러므로 유교 국가의 기반을 무너뜨린다는 혁명적 발상은 애초에 않았고 그럴 의지도 없었다. 그러나 개종의 결과가, 교리에 충실하고자 한 그들의 사고방식, 의식, 생활 양식이 자주 유교의 허용 범위를 넘어 충돌을 빚었다. 무엇보다도 국가가 그들을 위험시했다. 관장이 작성하고 신자들이 서명한 추안(推案)에는 신자들이 '반역죄인' 내지 '역도'로 규정되어 있었다. 1801년 중국인 신부 주문모를 처형하고 청에 그 사정을 호소하는 어린 순조의 편지가 그런 사정을 극명하게 보여 준다. 토사주문(討邪奏文)으로 알려진 그 편지에서 천주교 신자들을 백련교도 [白蓮]나 홍건적[黃巾]과 같은 부류로 규정했다.

한 10년 전부터 흉측하고 더러운 오랑캐 도당이 나타나 서양에서 가져 왔다는 도를 따른다고 자처하며, 하늘을 모독하는 말을 하고 성현들을 업신 여겼습니다. 그들은 국왕에게 반역하고 효성의 감정을 억누르고 조상들에 게 대한 제사를 폐지하고 신주를 불사르며, 천당과 지옥을 설교하여 무식하 고 어리석은 백성을 미혹케 하여 따르게 하였나이다. 또한 영세라는 것을 통 하여 그들 도당의 흉악한 죄를 없앤다 하며, 퇴폐적인 책을 감추고 부참들의 것과 같은 요술을 써서 사방에 여자들을 모아 금수(禽獸)처럼 사나이다.[28]

'오랑캐 도당', '금수'가 천주교도에 대한 조정의 이미지였다. 신자들이 '국왕에게 반역하고 조상을 무시하고 도참설 같은 것으로 혹세무민하는 도 당들'이 아니고, 애초부터 유교 국가의 관습을 무시하려는 명시적 목적을 가진 것은 아닐지라도, 믿음의 결과가 점차 그런 방향으로 흘러가는 것을 천주교도들도 인정하지 않을 수 없었다. 천주교도가 봉건 사회에 대해 과연 명확한 저항 의식을 갖고 있었는가의 여부, 천주교도를 사회 개혁적 집단으 로 규정할 수 있는가의 문제는 그리 간단하지 않다. 일부의 학자들은 천주 교도가 명시적 개혁 의식을 갖고 있었다고 주장한다. 예를 들면, 1791년 이 전에는 서학을 학문으로 받아들인 성격이 강했으나 신해박해를 겪은 이후 에는 양반에서 중인, 양인, 천민으로 신자들의 신분 구성이 변화되고 그와 동시에 봉건 사회의 모순에 저항하는 민중 운동적 성격이 강하게 부각되었다는 주장이 그러하다.[29] 입교 동기를 분석한 논문에서 조광은 1791년 박해를 계기로 현세 구복적, 내세 지향적 입교 동기에 가톨릭 교리가 함축한 반봉건적 의식이 부가되었다는 것이다. 즉 개인적 복음(福音)을 넘어 사회적 복음에 눈을 뜨기 시작했으며, 이것이 바로 신자들로 하여금 사회 개혁적 성향을 갖게 한 원동력이었다고 본다.[30] 가톨릭의 평등 지향적 교리를 상기한다면 이는 매우 설득력 있는 논리이다. 사실, 주신도층이 양반에서 하층민으로 옮겨 가면서 신분적 위계질서의 모순을 가장 첨예하게 느낀 하층민들이 인간의 존엄성과 평등성의 실현 가능성을 천주교리에서 발견했을 것이다. 그렇기에 중인, 양인, 천민이 대종을 이룬 19세기의 천주교는 체제 저항적 민중 운동과 자연스럽게 연결될 수 있는 태생적 성격을 갖고 있기는 하다. 가톨릭 신자들의 신분 계급별 구성과 직역, 입교 동기를 종합적으로 분석한 노길명(盧吉明)은 마찬가지로 민중 운동적 성격을 부각한다.

당시 가톨릭 신자들은 대부분 봉건성과 근대성의 틈바구니에서 근대를 강력히 지향하던 자들이었으며, 봉건 사회의 제반 체제에 있어서 한계인으로 기능하고 있었던 것으로 볼 수 있다. 이들은 봉건적 사회 체제에서 벗어나고 그러한 체제를 개혁하기 위한 동기에서 가톨릭 신앙 운동에 참여하고 있었으며, 그 결과 가톨릭 신앙 운동은 단순한 신문화 수용 운동의 성격을 벗어나 하나의 민중 운동으로 전환되고 있었던 것이다.[31]

그러나 필자의 견해는 다르다. '천주교는 곧 민중 운동'으로 등식화할 수 있는 근거는 매우 희박하고, 따라서 19세기 전반기 전국에 형성되었던 신앙 공동체를 사회 개혁적 운동으로 개념화하는 것은 사후적 해석 내지 의도적 해석의 오류에 빠질 위험이 있다는 사실이다. 여기서 사회 현상의 명시적 기능(manifest function)과 잠재적 기능(latent function)의 분류를 도입한다면 논리가 보다 명확해질 것이다. 앞에서 잠시 언급했듯이, 18세기 말에서 19세기 중반까지 천주교 신자가 된 사람들 중 조선의 봉건적 통치 체제에 '명시적' 저항 의식을 표출했던 경우는 드물었다. 신자들은 반상을 막론하고 천주를 하늘의 상제로 여겼으며, 유교적 사고방식과 생활 양식을 완전히 거부하지도 않았다. 그들은 신자들의 은신처이자 신앙 공동체인 교우촌(성교촌(聖敎村)으로도 불렸다.)에서 조선 왕조를 무너뜨려야겠다고 모의한 사례도 없으며 그럴 의지도 없었다. 다만, 조정이 그들을 반역죄인 또는 역도로 규정했을 따름이다. 샤를 달레가 수집한 수많은 순교자들의 추국안에서도 그런 체제 저항적 모습은 발견되지 않는다. '너는 임금과 조상을 부정하는 역모죄를 지었다.'라는 관장의 호령에 '임금과 부모를 저버린 적은 한 번도 없었다.'라는 것이 심문을 받는 신자들의 한결같은 답이었다. 이들이 조선 사회의 봉건제적 모순을 첨예하게 느꼈다고 할지라도 천주로 내세관을 채우는 것에 만족했고 천주를 통해 비참한 인간의 영혼을 구원받는 것을 원했다. 초월주의적 영성(靈性), 천주의 은총(恩寵)은 그들의 궁극적 목표였고 비참한 현실을 탈출할 수 있는 유일한 출구였다.

그러나 천주교에 내포된 교리와 그것이 요구하는 의식과 생활 양식이 문제였다. 앞에서 지적하였듯이, 천주교적 의식와 관습은 유교 사회의 원칙에 위배되는 것이 많았다. 조상 제사를 비롯하여 신분 질서, 부부 관계, 남녀노소의 위계질서, 재혼 금지 등을 축으로 한 유교적 생활 양식을 침해하는 결과를 초래한 것이다. 천주교 신자들이 '명시적' 저항 의식을 가졌던 것은 아니지만, 신앙 속에는 저항의 '잠재적' 기능들이 잠복해 있었다. 다시 말해, 천주교의 잠재적 기능은 저항적이었고 체제 전복적이었다고까지 말할 수 있다. 이 잠재적 기능은 1880년대 말 국가의 천주교 탄압이 소멸되면서 급속히 명시적 기능으로 전환되었다고 보는 편이 적합하다. 19세기 전반기까지 천주교도들은 저항 집단도 아니고 민중 운동적 성격을 띤 것도 아니었으며, 더욱이 체제 전복의 꿈을 꿨던 것도 아니었다. 다만, 천주를 통해 영혼의 구제와 영원한 생명을 얻고자 했던 것이며, 죽음을 불사한 것도 순교가 영원한 생명으로 가기 위한 문이라고 생각했기 때문이다. 요약한다면, 천주교 신자들은 '명시적' 저항 집단이 아니었고 민중 운동을 펼치려는 의지도 없었으나, '천주교 신자가 되는 것' 자체가 유교적 통치 체제의 기반을 침식하는 '잠재적' 저항 기능을 갖고 있었다고 말할 수 있다.

필자의 이런 '소극적 평가'에 대하여 여러 가지 비판이 제기될 수 있을 것이다. 특히, 천주교도들이 종교의 자유를 위해 북경의 교주와 신부들에게 큰 배[大舶]를 청원한 사례가 세 차례나 있었고, 황사영백서(黃嗣永帛書) 사건을 계기로 대박청원(大舶請願)이 외국 군함을 끌어들여 조정에 압박을 가하기를 원했던 천주교도들의 행위가 반역도와 다름없다고 통치 계급이 판단했기 때문이다. 조광은 이를 대박청원 사건으로 규정하고 큰 배가 조선에 출현하기를 기다리는 분위기가 천주교도들 사이에 팽배해 있었음을 지적한다. 대박청원이 조정에 알려진 것은 황사영백서 사건 때문이지만, 그 이전에 이미 세간에 널리 유포되어 있었다는 것이다.[32] 그것은 서양 신부들이 포교할 때에 반드시 큰 배를 타고 이국 땅에 들어오기 때문인데, 중국에서 마테오 리치 같은 이들이 그러했다. "서양인들이 세상을 두루 돌아다닐 때 반드시 큰 배를 타고 천주교를 전파시킨다."라는 것은 당시 신자들이 의심치 않고 받아들였던 믿음이었다. 그러므로 신자들에게는 서양 신부와 큰 배는 분리되지 않는 하나의 이미지였으며, 신부는 반드시 큰 배를 소유하거나 어디에선가 그것을 동원할 수 있는 힘을 가지고 있다고 믿었다. 가성직제도(假聖職制度)를 폐기한 이승훈, 이가환이 1790년 신자 윤유일(尹有一)을 보내 북경 주교에게 서양 신부를 파견해 달라고 요청했을 때에 큰 배에 대한 기대를 잊지 않았으며, 이런 사실은 신유박해 당시 체포되었던 유항검(柳恒儉,

1756~1801년)의 추안에 나타나 있다. 북경 주교는 조선 천주교도들의 청원을 거절하였다. 이후 주문모 신부가 조선 잠입에 성공하고 활발한 포교 활동을 펼치는 과정에서 최인길(崔仁吉), 지황(池潢), 윤유일이 사형을 당하자 대박청원이 다시 구원책으로 떠올랐으며, 급기야 1795년 주문모와 핵심 신자들이 대박청원서를 북경 주교에게 보냈다. 물론, '신자의 자유를 보장해줄' 큰 배는 오지 않았으나 신자들 사이에는 대박내선(大舶來鮮)이 탄압이 없는 이상적 사회의 도래로 여겨졌던 것이다.[33]

황사영백서에 대박청원에 대한 희망이 피력된 것은 이러한 사정을 반영한다. 황사영(黃嗣永, 1775~1801년)은 1801년 신유박해가 일어나자 경상도와 강원도를 전전하다가 충청도 제천의 배론[舟論] 소재 옹기점에 은신했다. 옹기점은 대부분 신자들에 의해 운영되고 있었기에 은신하기에 좋은 장소였다. 황사영은 어릴 적부터 유교 경전에 뛰어난 실력을 발휘해서 정조의 총애를 받았으나 장인 정약현의 영향을 받아 가톨릭 신자가 되었다. 배론에 은신하는 동안 황사영은 박해의 상황과 천주교도들의 절박한 사정을 북경 주교에게 알리고 도움을 요청하고자 길이 62센티미터, 넓이 38센티미터 크기의 명주 비단에 1만 3000여 자에 달하는 장문의 편지를 썼다. 바로 여기에 천주교도의 구원책인 대박청원이 명기되어 있다.

만약 배 수천 척과 정병 5, 6만을 얻어 대포 등 날카로운 무기를 많이 싣고, 겸하여 글 잘하고 사리에 밝은 중국 선비 서너 명을 데리고 바로 이 나라 해변에 이르러 국왕에게 글을 보내어 "우리는 서양의 전교하는 배다. 자녀나 재물을 구하러 온 것이 아니라 종교의 명령을 받고 이 지역의 생령을 구하러 온 것이다. ……만일 천주의 사자를 받아들이지 아니하면, 마땅히 주님의 벌을 받들어 죽어도 발꿈치를 돌이키지 아니할 것이다. 왕은 한 사람을 받아들여 전국의 벌을 면하겠는가. 아니면 전국을 잃더라도 한 사람을 받아들이지 아니 하겠는가 왕은 어느 하나를 택하기 바란다."라고 하시오. ……배와 사람 수가 말한 대로 될 수만 있다면 더할 수 없이 좋겠지만, 만약 힘이 모자라면 배 수십 척에 5000~6000명만 되어도 쓸 수 있을 것이다.[34]

교우 황필(黃泌)의 밀고로 황사영이 체포되자 이 편지는 북경 주교에게 전달되지 못한 채 조정 관헌에 의해 발각되어 압수되었다. 조정이 발칵 뒤집힌 것은 물론이다. 종교의 자유를 위해 왕을 협박하는 것도 불사했고, 더욱이 외국의 선박과 군대를 끌어들여서까지 종교의 목적을 이루려 했다는 사실은 이들을 대역죄인으로 다스리기에 충분했다. 황사영의 대박청원을 반민족적 행위로 규정하는 학자들이 더러 있고 또 위의 예문을 보면 그럴 만한 증거가 있으나, 천주교 탄압을 모면하고 종교의 자유를 얻기 위한 절박한 심정과 '대박(大舶)이 박해를 끝내 줄 것'으로 믿는 당시의 분위기를 반영하는 것 정도로 해석하는 편이 적합하다. "왕은 신부를 받아들일지 아니면 나라를 잃든지 택하라 하시오."라는 백서의 구절은 조선 왕조의 전복 의도가 아니라 절망적 상황을 모면하고 싶은 갈망의 표현일 것이다. 대박청원 사건에 연루된 신자들이 모두 참수된 지 25년 뒤, 다시 같은 취지의 편지가 이번에는 로마 교황청에 전달되었다. 유진길(劉進吉, 1791~1839년)의 명의로 된 이 편지는 역시 신유박해와 기해박해를 치르면서 피폐해진 천주교도들의 절망적 상황을 전달하고 도움을 받고자 한 것이었다. 두 차례의 박해를 거치면서 조선 천주교도 사이에는 그들을 이끌어 줄 신부는 물론 주도 인물이 없었다. 그래서 신자들은 교황청에 신부와 대박을 청원하였던 것이다.

좋은 결과를 거두기 위하여는, 우선 신부들을 보내어 저희들의 긴박한 사정을 돌보게 하고 나서, 이분들로 하여금 그다음에 보내야 할 배를 맞아 들이게 해야 될 것이오니, 이것이야말로 천주교를 마음대로 믿을 수 있게 되는 가장 좋은 방법이옵니다. …… 그러니까, 서양 배가 갑자기 나타나면, 저희 나라 사람들은 처음에는 어찌할 바를 모를 것이옵니다. 그러하오나 다음에는 서양 사람들의 힘과 덕을 높이 보아 저들을 친절하게, 또한 기쁘게 맞아들일 것이옵니다.[35]

그러나 그렇게 고대하던 큰 배는 오지 않았고 대신 신부가 왔다. 조선 최초의 서양 신부인 모방과 샤스탕 신부가 조선 땅을 밟은 것은 유진길이 편지를 냈던 11년 후, 로마 교황청이 조선 대교구의 설치를 승인한 1831년에서 5년이 더 경과한 1836년의 일이었다.[36]

큰 배에 대한 끈질긴 갈망이 어렵게 이어졌듯이 크고 작은 박해에도 불구하고 조선의 신자 수가 날로 증가했다는 것은 일종의 기적과 같은 일이었다.[37] 신유박해에는 약 500여 명이 목숨을 잃었고, 병인박해에는 이보다 더 많은 신자들이 순교를 택했다. [표 2]는 샤를 달레의 저서에서 신자의 규모를 언급한 대목을 모두 정리한 것이다. 주문모 신부가 얼어붙은 압록강을 건너 입국했던 1795년 초 조선의 신자 수는 약 4000명을 헤아렸는데, 1801년 신유박해가 일어날 당시는 약 1만 명에 달한 것으로 추산된다.[38] 불과 5~6년 사이에 신자 수가 급속히 증가했다. 그러다가 박해를 겪으면서 많은 신자들이 죽었고 산속 깊은 곳으로 흩어져 정확한 규모를 파악하기 매우 어려운 사정에 처했다. 신자 규모를 정확히 파악할 만큼 여유롭지도 못했고 신부가 아니고는 그런 일을 주도할 사람도 없었다. 그래서 서양 신부가 최초로 조선에 출현했던 1836년에야 비로소 어느 정도의 규모 파악이 가능해졌던 것이다. 1839년 기해박해가 일어났을 때 신자 수는 다시 1만 명으로 올라섰고, 1만 1000명(1850년), 1만 2175명(1853년), 1만 3638명(1855년), 1만 5026명(1857년), 1만 6900명(1859년), 1만 8035명(1860년)으로 각각 늘어났다. 1850년

[표 2] 천주교 신자 수의 증가

연 도	주교 또는 신부, 신자 수, 내용
1793년	주문모 신부 입국 전, 약 4000명 추산
1811년	권철신의 조카 권기인이 북경 주교에게 쓴 서한, 1만 명이 넘는다고 씀(신자의 추측이라 정확하지 않음)
1837년	모방 신부, 6000명 (영세 1237, 고해 2078, 영성체 1950, 보례 1117, 혼배 195, 종부 42명)
1838년	앵베르 주교, 9000명
1839년	앵베르 주교, 1만 명 (영세 1250, 견진 2500, 고해 4500, 영성체 4000, 혼배 150, 종부 60, 예비 신자 600명)
1846년	페레올 주교 (고해성사 5246, 영세 770명)
1850년	페레올 주교, 1만 1000명 이상 (고해 7180, 대인영세 374, 예비 신자 369, 자녀 세례 686명)
1853년	베르뇌 주교, 1만 2175명 (고해 7660, 영성체 6000명)
1855년	베르뇌 주교, 1만 3638명 (사규고해 9047, 재고해 2380, 사규영성체 7244, 대인영세 516명)
1857년	다블뤼 주교, 1만 5206명 (사규고해 9981, 대인영세 518, 교우 자녀 영세 602, 종부 804, 견진 226명)
1859년	다블뤼 주교, 1만 6900명 (사규고해 1만 1114, 재고해 3298, 재영성체 2304, 예비신자 1212, 견진 605, 혼배 203, 출생 757, 사망 465명)
1860년	리델 주교, 1만 8035명

출처: 샤를 달레, 『한국천주교회사』(1979년), 상·중·하권에서 정리함.

대 10년 동안 신자 수가 1만 명 수준에서 거의 2만 명 수준으로 두 배 정도 급증할 수 있었던 것은 병오박해(1846년) 이후 철종이 임금에 오르면서 천주교도 색출과 참수형을 별로 반기지 않았던 안동 김씨의 세도 정치에 힘입은 바 크며, 1842년 중영전쟁(아편 전쟁)에 대한 조선 조정의 긴장감도 서교 탄압을 이완하는 데에 한몫을 했다. 영국의 기독교사학자 찰스 로빈슨이 평가했듯, 세계에서 유례를 찾을 수 없이 가혹했던 탄압에도 불구하고 신자 수가 이렇게 빠르게 증가한 이유는 무엇인가? 서로 연관된 세 가지 설명이 가능하다.

첫째, 가장 기초적인 사실로서, 천주교는 비참한 현실 상황과 민생고에서 벗어나 정신적 위로와 안락을 구하려는 인민들의 요구에 부응했다는 점이다. 주지하다시피 현세의 종교, 수기치인을 강조하는 유교는 민생고와 도탄에 빠진 인민들에게는 정신적 안식처가 되지 못했다. 이런 인민들에게는 현실 구복적, 내세 지향적 신앙이 필요했는데, 주술 신앙, 민간 신앙, 불교와 도참설이 유교보다는 더 매력적인 내세관으로 다가왔던 이유이기도 하다. 주술 신앙에 빠진 대부분의 인민들을 제외하고 혈연와 지연적 연계망을 통해 우연히 천주교를 접하고 개종한 사람들이 바로 이들이었다. 17세기 중반 이후 19세기 중반까지 반복적으로 발생한 자연재해와 전염병도 인민들의 현실 구복적, 내세 지향적 요구를 자극해서 천주교의 확산에 영향을 미쳤을 것이다. 기근과 아사는 조선 인민들이 항시적으로 대면했던 재해였다. 한 연구에 의하면, 17세기 중엽부터 19세기 중엽까지 200여 년 동안 52회에 달하는 기근이 발생해서 인민의 생명을 위협했다. 어떤 기록에 의하면, 1809년 한 해 동안 전국 기민의 연인원이 830만 명에 달해 전국 인구수를 상회하는 기현상이 발생했고, 1839년만 해도 경기와 충청 지역에 88만 명에 달하는 기민이 보고되었다.[39] 전염병의 타격은 더욱 심하였다. 같은 기간에 약 79회에 달하는 전염병 사태가 보고되었는데, 10만 명 이상이 사망한 경우가 6회, 1만 이상 10만 이하가 죽은 사례가 9회 정도이다. 19세기에 들어서는 콜레라가 자주 창궐하였는데, 1821년부터 1822년 사이와 1859년에는 목숨을 잃은 자가 각각 수십만 명에 달했던 것으로 파악된다.[40] 생활 기반을 강타한

자연재해와 괴질이 인민들로 하여금 구복 신앙과 내세관을 요청하도록 자극했던 것이고, 천주교는 그런 요구에 일부 부응했던 서양 종교였다.

둘째, 앞에서 지적했던 바, 유교의 억압적 통치 양식과 위계적 사회 질서에 회의를 느낀 일부의 인민들이 인간의 존엄과 평등을 강조하는 천주교에 구원과 동시에 매혹을 느꼈을 것이다. 신분의 세습은 조선 사회를 지탱하는 중심축이었고 신분 질서에 기초한 수분공역이야말로 국가와 사대부의 경제적 기반이었는데, 중인과 양인은 물론 종모제에 묶인 천민들은 생득적 지위에 의해 결정된 신분과 공역으로부터 한 발짝도 벗어날 수 없었다. 여기에 향촌 사족, 관료층, 사대부의 부정부패와 탐욕이 부가되면 그것은 곧 인민들의 파산과 도탄을 초래하는 결과로 이어지게 마련이다. 19세기 전반기 전국을 휩쓸었던 민란은 대부분 인민들의 생산 능력과 납세 능력을 상회하는 수취 체제를 강요한 탓이었고, 통치 계급과 아전들의 침학과 학정을 견디지 못해 일어난 생존 투쟁이었던 것이다. 대부분의 민란이 탐관오리를 징벌하고 통치 기강을 바로 잡아 달라는 호소에 그쳤듯이, 신분 질서에의 결박과 비참한 현실에서 탈출하고자 했던 천주교도들이 조선 왕조의 전복을 꾀하고자 했던 것은 아님은 앞에서 밝힌 바이다. 그들의 우선적 목적은 정신적 구원이었고, 조선의 봉건제적 모순과 착취를 벗어나 현실적, 정신적 은신처를 찾고자 하는 데에 있었다.

셋째, 죽음을 천주의 은총을 받는 영광스러운 계기이자 영원한 구원으로 들어가는 문으로 간주했던 천주교 교리의 특성이 신자 증가의 중요한 원인이었다. 순교는 천주에 의해 선택된 자들만이 누릴 수 있는 영광이었다. 따라서 1만 수천 명을 헤아리는 신자들이 기쁘고 밝은 표정으로 죽어 갔으며, 측은하게 바라보는 구경꾼들을 향해 '슬퍼할 것은 당신들이다.'라고 외칠 수 있었다. "이들은 십자가와 고통의 가치를 가장 소중하게 생각하는 영성의 소유자들이었다."[41] 노길명은 당시 파리 외방 전교회의 성격을 검토하면서 당시 조선에 전파된 천주교가 보수적 경건주의와 성속이원론을 특징으로 한다고 지적하였다. 현세적 삶을 헛된 것이고, 삶의 궁극적 목표는 성의 세계에 이르는 것, 천주와 합일하는 것이다. 은총의 세계로 가기 위해서는 현실 생활에서 십계와 칠극을 지키고, 교리가 지시하는 바대로 행동하고, 기도와 묵상을 규칙적으로 행하며, 엄격하고도 경건한 계율에 따라 마음가짐과 행위 양식을 갖출 것을 요구한다. 초월주의적 경건주의, 내세론적 구원이 조선 천주교의 특성이었던 바 "초기의 지식 계급이 탈락되고 하류 계급이 주 신자층을 이루고 있었던 당시의 상황 속에서 순교의 영광스러움과 내세에서의 보상을 강조하는 프랑스 선교사들의 가르침은 신자들에게 현세보다 내세를 중시하도록 만든 요인으로 작용하였다."라는 노길명의 지적은 정곡을 찌른다고 하겠다.[42] 바로 이러한 천주교의 특성이 수차례의 가혹한 박해에도 불구하고 천주교 입교자를 양산한 배경이다. 비유하자면, 천주교는 피가 홍건한 땅에서 끊임없이 돋아나는 새순과 같았다.

담론: 인식과 관심

천주교도의 입장에서 선교 내지 포교는 외교인을 설득하여 신자로 만드는 것을 말한다. 그 행위에는 외교인을 충분히 감화시켜 마음을 움직일 수 있는 언술 또는 담론이 필요하다. 더욱이 천주교도를 대역 죄인으로 규정했던 당시의 살벌한 사회적 분위기에서 입교(入敎)는 곧 죽음을 감수한다는 것을 뜻했기 때문에 천주교의 담론은 그야말로 충격적인 것, 새로운 인식 지평을 열어 주는 것이어야 했다. 사선(死線)을 넘는 데에는 그만큼 큰 모멘텀(momentum)이 필요한 것은 당연한 이치이다. 프랑스 신부들의 죽음을 불사한 노력과 신자들의 헌신에도 불구하고 전체 인구 증가율에 비해 천주교도의 규모가 훨씬 더디게 불어난 것도 죽음이라는 장벽이 가로막고 있었기 때문이다. 그럼에도 천주교도의 수는 늘어났다. 세계에서 유례없이 가혹한 박해였다는 사실을 감안하면 그렇게 더딘 것은 아니었다. 선교에 가장 필요한 것은 강력한 매력을 가진 언술 다발들, 즉 '담론(discourse)'으로 부를 수 있는 분산된 진술과 문장들의 집합이다. 신자들은 나름대로 가장 감동적이라고 생각되는 교리 조각들을 친우, 친척들에게 전달했을 터이고, 여러 차례의 만남과 담화를 통해 교리 조각들이 발화자와 청자 사이를 오고 갔을 것이다. 담화는 언술과 발언 들이 서로 섞이거나 마찰을 일으키고, 동의와 대립의 영역을 오락가락하면서 새로운 언술들을 만들어 내는 과정이다. 담론은 이런 담화들이 느슨한 테두리로 묶여져 어떤 방향성을 띠게 될 때에 형성된다. 천주교 신자들과 유교적 인식에 젖은 일반 서민들이 담화를 주고받는 과정에서 논리가 서로 부딪히고 엉키고 일치하는 복합적 과정을 겪었을 것이다. 그 결과로 만들어지는 담론은 권력에 봉사할 수도 있고 정반대로 그것에 저항할 수도 있다. 푸코의 말처럼 "담론은 권력을 생산하고 전달하며 강화할 뿐만 아니라 권력을 소멸시키고 폭로하며 허약하게 만들고 권력을 좌절시킬 수도 있다."[43] 담론은 지식이자 권력 그 자체인 것이다.

앞에서 고찰하였듯이, 천주교적 담론은 처음부터 유교 권력을 폭로하고 좌절시키려는 의도를 명시적으로 갖고 있지는 않았지만, 교리에 충실한 신자로서의 행동은 그런 결과를 낳을 수밖에 없었다. 처음부터 입교 동기가 저항적인 사례도 많이 있었을 것이지만, 천주교 교리에 매력을 느껴 입교한 일반 서민들은 교리의 실천 과정에서 유교적 질서와 부딪힐 수밖에 없는 운명을 조금씩 감수해야 했다. 푸코의 분석처럼 담론이 인식(knowledge)과 관심(interest)으로 구성된다면, 인식이 관심으로 표출되는 과정에서 유교 권력과 조우하고 급기야는 생명을 건 사활의 문제에 부딪히게 된다. 이 두 가지 요소 중 한 사람이 '인식'만 갖고 있다면 사적 개인의 영역에 머물러 있는 것이지만, 실천 과정으로 나아갈 때에 그는 비로소 공중(the public)으로 전환한다. 즉, 담론은 사적 개인을 공중으로 변화시키며, 그리하여 담론에 참여한 개인은 기존 권력을 강화하거나 저항하는 행위자로 변모하게 되는 것이다. 그러므로 담론 분석에는 인식과 관심의 내용이 무엇인지를 파악해야 하며, 인식과 관심을 전달하고 전파하는 기제(mechanism)가 무엇인지를 찾아내야 한다. 전파 기제가 전국적이고 대중화되어 있을 경우 분산된 언술다발은 하나의 이론 체계 내지 사상 체계로 발전할 수 있다. 하버마스는 이를 공론장으로 불렀는데, 새로운 상승 계급인 부르주아 계급이 귀족 권력과 대항하는 논리 체계를 만들어 낸 통로가 바로 이 공론장이었다. 천주교의 경우 언술과 담화가 전국적으로 확산된 것은 아니었다는 점, 그리고 그것을 전파하는 기제 역시 부분적, 지역적이었다는 점을 들어 '공론장'보다는 '담론장'으로 규정하는 것이 적합하다는 사실은 이미 앞에서 지적한 바다.[44] 그렇다면 담론의 내용과 기제를 밝히는 작업이 필요하다.

담론의 내용은 곧 천주교리의 분석에 해당하는데 인간관, 가족관, 사회관으로 구분하여 고찰한 조광의 연구와 당시 천주교도들이 순교하기 전에 남긴 편지들을 참조할 만하다.[45] 종합적으로 말한다면 천주교는 유교의 '수직적 위계'를 '수평적 우애'로 바꾸고, 출신 성분에 의해 결정되는 '운명론적 인간관'을 신분에 구속되지 않는 '보편적 인간관'으로 환치했다. 모든 세상 사람들은 만물의 창조주이신 천주를 찬양하는 형제자매인 것이다. 따라서 계급 차별적 질서를 유지하는 필수 덕목인 삼강오륜적 윤리는 인간 상호 간의 사랑과 화목(和睦)으로 대체된다. 그렇다고 십계와 칠극에서 보듯 군주-사대부-인민의 권력적 관계를 부정한 것은 아니었지만, 군주와 사대부도 천주의 창조물이라는 점에서 인민과 다를 바 없으며 인민 역시 천주 앞에서 귀천의 차별은 소멸된다. 유교에서 인민은 군주에게는 신분 질서에 따라 수분(守分)이 정해진 적자이지만, 천주교는 그 상호 관계를 우애와 사랑으로 바꿔 놓고 있는 것이다. '인간의 존엄성과 사랑'이 천주교가 유교적 가치에 젖은 조선의 인민들에게 던진 가장 큰 충격일 것이다. 민유방본이라는 조선의 성리학적 건국 이념에도 불구하고 인민은 통치의 대상이자 삼강오륜적 질서를 지켜야 하는 서민 일반을 지칭했다. '적자로서의 인민'은 따라서 통치의 객체이자 교화의 대상이었는데, 교화의 핵심 내용은 신분적 위계질서를 유지하는 데에 필요한 입교(入敎), 명륜(明倫), 경신(敬身)이었다. 아동 교육의 필수 교과서인『소학』이 유교적 위계질서의 핵심 항목인「입교」,「명륜」,「경신」, 이 세 편으로 구성되어 있는 것은 우연이 아니다. 그런데 천주교는 '인민'을 '사람' 혹은 '인간'으로 바꾸고 인간 상호 간 '평등과 존엄성'을 강조했던 것이다. 평등과 존엄성을 실현하는 원리가 천주의 사랑, 그리고 우애와 화목이었다. 인간관이 신분에서 평등으로 바뀌면 그것에 기초한 가족관과 사회관도 자연스럽게 변화되는 것은 당연한 귀결이다.

정약종이 저술한 최초의 성서인『주교요지』에 신분과 복종이 아닌 사랑에 기초한 인간관이 분명하게 밝혀져 있다. "텬쥬 두 사람의게 ᄌ식 낫는 능을 주샤 ᄌ식을 나흐니 보텬하 억만 사람이 다 그 ᄌ손이 되는고로 우리 사람이 서로 ᄉ랑하기를 한 부모의게로 난 동싱갓치 ᄒ게 ᄒ심이라."[46] '천주 아래 모든 사람이 그 자손이므로 서로 사랑하고 동생같이 여기라.'라는 말을 조선의 인민들이 접했을 때 받았을 충격은 상상하고도 남는다.『주교요지』는 중국에서 활동한 빌리오 신부가 1668년 저술한 것을 참조하여 정약종이 한글로 창작한 천주 교리서이다.[47] 이 책이『성경직해』와 함께 1790년대 신자들 사이에서 널리 읽혔다는 것은 담론장의 확대와 관련하여 주목을 요한다. 최초의 한글 교리서가 인민을 '사람'으로 대치하고, 천주 외 모든 사람을 한 자식으로, 한 부모에게서 난 동생혈육(同生血肉)으로 파악하고 있다는 사실은 조선 인민들에게 엄청난 충격을 안겨 주었을 것이다. 다시 말해, 신분 질서의 모순과 탐관오리의 침학에 시달리는 현실을 일시에 탈출하게 해 주는 논리적 안식처를 천주교 교리에서 발견할 수 있었을 것이다.

'수분공역의 인민'이 '동생혈육의 사람'으로 대치되자 가족관과 사회관 역시 평등과 사랑의 질서로 전환하는 것은 자연스러운 이치이다. 우선, 천주교가 유교적 가족관에 정면으로 배치되는 것은 부부유별(夫婦有別)과 부자유친(父子有親)의 복종 관계를 해체하고, 남편을 여읜 여성의 재가를 인간의 권리로 인정한 점이다. 부부와 부자 관계, 그리고 남매와 자매 관계에 예(禮)와 신(信)이라는 유교적 덕목을 위치시켰던 유교와는 달리 천주를 매개로 한 사랑과 우애로 환치함에 따라 수직적, 종적 관계가 수평적 신뢰와 상호 존경, 상호 책임의 관계로 전환한다. 아마 부부 관계의 가장 큰 변화는 신자 부부간 맺은 동정서약(童貞誓約)일 것이다. 초기에 순교한 신자들의 편지에서 그런 모습이 분명하게 나타난다. 1801년 신유박해 당시 순교한 이순이(李順伊, 이누갈다)는 동정서약을 지킨 신자로서 그의 남편은 전주 지방의 신자였던 유항검의 아들 유중철(柳重哲, 요한)이었다. 그녀는 먼저 순교한 남편을 매우 다정한 오라비처럼 생각했으며 결혼 전에 남편과 동정서약에 동의하고 끝까지 그것을 지켰다. 먼저 죽임을 당한 남편을 생각하는 마음은 부부유별의 유교적 인식과는 거리가 멀다. 이누갈다는 마지막 편지에서 이렇게 썼다.

여기서 요한 오라버니를 남들은 제 남편이라고 말하지만 저는 저의 참된 벗이라고 여기니, 만일 요한 오라버니가 하늘나라에 올라갔다면 저를 잊지 않고 있을 것이 분명해요. 요한 오라버니는 이 세상에서 함께 살 때 저를 위한 마음이 지극하였으니, …… 제가 고통에 못 이겨 남몰래 오라버니를 부르는 제 목소리가 귓가를 떠나지 않을 거예요.[48]

지난해 12월이었는데, 저희는 육체적인 유혹이 아주 심해서 마음이 두렵기가 얇은 얼음 위를 걸어가는 듯, 깊은 물가에 서 있는 듯했어요. 주님을 우러러 그 유혹을 이겨 낼 수 있도록 도와 달라고 간절히 기도했지요. 주님의 은혜로운 도우심으로 정말 간신히 그 유혹을 떨쳐 동정을 온전하게 지켜 내었습니다.[49]

부부에 대한 평등 인식은 이누갈다의 동생인 이경언(바오로)이 순교 직전 아내에게 보낸 편지에서도 그대로 드러나고 있다.

한편, 부자 관계에서 자식이 부모에 대한 효도와 의무 조항을 강조한 것이 유교적 질서였다면, 천주교는 그것을 포함하여 부모가 자식에 대해 짐질 의무와 책임을 같은 비중으로 간주했다는 점이 다르다. 1864년에 다블뤼 주교가 간행한 『성찰기략(省察記略)』은 부모에 대한 도리를 25개 항목, 자식에 대한 부모의 책임을 24개 항목에 걸쳐 열거하고 있다. 자식의 교육, 정신적 지원, 아들과 딸의 차별 금지, 자식의 의사와 관계없는 정혼 금지 등이 부자지간의 천주교적 윤리임을 밝혔다.[50] 그러는 한편, 축첩이 용인되었던 유교적 관습을 철저히 부정하고 일부일처제와 부부간 금욕주의적 전통을 준수할 것, 그리고 사별한 여인에게는 재혼의 권리가 있음을 인정하였다. 천주교의 이런 덕목들은 장자 중심의 가문 계승과 조상 숭배적 의례를 종교적 차원으로 끌어올린 유교적 질서의 기초를 흔드는 파격적인 것이었다. 아들과 딸의 차별 금지는 장자 중심적 제도와 정면 배치되고, 자식을 못 낳는 처를 두고 첩을 둘 수 없다는 규칙은 가문 계승의 혈연적 의무를 방기하는 일이며, 여성의 재혼을 허용하고 자유 결혼을 승인했다는 것은 남녀의 지위 차별을 파괴하는 결과를 낳았기에 천주교에 대한 통치 계급의 경계심은 그만큼 커질 수밖에 없었다. 역으로 그런 억압적 규율에 얽매였던 사람들에게는 일종의 해방이자 삶의 새로운 출구를 마련해 주는 천상의 목소리로 들렸을 것이다. 그리하여 천주교가 권장해 마지않았던 인간관과 가족관은 결국 유교적 통치 질서의 기저를 흔드는 위험한 것으로 인식되기에 이르렀고, 실제로 그런 영향이 가시화되었다. 노길명은 천주교가 전파한 충격을 다음과 같이 집약한다.

극심한 박해 속에 형성된 신앙적 형제 의식과 내집단 의식은 결혼에 있어서도 계급이나 문벌보다는 신앙을 우선하도록 만들었으며, 가톨릭의 자유 결혼 제도와 인간 평등에 대한 사상은 지금까지 계급이나 문벌 내에서만 이루어지던 통혼 제도를 거부함으로써 봉건적 신분 제도와 유교주의적 가족 제도를 부정하는 실천 행위로 나타났던 것이다.[51]

이런 평등주의적 인간관과 가족관이 신분 위계적 사회관과 정면으로 부딪히는 것은 불가피한 현상이다. 가톨릭은 군신 관계나 국가에 대한 충성심을 부정하지 않았다. 오히려 그 반대였다. 가톨릭은 국가와 국왕에 대한 존경심을 가르쳤으며, 부세와 공역 의무를 성실히 수행해야 함을 강조했다. 1790년대 초반에 널리 읽혔던 『성경직해』에는 국가와 국왕에 대한 충성을 신자의 기본 도리로 다음과 같이 밝혀 놓았다. "ᄉᆞ랑할 거시오 공경ᄒᆞᆯ 거시오 더ᄅᆞᆯ 위ᄒᆞ야 빌 거시오 그 명령을 밧들 거시오 그 부셰ᄅᆞᆯ 밧칠 거시니. …… 그 ᄉᆞᄅᆞᆷ은 빅셩을 보호ᄒᆞᆷ을 아비ᄀᆞ치 ᄒᆞ고 품음을 어미ᄀᆞ치 ᄒᆞᄂᆞᆫ 연괴 오 그 공경ᄒᆞᆷ은 놉흔 위 나라 모든 사ᄅᆞᆷ에셔 탁월ᄒᆞᆫ 연괴 오 텬쥬ᄭᅵ 그 ᄉᆞᆼ명을 ᄂᆞ려 쥬쇼셔 빎은 님금의 강녕ᄒᆞᆷ이 온 나라희 강녕ᄒᆞᆷ인 연괴오."[52] 국왕의 강녕함이 나라의 강녕함이니 그 명령을 받들고 부세를 바치라는 것이다. 백성들이 국왕을 받들어야 한다는 교리는 기도서인 『천주성교공과(天主聖教功課)』에 명확히 규정된 대로 국왕과 관장을 위해 정기적으로 행했던 예배 의식으로도 입증된다.[53] 신자들은 주일과 축일에 국왕과 관장을 위해 기도를 올렸을 정도로 봉건 국가의 권력과 통치를 고스란히 받아들였다. 그것은 발신국인 프랑스 가톨릭의 본질과도 부합하는 것이고, 이교도의 국가에서 가톨릭이 반국가적 종교가 아님을 보여 주려는 선교적 의도도 엿볼 수 있다.

그러나 유교 국가의 기반인 신분 질서에 대해서는 매우 다른 입장을 취했다. 신자들은 출신 성분에 따른 엄격한 위계를 그다지 중시하지 않았다. 신자들이라면 반상이 따로 없었고 천민까지도 평등한 신자로서 대했으며, 여성과 남성의 차별을 두지 않았다. 주문모 신부의 최측근 보좌를 맡았던 강완숙(姜完淑, 골롬바)은 이가환, 이기양(李基讓) 등 양반 신도들을 포함하여 여성 신도와 천민 신도들과도 긴밀한 연락 업무를 수행했는데, 신도들은 반상을 가리지 않고 잘 따랐다. 초기 신자들의 대종을 이뤘던 것은 주로 양반 신분이었으나 신유박해를 겪으면서 가톨릭은 양인과 천민으로 확대되어 나갔다. 박해가 심해질수록 신자들의 내집단 연대는 더욱 강고해져서 신분 차이보다는 천주의 은총과 성령을 중시하는 방향으로 발전했다. 1801년 황사영이 백서에서 밝힌 것처럼 이미 신유박해 당시에도 신자들 중에는 신분이 비천한 사람이 많았다. 황사영은 이렇게 썼다. "오늘날 저희들 중에는 능력 있고 굳건한 사람이, 말하자면 한 사람도 남아 있지 않습니다. 무식한 사람들, 신분이 비천한 사람들, 부녀자들이 아직 수천 명이 될 수 있겠습니다만, 그들을 지도하고 그들을 가르칠 사람이 아무도 없으니, 어떻게 그들이 오랫동안 보존될 수 있겠습니까."[54] 황사영은 당시 신자들의 비참한 상황을 알려서 중국 주교가 신부를 파견하도록 마음을 움직이려 했다. 주문모 신부가 순교할 당시 체포된 황일광(黃日光)은 내포(內浦) 지방의 백정 집안 출신이었고, 김광옥(金廣玉)은 내포 지방의 부유한 양인이었다. 이들은 신자로서 평등했다. 권철신의 조카 권기인(요한)이 1811년 쓴 것으로 추정되는 로마 교황에게 보낸 편지에도 신도들의 신분적 구성이 표현되어 있다. "학식이 있고 언변이 좋던 교우들은 모두 박해 중에 죽었사옵고, 그들을 대신할 만한 사람들의 입교가 없었나이다. 남은 이라고는 오직 부녀와 어린 아이들과 너무 무식하여 '우'와 '유' 두 글자도 구별하지 못하는 남자들뿐이옵니다. 아무리 교우의 수가 많다고 하여도, 그들은 넉넉히 배우지 못하여, 한 천주 계시고 영혼과 상벌이 있음을 아오나, 다른 신조는 거의 알지 못하여, 그것을 가르칠 수도 설명해 줄 수도 없나이다."[55] 다시 말해, 신도들은 양천 신분에 널리 분포되어 있었던 것이고, 박해를 피해 산중으로 피신한 신도들이 교우촌을 형성하자 그곳에서 신분과 관계없이 한가족처럼 살 수밖에 없었다. 초기에 신분 구별이 없었던 것은 아니지만 점차 가톨릭의 가르침에 따라 신분 구별이 중시되지 않는 방향으로 나아갔다. 신유박해 당시 순교한 이경도(李景陶, 가롤로, 이순이의 오빠)가 옥중에서 보낸 편지에도 그런 인식을 엿볼 수 있다. "사소한 정에 매여 긴 말 짧은 말을 해 보았자 마음만 아프게 할 뿐 좋을 것이 하나도 없습니다. 두 자만 말씀드리면, '뜨거운 사랑(熱愛)' 말고는 주님의 마음과 통할 것이 없으니, 소원을 이루기는 이것이 제격입니다. 종들아, 다 잘 있거라. 한 사람도 떠나지 말고 하늘나라에서 영원히 만나기를 바란다."[56]

양반 가문의 이경도에게 종은 종이 아니었다. 그들은 자신과 함께 천주의 아들이었고 신앙 공동체의 일원이었다. 그렇다고 신자들이 신분 질서를 완전히 부정한 것은 아니었다. 그들은 국가에 대한 부세 의무와 공역을 성실히 수행하였으며 임금을 부모와 같이 공경하고 명륜(明倫)과 경신(敬身)의 예를 따랐다. 신심(信心)의 영역에서는 반상과 양천은 같은 사람, 같은 인간으로 평등했으나, 현실 영역에서는 신분 구별을 대체로 수긍했다. 신심과 현실 공간의 이러한 불일치는 엄격한 유교 정치하에서는 불가피한 일이었을 것이다. 주문모 신부가 조직한 신자 단체인 명도회(明道會)는 양반, 중서, 천민을 가리지 않고 회원이 될 수 있었고, 강완숙처럼 여성 회원들도 중책을 맡아 업무를 수행할 정도로 평등한 관계를 유지했다. 그러나 현실 공간으로 나오면 그들은 자신의 신분과 공역 의무로 돌아갔다. 후에 정약종의 하인이 된 황일광은 원래 내포 지방의 백정 출신이었다. 그는 내포 지방 이존창에게서 가톨릭을 접하고 입교한 후 백정을 천시하는 주변의 눈초리가 싫어서 경상도 산골 교우촌에 들어가 살았다. 그는 신분을 숨겼다. 교우들은 그가 백정임을 알고 있었다. 그러나 "(교우들은) 그것 때문에 그를 나무라기는 고사하고 애덕(愛德)으로 형제 대우를 하기를 게을리하지 않았다. 어디를 가나 양반집에서까지도 그는 다른 교우들과 똑같이 집안에 받아들여졌는데, 그로 말미암아 그는 농담조로 자기에게는 자기 신분으로 보아, 사람들이 그를 너무나 점잖게 대해 주기 때문에, 이 세상에 하나 또 후세에 하나, 이렇게 천당 두 개가 있다고 말하였다."[57] 현실 공간에서 그가 맡은 일은 정약종가의 잔심부름과 땔나무 공급 등이었다.

인간, 가족, 사회에 대한 이러한 담론은 유교적 인습에 젖었던 당시의 조선 인민들에게는 획기적인 것이었다. 사대부들이 믿고 있었던 성리학적 우주관과 이기론은 너무나 철학적, 관념론적이어서 한문을 읽지 못하는 인민들에게는 가슴에 와 닿지 않았다. 다시 말해, 태극(太極)과 무극(無極)은 비인격적 속성으로서 인민들의 내세관을 채워 주지 못했다. 주술 신앙, 민간 신앙, 정령 사상, 도참설이 널리 유포되었던 것은 유교의 내세관이 비어 있었기 때문인데, 천주가 이 빈 공간을 채우자마자 인민들에게는 새로운 세상이 열리는 것 같았다. 태극, 무극론을 밀어내고 천주의 존재와 의미에 대한 담론을 확산시킨 기제(mechanism)는 무엇이었는가? 담론이 확산되고 재생산되려면 현실 공간에서 그것을 유포하는 어떤 구체적인 기제를 필요로 한다. 사대부와 재지사족들에게는 이미 그들의 통치 이데올로기를 재생산하고 유지하는 담론장이 마련되어 있었다. 전국적으로 설립된 서원, 국가의 공식 교육 기관인 향교, 그리고 향촌 지배 기구인 향계가 그것이다. 이런 기구들을 통하여 사발통문, 조정의 윤음과 칙서, 상서와 상소가 양반 중심의 공론

정치를 만들어 갔다. 그렇다면 천주교의 담론을 확산시킨 기제는 무엇이었는가? 가장 중요한 것은 한글 번역 성서였고, 이 한글 번역 성서가 유통되는 기제로 명도회와 같은 신심회, 신자들의 혈연 및 지연 네트워크, 그리고 교우촌을 들 수 있다.

담론장의 형성과 확산

종과 주인이 신심의 영역에서 평등한 인간이 될 수 있었던 것은 한글 번역 성서 덕분이었다. 양반과 상민이 공소(公所)에 모여 같이 예배를 올릴 수 있었던 것도 한글 번역 성서 덕분이었다. 이승훈이 북경에서 세례를 받고 돌아온 1783년경에는 이미 세간에 필사본 국문 소설이 대량 유포되고 세책방이 성업을 하고 있던 시기였기에 한글 번역 성서가 그다지 새로울 것은 없었다. 국문 소설의 독자층이 양반에서 상민, 남자와 여자에 이르기까지 광범위하게 형성되어 있던 시기에 출현한 한글 성서는 신분 구분을 가로질러 '종교적 텍스트 공동체'를 만드는 데에 결정적 역할을 했다. 그것이 아니었다면, 천주교가 빠른 속도로 중서층과 천민층에 파고 들지 못했을 것이다. 그들은 한문 해독 능력이 없어 지배층 문화에 대해서는 대체로 문맹이었지만, 어릴 적 서당에서 또는 여인들에게서 언문을 접해 국문 문해층은 어느 정도 형성되어 있었다고 보는 편이 적합하다. 1836년 이후 조선에 입국한 프랑스 신부들이 주력했던 것도 언문 학습이었다. 언문으로 교리를 가르치고, 조선말로 세례를 주고 기도를 집도하는 것은 신자 증가를 위해 필수적인 일이었다. 1795년 입국한 최초의 신부 주문모 역시 조선말로 포교하는 것의 중요성을 깨달아 조선말을 학습했고, 『사순절과 부활 시기를 위한 안내서』라는 책자를 언문으로 냈다. 신유박해 때 신자들에게서 압수한 책

중에 『고히요리』, 『고히성찬』, 『성체문답』과 같은 언문 교리서가 포함되어 있는 것으로 미뤄, 1790년대에 이미 언문 번역서가 다수 유통되었을 것으로 생각된다.[58]

앞에서 지적하였듯이, 초기 양반 신자들에 의해 번역된 성서가 널리 읽혔다. 정약종이 저술한 『주교요지』, 『성교전서』가 그것이고, 번역자가 정약종으로 추정되는 『교요서론(敎要序論)』이 여기에 포함된다. 『주교요지』는 빌리오 신부의 것을 참고하여 창작한 것이고, 『성교전서』는 신유박해로 말미암아 완성되지 않았으며, 『교요서론』은 중국에서 활동한 페르디난트 베르비스트(Ferdinand Verbiest, 중국명 남회인(南懷仁))가 1677년 저술한 『교요서론』의 한글 번역본이었다.[59] 남회인은 17세기 말 중국에서 활약한 신부로서 25개에 달하는 교리서를 한문으로 썼는데 이들 중 몇몇은 부경사행원을 수행했던 신자들에 의해 조선에 유입되었다. 그중 많은 조선 학자와 양반들 사이에서 널리 읽혔던 것이 『교요서론』이었으며 정약종이 이를 번역한 것으로 추정된다. 이승훈, 황사영과 친분이 있었던 옥천희(玉千禧)는 신유박해 때 체포되어 심문을 받을 때 북경에 가서 이 책을 구해서 읽었으며 이를 통해 천주교를 배웠다고 자백하였다. 18세기 후반기에 부경사행원에는 반드시 조선인 신자들이 동행해서 한역 서교서를 구입해 조선으로 반입하였다. 이승훈이 가져온 서교서도 학자들이 번역해 서로 돌려 보았다. 1801년 주문모 신부를 참수하고 조선 조정이 북경에 양해를 구한 「토사주문(討邪奏文)」에는 그런 사정을 입증한 구절이 적혀 있다. "이가환은 학문과 육예에 매우 능하여 2품 관직을 얻었나이다. 그러므로 이 도당들은 그를 지주로 삼아 모든 일에서 그에게 복종하였나이다. 그는 이승훈이 가져온 퇴폐적인 책들을 언문으로 옮겼으며, 그 도당들의 앞장을 서서 멀리까지 그것을 전파하였나이다. …… 지식 있고 대가 출신인 이자들 밖에도 낮은 계급의 장사치와 서민 중에서 수백 명이 합세하였나이다. 모두가 뱀처럼 감기고 엉켰고 노끈과 같이 매어져 있었나이다. 한편 유혹되어 그 도당에 끌려들어 간 여자들은 홍필주의 어미 강완숙을 두목으로 하고 있나이다."[60] 이가환이 무엇을 번역 하였는지를 밝혀지지 않았지만, 천주교 유입 초기에 널리 읽혔던 번역서들 은 주로 남인 학자들에 의해 번역되고 부분 창작되어 서민들에게 유포되었 다고 생각된다. 때로는 역관에 의해 번역되기도 하였다. 최요한으로 알려진 최창현(崔昌顯)이 그 사례에 속하는데, 1780년대 중반 입교 후 그는 교회 서 적들을 스스로 베껴 사람들에게 나눠 주었다. 달레는 이렇게 썼다. "그의 베 끼기 솜씨가 어떻게나 평판이 높았던지 책을 가지고 싶은 사람들은 그것을 얻기 위해 그를 찾아갈 정도였다. 『주일과 축일 성경의 해석』이라는 한문책 을 조선말로 번역한 사람이 그였다고 한다."[61]

아무튼, 언문 교리서는 종교 담론장을 확대하는 가장 중요한 기제였다. 반상을 가로지르는 종교적 텍스트 공동체가 성립되는 데에는 한글 번역서 가 중대한 역할을 했다. 1835년 서울에서 체포된 이아가다의 심문 내용에서 그것을 확인할 수 있다.

관장: 한문을 읽을 줄 아느냐?

이아가다: 모릅니다.

관장: 글도 읽을 줄 모르면서 어떻게 그 교리를 배웠느냐?

이아가다: 이 교를 받들기 위해서는 한자를 알 필요가 없습니다. 제가 아 는 언문으로 번역되어 있으니까요. 그러니 그것을 배우는 것이 무엇이 어려 웠겠습니까?[62]

신유박해 이후 잠시 탄압이 누그러지자 신자들이 암암리에 증가하기 시 작했고 교리서에 대한 수요도 더불어 증대했다. 그래서 교회 서적과 교리서 를 필사해서 수입을 올리는 생계형 신자들도 다수 출현할 정도였다. 초기

가톨릭의 발상지 중 하나였던 내포 지방 다래골의 최신덕(마오로)은 교리서를 베껴 나눠 주었고, 신유박해 때 소멸된 신자 집단의 재건 운동에 앞장섰다.[63] 청양의 김시우(金時佑)는 제법 학식이 있고 재간이 있었는데 서책들을 베껴 잔돈푼을 벌어 썼으며, 당시 교우촌으로 알려졌던 청송의 노래산(老萊山)을 방문하기도 하였다.[64] 전라도 고산의 이성삼 역시 글재주가 많아 천주교 서적을 베껴 교우들에게 팔기도 하고 주기도 했다. 1827년 체포되어 관장에게 고초를 당했는데, 같이 검거된 교우들의 집에서 발견된 대부분의 책들이 그가 베낀 책들로 판명되었다.[65] 청주에 사는 김사집 역시 독실한 신자였는데 천주교 서적을 필사해서 교우들에게 나눠 주었다. 그는 신유박해 때에 체포되어 참수당했다.[66] 이런 사례는 신자가 증가하면서 더불어 늘어났다. 정조 12년(1788년) 정언 이경명(李景溟)은 천주교의 전파를 우려하여 정조에게 직언을 올렸다. "지극히 우매한 전맹(田氓)이나 아무 것도 모르는 촌맹(村氓)이라 할지라도 그 책을 언문으로 베껴 신명처럼 받들며 죽어도 회오하지 아니한다."[67] 천주교 서적은 이처럼 필사를 통해 유포되기도 했지만 목판 인쇄도 주요 수단으로 활용되었다. 1790년대에 이미 충청도와 전라도 지역에는 인쇄본 교리 서적이 유통되었으며, 서울에는 벽동에 사는 정광수(鄭光受)가 인쇄본 서적을 대량으로 간행하기도 했다. 정광수의 장인 윤현은 정광수가 맡긴 책을 관아에 압수당했는데 한글로 번역한 천주교 서적이 대종을 이루었다고 한다.[68] 다시 말해, 언문 필사본은 담론을 인민들에게 유포하여 인지 공동체로 만들어 주는 결정적 기제였다. 천주교가 언문을 통해 확대된다는 것을 인지한 조정은 1839년 대대적인 탄압(기해박해)을 벌이면서 헌종 명의로 척사윤음(斥邪綸音)을 공포하였는데 남녀노소, 유무식자를 막론하고 널리 읽히기 위해 한문과 언문으로 작성하였다. 언문이 천주교 확산의 중요한 통로임을 일찍 간파하였지만 조정은 압수와 금서 외에 효율적인 통제 수단을 마련하지 못하고 있었다.[69]

압수와 분서로도 막지 못하는 것이 노래였다. 신자들이 첨례(瞻禮, 예배) 때에 불렀던 천주 가사로는 이미 1779년 이벽이 지은 「천주공경가」, 정약종의 「십계명가」, 이가환의 「경세가」가 널리 유포되었는데, 본격적으로 천주 가사가 출현한 것은 1850년대부터였다.[70] 1850년대는 괴질과 기근 같은 자연재해 때문에 천주교에 대한 박해가 잠시 뜸해진 시기로, 프랑스 신부들이 여럿 잠입해 활발한 활동을 벌였던 때이기도 하다. 이벽은 「천주공경가」를 유교적 종교관에 빠진 당시의 선비, 서민들에게 천주의 존재를 확인해 주려는 의도로 지었다. 가령, 이벽은 "죄짓고서 두려운주/ 텬쥬업다 시비마소/ 아비업ᄂᆞᆫ 주식밧ᄂᆞ/ 양되업ᄂᆞᆫ 음되잇ᄂᆞ/ 임금용안 못비앗다/ ᄂᆞ르빅셩 아니련가/ 텬당지옥 가보앗나/ 세상ᄉᆞ람 시비마쇼/ 잇ᄂᆞᆫ텬당 모른션비/ 텬당업다 어이아노."라고 읊었다.[71] 김진소는 1930년까지 조선에서 불린 천주 가사를 조사하여 총 186종에 이르는 가사 목록을 제시한 바 있는데, 위의 3개를 제외하면 모두 1850년대 이후의 것이다. 김진소는 천주 가사의 창작이 개인의 신심을 나타내기도 하지만 대중 교화를 통해 신자를 감화시키려는 의도가 강하다고 지적했다. "가사가 단순히 시인의 영탄에서 나온 문학 작품이 아니라 대중 교화를 의식하고 작사되었음을 엿볼 수 있다. 따라서 가사의 문장 형식이 국문 되풀림 형식이나 숫자 풀림식에서 베틀 민요조에 이르기까지 다양한데 그것은 대중과 밀착할 수 있고 흥미를 주며 암기하기 쉽도록 의식한 작법"이라고 하여 천주 가사가 조정의 혹독한 박해를 이겨 내고 더 많은 입교자를 만들기 위한 목적을 갖고 있음을 분명히 했다.[72]

1850년대는 언문 교리서를 통한 텍스트 공동체의 확대가 빠르게 이뤄진 시기였다. 앞에서 지적하였듯이, 전염병과 기근 때문에 박해가 잠시 느슨해진 탓도 있겠지만, 무엇보다도 프랑스 외방 전교회 소속 베르뇌 주교, 다블뤼 신부, 푸르티에 신부, 프티니콜라(Michel Alexander Petitnicolas, 1828~1866년) 신부, 메스트르(Joseph Ambroise Maistve, 1808~1857년) 신부, 그리고 조선인 최양업

(崔良業, 1821∼1861년) 신부의 활약이 컸다. 이들은 과거 박해 때에 순교했던 신부들과는 달리 조선어와 어학에 밝았으며(다블뤼), 동물, 식물학, 지질학을 연구했고(푸르티에), 신자들에게 상업, 농업, 공업을 비롯하여 과학 기술 지식을 전파하기도 했다.(메스트르) 최양업 신부는 전국의 교우촌과 공소를 다니면서 천주교를 전파하고 세례를 주었으며 국문 교리서를 번역하고 많은 천주 가사를 지었다. 특히 다블뤼 주교는 전국을 다니면서 교회사 자료들을 수집하였는데, 신해박해 이후의 모든 역사적 사실을 망라한 이 방대한 자료는 그가 순교하기 전 파리 외방 전교회로 보내져서 후에 달레가『한국천주교회사』를 집필하는 데에 기본 사료로 활용되었다. 달레는 1850년대 말 한글 교리서 집필과 번역 작업에 대해 이렇게 서술했다.

최양업 토마스 신부는 신자들에게 성서를 주는 보통 일 말고도 주요한 기도서의 번역을 끝마쳐 가는 중이었고, 교리 문답의 더 완전하고 더 정확한 출판을 준비하고 있었다. 서울에 인쇄소가 마련되는 중이었다. 푸르티에 신부는 신학교를 돌아보고 남은 짧은 시간을 이용하여 다블뤼 주교가 시작한 대사전 일을 계속하였다. 다블뤼 주교 자신은 신입교우들의 교육을 위한 여러 가지 중요한 서적 출판에 마지막 손질을 하고 있었다. 그는 특히 그 해에 책들과 번역자들과 필사생들에게 둘러싸여 중요한 필사본을 조사하고 구전을 참조함으로써 매우 흥미있는 자료를 수집하여 최초의 순교자들의 기록에 150페이지를 추가하고, 거의 모든 신앙 증거자들의 전기를 편집할 수 있었다.[73]

다블뤼 주교가 저술한 대사전이란『한한불자전(韓漢佛字典)』이고, 푸르티에 신부는『조선어연구』와『한한나사전(韓漢羅辭典)』을, 프티니콜라 신부는『나한사전(羅韓辭典)』을 각각 집필했다.[74] 여기서 주목을 끄는 것은 인쇄소의 설립이다. 달레가 서술한 위의 시점이 1860년 경신박해 한 해 전인 1859년으로서 일본에서 인쇄 시설을 들여와 성서의 대량 출판을 시도했다는 것인데, 그 인쇄 사업은 결국 1860년대 초반에 빛을 보아 다량의 한글 교리서가 출판되기에 이르렀다. 베르뇌 주교는 1864년 인쇄소가 두 군데 설립되었음을 보고하고 여러 종류의 책이 간행되었거나 출판 예정임을 알렸다. 『신명초행(神命初行)』, 『회죄직지(悔罪直指)』, 『영세대의』, 『성찰기략(省察記略)』, 『성교요지문답(聖教要理問答)』, 『쳔쥬성교공과』, 『주교요지』, 『천당직로(天堂直路)』, 『성교절요』 등이 그것인데, 『쳔쥬성교공과』는 거의 3000부가 간행되었을 정도이다.[75] 베르뇌 주교는 이 책들이 단기적으로는 효과를 내지는 못하겠지만 장기적으로 보면 교리 학습에 많은 도움이 될 것으로 판단했다. "매년 한 번밖에 볼 수 없고 그것도 잠깐 동안밖에 볼 수 없는 우리 신자들을 직접 가르칠 수가 없으므로 우리는 이것을 할 수 있는 대로 책을 보급함으로써 보충하려고 노력합니다. 그러나 결과는 아직 별로 나타나지 않고 있습니다. 교리 문답의 글자는 알지만 교리는 천천히 배워지는 것입니다."[76]라고 하여 서적 간행이 지방 순회의 수고를 덜어 주고 선교의 효율성을 높이려는 목적을 갖고 있음을 알 수 있다. 1894년 조선에 입국한 모리스 쿠랑은 당시까지 유포된 천주교 서적을 조사하여 총 105종이 간행되었음을 보고하였다. 그가 저술한 『한국서지』의 천주교 서적 목록을 유형별로 보면, 한글 필사본이 79종, 한글 간행본이 17종, 필사본과 간행본이 함께 있는 것이 3종으로 분류된다.[77] 어림잡아 1종당 1000부씩을 출판했다고 가정하더라도 거의 10만 권에 달하는 방대한 분량이 유통되고 있었다는 추측이 가능하다.

종교적 인지 공동체 또는 텍스트 공동체는 이렇게 한글 교리서를 통해 확대되어 갔다. 텍스트가 한문에서 한글로 바뀌었다는 것은 신자층이 양반에서 서민으로 전환했다는 것을 의미하고, 유교 국가의 저변이 점차 유교적 통치 체계로부터 이탈하고 있었음을 나타낸다. 한글이 아니었다면 천주교는 그렇게 빠른 속도로 확산되지 못했을 것이다. 양반 사대부가 여전히 공식 문자인 한문 담론에 집착하고 있었던 19세기 중반에 천주교라는 이질적 담론의 확산과 재생산은 유교 국가의 통치 기반을 약화시키면서 사회적 변혁을 예고하고 있었다. 4000명에 달하는 순교자를 냈던 병인박해(1866년)는 민란과 이양선의 출몰로 인하여 심하게 요동쳤던 유교적 통치 기제를 다잡으려는 대원군의 때늦은, 그러나 이렇다 할 효과를 거둘 수 없었던 중세적 시도였다. 이미 천주교는 한글 교리서를 전파하고, 학습하고, 재생산하는 조직적 기반을 갖춘 뒤였기 때문이다.

담론의 재생산을 담당한 사회적 기반으로 가장 중요한 것은 교우촌이며, 천주교 내부의 조직적 기반으로는 명도회를 비롯하여 각종 목적 사업을 위해 설립했던 모임들이 있다. 우선 교우촌은 일종의 신앙 공동체로서 박해를 피해 산골로 은신했던 신자들이 모여 만든 생활 공동체이자 신앙 공동체이다. 황사영이 피신했던 제천 지방의 배론도 옹기장이 신자들이 모여 살던 작은 교우촌으로 깊은 산중에 위치해 있기에 감시의 눈길을 피할 수 있었다. 교우촌이 본격적으로 형성된 것은 신유박해 이후 오갈 데 없는 신자들이 신앙의 자유를 찾아 산골로 피신한 데서 비롯된다. 관아의 박해를 피해 모인 가족들은 성경과 교리를 학습하며 서로 의지하며 살았고, 재산과 재물도 서로 나눠 쓰고, 농사도 협업 형태를 유지했다. 생활은 매우 곤궁했으며, 척박한 땅을 일궈 소출을 내야 했기 때문에 초근목피로 연명할 수밖에 없었다. 1811년 로마 교황에게 보내는 편지에서 신자들의 궁핍하고 비참한 현실을 묘사하고 있는 것이 바로 교우촌의 실상이었다. "교우들은 거의 모두가 빌어먹는 처지에 빠졌나이다. …… 지금 저희들의 육신은 목숨을 보존하기에 필요한 방도가 없고, 저희들은 영혼의 덕을 일으키기에 없어서는 안 될, 수단이 없나이다."[78] 달레의 저술에서 교우촌의 존재가 여럿 기록되어 있다. 최초의 기록은 황사영이 숨었던 배론이고, 두 번째의 기록은 신태보(申太甫, 베드로)의 사례이다. 주문모 신부를 가까이 모셨던 신태보는 신유박해를 피해 교우들이 살고 있다는 용인으로 가서 그들과 같이 신앙생활을 하다가 관아의 눈을 피해 강원도 산골로 이주하기로 결심한다. 40여 명 이상의 식솔들을 데리고 강원도 산골로 찾아 들어가는 모습은 마치 엑소더스를 연상시킬 정도이다. 가진 것을 모두 팔고 여비를 마련했지만 천신만고 끝에 도착한 산골에는 집도, 땅도, 농기구도 없는 곳이었다. 게다가 곧 겨울이 닥쳐와서 굶어 죽을 지경에 이르렀으나 겨우 초근목피로 연명하고 겨울을 버텨 냈던 것이다. 이렇게 형성된 교우촌은 전국에 흩어져 있었다. 1834년 부뤼기에르(Barthélemy Burguiére, 1792~1835년) 신부가 압록강 부근의 국경에서 조선인 신자와 만나 입국 방식을 논의할 때 신자들의 상황을 물었다.

신부: 조선에 교우가 몇 명이나 됩니까?
신자: 수천 명이 됩니다. 그러나 정확한 숫자는 알지 못합니다.
신부: 한군데 모여 있습니까, 흩어져 있습니까?
신자: 어떤 교우들은 흩어져 있고, 어떤 교우들은 모여 삽니다. 교우들만 사는 마을도 꽤 있습니다.[79]

'교우들만 사는 마을도 꽤 있다.'는 것이 바로 교우촌의 존재를 말한다. 청송 고을의 노래산과 머루산, 경상도 우련밭, 상주 멍에목, 경상도 순흥 공직이, 단양 깁근골, 경기도 하우고개, 갓등이, 수릿골, 미리내, 강원도의 풍수원, 용소막, 충청도의 동골, 배티, 진밭, 둠벙이, 경상도의 살티, 가실, 전라도의 되재 등이 당시 알려진 교우촌이었는데, 대부분 밀고에 의해 신자들이 잡혀 죽거나 다른 곳으로 피신을 가야 했다.[80] 1836년에 입국한 모방 신부는 전국의 교우촌을 방문하여 선교를 행했는데 그가 목격한 교우촌의 비참한 실상을 이렇게 전하였다. "살 사람이 없으면 모든 것을 버리고 얼마 동안 안전하게 혹은 위험을 덜 당하면서 살 수 있기를 바라며 다른 곳으로 피해 갑니다. 이렇게 너무 자주 옮겨 다닌 까닭으로 많은 교우들이 거지 생활보다도 더 심한 곤궁 속에 빠졌습니다. …… 저는 추위가 영하 10도에서 12도나 되는 추운 한겨울에 거의 벌거벗은 어린애들이 추위로 새파랗게 얼어 가고 미신자들 집 문전에서 신음하고 있는 것을 보았습니다. 수풀에서 뜯어 온 산풀뿌리와 냉물, 이것이 어떤 시기에 있어서는 우리 교우들 중 많은 사람들의 유일한 양식입니다."[81] 교우촌은 작은 곳은 10여 명에서 크게는 100여 명에 이르는 대촌도 형성되어 있었다.

교우촌은 프랑스 신부들의 활동 거점이었다. 밀입국한 신부들을 신자들이 안내한 곳이 바로 교우촌이었고, 이곳을 중심으로 신부들은 전국의 교우촌을 비밀리에 순회하였다. 베르뇌, 모방, 페레올(Jean-Joseph Ferréol, 1808~1853년), 다블뤼 신부 모두 교우촌에서 선교 활동을 시작했으며, 때로는 농사짓는 법과 상업을 가르쳐 주기도 하였다. 이들의 주요 활동은 예배를 주관하고 세례를 주고 교리를 가르쳐 주는 일이었다. 기도를 드리고, 교리 문답을 행하고 성경 복음과 성인 전기를 읽어 주고, 교우촌 회장이 낭독한 대목을 해석하고, 고해성사와 성세를 주는 것이 주요 업무였다. 베르뇌 주교의 활동 보고서는 신부들이 교우촌에서 어떻게 선교를 하였는지를 생생하게 보여 준다.

회장들이 모임이 있게 될 집을 결정하고 각자에게 날짜와 장소를 일러 주고 나면, 나는 공소(公所)가 열리기로 된 집으로 가는데, 거기에는 신자 20~30명이 기다립니다. 내가 겨우 서 있을 수 있을 정도로 낮고 작은 방이 성당으로 변하는데, 장식이라고는 십자가와 동정 성모의 상본뿐입니다. 10세 된 아이에서 80세 노인까지가 모두가 치러야 하는 교리 문답 시험, 성사를 받는데 가져야 하는 마음 준비에 대한 가르침, 그러고는 종부와 영세를 주고 30~40명의 고해를 듣는데 하루 종일 걸리고, 밤에까지 계속됩니다. …… 그런 다음, 날이 밝기 전에 다른 신자들이 기다리고 있는 집으로 가서 전날에 하던 일을 반복합니다. …… 이튿날 아침에 깨어 보면 버선 한 짝은 손에 쥐고 한 짝은 아직 발에 신은 채이었던 일이 비일비재했습니다.[82]

신부들의 교우촌 방문은 선교 활동의 가장 중요한 일과였다. 최양업 신부는 거의 전국을 돌아다녔고, 고작 서너 명의 신자들이 숨어 사는 마을까지를 비밀리에 방문하여 신자들을 보살폈다. 1863년 한 해 동안 그가 고해성사를 해준 신자는 무려 2867명에 달했고, 자신의 선교 구역에는 4075명의 신도가 살고 있다고 보고했다. 그는 많은 한글 교리서를 펴냈을 뿐만 아니라 수십 편의 한글 천주 가사를 창작해서 신자들에게 알렸다.[83] 흥미로운 것은 가장 덕식이 있고 인품이 높은 사람이 회장으로 임명되어 교우촌 운영을 맡고 있었다는 점이다. 그러므로 회장은 마을 이장 정도 되는 셈인데, 천주교 신자들이 주문모 신부가 입국했을 당시부터 배양했던 조직적 관습과도 일맥상통한다. 주문모 신부는 조정의 탄압을 피하기 위한 일종의 비밀 결사 형태의 명도회를 결성하여 가톨릭 포교를 수행했는데, 성약종이 초기 명도회 회장을 맡았고 강완숙이 여성 모임의 회장을 맡았던 것은 주지하는 바이다. 정해박해(1827년) 당시 체포되었던 이경언(바오로)은 순교 직전 명도회 회원들에게 편지를 남겨 순교의 영광을 알렸다. 천주교 신자들의 이런 조직적 관습은 이후에도 계속되어 성의회(聖衣會), 매괴회(玫瑰會), 영해회(嬰孩會) 등이 신자들 사이에 결성되어 비밀리에 운영되었다. 성의회, 매괴회는 평신도들의 신심회이고, 영해회는 고아들을 거두어 운영하는 일종의 자선 모임이다. 1854년 메스트르 신부가 파리 본부에 보낸 서한에 의하면, 영해회는 죽을 위험이 있는 아이들에게 대세(代洗)를 주고, 외교인 기아를 거두어 키우는 일을 주로 담당했다. 한편, 조선인 신자들로 구성된 신학교도 담론 생산의 중요한 역할을 했다. 프랑스 신부들은 김대건 신부가 순교한 후 조선인 신부를 배출하는 것의 중요성을 깨닫고 신학교를 설립 운영하였는데, 푸르티에 신부가 제천 배론에 건립한 신학교가 최초이며, 후에 서울과 황해도 지역에 신학교를 만들어 운영하기도 했다.

이 시기에 활동한 프랑스 신부들은 모두 병사하거나 순교했다. 1860년 리델 주교와 칼레 신부가 뒤를 이어 선교 활동을 이어갔으나 이들도 병인박해라는 대규모의 탄압을 겪어야 했다. 최양업 신부도 1861년 배론에서 티푸스로 병사했다. 최양업 신부의 선종을 푸르티에 신부가 지켰다. 조선에서 천주교의 역사는 탄압과 박해의 역사였고, 순교의 역사였다. 영국의 교회사 학자 찰스 로빈슨의 지적대로 세계에서 유례가 없는 혹독한 탄압이었다. 외부 세계와 문을 닫은 유교 국가에서 천주교는 위험천만한 종교였으며, 혹세무민의 논리로 받아들여졌다. 천주교도는 국가와 국왕, 부모와 조상을 인정하지 않는 대역죄인으로 규정되었고, 국가의 기강을 흔드는 역모죄로 다스려졌다. 그러나 서민들에게 일단 뿌리를 내린 이 외래 종교는 유교와 접목되자 유교의 허약한 곳을 파고들었다. 내세관의 부재가 유교의 가장 약한 고리였다면, 천주교는 이곳을 천주의 은총과 영성으로 가득 채웠다. 상제와 천주의 친화성을 고리로 보유론적(補儒論的) 관점을 취했던 남인 학자들도 점차 개종자로 전환했으며 이들을 중심으로 혈연, 지연, 학연 네트워크를 통해 가톨릭 교리가 전파되었다. 세계에서 유례가 없는 박해는 오히려 서민과 천민들 사이에서 많은 개종자를 만들어 냈다. 순교를 '천국으로 가는 문'으로 인식했던 천주교의 교리적 특성으로 말미암아 순교는 또 다른 순교를 불렀고, 순교자는 새로운 입교자를 불러들였다.

관아의 엄중한 감시와 처벌에도 불구하고, 한글 교리서가 중서층과 천민들 사이에서 종교적 담론을 확산하고 재생산하는 중요한 기제가 되었으며, 종교적 국문 담론장이 전국에 분산적으로 형성되어 나갔다. 교우촌과 신자 조직이 한글 교리서를 유통하는 사회적 기반이었으며, 필사본을 비롯하여 인본 교리서가 대량 출판되어 전국적으로 확산되었다. 압수와 분서 조치를 피할 수 있는 천주 가사도 만들어졌는데, 천주 가사는 타령조의 민중 노랫가락을 실어 일반 인민들을 개종시킬 수 있는 교화 기능을 발휘했다. 한글 텍스트, 교우촌, 각종 조직과 신학교의 운영은 가톨릭의 종교 담론장을 구성한 3대 요소라고 할 것이다. 그것은 유교 국가의 기반을 침식하고 유교 통치의 저변에 있는 인민들에게 새로운 세계관을 심어 주었다. 조선은 처형, 참수, 교살 등 잔혹하기 그지없는 중세적 방식의 탄압으로 맞섰지만, 결국 천주교를 인정하지 않을 수 없는 상황을 맞았다. 유교에 대한 천주교의 종교적 담론의 승리라고 할 수 있고, 유교 통치에 종언을 고한 가장 중대한 이념적, 종교적 요소였다. 서두에서 인용하였듯이, 근대 소설의 효시로 알려진 이광수가 천주교의 순교사와 순교자들을 존경한다고 한 것은 그런 의미를 함축한다. 여기에 덧붙여, 그가 조선어로 소설을 쓴 최초의 작가라는 점을 고려하면, 국문 담론의 발전에 기여한 천주교의 공적을 염두에 두고 있었을 것이다. 「야소교의 조선에 준 은혜」라는 글에서 이광수가 지적한 다음과 같은 내용이 그러하다.

한글도 글이라는 생각을 조선인에게 준 것은 실로 야소교회(耶蘇教會)외다. 귀중한 신구약과 찬송가가 한글로 번역되며, 이에 비로소 한글에 권위가 생기고 또 보급된 것이오. 석일(昔日)에 중국경전의 언해(諺解)가 있었으나 그것은 보급도 아니되었을뿐더러 번역이라 하지 못하리만큼 졸렬하였소. 소위 토를 달았을 뿐이었소. 그러나 성경의 번역은 아직 불완전하지만 순 조선말이라 할 수 있소. 아마 조선글과 조선말이 진정한 의미로 고상한 사상을 담는 그릇이 됨은 성경의 번역이 시초일 것이오.[84]

이광수는 그것을 야소교(기독교)라고 했지만, 사실은 천주교가 원조일 것이다. 성경 번역보다 성서를 위시하여 교리서의 한글 번역이 천주교에 의해서 먼저 이뤄졌기 때문이다. 다음에서 살펴볼 국문 문학과 함께 천주교는 조선에서 국문 담론의 주요 생산자였다. 천주교가 국문 담론의 발전을 의도하지는 않았지만, 선교와 포교를 위한 불가피한 선택이 그런 결과를 낳았던 것이다. 한문에 무지하기 짝이 없었던 인민은 종교적 국문 담론장의 일원이 됨으로써 사회 변혁의 주체로 전환했다. 그 변혁은 천주교리가 함축하듯 정종일치에서 정종분리로, 신분 질서에서 자유로운 개체적 질서로, 천시와 종속에서 존엄성과 평등으로 나아가는 길을 열었다.

문예 담론장: 언문의 사회적 상상

평민 담론장의 출현

주체 의식의 리허설

천주교도들은 서양 열강의 개항 압력에 밀린 조선 정부가 종교 탄압을 멈출 수밖에 없었던 1880년대 초반까지 교우촌과 산간벽지에 은둔하며 살아야 했다. 그들의 일상은 말 그대로 종교적이었다. 선교사들의 방문에 맞춰 예배를 올렸으며, 성세를 받았고, 천주상과 십자가를 비롯하여 성물을 보물처럼 간직했다. 선교사들이 번역한 언문 교리서와 성서들도 종류가 늘어났고 1860년대 초 일본에서 들여온 인쇄 시설이 가동되자 유통 속도도 빨라졌다. 언문 성서는 천주교도들을 전혀 다른 세계로 안내했다. 그들이 언문 성서에서 발견한 천주가 자신들을 오랫동안 규정해 온 상제로부터 떨어뜨려 놓자 현실 세계를 관장해 왔던 한문적 보편 질서로부터 이탈이 가능하다는 사실을 인식한 것이다. 마치 15세기 유럽에서 일어난 종교 개혁이 라틴어라는 보편어로 구축된 교황의 종교적 권력을 상대화하고 자국의 기독교를 민족어에 기반하여 새롭게 개척해 나갔듯이,[1] '언문으로 상상된 천주'의 발견은 '두 가지의 분리 과정'을 동시적으로 촉발하였다. 하나는, 상제를 정점으로 하는 보편적 종교로부터의 분리, 다른 하나는 유교라는 보편적 종교에 통치 기반을 둔 사대부(또는 양반)로부터의 분리가 그것이다. 이 두 가지의 분리 과정이 시작되는 시기가 바로 중세가 저무는 시간대와 일치할 것이다. 중세란 보편적 질서에 의해 지배되는 시기이고, 보편적 질서가 지역, 민족, 종교 등의 상대적 요인들에 의해 특수한 유형으로 분화하는 시기를 근대라고 한다면, '언문으로 상상된 천주'야말로 조선의 중세를 마감하고 근대의 여명을 재촉했던 이단의 표상이었다.

이런 의미에서 천주교의 전파는 하버마스가 말한 평민 공론장의 원형에 해당한다고 해도 좋을 것이다. 하버마스는 귀족과 왕권에 대항하여 상공업적 도시민의 사적, 공적 욕망을 배양한 부르주아 공론장의 변동론적 의미를 설파하는 자리에서 그것의 한 변종으로서 부르주아적 질서의 기층에서 꿈틀거렸던 하층민들의 계급적 욕구를 반영한 평민 공론장의 존재를 언급한 바 있다. 프랑스 혁명 당시 잠시 성립했던 로베스피에르(Maximilien de Robespierre)의 공화정과 유럽 각국에서 출현한 노동 운동이 바로 평민 공론장에 해당한다는 것인데, 농촌의 하층 계급과 도시 노동자들의 정치적 동원을 설명하는 데에, 그리고 "전통적 민중 문화로부터 특유한 조직 형태와 실천력을 지닌 새로운 정치 문화가 어떻게 발전하는가"를 보여 주는 데에 매우 유용하다는 사실을 지적하였다.[2] 평민 공론장이 부르주아 공론장의 '변종'이라고 한 것은 권력을 향한 관심과 실천, 그리고 공론장의 작동 방식에 있어서 양자가 본질적으로 다를 바가 없다는 사실을 강조하기 위함이었다. 그러나 공론장을 채우는 언어와 상징, 표방하는 이념, 무엇보다 세계 질서에 대한 해석의 방향이 다르다는 점은 강조되어야 마땅하다. 하버마스가 인용한 톰슨(Edward Palmer Thompson)의 주요 저작들, 이후 1950년대 영국 노동 계급에 대한 일련의 연구들은 부르주아 계급과는 차별되는 노동 계급 특유의 문화 재생산 기제를 내장하고 있음을 밝혀 주었다. 문맹율이 높은 그들은 교양과 독서 대신 전승된 언어를 통해, 노동 계급임을 나타내는 특유의 생활 양식과 종교관을 통해 그들만의 공론장을 형성해 나간다는 것이 밝혀 졌다.[3]

그런데 우리의 상황은 조금 다르다. 천주교도들이 형성, 발전시킨 소통의 공간을 평민 공론장이라고 규정하기에는 너무 규모가 작고 산발적, 단절적 이어서 대중적 기반을 가진 민중 문화라고 말하기에는 한계가 존재하기 때 문이다. 서민층에서 나타났다는 점에서 민중 문화라고 말 할 수 있지만, 향 촌 전반에 영향을 미친 것이 아니고 천주교 담론을 전국적으로 확산할 어떤 유효한 기제를 발전시킨 것은 아니었기에 공론장으로 규정하기에는 곤란한 점들이 많다. 영향력이 제한적이고, 천주교 집단들도 산발적, 고립적이었 다는 점에서 공론장보다는 담론장이라는 용어를 쓰는 것이 오히려 적합하 다. 푸코의 말대로, 담론은 일상적 대화에서, 구성원들과의 소통 행위 속에 서, 발화자와 청자가 주고받는 말과 상징들을 통하여 전수되는 의미의 그물 망이다. 그것은 권력에 봉사하기도 하고 때로는 권력에 저항하는 담화들을 동시적으로 담고 있다. 천주교도들이 그랬다. 그들은 유교적 통치 권력에서 벗어나지 않았다고 믿었고 스스로도 그렇게 항변했지만 통치 계급들은 천 주교도들의 담론을 저항적, 전복적이라고 규정했다. 앞에서 보았듯이, 천주 교에는 확실히 그런 요소들이 다수 내포되어 있었음을 부정할 수 없다.

천주교가 산발적, 단절적으로 '종교적 평민 담론장'을 구성하여 나갔다 면, 이 장의 주제인 '문예적 평민 담론장'은 독서 대중을 창출하였다는 점에 서 보다 범위가 컸고 서민 일반에 미치는 파급력 역시 주목할 만한 것이었 다. 더욱이, '문(文)이 곧 통치'인 조선 사회에서 독서인의 탄생은 양반이 주 도하는 담론장을 이원화하는 효과가 있었다. 평민 공론장의 형성에 대해 하 버마스도 주목한 바 있는 '공론장의 다원화'가 발생하는 것이다. 독서 대중 의 탄생은 조선 사회에서 주로 사대부 계층에 의해 장악되고 있었던 문예 담론장을 이원화하는 결과를 가져왔다. 문예 담론장은 통치 이념을 생산하는 바로 그 생산 기지였고, 재도이문(載道以文)의 정신으로 무장한 사대부들이 경전과 고문의 문법을 어지럽히는 사문난적(斯文亂賊)을 징벌하고 치죄하는 이데올로기적 국가 기구였다. 성균관과 사학, 지방의 향교를 축으로 하는 관학 체계를 수립한 것, 조선 중기에 접어들면서 관학 체계가 효율성을 상실하자 서원과 사우를 설립하여 재지사족의 통치 이념을 강화한 공적, 사적 교육 기구들은 문예 담론장에 대한 통치 계급의 통제 방식이었다. 교육 기구가 사대부와 재지사족들이 조선 사회의 문예 담론장의 기강을 다스렸던 핵심 기구였다면, 상소 제도와 공론 정치는 담론장의 중심 기구일 것이다. 왕은 국가의 중대사가 있을 때마다 재지사족과 양반 유생들에게 의견을 구했고, 중앙 정치의 대신들과 관료들, 성균관 유생과 서울의 사족들 역시 상소를 통해 책문과 탄핵문 등 다양한 목적의 글을 지어 올렸다. 공론정치는 당적을 달리하는 사족들 간 권력 투쟁의 장이기도 했다.[4]

　서민들은 이 문예 담론장에서 철저히 배제되었다. 한문을 모르기도 했거니와, 상소할 자격이 주어지지 않았으며, 의견을 피력하고 현실 질서에 대한 어떤 견해를 공유할 문자 수단이 존재하지 않았다. 이것을 해결해 준 것이 다름 아닌 언문이었다. 앞에서도 지적한 바지만, 세종이 언문을 창시한 애초의 의도는 일반 백성을 교화하여 유교 정치의 내부로 끌어들이는 데에 있었다. 훈민정음 창시 후 바로 『삼강행실도』를 언문으로 펴내고 사서오경의 번역에 착수한 데에서도 알 수 있듯이 무지한 백성들로 하여금 스스로 경전의 고귀한 이념을 깨우치게 하여 유교적 보편 질서를 정립하는 데에 문자만큼 중요한 것은 없다고 하는 사실을 세종은 일찍이 깨달았던 것이다. 그런데, 언문이 일반 백성들에게 보급되면서 한문의 세계와 다르고 때로는 유교 이념에 반하는 독자적인 인식 세계의 지평이 동시에 열린다는 생각에까지는 미치지 못했다. 언문은 창시와 동시에 자신의 세계를 스스로 구축하기 시작했고, 그 거대한 미지의 세계로 일반 백성들을 끌어들였다. 민중들에게 매혹의 문을 열어 주는 데에 소설이 우선 앞장을 섰다는 사실은 전혀 놀라운 일이 아니다. 보편어가 아니라 지방어, 민족어로 쓰인 소설이 독서 대중을 하나의 느슨한 '상상의 공동체'로 변화시킨다는 사실, 그 상상의 공동체는 그들이 겪었던 역사적 공통 경험과 정서를 문자를 통하여 하나의 고유한 이념적 코드로 전환한다는 사실은 베네딕트 앤더슨에 의해 충분히 증명된 바다.[5] 가령 소설 속에 등장하는 인물들이 그들은 서로 몰라도 독자의 상상 속에서는 긴밀하게 연결되고, 그 인물들이 갖고 있는 각자 다른 정체성은 독자의 폭넓은 상상의 구조 속에 하나의 연결망으로 떠오른다. 앤더슨은 이를 민족주의의 형성 과정에 대입했고, 이런 의미에서 민족주의는 상상의 공동체로 존재한다고 보았다. 조선의 경우 소설은, 특히 언문 소설은, 마치 유럽에서 독자 대중을 민족주의라는 느슨한 공동체로 연결해 주듯, 한문에서 철저히 배제된 일반 백성에게 피통치 계급에겐 허용되지 않았던 '주체 의식의 리허설'을 가능하게 만들어 주었던 것이다.

유럽의 중세가 그랬듯이, 조선의 중세 역시 인민을 보편적 세계관과 우주관으로 규정했고 결코 감성과 독자적 정서를 가진 개별적 인간으로 전환하는 것을 허용하지 않았다. 아니, 주관을 갖춘 개별적 인간이 될 수 있는 수단이 존재하지 않았다. 그 시대에 인민의 정서를 달래 주었던 것은 노래와 설화, 구비 문학 정도였을 것이다. 그러므로 창가 형태의 노래가 서민층에서 가장 먼저 발달했고 구전으로 내려오는 설화가 이야기 형태로 전해졌다. 언문을 익힌 사대부들은 자신의 감정을 언문 가사로 표현해 낼 줄 알았다. 송강 정철과 고산 윤선도의 예에서 보듯이, 조선 시대를 통틀어 가장 아름다운 가사 문학을 쏟아 낸 그들은 이미 감성적 언어를 통해 자기 실현을 해낼 수 있는 능력과 권한을 소유하고 있음을 알았고, 그 권한을 마음껏 발휘했던 것이다. 그 권한이 인민에게도 가능하다는 사실을 암암리에 인식하기 시작한 소수의 사람들은 민중의 정서를 언문에 실었다. 작자 미상의 가사와 사설시조가 쏟아져 나와 민간에 유통되었다.

> 흥보기도 싫다마는 저 부인의 거동 보소
> 시집간 지 석 달 만에 시집살이 심하다고
> 친정에 편지하여 시집 흉을 잡아내네
> 계엄할사 시어머니 암상할사 시어미라
> 고자질에 시누이와 엄숙하기 맏동서며
> 요악한 아우동서 여우 같은 시앗년에
> 드세도다 남녀노비 들며나며 흠구덕에.[6]

「용부가」라는 제목이 달린 이 가사는 작자 연대 미상의 『경세설(警世說)』에 실린 작품으로 대체로 조선 후기에 창작된 것으로 추정된다. 사용한 어휘의 투로 봐서 노비를 소유할 정도로 경제적 여력이 있는 식자 평민 혹은 어떤 유생이 평민투의 말을 사용해서 지었을 것으로 생각되는데, 어쨌든 사대부의 가사와는 질적으로 다른 서민의 정서를 언문으로 표현해 냈다. 여기에 등장하는 갓 시집온 여인은 이미 보편 질서에 순응하는 사람이 아니라 험한 시집살이에 저항하고 투정을 부리는 사람, 즉 상황 순응적 인간이 아니라 자신의 기질을 그대로 드러내는 주관적 인간이다. '비뚤어진 세태에 경고한다'는 뜻의 『경세설』이란 책 제목이 시사하듯, 창작의 의도는 전통 규범에 순응하기를 가르치는 데에 있지만 이 작품의 독자는 '주관적 인간'의 생생한 모습과 함께 주체 의식을 리허설한다. 교훈을 주고자 하는 책의 의도와는 별도로 독자를 반항과 주관의 세계로 이탈하도록 부추긴다. 사대부의 전유물이었던 가사 문학에 서민들이 발을 들여놓는 순간, 언문 가사는 서민들을 보편적 인간에서 주관적 인간으로 전환시키는 상상의 세계로 작동한다. 이런 의미에서 사설시조는 아예 사대부의 세계를 비꼬고 냉소하는 비판의 세계로까지 서민들을 안내한다.

일신이 살자 하니 물 것 겨워 못 살리로다
피껴 같은 가랑니, 보리알 같은 수통니
잔 벼룩 굵은 벼룩 왜벼룩, 뛰는 놈 기는 놈에,
비파 같은 빈대새끼, 사령같은 등에 어미,
갈따귀 사마귀, 센 바퀴 누런 바퀴, 바구미, 거머리,
부리 뾰족한 모기, 다리 기다란 모기, 살찐 모기, 야윈 모기.[7]

작자 미상, 연대 미상의 이 작품은 험한 서민층 언어로 양반 세계의 수탈과 착취를 풍자와 해학으로 표현했다. 작자가 양반이든 평민이든 상관없이 서민의 언어로 지배층의 작태를 온갖 물것에 비유해서 고발하는 이 작품을 읊조리는 순간 서민들은 수탈의 고통에서 잠시 해방된다. 착취의 고통을 상대화할 수 있는 능력과 시선은 주체 의식이 전제되지 않고는 불가능하다는 점에서 해학과 풍자적 수사는 '개인의 발견' 훨씬 이후에 나타난 문학적 기법일 것이다.

언문은 서민층에게 문자적 수단을 제공함으로써 자신의 주관과 정서를 표출할 수 있게 해 주었고, 그 결과 보편적 인간에서 주관적 인간으로의 전환을 가능하게 해 주었다. 주관적 인간, 즉 '공적으로 규정된 인민'이 아니라 '사적 욕망을 가진 인민'이란 인식 공간을 창출했다. 훈민정음 창시의 원래 의도가 '공적 의무를 수행하는 인민'을 만들어 내는 데에 있었다면, 이 '사적 욕망을 표출하는 인민'은 '의도하지 않은 결과'에 해당한다. 개인의

발견은 언문의 의도하지 않은 결과였다. 동서양을 막론하고 개인의 발견이 중세의 종언을 재촉하고 근대의 여명을 지피는 가장 중대한 변화라고 한다면, '문예적 평민 담론장'의 형성이야말로 그 중심에 놓여야 할 사안이다. 문예 담론장의 이원화, 그리고 평민 담론장에 의한 개인의 발견은 결국 사대부로부터 인민의 분리를 촉발하는 가공할 만한 결과를 초래하고, 나아가서는 인민의 내면에서 국가와 주체(개인)의 분리를 야기할 것이기 때문이다.

국가와 주체의 분리는 사실상 18세기 지식인 사회에서도 일부분 나타나기 시작했다. 18세기 초반 상공업의 발달과 신분 질서의 동요, 그리고 도시의 발달로 사회적 분화가 진행되자 재도이문의 이데올로기가 유효성을 상실하기 시작했으며 개별 정서를 중시하는 문장론, 더 급진적으로는 도(道)와 문(文)을 분리해야 한다는 도문분리론(道文分離論)이 등장했고, 당송 문장과 고문에 안주하기를 거부하는 움직임이 확산되었다. 이른바 진(眞)과 취(取)를 중시하는 문장론이 대두된 것이다. 인간의 개성과 감흥에 더 충실한 문장을 주장한 조구명을 필두로 이용휴(李用休), 박지원, 이옥, 김려(金鑢) 등 당대의 문장가들이 이 조류에 뛰어들었다.[8] 숙종 때의 문인 조구명은 사물과 이치를 분리하는 것, 문장의 흐름을 시대에 따라 달라진다는 시변론을 주장하여 육경고문(六經古文)에 안주하는 문장을 거부했다. 정조 때의 이옥은 자신의 문장론인 『이언인(俚諺引)』에서 천지만물이 갖고 있는 개별적 특성을 그려내는 것을 문장의 제일 원칙으로 설정했다. 문학은 천지만물이 각자 품고 있는 빛깔, 소리, 성질을 물성 그대로 파악하여 드러내 주는 것이어야 한다는 주장을 통해 당송팔가의 문장을 답습하는 법고주의와 천도(天道)에서 유래한 관념론적 사유를 거부했다. 보편주의적 질서를 벗어나 개별주의적 주체로 전환할 것을 주장한 것이다. 색깔, 소리, 맛을 사물의 본질로 들어서는 문(門)으로 인식한 이용휴 역시 '진(眞)' 문학론을 폈다. 그는 고문에 의존한 시편들이 인간의 삶보다 못하다는 것을 한문 시로 이렇게 설파했다.

시 천 편을 들려주어도 사람들 감동 못 시키더니

시골 사람 모아 놓고 벌이는 판소리만도 못한 거라

기뻐하면 웃게 하고 슬퍼하면 울게 만드는 것은

소리 지르고 말하는 것마다 진실하기 때문이겠지.[9]

옛것을 준거로 삼는 법고(法古), 옛것과의 합일을 지향하는 합고(合古)에서 옛것에서 이탈을 꾀하는 이고(離古)를 문장의 새로운 기준으로 설정한 이용휴는 말하자면 사대부의 문장과 정신에서도 개체성의 시대가 도래하였다는 사실을 선언한 것이다. 그는 이렇게 말했다. "시를 지으면 당시 아닌 작품이 없는 것이 근래의 폐단이다. 당시의 모양을 흉내 내고 당시의 말을 배워서 거의 한 소리를 낸다. 때까치가 종일토록 깍깍거리는 것처럼 제 목소리가 없다. 나는 이를 매우 싫어한다."[10] 개체성의 발견은 곧 인간의 발견이고, 그것은 국가에 대한 개인의 발견이자 위상 정립을 뜻한다. 문장과 천도가 분리되자 국가와 주체가 동시에 분리되는 것이다. 정조 때에 일어난 문체반정은 한 세기 동안 자유로운 문장론, 개성적 문체에 의해 활발하게 진행되었던 도와 문, 국가와 개인의 분리 과정을 주자학적 정학(正學)의 관점에서 합치시키려던 정치적 철퇴이자 인식론적 자정 운동이었던 것이다.

사대부 지식인 사회에서도 사정이 이럴진대, 일반 서민층에서 일어났던 탈고(脫古)의 조류가 어떠했을까는 짐작하고도 남는다. 조선 사회에서 18세기는 본격적인 소설의 시대가 열렸던 시기이며, 책쾌[書儈]라고 불리던 서적상이 서울 거리를 돌아다녔을 때였다. 서적 거간꾼이 성업을 할 정도였으면 서적 유통이 활발하게 이뤄지고 있었다는 뜻이며 그만큼 소설 창작을 업으로 하는 전문 작가들과 독자가 다수 형성되어 있었다는 뜻이다. 당시 사대부의 시선에는 소설 독서가 못마땅했다. 여인들이 살림살이를 작폐하고 위험천만한 얘기에 한눈을 팔거나, 비녀와 팔찌를 팔고 혹 빚을 내서 투기와 음란한 얘기에 빠지기 쉽기 때문이라는 것이다. 독자의 탄생을 강상 윤리적 관점에서 접근한 사대부들에겐 언어로 표현된 가상적 스토리가 '상상된 현실'이라는 점, 국문 소설에 등장하는 다양한 인물들이 주체 의식의 리허설을 해 주고 있다는 사실을 간파하지 못했다. 그리하여 선진 유학의 정신을 다시 살려 정학을 세우려던 정약용은 도문분리의 작폐를 일소하는 방편을 묻는 정조의 하문에 응하여 「문체책(文體策)」을 지어 올렸다. "패관잡서는 인재(人災)이오니 모두 불사르고 중국에서 이런 책을 사오는 사람은 엄하게 다스려 문체를 진작시켜야 합니다." 유교적 이상 국가의 재건을 추구했던 정약용에게 도문분리는 시정을 요하는 가장 시급한 당대의 현안이었고, 국가로부터 분리된 인민들을 강상 윤리의 세계로 복귀시키는 것이 중세의 완성에 필수적 과업이었던 것이다. 그러나 소설의 시대는 이미 펼쳐졌으며, 언문에 의해 상상된 현실 공간을 따라 인민은 국가로부터 활발하게 이탈했다.

국문 소설의 시대와 독자의 탄생

국문 소설이 본격적으로 등장한 18세기 이전에는 한문 소설이 주를 이뤘고 중국 소설을 언문으로 번안한 작품이 더러 유통되었다. 소설의 주 소비층은 한문 독해가 가능한 식자 계급인 양반층과 상층 여인들에 한정될 수밖에 없었다. 가령 17세기 독자층을 널리 확보했던 『구운몽』, 『사씨남정기』, 『창선감의록』 등 언문 소설과 『삼국지연의』, 『수호지』 등 번역 소설이 대중의 호응을 얻었으나 주로 양반 남성과 여성, 일부 언문 해독이 가능한 중인, 양인 남성들에 한정적이었다. 사대부였던 오희문(吳希文, 1539~1613년)이 쓴 『쇄미록(瑣尾錄)』에는 16세기 말 당시 널리 읽혔던 『초한연의(楚漢演義)』를 자신이 직접 언해하여 딸에게 베껴 쓰도록 했다는 기사가 나온다. 말하자면 필사본인데, 오희문은 딸이 출가할 때 딸려 보내거나 친지에게 빌려 주려는 목적에서 필사를 시킨 것으로 보인다.[11] 조선 사회의 독자층을 연구한 오오타니 모리시게(大谷森繁)는 17세기에 『임진록』, 『박씨부인전』과 같은 군담 소설, 영웅 소설을 비롯하여 『대동야승』, 『어우야담』 같은 야담류, 『요로원 야화기』 같은 패관 소설류가 다수 읽혔다고 하는데 아직 언문 독해가 가능하고 필사본을 구입해서 볼 수 있는 경제적 여유를 갖춘 문해인민이 형성되어 독서 대중을 이루기에는 어려운 점들이 많았다.[12] 그러므로 본격적인 독서 대중은 18세기, 그것도 인쇄본 간행이 가능해지고 창작으로 생계를 부양하는 익명의 전문 작가들이 출현하는 18세기 후반기에 비로소 형성되기 시작했다고 보는 편이 적합하다.

18세기는 일본과 유럽 국가에서 독서 대중이 일반화되던 시기였다. 일본은 17세기부터 독서 대중이 탄생해서 한자와 가나로 된 책을 읽었다. 그 규모가 어느 정도인지는 정확히 알 수 없으나 목판 인쇄가 17세기 초반 출현했고 유교 문답 교리서인 『시미즈 모노가타리』가 2000부 정도 팔렸다는 기록과 당시의 베스트셀러였던 『호색일대남』이 수천 부가 팔렸다는 기록을 보면 상당수의 독자가 형성되어 있었을 것으로 추정된다. 만치(萬治) 연간(1658~1660년) 대중들이 읽었던 서적 목록을 정리한 『신판서적목록』에는 책 제목만 1366개가 수록되어 있고, 거의 동시대에 작성된 『화한(和漢)서적목록』에는 2600여 종이 수록되어 있다.[13] 앞에서 지적하였듯이, 일본 지식인들은 성리학에 얽매였던 정도가 훨씬 낮아서 한자와 가나가 섞인 문장을 일찍이 구사했고 다루는 주제도 일상생활과 야담, 애정 관계 등 조선 사회에서는 금기시되었던 소재들과 역사서, 사전, 통속적 풍습, 생물과 동물, 박물학 등에 광범하게 펼쳐져 있었기에 독자의 탄생이 조선 사회보다 빨랐던 것이다. 이런 격차는 18세기 도쿄, 오사카 등 대도시를 중심으로 조닌 시대가 펼쳐지면서 훨씬 벌어지게 되었다. 조닌층은 상업을 통해 부를 축적한 도시민으로서 문학과 예술의 소비자이자 생산자였다. 통속 소설과 민간 연극의 일종인 가부키가 조닌층의 인기를 업고 주요 장르로 정착되기에 이른 것도 이 시대였다. 19세기 중엽 에도의 인구는 약 100만 명이었고 그중 절반이 조닌층이었는데, 이들이 주로 소비했던 문학은 고바나시[小噺]와 야담, 애정 소설, 남녀 정사를 다룬 외설 문학이었다. 도쿠가와 시대 대중적 애정소설은 유곽을 배경으로 한 것이 많았고, 일반 사람들이 갖고 다니기 편리하게 작은 크기의 샤레본[灑落本]으로 출판했다. 보통 크기의 책을 반지본(半紙本), 그보다 작은 것을 닌조본[人情本, 중본]이라 불렸는데, 샤레본은 반지본의 절반 크기였다. 예를 들어, 18세기 후반 가장 많이 읽혔던『유녀사기 두 방법(傾城買二筋道)』(1789년)과『유곽 버릇(郭の癖)』(1790년)이 샤레본으로 간행되었다. 통속 소설을 읽는 독서 대중이 탄생하고, 작품 창작을 통해 생계를 이어가는 전문 작가들이 출현했다는 뜻이며, 책의 유통 시장이 17세기에는 소규모로, 18세기에는 대규모로 형성되었다는 뜻이다.

이와 관련하여 책을 팔러 다니는 행상인 고쇼혼야[行商本屋]가 17세기 초반부터 활동하기 시작하여 도시와 시골의 독자들에게 책을 공급했다는 사실이 주목을 끈다. 이런 기록은 17세기 초반에 자주 등장하는데, 서적 행상은 책뿐 아니라 일상 용품까지 갖고 다니는 일종의 방물장수였다. 이와 함께 책을 빌려 주고 팔기도 하는 본격적 서점인 가시혼야[貸本屋]가 출현한다. 대여와 판매를 겸업하던 가시혼야는 오사카를 중심으로 크게 성행하는데, 18세기 초 마을 촌장이었던 모리나가 시에몬(森長左衛門) 집안에서 쓴 일기에 오사카 서적 상인이 자주 방문하였다는 기록을 보면 당시 가시혼야에 근거지를 두고 활동하던 서적 행상의 활동 범위가 얼마나 넓었는지를 가늠할 수 있다.[14] 에도 시대에는 책방 조합[本屋仲間]도 출현했다. 서적 판매 동업자 조합인데, 1723년 책방 조합 대표가 쓴 문서에 "경도의 책방 조합은 200여 집이 있습니다. 이전부터 동업자가 상당히 많아져 햇수를 알지 못한다."라고 적혀 있다.[15] 책방 조합은 주로 삼도(교토, 오사카, 고베)를 중심으로 성업했다.

18세기 당시 오사카에서 가시혼야가 성행했다는 사실은 1719년 숙종 45년 제술관으로 일본 통신사행에 나섰던 신유한에 의해서도 목격되었다. 신유한은 숙종 때 문장가로서 통신 사절단의 일원으로 일본에 건너가 보고 들은 바를 『해유록(海遊錄)』에 남겼다. 그는 당시 오사카의 도시 풍경을 보고 경탄해 마지않았는데, 도심지에 즐비했던 상점과 상인들의 활기 있는 모습을 이렇게 묘사했다.

다리는 200여 개이고, 절은 300여 개나 되고, 공후의 좋은 집들은 또 그것의 배나 되고, 서민, 농업, 공업, 상업 등의 부호의 집이 또 천이나 만을 헤아린다. …… 석가원의 대승정 내시인 법인, 자운, 황벽화상 등도 모두 훌륭한 정사를 갖고 있는데 구슬과 보석으로 꾸몄으며, 이름난 꽃과 기이한 풀을 심은 것이 모든 주의 귀인들의 것과 같았다. 그 가운데 서림과 서옥이 있어, 유지헌이니 옥수당이니 하고 써 붙였다. 고금의 백가의 서적을 저장하고 출판 판매하여 돈을 벌어 부를 쌓았다. 중국의 책과 우리나라 여러 선현들이 저술한 책들이 없는 것이 없었다. 술집에는 상매, 인동, 복분, 제백 등의 술이 가장 유명한데 그 색깔이 붉고 푸르렀다. 영주는 눈과 같고 연주는 비단 빛깔 같고, 마양은 옥빛깔 같았는데 다 특상품이었다.[16]

유지헌과 옥수당은 모두 가시혼야 이름인데, 출판과 판매를 동시에 하고 있었고 중국 한서와 조선 서적이 그득했다. 18세기 초반이 이 정도였으니 독서 대중의 규모는 짐작하고도 남는다. 이후 유통망의 발달에 따라 책행상은 쇠락하고 서점이 전국 각지에 생겨나 성업했다.

『상상의 공동체』의 저자 베네딕트 앤더슨은 유럽에서 신문과 인쇄 자본주의의 발달이 언어 공동체를 형성하는 데에 가장 큰 역할을 수행했다고 썼다. 종교 개혁을 유럽 각지에 전파한 것도 인쇄 자본주의였다. 구텐베르크 판으로 출판된 성서는 15세기 말 40년 동안 약 2000만 권 이상이 팔려 나갔으며, 16세기 100년 동안 인쇄본 수는 1억 5000만 권에서 2억 권에 이른다는 것이다.[17] 서로 모르는 근세 초기의 대중들을 지역어로 묶어 주고, 여기에 종교와 문화, 역사가 결합하여 민족이라는 느슨한 상상의 공동체를 형성하는 데에는 인쇄 자본주의가 큰 몫을 했다. "신교(新敎)와 인쇄 자본주의의 연합은 값싼 대중판을 개척하면서 곧 새로운 독자층을 창출하고 동시에 이들을 정치적, 종교적 목적에 동원하였다."[18] 유럽에서도 일본과 마찬가지로 서적 행상이 출현했으며 이들이 갖고 다니는 서적을 '행상 문학'으로 명명하기도 한다. 출판업자와 행상인은 서로 긴밀하게 연결되어 협업을 했고, 대중에게 인기가 높았던 이른바 민중본의 보급에 큰 역할을 했다. 문자를 아는 사람이 민중본을 낭독해서 일반 대중에게 널리 알리는 장면은 시대는 뒤졌지만 일본과 조선에서도 마찬가지로 나타난 현상이었다. 유럽의 서적 중개상의 역할을 고찰한 연구에서 이민희는 "민중본은 프랑스, 영국은 물론 북유럽까지 널리 퍼져 읽혀지게 되었다. 그렇게 된 데에는 서적 중개상의 공로가 컸다. 그들이 의도했건 의도하지 않았건 간에 서적 중개상 덕분에 민중본은 독자층의 범위를 확장하고 18세기 이후의 출판업계의 성장을 도모하는 기반이 되었기 때문이다."라고 보았다.[19]

인쇄 자본주의, 서적 중개상, 행상, 출판업자, 그리고 유럽에서는 성경과 소설, 일본과 조선에서는 야담류와 통속 소설이 독서 대중을 확장하는 촉진제였다. 우리 개념으로 말하면 문예적 평민 담론장의 확장에 그런 요소들이 결정적 역할을 한 것이다. 조선에서도 책쾌로 불렸던 서적 행상이 활동하였음은 앞에서 고찰한 바다. 조선 시대 서적상을 연구한 이민희(李民熙)는 장서가로 알려진 유희춘(柳希春)의 『미암일기(眉巖日記)』, 다독가였던 유만주(兪晩柱)의 일기 『흠영(欽英)』에서 책쾌의 존재를 확인하고 있으며, 오희문의

『쇄미록』, 『증헌문헌비고』, 『영조실록(英祖實錄)』, 박제가(朴齊家)의 『북학의(北學議)』에서 책쾌를 언급한 대목을 들어 서적 행상이 광범위하게 활동했음을 입증했다. 특히 『영조실록』에 언급된 대목은 금서인 『명기집략(明紀輯略)』을 유통한 책쾌의 검거를 명하고 있어서 주목을 끈다. 조선 태조가 이인임(李仁任)의 아들이라고 모독한 문구가 들어 있는 『명기집략』을 중국에서 반입한 업자와 유통한 책쾌에 대해 일제검거령이 내려졌는데, 여기에 100여 명의 책쾌가 성업을 하고 있다는 사실이 언급되어 있다. 17세기에는 책쾌들이 주로 양반과 경제적으로 여유 있는 중인과 지식인을 상대로 한서를 팔았을 것이기에 독자는 한정되어 있었다고 보는 편이 옳다. 과거를 준비하는 선비들과 향촌의 식자들이 주로 대상이었다. 영정조 시대에 직장, 현감을 지냈던 황윤석(黃胤錫)이 쓴 『이재난고(頤齋亂藁)』에는 당시 양반들이 활용했던 다양한 책 구입 경로가 나타난다. 당시 문명이 높았던 김원행(金元行)의 제자로서 역시 문장가이자 학자 관료였던 황윤석은 자신의 경험과 일상생활, 정치와 학문, 경제 생활 등등에 관한 자세한 정보를 일기 형식으로 기록해 두었다.[20] 책 구입과 관련된 항목을 분석한 연구에서 이헌창은 책 구입 경로를 책쾌에게서 직접 구매, 거간꾼을 통한 구입, 교서관(校書官)과 책장(册匠), 서방(書坊)과 같은 인쇄업자로부터 주문, 세책방 등을 꼽았다. 구입한 책은 당시 이름 있는 학자였던 만큼, 『퇴계집(退溪集)』, 『운부군옥(韻府群玉)』, 『북관지(北關誌)』, 『역경』, 『논어』, 『주자어류(朱子語類)』, 『삼운성휘(三韻聲彙)』, 『사성통해(四聲通解)』 등 상당히 수준 높은 책들이 주류를 이뤘다.[21] 특기할 만한 것은 서방이다. 서방은 양반들이 갹출을 해서 희귀본을 인쇄 보급하는 일종의 민간 인쇄소였는데 주문 생산을 주로 했다. 그리고 시골 산촌인 강원도 평창의 서적 인쇄업자가 『주자대전집』 80권을 갖고 와서 황윤석을 접촉했다는 것인데, 당시 방각본 인쇄가 축재 수단으로 전국에 확산되어 있었음을 추측하게 해 준다.[22]

위에서 언급한 책 구입 경로는 곧 책의 유통 경로를 뜻한다. 그런데 주소비자가 학자 관료이자 선비였기에 일반 서민과는 조금 더 다양한 경로를 갖고 있었을 것이다. 주문 생산이 그렇고, 일반 서민이 접근할 수 없는 교서관과 책장 등도 그러하다. 일반 서민이 쉽게 접근할 수 있는 경로는 책쾌와 세책방이었다. 일본의 가시혼야처럼 조선의 세책방은 18세기 초반에 조금씩 출현하기 시작해서 18세기 후반에 이르면 서울과 전주 지역에 확산되었다. 정병설은 세책에 관한 연구에서 세책 소설이 1710년경에 출현했으며 방각본 역시 그 무렵 나타났을 것이라 추정했는데, 다른 연구자들은 채제공과 세책, 이덕무의 책쾌에 관한 언급을 근거로 18세기 중후반에 세책업과 책쾌가 발달했으며, 방각본은 19세기 전반에야 대중화되었다고 보고 있다.[23] 18세기는 조선에서도 '소설의 시대'였는데, 경제적으로 궁핍한 선비들, 글을 짓고 읽을 줄 아는 한사, 빈사, 협사들이 생계 유지를 위해 창작과 필사에 나섰던 결과 소설의 생산과 소비가 한층 활발해졌다. 17세기와 다른 점은 일반 서민층이 세책 소설의 주요 독자로 편입되었다는 사실이다. 독자층이 훨씬 두꺼워진 것이다. 이런 현상을 평민 문학의 탄생으로 규정한 구자균은 중인, 서얼, 서리 등이 소설 창작과 보급에 나선 것, 중국 소설을 언문으로 번역하거나 번안해서 서민 정서에 맞게 개작한 소설들을 유포한 것, 그리고 자신들을 포함해 서민들을 대거 독자층으로 흡수한 것을 17세기와는 다른 근대적 독서의 맹아로 주목할 필요가 있다고 강조한다.[24] 일반 서민이 즐겨 읽었던 소설의 유형을 엿볼 수 있는 대목이 있다. 채제공은 『언서여사서(諺書女四書)』에서 패설(稗說)이라 했고, 이덕무는 『사소절』에서 언번전기(諺飜傳奇), 전기(傳奇), 언번가곡(諺飜歌曲), 연의소설(演義小說)을 언급했다. 패설은 패관 소설이고, 언번전기는 중국 소설의 번안, 연의소설도 중국 역사서를 소설 형식으로 만든 번안 소설이다. 1794년 대마도의 일본인 역관이 조선의 사신에게서 들은 이야기를 기록한 『상서기문(象胥紀聞)』에는 당시 조선 사회에서 널리 읽혔던 소설의 제목이 열거되어 있다. 『장풍운전(張豊雲傳)』, 『구운몽』, 『최현전(崔賢傳)』, 『장박전(張朴傳)』, 『임장군충렬전(林將軍忠烈傳)』, 『소대성전(蘇大成傳)』, 『소운전(蘇雲傳)』, 『최충전(崔冲傳)』, 『사씨전』, 『숙향전(淑香傳)』, 『옥교리(玉嬌梨)』, 『이백경전(李伯卿傳)』, 『삼국지(三國志)』 등이 그것이다. 그 밖에 19세기에 들어서는 『심청전(沈淸傳)』, 『춘향전』, 『옥루몽(玉樓夢)』, 『유충렬전(劉忠烈傳)』, 『조웅전(趙雄傳)』, 『전우치전(田禹治傳)』, 『임진록(壬辰錄)』, 『임경업전(林慶業傳)』, 『박씨전(朴氏傳)』 등이 방각본 형태로 널리 읽혔다. 대체로 중국 소설, 영웅 소설, 우화 소설, 역사 소설 등으로 구분할 수 있는 소설류는 판본과 개작을 거듭하면서 개화기에 이르러 수천 종을 헤아릴 정도로 풍성해졌다. 조선에 입국해 유통되는 서적 목록을 정리한 모리스 쿠랑은 『한국서지』에서 소설의 유형을 번역된 중국 소설, 조선인이 창작한 한문 소설, 중국인 주인공의 한글 소설, 조선인 주인공의 한글 소설의 네 유형으로 구분한 바 있다.[25]

필사본과 인쇄본 못지않게 문예 담론장의 확산에 기여한 것은 책 읽어 주는 사람들이다. 통속 소설이 아무리 대중들의 관심을 끌었다고 해도 글을 읽지 못하면 접근이 불가능하다. 18세기만 해도 문해인민의 규모가 그다지 크지 않았다는 점을 감안하면 책 읽어 주는 것을 직업으로 하는 사람들이야말로 문예 담론장을 확장한 전초병들이었다. 책 읽어 주는 사람인 강독사(講讀師), 이야기꾼인 강담사(講談師), 이야기를 창가로 바꿔 불렀던 강창사(講唱師)가 그들이다. 강담사는 이야기를 아주 재미있게 꾸며 전달하는 사람으로 양반과 부녀자들 사이에서 인기를 끌었다. 주로 가난한 서민들 중 이야기에 비상한 재주를 가진 사람들이 직업적으로 행했던 것이 강담사인데, 구체적 실명이 기록에 등장할 정도로 주목을 받았다. 이들은 양반집이나 잔칫집을 다니며 사람들을 즐겁게 해 주고 그 대가로 밥과 잠자리를 얻기도 했다. 강독사는 이야기꾼이라기보다 언문 소설을 읽어 주는 사람이다. 이덕무가 목격했듯 종로 일대에 나타난 전기수와 같은 부류이다. 이업복(李業福)이 대표적인 강독사였다. 임형택(林熒澤)은 이업복이 여장 강독사였는데 사대부의 여성들에게 소설 읽어 주는 것을 업으로 삼았고 때로는 진맥도 보고 방물장수도 했다고 말한다. 임형택은 강독사의 행보에 관한 기록을 이렇게 소개했다.

근년에 한 상놈이 십여 세 적부터 눈썹을 그리고 얼굴에 분을 바르고서 여자의 언서체를 배웠다. 그리고 소설을 잘 읽었는데 목소리조차 여자와 꼭 같았다. 홀연 집을 나가 부지거처가 되었다. 그리하여 그는 사부가에 출입하면서 혹은 진맥을 볼 줄 안다고 하고 혹은 방물장수라고도 일컫고 혹은 소설을 읽어 주기도 했다.[26]

임형택은 『요로원야화기』에 등장하는 강담사의 예를 들어 18세기 이전에도 도시뿐 아니라 농촌에도 강담사가 활동했다고 지적한다. 글 못 읽는 농촌 사람들에게 인기를 끌었다는 것인데, 그렇다면 강독사는 소설의 보급과 대중화에 적지 않은 기여를 한 셈이다.

한편 강담사와 강독사가 서리, 평민 출신이라면 이야기를 창으로 바꿔 불렀던 강창사는 천민 출신이 많았는데, 판소리 광대가 전형적인 강창사였다. 요즘식으로 말하면 직업적 예능인이었던 이들은 18세기 후반부터 발달하기 시작했던 판소리와 타령을 양반들과 군중들 앞에서 주로 불렀다. 18세기 중반에 열두 마당이 있었다고 전해지는 판소리는 19세기에 들어 여섯 마당만 남아 서민들에 의해 애창되었다. 「춘향가」, 「심청가」, 「흥보가」, 「수궁가(水宮歌)」, 「적벽가(赤壁歌)」, 「변강쇠가」 등이 그것인데, 창을 부르는 광대들의 활동 범위는 그야말로 넓었다. 농어촌을 비롯하여, 장터, 창촌, 굿당, 나루터, 잔칫집 등 서민들이 모이는 곳이라면 마다않고 달려갔던 이들은 창을 통해 서민 문예를 확산시켰던 가장 대중적인 유랑 예능인이었다. 김흥규(金興圭)는 18~19세기 조선 사회에 가면극 외에 탈춤과 산대놀이패들이 서울, 황해도, 낙동강 지역에서 활동했다고 지적하면서 사당패, 화랑, 악공, 가객, 초라니패, 비나리패, 솟대쟁이패, 풍각쟁이패 등 다양한 연예 집단을 소개하고 있다. 그리고 이들의 양적 증가는 조선 후기 수취 체제의 모순과 농촌의 피폐 현상과 연관되어 나타난 유민 현상의 결과라고 설명한다.[27] 한편, 임형택은 강담사, 강독사, 강창사들이 단지 기존의 작품들을 이야기하고 노래하는 데에 그친 것이 아니라 창작까지 했다는 데에 주목할 것을 주문한다. 한문 단편은 강담사의 이야기를 한문으로 옮겨 놓은 것이고, 판소리 소설은 광대가 구연한 것을 언문으로 기록한 것이다. 그렇다면 이들은 단지 문학의 소비를 촉진한 사람들이었을 뿐 아니라 문학을 창작하는 전문 직업인이기도 했다. 특히 광대로 천시되던 유랑 예능인들의 역할은 민중 문학의 형성과 발달이라는 점에서 높이 평가해야 한다는 것이 임형택의 주장이다. 민중 문학론의 출발점으로서 의미를 이렇게 평가한다.

전문적 직업적 이야기꾼과 함께 소설이 발달하였던 역사적 배경으로서 도시의 형성과 시민층의 대두를 들었다. 이는 농촌의 제 변동과 유기적으로 연관된 현상이었다. 봉건적 신분제 및 경제 구조의 동요에 따라 전통적인 사대부적 가치관이 흔들리고 민중의 사회의식이 성장되면서 시민 문화가 싹튼 것이다. 여기에서 사대부적 취미와 교양의 소산인 시문학으로부터 우리의 문학사는 시민적(서민적이라 해도 좋다.)인 소설로 주류가 바뀌었다.[28]

여기서 이들의 활동을 '시민 문화' 혹은 '시민적'이라는 근대적 함의로 규정하는 것을 일단 유보한다면, 강담사, 강독사, 강창사가 민중의 문학적 관심을 높이고 소비층을 확대한 것, 그리하여 사대부가 독점한 문예 담론장을 이원화하고 독자적인 감정과 정서의 장을 만드는 데에 적지 않은 기여를 했다는 데에는 대체로 동의할 수 있겠다. 문예 담론장의 이원화와 확산, 서민들의 문예 참여는 확실히 유교적 봉건 사회의 기반을 흔들 만큼 가치관의 분열을 가속화하기에 충분했기 때문이다. 국가에서 사회의 분리, 사대부에서 서민의 분리, 유교적 공동체에서 개인의 분리가 그런 서민적 문예 담론장을 통해 싹트고 있었기 때문이다. 그렇기에 정약용은 『목민심서(牧民心書)』에 이렇게 썼다.

> (세미를 수납하기 위해) 창촌을 열 때에는 미리 방을 내걸어 잡류들을 엄금해야 한다. 창촌에서 출입을 금해야 할 자들은 첫째 우파(優婆, 사당), 둘째 창기(娼妓), 셋째 주파(酒婆, 술 파는 여자), 넷째 화랑(花郎, 무당의 남편, 광대), 다섯째 뇌자(櫑子, 초라니), 일곱째 마조(馬弔, 투전), 여덟째 도사(屠肆, 소·돼지 잡는 자들)이다. 이 여덟 가지 잡류들은 성색(聲色)과 주육(酒肉)으로 온갖 유혹을 하여 창촌 관리와 뱃사람들이 이에 빠지고는 한다.[29]

위 여덟 가지 잡류는 농촌 해체가 일어나기 전까지는 볼 수 없었던 부류였다. 특히 여덟 가지 잡류 중 우파, 창기, 화랑, 뇌자는 서민 예술의 전파자들이었다. 서민 예술은 말과 글의 언문화를 확장했는데, 사대부의 시선에는 도문분리가 초래한 극단적 폐단으로 여겨졌던 것이다. 『문체책』에서 정약용이 강조한 패관 소설류의 문체를 일소해야 한다는 주장과 궤를 같이한다. 북학파가 양반의 상업 중시론과 상업 무역론을 주장하던 당시에, 정약용은 장시가 향촌 윤리를 파괴하는 투전판이 되기에 말리를 추구하는 모리배들을 일소해야 한다는 본무억말(本務抑末)의 성리학적 논리를 앞세웠던 것이다. 그러나 문예 담론장의 이원화와 평민 담론장의 세속화는 막을 수 없는 추세로 성장하고 있었다.

언문의 사회적 상상

문예 담론장의 확산은 한문이 지배하던 문자의 세계에서 어떤 사회적 상상을 창출하였는가? 언문일치의 문자가 표의 문자인 한문이 구축한 인식 세계와는 다른 독자적인 세계를 창출했다면 그것은 무엇인가? 언문을 해독하는 문해인민과 언문을 쓸 능력을 갖춘 문식인민(文識人民)이 작성한 문건과 작품들은 도대체 조선의 지배 체계 내부에 어떤 새로운 세계를 만들어 놓았는가? 앞 절에서는 그것을 '주체 의식의 리허설'로 개념화했다. 그런데 이를 '사회적 상상(social imaginary)'이라는 관점에서 조명하면 매우 흥미로운 사실을 발견할 수 있다. 사회적 상상이란 문자 행위를 통해 얻게 되는 새로운 성찰이라고 한다면, 그 새로운 성찰에는 지배 권력의 허를 찌르고, 지배 이념의 논리를 뒤집고, 심지어는 지배 체제의 전복까지를 꿈꾸는 혁명적 이상이 싹트고 있었는지 모른다. 혁명적 이상이라고까지 할 것은 그다지 많이 발견되지는 않더라도, 유교적 정치 질서와 성리학적 이데올로기의 내부 모순을 인지하고 비판적, 대안적 의식을 맞아시키는 발판을 마련하는 계기가 언문을 통해서 만들어졌고 언문 사용이 확대됨에 따라 성찰적, 각성적 사고가 확산되었다는 점에 주목을 요한다.

서구의 근대 이론이 지시하는 내용과 외연이 인민들의 인식 체계 속에서 어떻게 진화, 변질, 확대되어 갔는지를 '사회적 상상' 개념으로 조명하는 찰스 테일러(Charles Taylor)는 이 개념을 다음과 같이 설명한다. "사람들이 자신의 사회적 실존에 대해 상상하는 방식, 다른 이들과 서로 조화를 이루어 가는 방식, 사람들 사이에서 일이 돌아가는 방식, 통상 충족되곤 하던 기대들, 그리고 그러한 기대들의 아래에 놓인 심층의 규범적 개념과 이미지들." 사회적 상상은 사회 이론과 다르다. 사회적 상상은 사람들이 사회적 환경을 상상하는 방식을 의미하는데, 이미지, 이야기, 설화 및 전설 속에서 표출된다는 것이다. 그것은 소수 엘리트가 전유하는 것이 아니라 폭넓은 인민들에 의해 공유되는 것, 그리하여 "공통의 실천을 가능하게 하고 정당성에 대한 감각을 공유하도록 만드는 공통의 이해"다.[30] 언문은 한문을 모르는 문해인 민들로 하여금 조선 사회, 유교적 질서, 지배 이념에 대해 상상의 문을 열어 주었다. 마음 속에 생성되는 사유가 소리를 얻고(聲), 발음되고(音), 바로 문 자로 표현된다는 것(文)은 문해인민들에게 세상을 이해하는 개념틀이 제공 되었음을 뜻한다. 즉, 언문은 사유의 바다에서 개념을 퍼 올리는 능력을 부 여하고, 퍼 올려진 그 개념은 문해인민들의 공유물이 된다. 개념으로서의 실체(記表)는 문해인민들 사이에서 논의되고 재사유되는 과정을 거쳐 새로 운 의미(記意)를 얻고, 사회적 상상의 영역을 확대하여 나간다. 말하자면, 인 민이 처한 사회적 현실과 사회적 실체를 인지하는 것이 가능하고, 그것을 객관화하는 과정이 언문을 통해 가능해졌다는 말이다. 주체 의식의 리허설 은 자신과 사회 간에 거리 두기, 즉 객관화(objectification)의 언어적 연습이 다. 언어는 자신과 사회, 자신과 환경을 언어적 문법으로 매개한다. 한문이 사대부와 조선 사회를 표상하고 매개하는 방식이 독자적으로 존재했듯, 언 문이 일반 서민과 조선의 현실을 표상하고 매개하는 방식은 언문의 문법 속 에 내재해 있다. 주체 의식의 리허설은 구체적으로 어떻게 나타났는가? 이 를 몇 가지 관점에서 조명할 수 있다.

자아의 발견과 시대 인식

조선 시대 백성에게는 자기에 대한 인식, 즉 정체성이 있었던가? 자기 정 체성을 자아(自我)라고 한다면, 자아의식은 시대로부터 자기 자신을 떼어 놓고 객관적 시선으로 바라보아야 가능하다. 유럽 중세 인민들의 심성과 사 유 방식을 연구한 마르크 블로크는 사물과 현상에 대한 객관적 관찰 능력이 없는 인민들은 그것에 대한 해석에 주로 매달렸으며, 그 해석을 주관한 것은 교회와 성당의 성직자들이었다고 한다. 성직자들조차도 세상을 악마와 천사, 선한 존재와 악한 존재로 나눠 갑작스레 발생하는 재앙과 천재지변을 악마의 소행으로 간주했다. "전쟁이며 폭풍우며 페스트며 참으로 인류에게 덮치는 모든 재난이 악마의 농간으로 일어난다는 것을 그 누가 모르겠는가?" 중세의 성직자들이 인민들을 안심시키기 위해 썼던 말은 이런 것이었다. 더욱이 모든 공문서들은 지방어가 아닌 라틴어로 쓰였기에, 극히 소수의 교양 계층만이 해독할 수 있었고 다수의 무지한 대중은 공적 사건들이 어떻게 처리되고 자신이 속한 국가의 권력과 사회 질서가 어떻게 운영되는지를 알 길이 없었다. 라틴어가 지배 계층에 쓰이는 보편적 언어였다는 점에서 국경을 넘어 국제적 의사소통이 가능했다는 장점이 있었던 반면, 일반 대중들은 자신이 속한 그 지역의 특수한 현상을 지배층이 강요하는 보편적 개념으로만 이해해야 하는 왜곡의 공간에 던져져 있어야 했다. 지방어가 공식 문서에 쓰이고 지방민들 특유의 논리와 감성을 표현하는 수단으로 인정받기까지는 수 세기가 지나야 했던 것이다.[31]

유럽 중세의 인민들처럼, 조선의 인민들도 성리학적 통치 이념이 짜 놓은 세계관을 통하여 자신을 이해했고 시대를 바라보았다. 그것은 하늘의 명령인 천리(天理)에서 비롯된 강상 윤리를 실행하는 보편적 인간관이었으며, 명륜에 바탕을 둔 통치 질서였다. 강상 윤리에 의해 관할되는 보편적 인간상이 조선 인민들의 내면이었을 것이다. 그것은 물론 개체성(個體性)으로서의 자아가 아니었다. 천리-조선-인민을 규정하는 인식 체계로부터 자신을 떼어 놓을 정신적 무기가 인민들에게는 존재하지 않았고, 경제적, 물리적 처벌을 감수하지 않고는 자신과 사회의 분리를 감행할 수도 없었다. 향촌의 지배 계급인 재지사족들이 인식론적 지배 논리를 유지 발전시키고 지배 기구들을 장악하고 있는 한 자신들을 규정하는 초월적 논리와 존재에 대해 한 번도 의구심을 표명하지 못했고 할 능력도 없었다. 이런 상황에서, 언문 표현은 인민들에게 자아의식에 대한 눈을 뜨게 만드는 단서를 제공했다. 예를 들면, 안방에 깊숙이 가둬진 채 유교적 행실과 윤리를 강요받으며 살아가야 했던 여인들이 쓴 규방 가사가 자신의 내면을 비춰 주는 거울을 제공했는데, 그 거울에 비친 모습에서 시대가 강요한 도덕적 짐에 눌려 신음하는 초라한 자아를 발견하는 일은 어렵지 않았다.

　규방 가사는 상민에 속하는 여인들이 쓴 것도 더러 있으나 대부분 사대부 여인들에 의해 창작, 전승되고 때로는 필사되어 수천 편에 이르는 작품이 암암리에 유통되었다. 여인들이 시집살이를 하면서 품게 된 한을 노래하거나, 생활난을 고백하고, 남편을 여읜 슬픔과 비탄, 가문의 번영에 대한 축원, 신세타령이 주를 이루는데, 때로는 사대부 부인들이 남편을 따라 임지로 가면서 본 풍경과 세태를 기록한 기행문도 있다. 규방 가사 작품들은 내용도 다양하지만 조선 여인들이 겪게 되는 운명을 경축, 자탄, 훈계, 풍류 등 여러 유형의 정서로 담아내고 있는데, 그것이 타령조의 사설이라 할지라도 군데군데 자아에 대한 객관적 묘사가 드러나 있다는 점은 우리의 논지와 관련하여 주목할 만하다. 예를 들면, 규방 가사의 선구적 작품으로 일컬어지는 허난설헌(許蘭雪軒, 1563~1589년)의 「규원가(閨怨歌)」가 그러하고, 하층민의 고단한 삶을 신세타령조로 노래한 작자 미상 가사 「덴동어미화전가」가 그러하다.

> 삼촌화류(三春花柳) 호분절(好分節)의 경물(景物)이 시름업다
> 가을달 방(房)의 들고 실솔(蟋蟀)이 상(床)의 울제
> 긴 한숨 디난 눈물 속절업이 혬만 만타
> 아마도 모딘 목숨 죽기도 어려울샤
> 도라혀 풀텨 혜니 이리 하야 어이 하리.(「규원가」)

남촌 북촌에 다니면서 부지런히 도부하니

돈 백이나 될 만하면 둘 중 하나 병이 난다

병 구려 약 시세하다 보면 남의 신세 지고 나고

다시 다니면 근사 모아 또 돈 백 될 만하면

또 하나이 탈이 나서 한 푼 없이 다 쓰고 나니

도부 장수 한 십 년 하니 장바구니 털이 없고

모가지가 자라 목이 되고 발가락이 무지러진다.(「덴동어미화전가」)[32]

　남편이 죽어 과부가 된 신세를 한탄하는 노래, 제목 그대로 규방에 갇혀
홀로 고독하게 살아가야 하는 원망을 풀어낸 노래의 작자는 자아의 소멸 즉
죽음을 생각하고 있다. 죽음이 삶의 현실을 냉철하게 내다봐야 가능한 사유
라고 한다면, 「규원가」는 현실과 자신의 대비에 따른 자아의식이 없다면 창
작되기 어려웠을 것이다. 작자인 허난설헌은 허균의 여동생이고 선조대 중
국까지 문명을 떨쳤던 대표적 여류 시인이기에 문해인민의 범주에 속하지
않는다고 할 수 있다. 그러나 그 정서가 도붓장수의 아내가 쓴 것으로 보이
는 「덴동어미화전가」와 유사하고 십 년 발품에 남은 것은 병든 육신밖에 없
다는 신세한탄과 맥을 같이한다는 점에서 반상을 가릴 것 없이 언문 규방
가사는 '자아의 발견'과 연관되어 있다고 말할 수 있겠다.
　규방 가사가 신세한탄, 놀이, 경축 등을 통해 자아를 드러내는 통로 구실
을 했다고 한다면, 언문 일기는 궁중에서 일어난 정쟁 혹은 역사적 사건을
기록과 창작 형식을 빌려 서술한 작품들로서 중요 인물들과 시대에 대한 객
관적 관찰이라는 의의가 있다. 일기문들의 작자는 대부분 그 사건을 직접
목격한 궁중 여인들이었거나 사건의 당사자들이었기에 허구적 내용이 더러
발견되기도 하지만 대체로 사실적 묘사에 근거하고 있다는 점에서 글을 읽
을 줄 아는 일반 서민들의 호기심을 유발하기에 충분했다. 「서궁일기(西宮

日記)」와 「계축일기(癸丑日記)」는 광해군을 몰아내려 했다는 누명을 쓰고 서궁에 유폐된 인목대비의 기구한 운명을 일기 형식으로 기록한 작품이며, 비슷한 내용을 담은 『계해반정록(癸亥反正錄)』도 국문으로 쓰여 문해인민들에게 널리 읽혔다. 또한 병자호란(1636~1637년)의 재난과 수치를 기록한 『산성일기(山城日記)』, 장희빈 때문에 폐비를 당한 인현왕후의 파란만장한 생애를 그린 『인현왕후전(仁顯王后傳)』, 사도세자의 억울한 죽음과 그것을 둘러싼 궁중 암투를 서술한 『한중록(閑中錄)』 등은 사건의 배경이 되는 궁정사회 내부의 당시 정황을 세밀하게 묘사해서 일반 서민들이 임금 주변의 상황과 권력 현상에 대한 이미지를 형성하는 데에 지대한 공헌을 했다. 상민이 아닌 궁중 여인들이 집필한 것이지만, 독자가 반상을 가리지 않고 널리 분포되어 있었다는 점에서 국가 권력과 벌열들, 그리고 시대에 관해 독자적 인식을 갖게 되고 모종의 평가를 내릴 수 있는 자료가 되었던 것이다.[33]

자기표현과 소통

편지는 개인 간에 사적 정보를 교환하거나 은밀한 소식을 전하는 수단으로 각광을 받았다. 2009년 봄, 정조가 심환지(沈煥之)에게 보낸 297통의 어찰이 무더기로 발견되어 학계에 보고되었다. 모두 한문으로 쓴 편지인데, 노론의 영수인 심환지와 주고받은 비밀 서찰이다. 편지의 서두나 말미에 '불에 태워 버려라(此紙卽卽丙之)', '찢어 버려라(此紙卽扯之)', '남겨 두지 말고 찢어 버려라(此紙勿留 卽扯之)'는 부탁을 하고 있는 것으로 미뤄 다른 사람에게 누설되지 않기를 바라는 정조의 간절한 마음이 읽힌다. 그 어찰들은 심환지와의 사전 협의와 공모를 통해 국정을 운영하려는 정조의 비밀스러운 방식을 그대로 담고 있다. 그런데, 우리의 관심을 끄는 것은 두 통의 편지에 한글 글귀가 나타나고 있다는 사실이다. 원문을 인용하면 이렇다.

近日僻類爲뒤죽박죽之時 有時有此無根之曉曉 也是不妨 可以領會耶?

(지금처럼 벽파 무리들이 뒤죽박죽되었을 때에는 종종 이처럼 근거 없는 소문이

있다 해도 무방하다. 이해할 수 있겠는가?)[34]

以人也之만조 爲言 計不得己 以錦伯言之矣 豈不過矣矣乎?

(그런데 그 사람이 만조하다고 말하므로 부득이 충청도 관찰사로 하라고 말했다.

어찌 지나치지 않은가?)[35]

벽파 무리가 갈피를 못 잡고 엉킬 때라는 말의 한자어를 찾지 못해 그냥
한글로 '뒤죽박죽'으로 써 버렸고, 둘째 편지에서는 '만조하다'는 우리말에
적합한 한자어를 생각나지 않아 그대로 썼는데 "얼굴이나 모습이 초라하고
잔망하다."라는 뜻이다.[36] 왕과 사대부들은 한문으로 편지를 썼는데, 이처럼
표현이 힘든 곳에 간혹 한글이 발견되는 것은 흥미롭다.

일기문과 마찬가지로 개인의 심정을 전달하거나 상대방에게 소식과 안부
를 묻는 문자 행위가 편지였는데, 사대부 남성들은 물론 여성과 상민 남성
들은 언문으로 편지를 주고받아 언간 혹은 언찰로 불렸다. 그동안 청주, 달
성 지역 등 여러 곳에서 출토된 언간들을 보건대, 16세기 이래로 양반, 상민
을 가릴 것 없이 의사소통의 수단으로 언간이 매우 활발하게 활용되었다는
사실을 짐작하기 어렵지 않다. 청주에서 출토된 순천 김씨 언간은 무려 189
건에 이르고, 경북 달성 진주 하씨 묘에서도 163건의 한글 편지가 발견되었
다. 이 밖에도 현풍 곽씨 언간(167건), 송규렴가 언간(128건), 추사 김정희가
언간(73건) 등이 있다. 대중들에게 언문 편지가 얼마나 활발하게 활용되었는
지 19세기에는 편지 작성 매뉴얼에 해당하는 『언간독(諺簡牘)』과 『증보언간
독』이 간행되기도 했다.[37] 출토된 언간의 내용을 예시하면 이러하다.

(1) 흥덕골 채셩원땍 누의님 젼샹사리

문안ᄒᆞᆸ고 요ᄉᆞ이ᄂᆞᆫ 엇더ᄒᆞ신고 온 후의ᄂᆞᆫ 긔별 몰라 ᄒᆞᆸ뇌이다 예ᄂᆞᆫ 다 됴히 겨시이다 날도 치워 가고 몸 조심ᄒᆞ여 간ᄉᆞᄒᆞ쇼셔 약갑ᄉᆞ 슬와건마ᄂᆞᆫ 보내신디 몰라 ᄒᆞᆸ뇌 형님도 가 겨신가 보기리 슈니 두 아긔 초여ᄂᆞᆫ 갓가ᄉᆞ로 슬와 지어 보내뇌이다.[38]

(2) ᄉᆞᆼ션 두 마리 가니 큰 마리란 ᄌᆞᆺ식들ᄒᆞ고 구워 자시고 져근 마리란 쟝ᄌᆡ골 아긔게 봉개 ᄒᆞ여 보내소 봉개 유무 조차다가 주고 안부 아라 보내소.[39]

(3) 어마님 젼샹슬이 근봉

문안 ᄀᆞ업시 알외ᄋᆞᆸ고 요ᄉᆞ이 극치위예 동ᄉᆡᆼ들 거ᄂᆞ리ᄋᆞᆸ셔 긔운 엇더ᄒᆞᆸ샨고 응보기 가온 후의 긔별 일졀 모ᄅᆞ와 민망ᄒᆞ오며 쥬셔긔 죵증은 이제나 엇더ᄒᆞ온고 일시도 닛ᄌᆞᆸ디 몯ᄒᆞ며 역신은 엇더ᄒᆞ온고 다시 긔별 모ᄅᆞ와 줌드온 슷도 닛ᄌᆞᆸ디 몯ᄒᆞᆸ고 안덕 동ᄉᆡᆼ은 희산 무ᄉᆞ이 ᄒᆞ오며 므서슬 나흔고 ᄒᆞᆸᄂᆞ이다.[40]

위 편지는 모두 가족간에 주고받은 언간으로 남동생이 누이에게(1), 남편이 아내에게(2), 딸이 어머니에게(3) 보낸 근황과 부탁이다. 남동생이 아픈 누이에게 약값을 보내려다가 보낼 곳을 몰라 약을 구해서 보낸다는 내용, 생선 두 마리를 보내니 잘 나눠 드시라는 남편의 당부, 동생들을 보살피고 어려운 살림 꾸리느라고 병들어 누운 어머니를 위로하는 딸의 애절한 정이 담겨 있다. 사대부 남성들도 내자에게 소식을 전하고 어떤 일을 당부할 때는 위와 같이 반드시 언문으로 편지를 썼으므로 언문 편지가 조선 시대에 신분 고하를 막론하고 자기표현과 소통 수단으로 널리 애용되었던 것이다. 편지는 수신자와 발신자가 분명한 사적 의사의 교환이며, 이런 의미에서 언문 편지는 사사로운 감정을 발설하고 문자화하는 통로였다.

궁중 여성들은 매우 다양한 사례에 언문 편지를 사용했음이 밝혀졌다.[41] 궁중의 남자를 흠모한 궁녀가 언문 편지를 보냈다가 발각된 사건, 정쟁에 연루된 여인들 간에 주고받은 편지, 불교 신자였던 궁중 여인들과 사찰의 승려들 사이에 오고 간 편지 등이 그것이다. 『조선왕조실록』 기사에는 "궁녀 덕중이 귀성군 이준을 연모하는 편지를 써서 환관 최호와 김중호에게 전해 주기를 청하다."(세조 11년)라는 기사가 나온다. 이준이 이 사실을 고하자 연루된 두 환관이 장살을 당하였다. 또 "궁중 나인의 언문 서간이 먼절까지 전해지고 있는 사실을 홍문관 부제학 김귀영이 상소문에서 언급하다."(명종 20년)라는 기사 또한 언문이 여인들의 종교 생활을 매개했음을 알 수 있다.[42]

세상살이에서 얻는 고된 심정, 근황, 부탁과 당부, 개인적 감정을 특정 수신자에게 전달하는 수단인 문자는 자신과 자신이 처한 처지를 객관화하는 계기를 제공한다. 가족원, 친지, 드물게는 타인에게 자신의 의견과 마음의 형상을 문자로 표현하여 소통한다는 것은 특정 사안에 대한 인식의 공유를 뜻하며, 나아가서는 동의를 만들어 낼 수 있는 수단을 갖췄음을 의미한다. 그것은 한 개인에 한정되었던 '사회적 상상'이 타인에게로 전파되는 것, 그리하여 사적 공간에서 발생한 현상 해석이나 현실 인식이 혈연 네트워크를 통하여 타인의 공간으로 확산됨을 뜻하는 것이다. 사적 공간의 의견 개진 형식이 공적 공간에서 사회적 비판 의식을 담게 되는 또 다른 형식으로 전환하는 것은 그리 어렵지 않을 것이다. 19세기 초중반 전국을 휩쓸었던 민란 시기에 언문으로 작성된 통문이 작변에 가담한 인민들 사이에 돌았던 것은 편지 형식의 사회적 변환이라고 말할 수 있겠다.

공공성과 권리 의식

조선의 인민들은 통치와 교화의 대상이었다. 유교 국가의 통치 질서 내에서 양인과 천민이라는 신분과 그에 따른 직역을 착실히 수행하는 것이 인민들의 의무였다. 의무로 부과된 세 가지 세제(조세, 공물, 요역)를 이행하는 일이야말로 인민들에게는 공공성(publicness)이 발현되는 유일한 통로였다. 백성을 위한다는 위민, 애민 사상에 근거한 민유방본이 유교 정치가 표방하는 궁극적 목적이라 할지라도 백성들에게 허용된 공적 권리는 거의 존재하지 않았다. 직역의 의무를 진 피동적 통치 대상으로서의 인민들에게 권리 의식이 있었을까? 인민들의 권리 의식이 질적, 양적으로 확대 발전하는 과정이 바로 근대가 발화하는 시점이라고 한다면, 인민들의 권리 의식의 성장, 공공성 인식의 기원과 촉매를 찾아나서는 일은 조선에서 근대의 기원 찾기에 해당할 것이다.

훈민정음 창제의 의도에 '인민의 권리'가 표명되어 있었다는 것은 놀라운 일이 아니다. 『훈민정음 해례』 서에 대제학 정인지는 "이 글자로서 (한문으로 된) 글을 풀면 그 뜻을 알 수 있고, 이 글자로서 송사를 심리하더라도 그 실정을 알 수 있게 되었다."라고 썼는데, 어리석은 인민들이 이 글자를 배워 사적인 이해 다툼에서 불이익을 당하지 않도록 배려한 민유방본의 의도가 역력히 드러난다. 송사는 일차적으로 민간 차원에서 일어나는 사적인 쟁투를 뜻하지만, 관아를 대상으로 한 공적 쟁송도 포함되어 있다고 본다면, 인민들이 그 사정을 파악하여 권익을 침해당하지 않도록 하는 데에 훈민정음의 본뜻이 있다고 할 것이다. 인민들을 사대부, 지주층, 관원 들의 권리 침해로부터 보호하는 일, 그들에게 말할 기회를 주고 문자로 표현할 수 있게 하는 일이 훈민정음의 본질적 기능이다. "정음은 이 우민(愚民)들로 하여금 억울한 일을 당했을 때 말로써 감정을 표현할 수 있게 함이다."[43]

그러나 세종과 세조 연간을 제외하고 언문은 공식 문자로 취급되지 않았다. 사대부는 모든 공식 문서 작성에서 한문을 썼고, 중인과 관아의 아전들은 이두를 썼으며, 언문 문서는 관아에 접수되지 못했다. 그러나 간간히 언문으로 작성된 공식 문서가 발견되는 것을 보면 예외가 있었던 것 같다. 조선 시대 특권 문서인 완문(完文) 연구에서 언문으로 작성된 문서가 발견된다. 관에서 향교, 서원, 결사, 촌락, 개인 등에게 발급된 공식 확인서, 인정서를 완문이라고 하는데, 대부분의 완문은 한문으로 작성되었다. 그런데 하급 실무 관청이 일반 평민에게 발행한 언문 완문의 존재가 확인되었고, 그 외에도 다수의 한글 문서가 있었다고 보면 "추론하건대 한글이 여성 이외에 하층민에게 상용되었음"을 짐작할 수 있다는 것이다.[44] 아무튼 공식 문서가 언문으로 작성되었다는 것은 언문이 인민들의 권리 의식과 결부되어 있었음을 뜻한다. 즉, 언문은 의무 개념만이 존재했던 인민들의 의식 공간에 권리 개념을 부여한 문자 기제였다. 공공성의 두 축을 의무와 권리라고 한다면, 의무의 세계를 구축했던 한문 문법(통치)에 권리의 세계를 배양하고 대응시키는 기능을 언문이 담당했다고 볼 수 있다. 조선 중기에는 매우 미약하게 발아할 수밖에 없었던 이 권리 의식은 언문 사용이 확대됨과 더불어 빠르게 성장했고 적용 영역을 넓혀 나갔다.

조선에서 하의상달의 공론 정치가 가동되었음은 앞에서 지적한 바다. 상서, 상언, 상소 제도가 그것인데, 상서는 국가의 잘못된 처사에 대항하여 원억을 풀어 달라는 소원 제도로서 지배층에만 허용되었으며, 상소 역시 조관 및 유생이 국사에 관한 일에 개인적, 집단적 견해를 올리는 제도였다. 이에 반하여 상언은 격쟁과 함께 일반 서민들이 조정과 관아를 상대로 소원(訴冤)하는 제도다. 여기서 중요한 것은 흔히 평민들이 상언을 행할 때 언문 서장을 제출하였는데, 이 언문 서장을 언장(諺狀)으로 불렀다는 점이다. 언장은 평민들의 사적 송사를 관아에서 해결해 주기를 바라는 문서이자, 공적 소원을 요청하는 공식 문서 구실을 했다. 그것은 인민들이 의무의 공간에서 권리의 공간으로 나가는 출구였으며, 동시에 공공성의 영역으로 나아가는 매개체였다. 『조선왕조실록』에는 상민들이 언문 소장을 제출한 사례가 몇 군데 나온다.

죄를 받고 죽은 이홍로의 처 기씨가 의금부에 언문 소지를 올리자 언문으로 상언하는 일이 전례에 없지만 부득이 접수하다.(광해 2년 5월 5일)

유두성이 누이동생인 유두임이 이대헌의 사주를 받아 언문 소장과 한문 소장을 순찰사에게 제출하다.(숙종 15년 4월 18일)

태영이 심문을 받으면서 제 지아비 유정기의 죄상을 언문서로 공초하다.(숙종 31년 9월 12일)[45]

이 밖에도 백두현은 조선 시대 여성의 문자 생활 연구에서 양반 및 평민 여성들이 언문 소지와 상언을 제출한 기록을 20여 건 소개하고 있으며, 토지매매를 확인해 주는 계약 문서의 일종인 명문(明文)이 언문으로 작성된 사례를 3건 소개하고 있다.[46] 소지는 소송 문서의 일종으로 소장 또는 청원서를 일컫는다. 소지는 그 목적과 용도에 따라 다양한 이름으로 불렸다.[47] 소장을 언문으로 작성했고 관청은 그것을 접수했다는 사실은 인민들의 권리를 공식적으로 인정했음을 뜻한다. 드문 경우였지만, 심지어 죄상을 묻는 공초에도 언문서가 쓰일 정도였으며, 1815년에는 남편이 죽어 생계가 곤란해진 세 모녀가 안동의 양반가에 투탁하여 노비가 된 일종의 계약 내용을 한글로 적어 관아의 공식 허가를 받았다. 「구활비(口活婢) 한글 명문」에는 "저 자신 및 소생 7세 아이 윤점, 2세 아이 계심의 3인을 후소생과 아울러 영영 드리오니 뒷날 혹 혹 잡담하거든 이 명문을 가지고 관에 고해 바로

잡을 일입니다."라고 구활비가 된 저간의 사정과 결의가 쓰여 있으며, 문서의 말미에 투탁한 사람이 손바닥을 그려 넣어 내용을 확인하고 있다.[48] 평민에게 언문은 개인 간 계약을 공식화하는 권리 확인의 문자였던 것이다. 말하자면, 언문은 문해인민들에게 권리 의식을 싹틔우는 효소 기능을 했으며 언문 문법에 따라 권리 개념을 형성하고 형상화했다. 의무만이 존재했던 의식의 공간에 권리 의식이 형성됨에 따라 인민들은 의무와 권리로 구성된 공공성의 영역을 개척하기 시작했다.

권위 부정

인민의 권리 의식의 형성과 확산은 생존을 위협하는 지배 권력과 통치 이념에 대한 비판과 고발로 이어지는 것은 시간문제였다. 중종과 명종대에 전국적으로 장시가 형성되자 농업을 이탈한 백성들이 모여들었고 이윤을 추구하는 장사치들이 유교 질서를 흩트리는 것에 조정은 심각한 우려를 표명하기에 이르렀다. 조선은 궁중에 물자를 납품하는 시전 상인을 제외하고 상업을 일체 허용하지 않았다. 그런데 대소민이 모이는 길목과 미곡, 공물이 집적되는 포구에 장시가 열리더니 급기야는 도적 떼가 들끓기 시작한 것이다. 명종대에는 작은 이익만을 추구하는 유식자(遊食者)들이 늘고 명화적들이 출몰하고 있음을 조정 대신들이 크게 우려하는 기사가 나오고, 중종대에는 조정에서 "외방의 백성들은 열 명 중 아홉은 말업(末業)을 따르고 나머지만 농사를 짓는다."라고 한탄하고 있다. 1524년(중종 19년)에 지사 장순계는 외방에서 장시 개설로 인한 폐단을 이렇게 지적하였다. "지금 외방에는 또 장시의 폐단이 있습니다. 백성들이 모두 이것에 의지하여 매매하는데 도둑들의 물건도 많이 팔립니다. 백성이 이렇게 놀고먹으므로 전야가 황폐합니다."[49] 장시의 형성과 유민, 도적의 발생은 그다지 연관이 없어 보이지만, 인민이 농업에서 대량 이탈함으로써 조선의 기본 질서가 뒤흔들렸던 것은 사실이다. 농민의 유민화는 16세기 초엽부터 조선 전역에서 진행되었던 전야의 황폐화, 농토의 유실, 관의 수탈 등에 원인이 있었다.

유민화된 농민들은 기아 상태를 면치 못해 굶어 죽거나 노비로 투탁하거나, 도적으로 전락하는 것 외에 다른 생존의 방도가 없었다. 유민이란 성리학적 통치 이념과 질서 속에서는 생존이 불가능했던 농민들로서 스스로 생존을 찾아 나선 무리들이었다. 청장년들이 군도가 되고 장사꾼이 되고 산속으로 숨어들었다. 16세기에 유난히도 군도 형태의 농민 저항이 다발적으로 일어난 이유이다. 김막동 부대로 알려진 도적들은 1489년경 황해도 봉산, 신계, 재령 등지를 무대로 활동했으며, 홍길동 부대는 1500년경 충청도를 무대로 관아를 습격하고 재지사족의 재물을 털었다. 홍길동 부대가 괴멸하자 1530년경 순석 부대가 전라, 충청, 경기 삼도에 걸쳐 출몰해서 지배층과 투쟁했고, 1560년경에는 경기도 양주를 터전으로 임꺽정 부대가 출현해서 한성과 개성 지역을 교란했다.[50] 이들이 조선 사회에 대한 체계적인 비판 의식을 갖추었는지 아니면 생존을 위해 재물을 추구한 단순한 군도에 불과했는지는 알 길이 없다. 다만 통치의 주체인 조정과 사대부들을 공포에 몰아넣었다는 사실만으로도 천명으로서의 '권위'가 손상될 수도 있다는 것을 인민들이 깨닫는 계기가 되었다는 사실이 중요하다. 인민들은 성리학적 세계관의 요체인 천리에 의해 굳건하게 정당화되는 '권위'를 부정할 힘도 논리도 없었다. 권위는 현실 세계에서 사대부, 조정, 관아의 언어와 행동에 힘을 부여하는 원천이었다. 그런데 15세기 말과 16세기 초에 이미 유민탄(流民歎)이라고 부를 수 있는 비판적 작품들이 권력에서 소외되거나 정치를 등지고 산천을 떠돌았던 처사들에 의해 창작되었던 것이다. 김시습은 단연 그런 면에서 전형적인 작품들을 남겼다. 연산조 관노 출신 어무적(魚無迹)은 천민 문학자로서 당시의 세태에 대한 비판적 인식을 한문시로 표현했다는 점에서 주목할 만하다. 「작매부(斫梅賦)」가 그것이다.

백성이 한 그릇 밥을 먹으려면(民飽一盂飯)

원님은 군침을 흘리며 노여움을 부리고(官饞涎而齊怒)

백성이 한 벌 갖옷에 따스하려면(民暖一裝衣)

아전은 팔을 뽐내며 가죽을 벗긴다(吏攘臂而剝肉).

매화의 향기는 굶어 죽은 혼을 덮어 주고(使余香掩野殍之魂)

매화의 꽃잎은 떠도는 백성들 뼛골에 뿌려지도다(花點流民之骨).[51]

천민은 원래 신분제의 한을 타고난 부류이지만, 수령과 관원이 백성을 수탈하는 장면을 이렇게 비통하고 참담하게 그릴 수 있었던 정신은 유교 이념의 위선적 모순을 뼈저리게 체험한 데서 나왔을 것이다. 어무적의 유민탄이 한층 체계화되어 대안적 세계를 구상하는 것으로 나아간 것이 한 세기 뒤에 나타난 허균의 『홍길동전』일 것이다. 천민의 고발 시가 사대부의 손에 의해 조선적 통치 이념을 통째로 부정하는 국문 소설로 발현된 것이다.

조선 사회의 비참한 현실을 개탄하고 고발하는 시가는 주로 사대부 출신의 처사, 무명의 시골 유생들에 의해 창작되어 일반 백성들 사이에서 널리 유포되고 애송되었다는 특징이 있다. 그것들은 창작과 함께 인민들의 것이 되었다. 세태 가사로 불리는 언문 노래가 그러하다. 17~18세기에 세태 가사가 국문으로 창작되어 일반 백성들에게 확산되었는데, 시골 유생이 지었다는 「향산별곡(香山別曲)」이 그런 것들 중의 하나이다.

늙은 놈은 거사 되고 젊은 놈은 중이 되고

그도 저도 못된 놈은 헌 누더기 짊어지고

계집자식 앞세우고 유리사방 개걸타가

늙은이와 어린 것은 구학송장 절로 되고

장정들은 살아나서 목숨 도모하려 하고

당 적으면 서절구투, 당 많으면 명화적에

이 일은 뉘 탓이랴 제 죄뿐도 아니로다.[52]

재지사족과 관원들의 수탈에 약한 이들은 송장이 되고, 장정들은 도적이
되는 당시의 사정을 언문으로 표현했는데, 마음속에 고이는 비분강개를 퍼
내는 언문 문자 속에는 '권위의 부정'이 이미 단단하게 내재화되어 있다. 이
가사가 항간에 퍼져 스스럼없이 노래로 불려질 때 '권위의 부정'이라는 극
단적 비판 의식은 작변이나 반란이 함축한 특수한 개념을 벗어나 평상적 개
념으로 일상화한다. 비판과 고발을 주요 테마로 하는 세태 가사들은 19세기
민란기에 농민의 처지를 형상화하고 농민 저항을 독려하는 가사나 노래로
진화했으며, 때로는 한글 격문과 방문으로 나타나기도 했다. 언문이 형상화
한 '권위의 부정'이 유교에 대한 종교적 사상적 언어로 현실화된 것이 동학
이고, 투쟁적 조직 행동으로 발현된 것이 동학 농민 전쟁이었다.

현실의 재구성

글자를 모르는 인민들도 상상은 가능하다. 그것이 공상이라 할지라도 고
난스러운 현실을 떠나 무릉도원으로 떠나게 하는 힘은 상상력에서 발원된
다. 상상의 세계를 떠도는 꿈과 스토리를 문자화하면 소설이 된다. 소설은
상상력으로 짠 허구이지만, 그 속에서 현실이 재구성된다는 것이 중요하다.
예나 지금이나 소설이 고난스러운 현실을 뒤집은 것이라고 한다면, 현실에
대한 비판적 거리와 대안적 인식을 담고 있다. 문해인민들은 필사본, 방각
본 소설을 읽으면서 자신들이 처한 현실을 이탈할 수 있다는 가능성과 상
상의 망에서라도 대안적 세계가 존재할 수 있다는 사실을 체득한다. 이것이
소설의 현실적 힘이고, 특히 언문 소설의 탈주적 의미이다. 문해인민들은
소설을 읽으면서 현실을 탈주한다. 탈주의 결과가 얼마나 위험하고 불온하

든 그것은 상상 속에 진입한 독자에게 비용을 묻지 않는다. 단지 시간을 허비하고, 할 일을 미루게 하고, 쓸데없는 공상을 재촉할 따름이다. 그렇기 때문에 사대부들은 집안일을 돌보지 않고 언문 소설에 탐닉하는 부녀자들을 나무랐고, 부도덕한 얘기를 즐겨 자칫 명륜과 강상 윤리를 헛되이 할까 소설이 유행하는 세태에 심각한 우려를 표명했다. 정약용은 패관잡서에 속하는 소설은 유교 국가의 기본 이념과 가치관을 망가뜨리기 때문에 '살별, 흙비, 가뭄과 산사태와 같은 재앙'이라고 단언했다.[53] 소설은 풍속을 교란하고, 음탕하고 간사한 말로 무지한 백성을 미혹시킨다는 것이다. 이덕무 역시 아녀자들의 내훈에 해당하는 『사소절』을 지어 아녀자와 어린 자제들의 마음을 어지럽히는 소설을 멀리하라고 이를 정도였다.

　허균의 『홍길동전』이 나온 이후 19세기까지 세간에 나돌았던 소설 작품의 총수가 858종 정도에 이르고, 대중에게 인기가 있었던 『춘향전』, 『조웅전』, 『구운몽』, 『홍부전』, 『사씨남정기』 등의 판본이 수십 개에서 백여 개에 달했다는 사실을 감안하면 작품 총수가 수천 종에 이른다는 것이 일반적 견해이다.[54] 대부분이 국문으로 쓰인 작품이었으므로 소설이 일반 내중에게 미친 영향을 충분히 짐작하고도 남을 것이다. 국문 작품의 이런 적극적 의미를 최초로 인정한 사람이 허균이다. 허균은 『성수시화(惺叟詩話)』에서 정철이 언문으로 쓴 「사미인곡(思美人曲)」과 「장진주사(將進酒辭)」를 사(邪)라고 배격하는 사람들을 비판하고 아(雅)가 아닌 속(俗)에 속하지만 사(邪)가 아니라 정(正)이며, 자신의 감성과 정조를 운율에 실어 솔직히 표현한 품격과 주체성을 높이 평가했다. 허균 바로 뒤이어 『구운몽』과 『사씨남정기』를 지은 김만중 역시 『서포만필(西浦漫筆)』에서 국문 문학의 주체적 표현 양식과 상상의 세계를 허심탄회한 언문 필치로 써내는 것이 중국문학을 답습하는 것보다 더 소중하다는 소견을 피력하기도 했다.[55] 이런 논란들은 18세기에 접어들면서 문장에 관한 논쟁과 새로운 주장들로 발전하게 된다. 한문의 문법과 중국 문학의 영향을 탈피하지 못하는 당시 사대부들의 문학관을 비판적으로 바라보았던 실학자 조구명은 사림파의 철학인 도문일치의 고리타분한 문학관을 버리고 도문분리론을 주장했다.[56] 현실 세태에 대한 인식과 작가의 정서를 그대로 분출하는 창작이야말로 진정한 문학이라고 보았던 그는 도학과 문학, 이치와 문장이 갈 길은 따로 있다고 주장했다. 따라서 문학은 사물 속으로 파고들어 사물의 이치를 문자화하는 행위였던 것인데, 그 문자 속에서 현실은 재창조된다. 말하자면, 문학 고유의 유희 정신이 문장으로 뿜어져 나오는 것을 도를 담는 그릇으로서의 문학[載道以文]보다 더 소중하게 생각했다. 조구명의 이런 발상의 전환이 없었다면 영정조 시대에 문체반정은 가능하지 않았을 것이다. 언문을 모른다고 고백했던 연암 박지원은 국문 문법으로 한문학을 구사했던 이단아였다.

한성에 세책방이 번성하고 종로에 전기수들이 성업을 하는 동안에도 소설은 여전히 불온시되었다. 영조 시대에 유만주는 일기체 저술 『흠영』에서 소설을 "무궁무한하게 기기묘묘하며 그 가운데 특이한 제주와 인정을 나타낸 것들이 많고, 수미결구에 능숙한 솜씨를 갖춘 것이 많아" 소설에 빠지는 일반 백성들을 두둔했다. 국문 소설은 물론 중국 소설까지 통달했다고 자부하던 홍희복은 소설이 유행하는 이유를 이렇게 설명했다. "문장하고 일없는 선비가 필묵을 희롱하고 문자를 허비해 헛말을 늘여 내고 거짓 일을 사실같이 해서, 보는 사람으로 하여금 천연히 믿으며 진정으로 맛 들여 보기를 요구하니 일로조차 소설이 성행"하게 되었다는 것이다.[57] 소설에 대한 현대적 정의에 근접한 이 평가를 뒤집어 읽으면 소설이 성리학적 질서에 대해 품고 있는 위험성, 모험성, 매혹성을 지적한 말로 이해된다. 소설은 상상의 공간에서 현실의 내벽을 허물고 해체해서 새로운 현실로 재구성하는 힘을 발휘한다. 한문학에서 박지원이 수행했던 그 위험한 모험을 정조가 문체반정으로 다스렸듯이, 언문 소설이 발산하는 전복적 인식과 독자들 마음속에 의식, 무의식적으로 진행되는 '현실의 재구성'은 어떤 식으로든 통제될 필요가 있었다. 그러나 앞에서 언급하였듯이, 16세기 후반 이래 향촌 서당이 전국적으로 확산되면서 문해인민이 급속도로 증가하고, 필사본을 전문적으로 제작하는 세책업자들이 늘어나자 소설은 문해인민들의 인식 공간에 빠른 속도로 파고 들었다. 허구적 상상이 실체적 상상으로 바뀔 수 있는 문자적 기반이 소설을 통해 구축되고 있었던 것이다.

왜 문예 담론은 공론장을 형성하지 못했는가?

공론장의 요건: 교통과 시장

앞 장에서 고찰했던 종교 담론장은 조선 조정의 극심한 탄압 속에서 일부 평민교도와 산간벽촌에 고립된 형태로 존재해야 했다. 천주교의 종교적 담론과 신자들의 행위 양식이 유교의 통치 이념과 정면으로 충돌해서 유교 국가의 기본을 침식하는 효과를 내포하고 있었지만, 조선 조정의 집요한 탄압 때문에 그 충격은 국지적, 제한적일 수밖에 없었음은 이미 지적한 바다. 천주교 담론이 유교 국가의 통치 이념을 송두리째 뒤흔들면서 새로운 세계관과 가치관의 주역으로 등장한 것은 외국 열강의 진출에 의하여 조정이 공식적 탄압을 완화할 수밖에 없었던 1880년대부터이다. 천주교가 서민들의 일상세계에 구축한 종교적 교두보를 적극 활용한 것은 오히려 기독교였다. 열강의 진출이 활발해지면서 조선 정부가 공공연한 종교 탄압을 행할 수 없게 되자 천주교는 각 지역에 구축한 교우촌을 중심으로 서민 세계에 적극적으로 파고들었다. 그런 반면, 천주교가 순교의 역사를 통해 만들어 놓은 공간을 활용하여 1880년대 초부터 의술과 교육 사업을 앞세워 조선 진출을 꾀했던 미국의 선교사들은 고종을 위시한 집권 세력과 자연스럽게 접촉하게 되면서 중앙 정치인들과의 통로를 만들 수 있었다. 그리하여 기독교는 중앙에, 천주교는 지방에 만든 각각의 거점을 기반으로 유교 국가의 종교적 통치 체계를 위협할 만한 매우 강력적인 공론장을 구축해 나갔다. 종교 집회 중에 관헌에게 적발되어 순교한 중인 김범우의 집터인 명동 언덕에 천주교 성당이 우뚝 세워진 모습은 산발적, 제한적이었던 천주교의 종교 담론이 유교 국가의 공식 종교와 경쟁하는 본격적인 공론장을 이미 건설했다는 증거였다.

그렇다면 문예 담론은 어떠했는가? 문학과 예능은 일반 서민들이 일상생활에서 손쉽게 접하고 즐길 수 있으며, 농사일과 경조사 때에 즐겨 부르고 흥을 돋울 수 있다는 의미에서 문예 담론은 목숨까지도 걸어야 하는 종교 담론보다 평민 담론장의 형성에 훨씬 큰 영향력을 미쳤다고 할 것이다. 18세기 초반 이후 국문 소설의 소비자층이 두꺼워지고 도시, 나루터, 장시 등에서 행해졌던 유랑 예능인들의 자유분방한 놀이와 광대극이 널리 확산되면서 소설적 허구와 해학, 은유와 상징의 언어들을 접할 수 있었던 인민들은 유교 국가가 허용하지 않았던 개아(個我)적 사회적 상상을 마음껏 펼칠 수 있었다. 문예는 인민들로 하여금 국가와 공동체에 헌신하도록 강요하는 강상 윤리와 명덕을 준수하는 주체에서 벗어나 감정과 욕망에 충실한 주체로의 과감한 일탈을 부추겼다. 그것은 앞에서도 지적한바 '주체 의식의 리허설'이었으며, 문예 담론장은 '리허설된 주체 의식'을 진정한 주체로 속속 현실화하는 새로운 가치관의 영역이었다. 그리되지 않았다면, 새로운 소식에 호기심을 느끼며 신문 읽어 주는 사람 주변에 모인 일군의 도성민을 19세기 말 한양을 여행한 외국인이 발견할 수는 없었을 것이다. 프랑스의 고고학자이자 기술자였던 에밀 부르다레는 1901년 조선에 입국하여 종로통에 형성된 시장 거리를 흥미롭게 구경했다. 그는 온갖 물건이 늘어선 상가 사이에 신문 읽는 사람과 그 주변에 모여든 사람들을 우연히 목격했다.

상가 골목에 고철 가게들도 보인다. 바로 옆에는 나무를 팔고, 그 옆에는 물건들을 더 잘 진열해 놓은 가게가 있다. 이곳은 거의 모든 물건을 갖춘 잡화점이다. …… 길가 한구석에 상인들이 부처처럼 가부좌를 틀고서 진열대 나무 의자에 앉아 있다. 뱀을 담은 항아리와 야한 색종이에 포장된 담배쌈지 사이에서 동네 신문을 읽느라고 정신이 없다. 크고 세련된 목소리로 신문 읽는 소리가 이웃까지 다 들린다. 따라서, 만약 언문을 읽을 줄 모르는 이웃이라면 쌈짓돈을 털지 않고서도 하루의 모든 소식을 알 수 있다. 새 소식은 조선에서 가장 두드러진 사건들을 담고 있다.[58]

연대로 보아서 그가 읽은 신문은 《황성신문》이나 《대한매일신보》였을 가능성이 크다. 《독립신문》이 1896년 창간되어 도성민들에게 널리 읽혔고, 이후 여러 개의 민영 신문과 협회보가 창간되어 수천 부씩 발행되었다는 사실은 그때 이미 '평민 공론장'이 형성되었다는 것을 입증한다. 언문을 공식 문자로 승인한 1894년 갑오개혁을 계기로 언문으로 쓰인 대중 매체가 등장하고, 그 대중 매체가 본격적으로 평민 공론장을 이루기 시작했다면, 부르다레가 목격한 풍경은 당시 활성화되던 평민 공론장의 한 단면에 해당한다.

조선 사회에서 이런 풍경은 일찍이 없었다. 《한성순보》와 《한성주보》처럼 조정이 발행한 정부 기관지는 1882년에 이미 출현했지만, 그것은 정부의 소식을 전국의 관청과 관리들에게 알리는 것이 주요 목적이었다. 그러므로 인민의 관심에 부응하고 때로는 인민들의 이해 갈등을 여론 형식으로 걸러 기사화하는 대중매체는 《독립신문》 이전에는 없었다. 부르다레가 조선에 들어와 본 것처럼 여러 개의 민영 신문이 발행된 예도 그때가 처음이었다. 이는 조선 사회에서 평민 공론장은 1894년 이후 1910년 사이에 비로소 출현했고 공론장의 요건이 성숙했다는 사실을 뜻한다. 하버마스는 공론장의 요건을 몇 가지로 요약한다. 사적 이해를 넘어서 공적 관심을 가진 개인들, 즉 공중(the public)[59]의 형성, 공중들의 자발적 모임들 또는 결사체, 정보와 뉴스의 유통, 유통 매체들의 존재가 그것이다. 1894년 이후의 시기에는 공론장의 이런 요건들이 나타나기 시작했으며 여러 매체들과 결사체가 생겨나 인민의 공중화를 촉진했다.[60] 그렇다면 앞에서 고찰한 문예 담론이 전국적으로 확산되고 문학과 예능의 대중적 소비가 진척되었음에도 문예 담론장은 그때까지 서민 계층의 이해를 대변하고 주장하는 공론장으로 발전하지는 못했다는 뜻이다. 즉, 18세기 초부터 서울을 중심으로 지방 사회에까지 넓게 확산된 문학과 예능의 생산과 소비가 서민 계급의 정치적, 문화적 이해 관심을 배양하고 그것으로 지배층의 공식 이념과 투쟁할 수 있는 대항 이데올로기를 생산해 내는 문예 공론장으로 왜 빠르게 발전하지 않았는가, 왜 200여 년이 경과한 1890년대 중반 이후에야 비로소 본격적인 공론장의 요건을 갖출 수 있었는가 하는 질문이 제기된다.

종교 담론장은 조선 정부의 강력한 탄압에 직면했고 그 때문에 공론장으로의 발전이 지연되었음은 앞에서 고찰하였다. 이에 비하면, 문예 담론장은 18세기 말 북학파 학자와 문인들에게 가해졌던 문체반정이라는 정부 시책 외에 정부의 검열이나 금압 조치는 거의 없었고, 문예 담론의 성장과 발전을 가로막았던 여타의 정치적 장애물은 별로 발견되지 않는다. 그렇다면 왜 문예 담론은 서민 계급의 이해를 대변하고 그것을 세력화하는 평민 공론장으로 발전하지 못했을까, 왜 그런 요건을 갖춘 평민 공론장은 19세기 말에야 비로소 가능했을까? 이 질문은 개항기와 개화기에 조선의 통치 계급과 인민 집단이 맞닥뜨렸던 '근대'에 대한 이미지가 불명확하고 모호했으며, 따라서 '근대 만들기'에 대한 상황 진단과 진로 선택에서 어떤 뚜렷한 원칙을 창출할 수 없었다는 사실과 통한다. 근대적 요소를 품은 씨앗들은 도처에 뿌려지고 움트고 있었지만, 막상 새로운 시간대가 찾아왔을 때에 지배 계급도 인민 집단도 아무런 기획을 준비하지 못하고 우왕좌왕했던 이유가

바로 이 질문 속에 숨어 있다.[61]

여기에서 사회 변동론적 관점에서 담론장과 공론장의 의미는 사뭇 다르다는 점을 다시 한번 강조할 필요가 있다. 담론장은 지식이 생산되고 소통되는 장으로서, 특정 계급이나 계층, 집단의 이해 갈등을 내포하는 쟁점들에 대한 의사와 견해가 발설되고 유통되는 영역이다. 그것은 반드시 어떤 정치적 지향에 따라 정렬되어 일관된 논리를 갖는 이념 체계나 지식으로 정렬될 필요는 없다. 발화자와 청자가 주고받는 말들의 다발이 생산되고 유통되고 소멸되거나 증폭되는 산발적 소통의 장일 뿐이다. 그런데 공론장은 이와는 다르다. 공론장은 계급과 집단의 이해와 관심이 정련되고 표출되는 영역이며, 그 기능을 담당하는 정치적, 경제적 기제들이 동시에 발달되어 있는 매우 넓은 소통의 장이다. 담론장이 공론장으로 발전하려면 공통의 관심사를 공유하고 있는 공중의 존재, 그들 간의 의사소통을 활성화하는 교통과 정보, 그리고 결사체, 신문, 출판, 인쇄, 살롱, 커피 하우스와 같은 각종 제도들이 매우 중요하다고 하버마스는 지적한다. 공중은 사적 이해 관심을 공적 영역에서 쟁점화하는 개인들이다. 공중은 만찬회, 살롱, 커피 하우스에서 자유 의지를 갖고 자유롭게 의사소통을 하는 가운데 사회적 교제의 네크워크를 형성한다. 그러면서 자연스럽게 귀족과 궁정 사회에 대하여 자신들의 의해 관심을 관철할 수 있는 쟁점들을 그 소통망 속에 끌어들인다. 논쟁과 논의의 쟁점을 확산하면서 궁정 사회가 갖고 있는 성스러운 권력의 오라(aura)를 무너뜨린다. 그것은 넓은 의미에서 문화를 상품 형태로 전환하는 것을 뜻한다. 자신들이 구축한 소통망 속에서 귀족과 궁정 사회가 행사하는 문화 권력을 이성에의 호소를 통하여 해체하는 것이다. 박물관, 도서관, 열람실, 극장, 연주회, 살롱 등에서 각각 형성되는 문예 공론장은 공중들이 스스로를 훈련하는 '자기 계몽적 과정'으로 궁정 사회가 기반하는 문화 권력의 주도권에 도전하고 해체하는 자각적 정보 교환의 장이다.[62] 대중 매체를 통해 유통되는 정보와 뉴스, 인쇄와 출판이 공론장 형성에 결정적 기여를 하는 것은 이런 배경에서이다.

　뉴스 교류가 상품 교환의 필요에 따라서만 발전한 것은 아니다. 뉴스 자체가 상품이 된다. 따라서 영리적 뉴스 제공은 시장의 법칙과 동일한 법칙에 종속된다. 그리고 시장의 발생이야말로 이런 뉴스 제공이 존재하게끔 한 원인이다. 이미 자필 시사회보를 제공하던 서신 사무실에서 바로 인쇄 신문이 발전된 것은 우연이 아니다. 모든 서신 정보는 가격을 지니고 있다. 그러므로 판매를 확대함으로써 수입을 증대하려 했다는 것은 당연하다. 기존의 뉴스 자료의 일부분은 이런 이유로 해서 정기적으로 인쇄되어 익명으로 판매되었고, 이로써 공개성을 지니게 된다.[63]

　처음에는 개인 간에 편지로 주고받던 사적 정보를 공적 영역으로 끌고 나온 신문들은 급기야 사소한 소식까지도 시장의 법칙 속에 넣어 버렸다. 뉴스와 정보를 상품 교환의 대상으로 만들어 버리자 그곳에서 공론장의 원형이 발생한다. 영국에서는 관보 형태였지만 1643년 《데일리 인텔리전서 오브 코트(Daily Intelligencer of Court)》, 《시티(City)》, 《컨트리(Country)》가 발간되었으며, 1663년에는 《인텔리전서(Intelligencer)》가, 2년 뒤에는 《가제트 오브 런던(Gazette of London)》이 발간되었다. 런던에서 커피 하우스는 1680년에서 1730년 사이에 번창했는데 18세기 초기에는 3000여 개가 영업을 했을 정도였다. 커피 하우스는 교양을 갖춘 전문가들과 귀족들이 만나 독서회와 토론회를 여는 공적 공간이었다. 문학과 예술은 토론회와 독서회를 유지했던 지적 관심의 대상이었으며, 문학에 대한 토론은 종종 정치 논쟁과 경제 논쟁으로 확장되곤 하였다.[64] 이것이 공론장을 촉진하는 사회적 제도이자 요건이다.

　하버마스의 이런 고찰에 기대면, 18세기 초반 이후 조선 사회에서 활성화되었던 문예 담론장이 왜 공론장으로 발전하지 못했는가를 짐작할 수 있다. 국문 소설을 읽고, 유랑 예능인들이 행하던 광대놀이와 탈춤 등을 즐기고, 책쾌를 통해 필요한 서적들을 구입했던 중서층이 '리허설된 주체 의식'을 공적 영역으로 전환할 수 있는 사회적 제도와 기제가 결핍되어 있었다는 사실이 그것이다. 무엇보다 인민들이 사적 이해 관심을 넘어서 공적 쟁점을 갖고 토론할 수 있는 모임은 불가능했다. 국문 소설이 제기하는 바의 쟁점들을 사적 공간에서 감지하고 인식했던 것은 허용되었는데, 이를 사랑방이나 서당에서, 그것도 지위를 뛰어넘어 양반과 평민이 함께 공개적으로 논의할 수 있는 기회는 조선 역사에서 찾아볼 수 없다. 책쾌가 활동하고 책의 주문 생산이 더러 이뤄지기도 했지만, 대량 인쇄와 유통은 19세기 말에서야 비로소 가능했다. 베네딕트 앤더슨이 말한 인쇄 자본주의는 교과서와 대중 서적이 보급되던 1894년 이후에야 출현했다. 그렇다고 인민이 주요 관람객이었던 연주회가 열렸던 것도, 대중을 위한 극장이 있었던 것도 아니었다. 뉴스의 유통은 재지사족과 사대부, 관리층에 한정되어 있었다. 양반층은 각 지역에 설립된 서원과 향교를 통해 국가 존망에 관한 중대한 뉴스와 정부 시책, 그리고 질서 유지에 필요한 정보를 공유할 수 있었다. 즉, 공론 정치의 기제를 일찍부터 갖추고 있었지만, 인민들에게는 그런 기제가 처음부터 결여되었고 조선 후기까지 정보 교환의 기제들을 향유할 수 없었다.

무엇보다 주체 의식의 리허설을 경험한 인민들을 공중으로 만드는 데에는 시장과 교통의 발달이 필수적이다. 시장은 가격 기제를 통해 상품 교환과 정보 교환을 촉진하며, 교통망은 멀리 떨어진 지역들과 주민들을 연결하고 시장 교환을 가능하게 만드는 하부 구조다. 그래서 시장과 교통망은 서로 뗄 수 없는 공론장의 핵심 요건인 것이다. 그러나 조선 사회만큼 이 두 개의 필수 요건을 갖추지 못한 사회를 찾아보기 힘들다. 달리 말하면, 조선 사회만큼 이 두 개의 요건이 발달하지 못하도록 억제책을 강력하게 실행했던 사회를 찾아보기 힘들다. 박지원이 『열하일기(熱河日記)』에서 청의 대중 교통 수단인 태평차의 도입을 강력히 권했지만 조정 대신들은 그만한 수레 가 다닐 길이 없다는 것을 들어 반대했다. 박지원은 태평차를 도입하면 저 절로 길이 닦일 것이라고 반박했으나 허사였다. 1780년대 후반의 일이었다. 서울의 관문이었던 제물포까지 우마차가 통행할 만한 길이 닦인 것은 갑오 개혁 이후 외국 회사가 조선에 진출한 때의 일이었다. 서울에서 부산까지 길은 물론 없었다. 1888년 서울에서 부산까지 종주를 감행했던 프랑스의 지 리학자이자 민속학자인 샤를 루이 바라(Charles Louis Varat)는 조랑말을 타고 수십 개의 협곡과 강을 넘어야 했다. 1888년이면 개항장에 외국 상선이 진 을 치고 있었을 때이며, 수백 종의 외국 상품이 수입되어 전국으로 팔려 나 갔을 때이다. 그의 여행기에는 깎아지른 듯한 절벽을 아슬아슬하게 넘는 장 면이 자주 등장한다. 다음의 예를 보자.

어느덧 넓게 펼쳐진 발판이 끝나가고 있었다. 이제부터는 골짜기가 좁아 지고 비탈이 점점 가팔라져 산을 타야만 되었다. 봉우리가 세 개 연달아 있 다고 해서 삼삼봉이라 불리는 가파른 고개 등반이 시작되었다. 오솔길이 하 나 있긴 한데 너무 비좁아서 자칫 발을 헛디디기라도 하면 사람도 말도 낭떠 러지행이 될 게 뻔했다. 정말 힘겹게 한시간 가량을 오르고 나자, 지평선을 시원스레 굽어보는 내리막길이 나타났다. 멀리 드러난 준령들의 거대한 띠 가 우리가 있는 곳을 에워싸고 있었으며, 정교한 굴곡을 이룬 그 기나긴 능 선 행렬이 마치 짙푸른 녹색의 장막처럼 펼쳐져 있었다. …… 계속해서 여러 언덕과 골짜기를 넘어 갔는데, 온통 경작지로 일궈져 있는 그곳에서 반짝이 는 점들처럼 여기저기 눈에 띄는 조선인의 하얀 복장이 마치 한 폭의 풍경화 를 아기자기 수놓은 정겨운 장식처럼 느껴졌다.[65]

문맥으로 보아, 경기도 광주와 여주를 지나 남한강을 넘어 강원도 땅으로 들어서는 초입의 풍경이다. 조선의 주요 교통 수단은 강을 이용한 수운이었고 육운 체계는 거의 발달하지 않은 만큼 여행을 하려면 위에서 묘사한 협곡과 준령들을 넘어야 했던 것은 당연한 일이었다. 그러니 그로부터 6년 뒤 신혼여행을 겸해 선교차 떠난 조선 북부 여행에서 언더우드 부부가 고난을 겪은 것도 전혀 이상한 일이 아니다. 송도(개성)까지는 그런대로 평탄한 길을 갈 수 있었는데, 평안북도 강계까지 가는 길은 그야말로 탐험과도 같았다. 더군다나 협곡에 둘러싸인 그 길은 주민들도 다니기를 꺼려하는 도적 떼가 출몰하는 위험천만한 길이었다. 언더우드 부부가 목격했던 장면은 이렇다.

산속으로 들어가 산을 타고 넘는 길을 따라 가장 가까운 관아까지 25마일을 갔다. 자연 그대로의 아주 아름다운 길이었으나 한편으로 몹시 거칠고 험한 길이었다. 길이라고는 시냇물 위로 나와 있는 징검다리뿐인 좁디 좁은 길도 있었고, 때로는 커다란 바윗돌 틈에서 길을 잃고는 빙 둘러 돌아가거나 바위를 타 넘거나 해야 했다. 우리 주위에는 온통 아름다운 들꽃들이 만발해 있었지만, 단 한 번도 그 꽃 때문에 머물고 싶은 마음은 나지 않았다. …… 2~3마일쯤을 더 갔을 때, 무장을 하고 한 줄로 늘어서 있는 사람들을 만났다. 그들은 우리 앞길을 막고 반쯤 무릎을 굽힌 채로 바로 우리를 향해 총을 겨누고 있었다.[66]

다행히 그 무리는 도적은 아니었다. 도적 떼로 짐작되는 일당들이 오기를 기다리는 일단의 사냥꾼 무리였다. 언더우드 부부는 무사히 그 사람들을 통과했다. 이것이 1890년대 지방의 도로 풍경이다. 그렇다면 공론장의 형성을 촉진하는 교통망은 수운 외에 거의 발달하지 않았다고 결론 내릴 수 있다. 물길을 통해서 타 지역의 소식과 물자가 제한적으로 유통되었을 뿐이다. 그래서 포구와 나루터는 유랑 예능인들이 애용하는 장소로 활용되었다. 교통망을 활용해 전국 각 지역의 유랑 예능인들과 직업 집단을 결성할 수도 없었고, 인근 지역 외에 도 경계를 넘는 원정 공연 같은 것은 생각하기 어려웠다.

이런 조건에서 문학과 예능이 전국적으로 유통되는 시장이 형성되기란 불가능했다. 더욱이 시장은 조선 사회가 강력히 거부하는 억압 대상이었다. 조선은 시장을 작은 이익을 추구하는 잡배들이 모여드는 장소이자 인민들이 농사일을 멀리하고 투전과 일탈을 일삼는 장소로 간주하였기 때문에 일찍부터 시장 억제 정책 즉, 본무억말을 통치 이념의 근간으로 삼았을 정도였다. 18세기 초부터 한양에서 성행했던 세책업이 전주 지역 외에 다른 지방에 널리 확산되지 않았던 것도 시장 억제 정책 때문이었고, 상행위를 통한 이윤 추구를 비윤리적이고 타락한 행위로 간주했던 조선 특유의 유교 이념 때문이었다. 조선 사회에는 지방에 한정적인 장시가 정기적으로 열려 인근 지역과의 물자 교환과 정보 교환을 제한적으로 행했을 뿐이다. 하버마스의 지적처럼, 시장은 정보 교환의 필수적 요건이다. 공론장에서는 뉴스 자체가 상품이 되기 때문이다. "영리적 뉴스 제공은 시장의 법칙과 동일한 법칙에 종속된다. 그리고 시장의 발생이야말로 이런 뉴스 제공이 존재하게끔 한 원인이다." 문학과 예능, 정보를 상품으로 만들어 소비자들에게 유통하는 기제가 시장이므로 시장이 없으면 정보 유통이 핵심인 공론장은 따라서 형성되기 어렵다. 더욱이 농업 경제에서 시장은 '농업의 상업화'를 촉진할 뿐만 아니라, 상업화에 따라 새로운 계급을 창출해서 문학과 예능의 대중적 소비자로 만든다. 조선에서 시장이 오랫동안 억제되었던 것은 사실이지만, 18세기 중반까지 대체로 전국에 1000여 개의 장시가 존재했고, 숙종 때 확대한 조세의 금납화와 화폐 제도의 도입으로 시장이 활성화되는 계기가 만들어지기도 했다. 영정조 때 한강 주변의 경강 상인과 사상 도고의 출현은 시장의 번성을 나타내는 역사적 근거이기도 하다. 이는 세책업이 번성했던 시기와도 일치한다. 실제로 영정조 시대에는 세 차례에 걸친 통공 정책을 통하여 상업 활동을 장려하기도 했다. 정조 시대의 시장 활성화와 상업 장려를 위한 일련의 조치들을 검토하면서 이태진은 이렇게 서술한다.

> 수원에 화성을 새로 쌓고 장용영을 두면서 몇 가지 혜택을 제시하여 각지 거상들의 입주를 촉구하는 한편, 이곳으로 행차할 때 필요한 한강 배다리 운영을 위해 주교사를 설치하여 이에 응하는 경강 상인들의 배들에 대해 각지 세곡 운송권의 혜택을 주면서 선적을 통한 상세 부과를 함께 꾀하는 등의 조치는 모두 자유 상공업의 발달과 국가 재정의 충실을 함께 꾀하는 조치로 주목해 볼 만한 문제라고 생각한다. 18세기 연안포구 상업의 발달은 지금까지의 상업의 판도를 바꾸어 놓는 추세를 보였으며, 이런 변화를 배경으로 종래 훈련도감과 같은 특수 관청 소속의 배들이 가지고 있던 세곡 운송권이 포구 상업의 최종 집결지인 경강 상인에게 돌아가고 있었던 것이다.[67]

다시 말해, 세책업이 번성하고 문학과 예능의 소비자들이 늘어났던 정조 시대에 전통적인 육의전 특권 상인들에 대항하여 경강상인과 사상 도고의 성장이 가속화될 수 있는 조치들이 취해졌으며, 그 사회적, 경제적 조건들도 성숙 일로에 있었는데, 왜 19세기에는 급속한 퇴락이 발생했는가의 문제다. 이 문제와 더불어 더 일반적으로는, 조선 사회에서 시장이 왜 형성되지 않았는가를 묻는 것은 문예 담론장이 공론장으로 발전하지 못한 이유를 규명하는 작업과 일맥상통한다. 조선 사회에서는 왜 시장의 발달이 억제되었는가?

시장: 관료제적 통제

조선은 시장 사회(market society)가 아니었다. 조선에서 향시, 장시, 장문 (場門), 시사(市肆)로 불렸던 시장은 지역에 제한된 국지적 시장이었으며, 그 기능도 자급자족과 물자 교환에 그칠 정도로 소규모였다. 전국적 규모의 시 장은 거의 형성되지 않았으며, 유일하고도 가장 중요한 유통 상품인 곡물을 사고파는 시장이 여러 지역을 아울러 조금씩 발달하던 때가 18세기 이후일 만큼 뒤늦은 것이었다. 근대 사회의 태동은 농촌 분해를 전제로 한다. 농민 들이 토지와의 결박을 해체하고 이윤 추구를 특징으로 하는 상공업으로 전 환하는 그 과정이야말로 중세에서 근대로의 이행에 해당하는 요인이다. 시 장의 존재는 바로 그런 이행 과정을 촉진하는 매체이자 경제적 환경이다. 농촌 분해는 신분 질서를 해체하고 계약 질서로의 이행을 가속화하며, 이와 동시에 새로운 가치관과 행동 양식으로 무장한 인구 집단을 만들어 낸다. 조선에서 상인들이 새로운 신분 집단은 아니었지만, 이들이 신분 질서에서 벗어나 자유로운 계약 질서를 확산시키고, 이윤 추구 행위를 통해 재화를 축적한 신흥 부유층으로 등장한다면 조선 사회를 지탱하는 근본 원리가 변 화될 수밖에 없는 것이다. 바로 그 이유 때문에 조선은 시장을 정부의 통제 하에 두었으며, 조정의 모든 권한을 동원해서 장시의 확산과 상인층의 등장 을 막았다. 무엇보다, 조선은 시장을 말리(末利) 추구의 타락한 장소로 간주 하여 불온시했다는 점에서 중국, 일본과 구분되는 특이한 국가였다.

조선에서 시장은 비도덕적인 것, 부랑자가 모이는 장소, 명화적이 출몰 하고, 사기꾼과 잡꾼이 설치는 곳으로 간주되었다. 농사일에 전념하지 않고 교활한 상술을 이용해서 생계를 유지하는 모략배들의 집합 장소로 인식되 었다. 이는 조선의 정치 이념인 도덕 정치와 직결되는데『조선왕조실록』에 나타나는 장시라는 용어가 대체로 부정적 맥락에서 쓰여진 것은 이런 연유 에서이다. 시장에 대한 부정적 관념과 표현은 대한 제국기까지 이어져 고종의 상업 장려 정책에도 불구하고 상업과 시장을 국가의 도덕을 파괴하고 민심을 어지럽히는 핵심적 기제로 주목했다. 실학자의 선조로 꼽히는 성호 이익조차도 시장을 부정적으로 인식하여 억상 정책(抑商政策)을 주장하고 있는 것을 봐도 그런 사정이 드러난다. 이익은 이렇게 썼다. "향읍의 시장 교환도 없을 수 없으나, 상업을 억제하지 않으면 해가 농업으로 돌아간다. 오늘날 주군의 장시가 점점 많아져서 백성들이 혹호미를 버리고 돈꿰미를 차고 나가는데, 쌀독이 쉽게 비고 백성의 풍속이 간사하게 변하니 그 폐해를 분명히 알 수 있다. 따라서 마땅히 20∼30리 사이에 중첩하여 있는 장시를 모두 없애야 한다."[68] 그렇다고 억상 정책의 목소리만 있었던 것은 아니다. 소수였기는 하지만, 유형원과 유수원 같은 학자들은 시장의 중요성을 일찍 깨닫고 상업 진흥책을 주장하기도 하였다. 유형원은 "상공이 없어서는 안 됨은 사농과 다름이 없지만, 이것을 생업으로 삼는 자가 많으면 농업을 해롭게 함으로, 공상이 많으면 그 세를 무겁게 하여 억제하고 적으면 세를 가볍게하여 물화유통의 길을 열어야 한다."라고 하여 무본억말론(務本抑末論)이 아닌 무본보말론(務本補末論)을 폈다.[69] 실학자였던 박제가 역시 상업의 중요성을 주장했던 사람으로 유명하다. 박제가는 이렇게 썼다. "근본을 두텁게 하고 농사에 힘쓰는 일을 지방관의 기본 과제이지만 상업이 산업을 진흥하고 부강을 도모하는 데에 중요한 촉매제임을 모른다."

장시가 처음 출현한 조선 초기부터 말기인 고종에 이르기까지 사시(私市)인 장시에 관해서는 부정적 표현이, 조정의 물품 공급을 담당했던 육의전 같은 공시(公市)에 관해서는 긍정적 표현이 사용되고 있지만, 시장을 농업에 폐해를 초래하고 인민들로 하여금 말리 추구에 물들게 하는 장소로 인식했던 것은 일반적 현상이었다. 이런 부정적 시각은 정조 연간에 잠시 긍정적으로 바뀌었다가, 다시 순조-철종에서 부정적으로 선회하였고, 고종대에 들어서는 생업과 통치에 필수적 요소로 인식되기에 이른다. 그렇다고,

근대적 의미의 시장 개념으로 질적 변화를 겪는 것은 아니다. 조선이 일제에 복속되는 1904년까지의 공식 문서에는 여전히 장시의 부정적 폐단을 바로잡을 것을 명하는 임금의 하교가 많이 발견되는 것으로 미뤄 조선의 시장 인식은 시대 변화에도 불구하고 연속성을 갖추고 있었으며, 사시에 대해서는 부정적, 공시에 대해서는 긍정적 인식이 지배적이었다. 그럼에도 부정적 인식은 고종 때까지 사라지지 않는다.

지금 외방에는 또 장시의 폐단이 있습니다. 백성들이 모두 이것을 의지하여 매매하는데 도둑의 물건도 많이 팔립니다. 백성이 이렇게 놀고 먹으므로 전야가 황폐합니다.[70]

소위 도고(都賈)라는 명색(名色)은 무엇인가. 통읍대도(通邑大都) 피토벽향(避土僻鄕)을 가릴 것 없이 처처(處處)에 반거(盤據)하여 물화(物貨)마다 포집(抱執)하여 가격(價格)을 올렸다 내렸다 해서 매매(賣買)를 조종(操縱)하고 토색침곤(討索侵困)하여 오직 욕구(慾求)를 충족(充足)시키려고만 하되, 각해지방(各該地方)에 응당 관장(官長)이 있음에도 문지(聞知)하지도 못한 듯이 애초에 금단(禁斷)하지를 않고, 국민이 이들 무리에 병폐(病弊)를 받게끔 방임(放任)하는 꼴이니, 그 해원(駭惋)함이 또한 이를 데가 없다.[71]

앞의 예는 중종 19년(1524년)에 지사 장순계가 외방에서 장시 개설로 인한 폐단을 지적한 글이고, 후자는 고종 1년 1월(1863년)에 고종이 도고의 작폐를 금압하는 명령을 내리는 교서이다. 약 340년이 지나는 동안 시장에 대한 조선 지배층의 인식이 조금도 바뀌지 않았음을 보여 준다. 지배 계층의 시장 개념이 이런 정도로 일관되게 나타나는 역사적 사례도 드물 것이다. 이는 시장에 대한 국가의 통치 양식이 매우 견고했다는 것을 의미한다.

조선 사회에서 시장은 국가의 통치 수단이자 대상이었다. 조선의 최초 시장인 시전(市廛)은 태종 때에 이미 설치되었는데, 그것은 시전 상인들이 자유롭게 이윤을 추구할 수 있는 사적 상업 체계가 아니라 궁중과 왕실에 필요한 일용품과 물화를 공급하고 대가를 받는 공적 상업 기구였으며, 이 역할을 맡은 공인(貢人)과 시인(市人)은 상민이자 말단 관료와도 같았다. 말하자면 국가 통치 기구의 일원이었던 것이다. 이들에게는 자유롭게 판매 행위를 하는 난전을 금압할 특권이 주어졌으며(禁難廛權), 대동법이 실시된 1608년 이후에는 물품 조달의 특권과 함께 공물을 납부받을 수 있는 혜택이 주어졌다. 이들은 또한 1791년 신해통공(辛亥通共) 이후 서울의 각종 상인들에게서 세금을 징수할 수 있는 권한을 누렸다. 이 장세권은 연안 포구와 강안의 물자 집산지에 형성된 객주와 여각에게도 허용되었는데, 징세권의 분산 허용은 바로 국가의 시장 통제라는 조선 초기부터의 정책이 일관되게 적용된 결과였다. 이는 상업 억제와 농업 장려라는 본무축말(本務逐末)의 건국 이념에 걸맞고, 상행위와 장시에 세금을 부과하는 방식을 통해서 국가의 재정 자원을 늘리는 동시에 시장을 관리 범위 내에 두고자 했던 조선의 통치 양식이었다.

　그럼에도 18세기에는 각종 난전이 활발하게 성장하였다. 난전은 시전 상업 체계를 위협하는 것으로서 상질서를 문란하게 만들고 도거리와 폭리를 일삼아 물가 앙등과 물자 결핍의 폐단을 낳기도 했다. 서울 외곽 한강 포구를 중심으로 경강 상인들이 대거 부를 축적하여 부상대고(富商大賈)로 성장하였는데, 이들은 시전 중심의 공적 상업 체계에 위협적인 요인이 되었다. 사상 도고의 성장은 18세기 후반기에 절정을 이뤄 시전 상인들과 시장 주도권을 두고 치열한 공방전을 벌였다. 영정조 시대에 몇 차례 시행된 통공은 사상 도고와 부상대고의 출현에 대한 조정의 대응책이다. 공시인순막과 같은 정책이 공시인을 보호하는 적극적 개입 전략이라면, 통공 정책은 시전을 둘러싸고 대거 형성된 민간 상민과 상품 유통 구조를 인정하는 포섭 정책이라고 할 수 있다. 말하자면 금난전권(禁難廛權)을 수세권으로 환치하여 공적 상업 체계를 온존, 존속시키는 한편, 세금을 납부한 민간 상민들에게 물화의 판매 권한을 동시에 부여하여 기왕에 발전된 사상 체계를 동시에 흥성시키려는 목적이 있다.[72]

그럼에도 조선의 시장 통치 양식은 '관료제적 통제(bureaucratic control)'에서 한 치도 벗어나지 않았다. 그것은 상업 행위와 시장을 촉진하고 상업 자본가의 이윤 추구 행위를 정치적, 행정적으로 지원했던 서양의 중상주의적 국가와 본질적으로 다르고, 시민 사회를 국가로부터 분리하여 시장과 경제 활동에 자율성을 허용하였던 자유주의 국가의 시장 이념과도 다르다. 관료제적 통치의 이념적 기반은 '본무축말'이었으며, 수단은 금난전권과 징세권 부여였다. 그 내용을 다시 한번 요약하면 이렇다.

첫째, 모든 인민들로 하여금 생산의 근본인 농업에 종사하도록 독려한다. 상업은 세상의 윤리를 해치는 파렴치한 행위이니 억제하는 것을 원칙으로 한다.(務本抑末)

둘째, 국가가 허용한 시장 외에는 모두 난전으로 규정하여 사회 질서를 해치는 행위로 간주한다. 이를 통해 시장을 공적 상업 기구로 조직화한다. 시전 상인에게 허용하였던 금난전권은 그 대표적인 증거이며, 전안(廛案)에 등록된 물품 이외의 거래 행위는 모두 난전으로 규정해서 금압한다.(禁難廛權)

셋째, 특권 어용상인 집단인 공시인에게 장세 징수권을 부여하고 이를 대가로 궁중과 왕실의 물품 조달의 독점권을 허용한다. 장시에서 거둬들인 세금은 국가 재정의 중요 자원이었다.(徵稅權)

그런데 문제는 이런 '관료제적 통제'만으로 생산 기술이 발전하고 잉여 생산품이 늘어나고 지역간 교역의 필요성이 증대되어 장시가 전국에 번성하게 되는 그런 시대를 제대로 관리할 수 없다는 사실이었다. 시장의 확장과 교역량의 증대가 관료제적 통제의 범위를 넘어서면 시장을 배경으로 한 새로운 세력의 성장을 막을 수 없게 된다. 그것은 국가의 시장 통제가 한계에 직면함을 뜻하고 그에 따라 사회 혁명의 가능성이 싹튼다는 의미이다. 조선 사회에서 19세기 중반까지 이런 계기가 몇 차례 발생했으며, 그때마다 왕실과 지배층은 시장 통제의 방식을 두고 고심했다. 그 계기는 장시가 전국적으로 번성하는 성종대에 처음 나타났고, 이후 대동법의 실시, 금속 화폐의 유통, 포구에서의 상거래, 강안 교역 및 연안 무역을 통해 부를 축적한 부상대고의 출현, 그리고 시전 상인을 위협하는 난전의 확대에서 찾을 수 있을 것이다. 조정은 장시의 번성은 묵인하는 것으로, 대동법의 실시와 금속 화폐의 유통에 따른 경제 질서의 변화에 대해서는 공시인의 특권을 강화하는 것으로 대응했으며, 부상대고의 출현과 난전 확장에 대해서는 여러 차례의 통공 조치를 통해 사적 상업 체계의 인정, 시장 경쟁의 제한적 허용, 그리고 공시인 폐막을 통해 시전 특권에 제한을 가하는 것으로 대응했다. 다시 말해, 상업의 확대와 시장 발달에 따라 관료제적 통제의 정도를 조금씩 완화해 가는 것이 조선 정부의 대응 정책이었다. 그러나 관료제적 통제를 완전히 소멸시키고 다른 원리로 대체한 것은 아니었다. 조선 정부는 관료제적 통제 외에 다른 수단을 창안할 생각이 없었으며, 조정의 능력이 회복되면 다시 그것을 강화할 생각을 갖고 있었던 것으로 보인다. 19세기 후반 고종이 외국 자본의 진출과 시장 침투에 대응하는 과정에서 보부상의 어용상인화와 객주와 여각(旅各)의 조직화를 시도했던 것으로 미루어 외국 자본의 진출과 침투에 대응하여 '관료제적 통제'를 강화하려 했던 것이 그것을 입증한다.

　관료제적 통제의 결과는 시장의 부재 혹은 시장의 저발전이었다. 18~19세기 조선의 곡물 시장의 형성 여부를 검토한 이영훈과 박이택은 다음과 같이 결론을 내린다.

조선 왕조는 기본적으로 자급 경제가 우세한 농업 사회였다. 18세기 이후 시장 경제가 지배 계층의 생활 자료와 농민의 비자급 필수품을 공급하는 경제 체제로 자리잡지만, 19세기 말까지 여전히 자급 경제가 지배적이었다. 조선왕조의 재정 정책과 사회 정책이 시장 원리에 입각하여 수립되거나 운용된 적은 거의 없었다. 농업에 대한 지대한 관심에서 왕조는 강우량이나 한발·홍수의 재해에 관해서는 세밀하고 방대한 기록을 남겼지만 물가에 관해서는 거의 무관심하였다.[73]

쌀값에 관한 기록이 나오는 것은 양반가의 일기가 고작이었고, 그것도 거주 지역에 한정된 것이었지 전국의 쌀값은 아니었다. 일본으로 미곡을 수출한 부산, 원산, 인천 지역의 쌀값을 일본 영사관이 기록한 것은 개항기였던 1877년부터 1904년 사이였다. 조선에서 가장 중심적인 교역 대상이었던 쌀의 가격에 관한 기록이 전무하다는 것은 시장이 형성되지 않았음을 입증한다. 이 논문의 필자들은 영암-고성-상주의 쌀값 동향을 추적하면서 각 고을의 쌀값이 서로 영향을 미치는 관계가 아니었음을 밝힌 후에, 시장 가격의 법칙이 성립되는 통합적 근대시장이 아니었다고 썼다. 그것은 일종의 '준통합'이었다.[74] 재화의 수급에서 국가가 지배적 역할을 수행하고 있는 가운데 국지적으로 나타나는 시장이었다는 뜻이다. 이런 상황은 1900년대 초반에도 계속되어 개화기 선교사로 조선에 온 헐버트(Homer Hulbert)가 자신의 저서 『대한 제국 멸망사(The Passing of Korea)』에 "상위 계급의 부녀자가 상품을 구입하고자 할 때는 사람을 보내어 그 상인을 집에 불러들였다."라고 쓸 정도였다.[75]

시전 중심의 사회, 정부가 시장 형성을 억제해 온 사회, 그것도 19세기 중반에 이르기까지 억상책을 조금도 바꾸지 않았던 사회에서 이 장의 주제인 문학과 예능의 전국적 소비 시장이 확산될 리가 없다. 다수의 책쾌가 활동하고 세책업이 성행했다고는 하지만, 서울 지역에 한정된 현상이었다. 그럼에도 소설은 전국에 산재한 문해인민들을 찾아 활로를 뚫기는 했다. 문예 공론장은 시장을 통하여 확대되고 확산된다. 그것이 없다면, 적어도 인민 대중이 모여 자유로운 대화와 담소를 나눌 수 있는 모임과 결사체가 다수 등장해야 하고, 그것을 가능하게 하는 공회당, 극장, 공연장, 도서관, 그리고 찻집과 살롱, 선술집 등이 출현해야 한다. 그러나 이런 공론장의 기제들은 시장 없이는 탄생하기 어렵다. 장시는 임금의 윤음을 알리고, 민중들이 괘서와 벽서를 통해 분노를 공유하고 확산시키고자 할 때 활용하던 장소였다. 그럼에도 조정의 관료제적 시장 통제는 시장의 지역화와 분절화를 초래했으며, 정보와 물자의 유통을 지역적 경계 내로 제한했다. 지역적으로 분절된 장시는 공론장의 작은 조건을 충족시키기는 하나 본격적인 공론장을 위한 충분 조건은 아니었다.

정치 담론장: 향중공론의 균열과 저항

저항 인민의 탄생

민유방본의 나라에서 인민은 갓난아기[赤子]였고, 사대부의 도덕 정치로 교화해야 할 대상이었다. 소수의 인민이 유교를 등지고 천주교를 받아들였지만, 앞에서 보았던 바와 같이 사대부의 권위와 통치 권력을 정면으로 부정한 것은 아니었다. 정부가 천주교도를 역모자로 규정해서 효수형에 처하는 순간까지 그들은 조정의 처벌을 순순히 받아들였다. '순순히'라기보다 천주의 선택을 받은 은총으로 간주해 감읍할 정도였다. 형장에서 그들의 눈빛은 감사와 영광으로 반짝였고 피범벅이 된 얼굴엔 기쁨이 넘쳤다. 다른 인민들은 문예 담론장과 접속하면서 또 다른 세계가 가능하다는 데에 생각이 미쳤다. 사대부와 조정이 내세운 통치 철학에서 이탈할 수 있다는 가능성, 지배 세력이 주조했던 집단적 정체성에서 개인적 정체성을 형상화할 수 있다는 가능성을 엿보았던 것이다. 문학은 자신이 처한 현실의 질서와 거리 두기를 할 수 있는 자각의 공간이었고, 작품 주인공과의 일체감을 통해 상상으로나마 현실 이탈을 감행할 수 있는 수단을 제공했던 것이다. 예능과 놀이 문화는 현실의 불합리성을 간파한 인민들에게 순간의 해방구를 만들어 주었다. 인민들은 통치 계급과의 정면 대결을 피해 해학과 골계, 은유와 냉소의 언어를 구사했다. 언문은 그런 복합적 감정의 샘물을 퍼올리고 서민층의 정서적 갈증을 해소해 주는 표현의 창구였다. 앞 장에서 서술한 바와 같이 표현의 창구, 이탈의 창구가 주어진다는 것은 인민들이 주체 의식의 리허설을 암암리에 하고 있다는 증거이며, 통치 질서에 대한 객관적 성찰이 이뤄지고 있다는 것을 의미한다.

숙종 이후 18세기 영정조 시대에 '개인의 발견'이 사대부 계층에서도 문학적 관심사로 떠오른 것도 이와 무관하지 않다. 정민은 18세기 조선 지식인의 지적 패러다임의 변화를 '벽(癖)'과 '치(痴)'로 요약했다.[1] 어떤 취향과 개인적 기호에 과도하게 집착하는 경향을 벽이라 하고, 개별 기질에 사로잡혀 정상적 행동에서 벗어난 몰입적 상태를 치라고 한다면, 그것은 모두 도덕과 윤리, 체면과 위엄을 갖춰야 할 사대부 지식인으로서는 경계해야 할 대상이었다. 그런데 이 병적 취향에의 집착을 예찬해 마지않는 지식인들이 태어났고, 꽃, 나비, 대나무, 고서화, 풍물에 빠져 미적 감각을 그대로 형상화하는 일단의 작품들이 선을 보였다. 그것은 사대부 계층에서 발생한 일종의 문학적 반란이자, 집단적 정체성에 대한 개인적 반발이었다. 서민들의 일상사를 그린 풍속화, 사대부의 얼굴을 사실적으로 묘사한 초상화가 등장한 것도 이와 무관하지 않을 것이다. 이런 일단의 흐름을 개인주의의 맹아적 형태라고 해도 좋을 것이지만, 조선의 사회 경제적 상황과 통치 철학은 사대부의 개인주의적 모험을 지원하거나 용인하지 않았다. 정조의 급서 이후 벽과 치에 몰입하는 일단의 지적 모험은 중앙 정계에서 자취를 감추었고, 경화사족(京華士族) 중심의 관변 지식에 눌려 지식 분화의 19세기적 창구는 닫혀야 했다.

사대부의 사정이 이럴진대, 문예를 통해 주체 의식을 리허설한 인민들이라 할지라도 그들의 인식이 통치 질서에 대한 정면 도전으로 직접 발현되기는 어려웠다. 의식이 행동으로 진화하려면, 그것도 생명을 무릅쓴 저항의 행동 영역으로 나오려면 여러 단계의 장애를 뛰어넘어야 하고, 그만큼 엄청 난 충격이 가해져야 했다. 18세기 문예 담론장의 확산과 더불어 현실 의식 을 조금씩 갖춰 갔던 인민들은 19세기에 접어들면서 저항에 나서게 만드는 여러 유형의 장애물과 맞닥뜨렸다. 신분적 속박에서 조금이나마 벗어날 수 있는 사회 경제적 조건이 성숙한 것도 저항 의식을 형성하고 급기야 행동으 로 나서는 데에 촉진 요인으로 작용했다. 앞에서도 고찰한 바이지만, 조선 의 인민들만큼 여러 겹의 통제 기제에 둘러싸인 사례도 드물어서 통치 질서 에서 이탈하거나 저항하는 일이 거의 불가능했던 상황에서 저항 인민이 생 겨나기 시작했다는 것은 놀랄 만한 일이다. 조선 500년 역사에서 인민 반란 혹은 상천민(常賤民)의 반란은 거의 발생하지 않았다는 사실이 통치 기제의 강고함을 입증한다. 종교, 교육(문예), 정치로 구성된 삼중 구조의 결박 속에 서 조선 인민은 신분이 강제한 수분직역을 충실히 수행해야 했다. 그런데 그 강고한 결박이 서서히 이완되고 급기야는 붕괴 조짐을 보이기 시작한 것 이 19세기였다. 저항 인민이 태동하기 시작한 것이다. 19세기는 1811년 홍 경래의 난으로 시작된 이른바 '사란(思亂)의 시대'를 거쳐 '민란의 시대'로 발전했다. 1862년 진주 민란을 시작으로 전국이 반란의 물결에 휩싸였고, 급기야는 1894년 동학 농민 전쟁으로 폭발했다. 19세기는 적자로서의 인민 이 통치 세력과 통치 이념을 이탈해서 급기야는 저항 인민으로 전환하는 기 간이었다. 그 과정은 길고 지리해서 거의 반세기가 걸렸고 무기를 들고 전 장에 나서는 데에는 100년이나 걸렸다. 그러나 그들은 사대부의 시선에는 분한을 품고 패휼(悖譎, 도리에 어긋나게 행동하며 남을 기망하는 일)을 일삼는 난 민의 무리로 비쳐졌다. 가령, 1894년 민인에게 내리는 고종의 윤음에서 그 렇다.

탐묵한 자들이 침학에 곤궁하여 그 산업을 잃고 유랑하거나 이산하여 이미 삶을 편안케 할 수 없게 된즉, 문득 무리를 모아 난을 일으키고 관장을 억누르니 무릇 백성된 자들이 어찌 명분을 범하고 기강을 어지럽힘이 중죄가 됨을 몰라서 기꺼이 저촉하고자 하겠는가, 반드시 부득이한 것이니라. 또 혹 어떤 한 사람이 한 가지 일로 분한을 품은 자가 일읍을 선동하여 폐막을 바로잡는다고 칭하면서 이에 그 원한을 푼다. 심지어는 패휼의 무리들이 터무니없는 말로 속이거나 와언을 퍼뜨려서 인읍의 부랑한 자들을 부추겨 관령이 아니면 방자히 난을 일으킨다. 이와 같은 자들이 난민이 아니고 무엇이겠는가. 나라에 상법이 있으니 용서할 수 없다. 요사이 백성들 간에 난을 일으키는 자들이 곳곳에 있으나 그 유래를 살펴보면 이 두 가지에서 벗어나지 않는다.[2]

고종은 난민을 '침학에 몰려 부득이한 자'와 '패휼의 무리' 두 가지 유형으로 분류했다. 어쨌든, 관과 나라에 저항하고 법을 짓밟는 인민이란 점에서는 다를 바 없다. 인민을 결박하는 단단한 통치 구조가 건재한 상황에서는 '관장을 억누르고 와언을 퍼뜨려 난을 일으키는 인민'은 존재하지 않았다. 그러나 19세기의 인민은 저항 의식을 배양하고 심지어는 이웃 마을들과 의기투합해서 무리지어 난을 선동하는(成群作黨) 그런 집단으로 변화한 것이다. 인민의 이런 모습은 이미 1862년 진주 민란에서 극명하게 표출된 바 있다. 예를 들어, 경북 상주에 파견된 선무사가 향회를 소집하여 대소민들에게 대책을 물었는데, 상민을 지칭하는 소민은 사족에 해당하는 대민의 의견에 반대 의사를 분명히 표명했다. 그것도 중앙에서 파견된 선무사의 면전에서였다.

대민: 본읍의 포환이 4만여 석이다. 이것을 받아먹은 것으로 하여 그 이자

4000여 석을 균등히 배분하면 교구(矯抹, 바로잡는 길)가 될 것이다.

소민: 그렇지 않다. 어찌 이서(吏胥)가 먹은 것을 민에게 책임 지우는가. 만약 균배하고자 한다면 본주(本州)의 총결이 7000여 결이니 2냥씩 더 분배한다면 1만 4000냥이 될 것이다.[3]

대민은 포환 방법을 호 단위로 균배하자는 논리를 폈고, 소민은 토지 소유로 나눠 무전지민(無田之民)의 환곡 부담을 줄이자고 맞섰다. 항조 투쟁의 동지였던 대소민의 이해는 달랐고, 중앙 관료인 선무사와 향촌의 지배층이었던 대민 앞에서 자신들의 의견을 당당히 말하고 고집할 수 있을 정도로 소민의 저항 의식은 한층 명료해져 있었다. 1860년대 소위 '민란의 시대'에 난민들의 구성은 다양했다. 요호부민층을 위시하여 몰락 양반, 토지에서 유리된 빈농과 부랑자, 고용 노동에 종사했던 용고(傭雇)와 나무꾼 집단인 초군(樵軍) 등이었는데, 진주 항쟁에서는 농민들 외에도 초군들의 활약이 두드러졌다. 초군들은 자신들의 조직을 기반으로 작게는 수십여 명, 크게는 300여 명씩 몰려다닐 정도로 민란에 위세를 떨쳤다.[4] 초군들 중에 몰락농, 용고, 전호가 적지 않았다고 한다면 당시 향촌에 거주하거나 거주지가 일정치 않은 일반 소민들 범주에 속하는 집단이었다. 초군의 지도자를 좌상(座上), 좌장(座長), 초괴(樵魁) 등으로 불렀는데, 향촌의 노동 조직인 두레의 구성원들과 같이 모두 인민에 속한다는 점에서는 다를 바 없다. 1860년대 진주를 위시하여 민란에 휩싸인 지역이 삼남 지방에만 70여 군데가 넘었고, 1876년부터 1893년 동안 함경도, 평안도, 강원도 등지에서 50여 차례 민란이 발생했다면, 항쟁의 규모와는 관계없이 민란은 전국적 현상이었다.[5] 그렇다면 난민, 또는 저항하는 인민은 도대체 어떻게 발생한 것인가? 언문으로 작성한 전봉준의 창의문(倡義文)에서 보듯, 지배 세력과 일전을 마다 않고 국가 권력의 전복을 통해 나라의 통치 질서를 바로잡겠다고 선언하는 혁명적 인민은 어떻게 가능했던 것인가? 바로 이 질문이 정치 담론장의 분석 대상이다. 조선의 인민들은 무엇을 통해서, 어떤 경험을 거쳐 적자로서의 인민에서 저항 인민으로 나아가게 되었는가 하는 질문 말이다.

저항 인민의 탄생은 정부의 민에 대한 통치 체제가 붕괴되었음을 뜻하고, 다른 한편으로는 민서층의 위상이 상승했음을 동시에 의미한다. 그렇다고 동학 농민 전쟁에서 보듯이 향촌의 통치 체제가 완전히 붕괴한 것은 아니었고, 다만 인민의 이탈을 제어할 수 없을 정도로 이완되었다고 보는 편이 옳다. 그렇게 단단했던 조선의 통체제제는 19세기 100년에 걸쳐 서서히 몰락했던 것이고, 농민 전쟁을 경과하면서 거의 회복할 수 없을 정도로 붕괴했다고 하는 편이 보다 적합하다. 그렇기에 19세기 말 조선에 입국했던 외국의 관찰자들이 지방 관아의 통치 부재 현상, 관리들의 부정부패와 무능, 이루 말로 다할 수 없이 비참한 인민의 일상생활을 여행기에 담아냈던 것이다. 앞 장에서 관찰하였듯이, 비숍 여사는 1896년 북쪽 지방을 여행하면서 지방 도시의 비참한 모습들, 중앙 권력이 미치지 못하는 지방의 황폐함에 절망감을 느꼈으며, 심지어는 청일 전쟁에서 죽은 청군의 시체 더미에 전율하기도 했다. 가령, 황해도의 황주는 전쟁 전 3만여 명이 살던 큰 고을이었으나 전후에는 겨우 5000~6000명으로 인구가 줄었으며 예전의 번창한 모습은 자취를 감췄다고 썼다. 읍내는 전쟁의 상흔이 역력했다. 집들은 불에 타 버렸고, 붕괴된 집들의 기둥과 서까래가 볼썽사납게 돌출해 있을 뿐이었다. 인구 8만의 평양도 마찬가지였다. 주민은 겨우 1만 5000명으로 줄었고, 거리와 골목은 쓰레기로 가득 차 있었으며, 한때 가옥들로 가득했던 골짜기엔 전쟁의 잔해, 부서진 파편들, 타 버린 초목들만 무성했다. 그럼에도 주민들이 자신들의 일상을 영위해 나가는 모습이 경이로웠다고 썼다. 예를 들면, 평양에서 목격한 풍경은 이렇다.

한가로운 사람들은 이 집 저 집을 옮겨 다니며 시간을 보낸다. 그들은 너무 위험하기 때문에 정치에 관한 얘기는 하지 않으며 다만 왕실이나 도시에 얽힌 최근의 뒷공론을 그대로 주억거리거나 위인에 대한 재담 등을 얘기하고 또 새로운 소식을 만들어 나간다. …… 어떤 모임에서는 …… 남자들이 모여서 우리가 '문학 비평에 관한 문제들'이라 이름할 만한 주제에 대해 토론한다. 시 작품들과 한국 교육의 훌륭한 성과인 시 작품들의 작문 능력 등을 각각 비교하고 훌륭한 작품들에 대해 토론한다. 평민들은 거리에서, 집 앞에서, 객주에서 만난다. 그들은 서로에게 우리가 생각하기엔 버릇없고 당치 않은 성격의 질문들을 끝없이 던져 댄다. 서로의 사업의 일이며, 금전 거래며 그리고 최근의 소식들까지. 그 소식들을 듣고 그가 할 수 있는 한 소식을 만들어 내는 것이 모두의 임무다. …… 한 한국 사람이 아는 얘기, 들은 얘기는 바로 그가 퍼뜨린 얘기다.[6]

앞의 무리는 양반들일 것이고, 뒤의 무리는 평민이다. 어쨌거나 신분이 다른 두 집단의 공통된 저녁 소일거리가 모임과 토론이라는 점은 흥미롭다. 토론 주제는 양반의 경우는 문학이고, 평민은 일상사이다. 정치는 가급적 회피의 대상이나, 국가가 누란의 위기에 봉착한 시기에 왜 정치가 토론의 주제로 오르지 않았겠는가? 양반들의 토론은 향교, 사원과 사우에서 일찌감치 이뤄졌던 오랜 전통이었다. 조선 사회에서 양반 공론장은 향교와 감영을 통해서, 수령과의 잦은 접촉을 통해서 일찍이 형성되어 있었다. 15세기 유향소 재건 운동이 일어났을 때 유향소는 사족들이 모여 국가의 중대사와 향촌의 일상사를 토론하는 향반 모임을 지칭했다. 그것이 발전된 것이 향회이고, 일향의 대소민이 공동으로 참여하여 마을의 제반사를 논의했던 동계도 존재했다. 그러므로 양반과 재지사족에 관한 한, 그들의 공통 관심사와 계급적 이해를 유지, 발전시킬 수 있는 기구가 존재했고, 그에 따라 양반 공론장은 느슨하나마 전국적 연계망을 갖췄다고 보아 무리가 없을 것이다. 그렇다면 일반 평민층은 어떠했는가?

신문과 여러 유형의 잡지가 간행되었던 개화기 도시 지역에서는, 위의 예문처럼, 평민 공론장이라고 칭할 수 있는 토론의 장이 형성되고 있었다. 비숍 여사가 "거리에서, 집 앞에서, 객주에서"라고 했듯이 객주, 주막집, 여인숙, 장시 등이 개화기 인민들이 즐겼던 모임 장소이자 토론 장소였다. 그런데 18~19세기에 일반 인민들에게 가용했던, 더욱이 도시 지역이 아니라 지방의 향촌에서 이들에게 가용했던 모임이 있었는가? 또는 그들의 정치적 쟁점과 이해 관심을 발전시킬 수 있는 자발적, 타의적 회의체(담론 기구)가 과연 존재하였는가의 문제가 대두된다. 담론 기구의 존재 유무, 이것이 우리가 정치 담론장과 관련하여 밝혀야 할 첫 번째 문제다. 두 번째 문제는, 그런 토론 기제와 모임이 존재하였다면, 구체적으로 어떤 쟁점들이 토론의 대상이 되었으며, 토론의 내용은 무엇인가, 향촌의 평민들이 그런 쟁점을 토론하고 결론에 다다를 때에 어떤 정보를 접하고 유통하였으며, 어떤 문건을 작성하고 남겼고, 그것을 타 지역과 공유하였는가 하는 것들이다.(담론 내용과 전달 수단) 전자는 모임의 유무와 유형, 공통 관심사와 계급적, 신분적 이해의 발전 여부에 관한 것이고, 후자는 토론의 구체적 내용과 문건, 공유한 정보, 정보 유통의 문자와 수단에 관한 것이다. 이 두 가지가 밝혀져야 비로소 '평민 공론장'의 전신이자 부분적 구성 요소로서 '정치 담론장'의 존재와 내용을 파악할 수 있으며, 사대부와 정부의 통치 체제가 어떻게 약화, 훼손되어 급기야는 대규모 농민 전쟁에 맞닥뜨리게 되었는지를 규명할 수 있다.

우선 첫 번째 문제인 '담론 기구'에 대해서는 향촌 지배와 구조 변동에 관한 주요 연구들에 의해 그 전모가 어느 정도 밝혀져 있다는 것은 다행스럽다.[7] 담론 기구는 재지사족들이 향촌민을 통제하기 위해 결성한 자치 조직이자 통제 조직이었다. 재지사족이 어떻게 향촌을 통제했는지를 조명한 사회사적 연구들이 초점을 맞추고 있는 것이 향규와 동계다. 재지사족들은 향규와 향안을 기반으로 사족들은 배타적 결사체를 만들었고, 이를 통해 향촌의 신분제적 질서를 유지하고 촌민들의 유교적 이념과 강상 윤리의 실천을 독려했다. 그것은 지배력을 강화를 위한 통제 기구였던 것이다. 사족들의 배타적 모임인 향회가 향촌 지배의 상위에 있었으며, 양란 이후 대부분의 촌락으로 확대된 동계와 동약(洞約)은 향회의 사적 공적 통제하에 상하민을 모두 포괄하는 촌락의 자치 기구로 자리잡았다.[8] 향규와 동계는 모두 16세기 중후반에 확대된 향약 보급에 부응하여 예속상교(禮俗相交), 환난상휼(患難相恤) 같은 성리학적 공동체 윤리에서 출발하였지만 재지사족들의 향촌 지배를 강화하는 기구로 더 의미가 컸다. '선양민 후교화(先養民後敎化)'라는 율곡의 「해주향약(海州鄕約)」에서 보듯, 상부상조와 향풍 규정, 강상 윤리의 실행이 강조되었는데, 여기에 더하여 수령권의 감시와 견제, 이서집단에 대한 통제와 향촌 미속의 진작을 통해 사족 권력을 강화하는 데에 더 큰 목적이 있었다. 사족들은 일향 약속에 의한 제반 규칙(향규)하에 정례적 모임인 향회를 개최하였으며, 향풍 진작, 양민과 교화 업무를 비롯하여 수령 행정의 보조 역할 또는 수령권의 감시 기능을 수행하고자 하였던 것이다. 그러므로 향규-동계로 짜여진 재지사족의 향권은 중앙 정부-수령-이서 집단으로 짜여진 관권과 마찰을 빚을 수밖에 없었으며, 민의 통제와 부세 제도의 운영을 두고 관권-향권 간 잦은 충돌이 발생하는 것은 당연한 결과였다. 향촌의 민은 향권과 관권의 이중적 통제에 단단히 결박되어 있으면서 양자의 충돌에서 빚어진 제도적 모순과 불합리한 수탈을 감당해야 했다.

사족들이 배타적인 사족계를 결성하고 운영하였던 것처럼, 향촌민에게도 상민들만의 자치 조직인 촌계류(村契類)가 존재하고 있었다.[9] 고려 시대 이후 전래된 민속 기구인 향도(香徒), 음사(淫祀), 동린계(洞鄰契) 등이 그것이었는데, 이들은 당제와 동제를 주관하는 무속적 형태의 자치 조직이었으며, 여기에 두레와 같은 공동 노동 조직도 활성화되어 있었다. 이들을 묶어 촌계류라고 한다면, 읍사(邑事)의 공동 해결을 위한 목적계 형태의 상민 자치 조직들은 앞에서 서술한 향규와 동계와는 별도의 토론 기구였던 셈이다. 사족계와 촌계류의 관계, 다시 말해 향촌 단위에서 사족과 상민들의 관계는 향권과 관권의 대결 양상에 따라 복합적인 양상을 띠었고, 18세기 중반 이후 이른바 '수령·이서 일향 지배'[10] 또는 '수령·이향 수탈 구조'[11]가 대두됨에 따라 부세 기구로 기능하였던 향회의 본질이 심각하게 변질되지 않을 수 없게 되었다. 신향과 구향 간 권력 다툼인 향전도 향회의 본질을 변화시키는 데에 중대한 영향을 미쳤는데, 18세기 중반 이후 첨예화된 부세 제도의 모순을 해소하는 과정에서 사족들의 배타적 통제 조직인 향회가 대소민의 이해 다툼을 조정하고 관권의 수탈 행위와 폐막을 시정하고 견제하는 기능으로 옮아 갔다는 사실이 우리의 논지와 관련하여 주목할 점이다. 다시 말해, 수탈과 침학에 몰두하는 관권과의 결탁 내지 견제 여부가 향회 내부의 세력 갈등과 단합 여부로 직결되었으며, 이 과정에서 '공의(公議)' 혹은 '향중공론(鄕中公論)'이 쟁투와 갈등 해결의 중요한 기준으로 대두되었다.[12] 바로 이것이 우리가 주목하는 담론 기구로서 '정치적 담론장'의 존재이다. 향중공론은 재지사족 주도의 여론을 지칭하지만, 조선 시대를 통틀어 상민의 발언권이 이때처럼 강화된 적은 없었다. 그 이전에도 상하합계의 형태로 발전된 동계에서 하민의 참여가 배제된 것은 아니었지만, 평민 출신으로 부를 축적한 요호부민의 부상과 그에 따른 전통 향반의 지위 약화, 그리고 여기에 관권과 연결된 신향의 권력 강화가 향회의 본질을 변화시킨 중대한 변인들이다. 공의 내지 향중공론이라는 명분으로 소민들과의 타협, 절충, 합의 과정으로 나가지 않을 수 없는 구조적 환경이 성숙된 결과였으며, 사족 통제 기구로서의 향회가 평민들의 정치적 담론장의 담론 기구로 기능하게 된 배경이다. 이 분야의 연구를 주도한 안병욱은 향회의 본질 변화를 이렇게 지적한다.

(민의 자치 기구라는) 향회의 새로운 경향은 대체로 18세기 중엽까지 거슬러 올라 설명할 수 있다. 일향의 모임이 윤리적인 측면만이 아닌 부세수취(賦稅收取)에 관여하게 되는 데서 기존 향회의 성격 변화가 생기게 되었으며 18세기에 이르러 조세 정책과 그 제도가 자주 바뀌게 되는 과정에서 향촌의 여론을 참작할 필요가 있었고 그러한 필요성에 쉽게 응용될 수 있는 것이 향회였다. 또 달리는 정규적인 세 외에 지방에서 편의적으로 부과하는 여러 명목의 수취가 행해졌는데 이것들은 지방민의 의사를 무시한 채 관권의 전횡만으로는 이루어질 수 없었다. 따라서 형식적으로라도 납세자의 동의를 얻어야 했다. 이때 수령의 입장에서는 기존의 향회를 적절한 방편으로 이용하거나 별도의 방법으로 민의를 수렴하였다.[13]

향회가 대소민의 민의를 수렴하는 기구로 변질되었다 할지라도, 관권과 향권의 대립, 향권을 둘러싼 향전, 그리고 호구와 부세의 편법적, 불법적 운영이 자행되는 가운데 향회의 공론도 균배 원칙을 지키거나 무전지민, 빈농, 몰락 양반 등 하민의 이익을 대변하기는 어려웠다. 그것은 불법 가렴의 창구였다. 향중공론은 명분상 공의를 지칭한 것이었지 여전히 수령·이향 세력과 결탁한 세력들의 농간에 조세와 요역 부담이 좌우되기 일쑤였다. 어쨌든 향회와 동계를 중심축으로 한 정치적 담론장은 18세기 중엽 이후 부세 제도의 모순이 심화되는 과정에서 활성화되었고, 사족과 향촌민의 대립이 첨예화되는 과정에서 공적, 사적 통제 기구와의 접속이 이뤄졌던 것이다. 앞의 인용문에서처럼 '민의를 수렴'하는 형태로 변화와 접속이 이뤄졌다면 1860년대 민란은 일어나지 않았을 것이다. 정치적 담론장의 사족 주도적 성격, 향전과 각종 세력 갈등에 의한 향중공론의 분열 속에 이미 저항 인민이 태동하고 있었으며 민란의 씨앗이 뿌려지고 있었다. 삼정 문란과 수탈 심화는 정치적 담론장을 민란으로 발전시킨 기폭제였다.

1860년대 발생한 민란이 지역민의 반란으로 국한된 것과 마찬가지로 향회를 중심으로 한 정치적 담론장은 일향의 경계를 넘지 못하고 자연촌 혹은 몇 개의 마을 내부에서만 형성되었던 분절적 토론장이었다. 양반 사족들은 전국에 개설된 향교, 사원, 사우를 통해 사대부의 집단 의사를 표명하거나 수렴할 수 있었기에 전국적 '공론장'을 형성했다고 한다면, 평민들의 그것은 지역적으로 단절된 토론장이었다는 의미에서 '담론장'의 수준을 넘지 못했다. 그럼에도 사족이 만든 담론 기구를 의견 수렴의 자치 기구로 활용할 수 있었다는 사실 자체는 저항 인민의 탄생에 매우 중대한 의미를 갖는다. 18세기 중엽 이전까지 민은 당제와 동제를 주관하는 민간 신앙 조직과 두레 같은 자치 조직만 허용되었을 뿐, 집단 의사를 수렴하고 개진할 수 있는 통로는 없었다. 상하합계 형태의 동계가 17세기에 운영되었지만, 향촌민은 여전히 통제와 교화의 대상이었을 뿐이다. 물론, 사족들이 마을의 제반 업무를 원활히 처리하는 데에 하민의 동의가 필요했겠지만 그것은 형식적이었을 뿐 단단한 신분제적 질서와 삼강오륜의 도덕률, 그리고 지주와 전호, 호노(戸奴)의 종속 관계로 묶인 경제적 속박 속에서 하민의 반발과 이의 제기는 거의 불가능했다. 어쨌든 향회의 성격 변화와 하민의 개입이 정치 담론장의 분석과 관련하여 우리가 주목해야 할 담론 기구의 모습이다.

이에 비하면, 담론장을 채우고 있었던 담론 내용과 전달 수단의 문제는 분석의 난점을 안고 있다. 앞에서 서술한 종교 담론장, 문예 담론장과는 달리 정치 담론장의 공식 문건은 양반의 문자인 한자로 쓰였기 때문이다. 마을 사람들이 모임을 통해 합의한 내용을 문서화한 동중완의(洞中完議)를 동중입의(洞中立義), 완문(完文), 입안(立案)이라고도 부르는데, 모두 한문으로 기록되었다. 향회에서 부세 문제와 균배 원칙을 논의한 결과도 한문으로 기록했고, 그 결과에 불만을 품거나 불복할 경우에는 연명으로 등장을 작성해서 관아에 제출했다. 이를 민장(民狀) 혹은 소지(所志)라고 하는데, 특별한 경우를 제외하고는 모두 한문으로 작성했다. 수령은 민이 제출한 민장을 검토해서 최종 해결책(題音, 題辭)을 내리는 절차를 밟아야 했다. 수령의 판결문인 제음 역시 한자로 작성되었다. 언문은 공적 문서로 받아들여지지 않았기에, 모든 사안은 양반의 문자인 한자로 기록해야 했다. 정치 담론장은 관권, 향권이라는 통제 권력과의 접촉 영역이기 때문에 우선적으로는 공식적 관행이 필수적이었다. 물론 정치적 음해나 반란을 꾀할 때에 활용했던 괘서, 투서, 벽서를 언문으로 작성한 경우가 종종 있기는 했으나 향촌 단위의 정치 담론장에서 언문 문서가 주요한 역할을 한 경우는 매우 드물다. 정치 담론장에 언문 문서가 거의 발견되지 않는 것은 조선의 공식적 관행과 직결된다. 이것이 담론장 분석의 난점이다. 정치 담론장에서 평민의 발언과 토론 내용을 검토하고자 할 때에 그와 관련된 문서가 남아 있어야 하지만, 평민, 천민은 문서를 남기지 않았고 하층민 중심 조직인 촌계류에 관한 기록도 거의 없다. 양반의 문자로 양반이 그들의 의사를 표현했기 때문이다.[14]

주지하다시피 조선 사회에서 언문의 주 사용자는 상층 여성과 일부 하층 여성, 하층 남성과 천민이었다. 조선 사회에서 통용되던 문자가 한자, 이두, 한글이었다고 한다면, 사대부 남성은 주로 한자를 썼고, 부인과의 언찰과 시조, 가사를 지을 때에 가끔 언문을 썼다.[15] 관아의 공문서 작성과 관리를 맡았던 중인은 한자와 이두를 주로 사용하였고, 상민들의 송사와 언문 소장이 접수되었을 때에 한하여 언문을 썼다. 『경국대전』에 상급 경아전(京衙前)인 녹사(錄事) 취재의 한 과목으로 언문을 부과한다는 명문이 나오고, 녹사 서리 직급인 이과(吏科)와 이전(吏典) 취재에도 언문을 부과한다는 조항이 나오기는 하는데, 정음청을 신설하여 운영했던 세종과 간경도감을 설립해

불전 번역에 심혈을 기울였던 세조 연간에 한시적으로 시행된 것으로 보인다. 그렇다면 언문은 주로 궁중 여성을 포함한 일부 하층 여성, 민서(民庶)에 해당하는 평민층의 문자 행위에 사용되었다. 조선 사회에서 사대부와 중인이 차지하는 인구 비중이 지극히 작다고 한다면, 조선 사회의 구성원 중 다수가 언문을 주로 사용했다는 역설도 가능하다. 실제로 그러했을 것이다. 그러나 여성과 평민층이 조선 사회의 지배 이념과 공식 사건을 담당했던 층이 아니었고, 역사적 문건과 서책, 공식 문서와 문집의 저자가 아닌 비주류층 내지 주변층이었으므로 언문은 이차 언어 혹은 보조 언어로서의 위상밖에 갖지 못하였다.

조선 사회의 지배 이념과 공식적 질서는 한문 세계의 내부에서 이뤄졌고, 한문 문법이 지시하는 규칙에 의해 재생산되었다는 것은 주지하는 바다. 언문은 한문 문법이 창출하는 세계의 외곽에 물러나 있어야 했다. 한문 문법의 외곽에 존재하는 한 그것은 '역사'가 아니었다. 조선 사회는 언문을 역사의 밖으로 밀어내는 법 조항을 명문화하기도 했다.

諺文及無訂筆者勿施(『백헌총요(百憲摠要)』,「형전(刑典)」)

즉, '한글로 된 문서와 증인과 집필인이 없는 문서는 정당한 문서로 인정하지 않는다'는 조항이다. 언문 문서는 공식화되지 못했으며 따라서 공식 역사로 등록될 수 없었다. 조선 시대에 언문이 공식성을 인정받은 것은 두 가지 경우뿐이었다. 하나는, 비빈(妃嬪)이 국왕에게 언문으로 계청(啓請)하는 경우, 왕비나 대비가 수렴청정하면서 왕에게 언문 교서를 내리는 경우가 그것이다.[16] 다른 하나는, 상민이 소원을 위해 임금이나 관청에 언문 상언을 올리거나 서장을 제출했을 때이다. 『조선왕조실록』에 평민이 올린 상언과 서장 기록은 모두 10여 건 정도가 나오고, 그것도 조정을 비판하고 권력의 비리를 고발하는 정치적 목적의 서장은 거의 없는 반면 조상의 덕을 인정해 달라는 진정, 임금의 은총을 구하는 청원이 대부분이었다.[17] 이런 이유로 '정치 담론장'은 앞의 종교 담론장이나 문예 담론장과는 달리 언문 텍스트의 역할은 거의 발견되지 않는다. 종교 담론장의 한글 성서, 문예 담론장의 국문 소설과 각종 야담류 등이 지녔던 언문 문법의 확산과 재생산 기능을 정치 담론장에서는 기대하기 어렵다.

정치적 공적 담론에서 언문은 배제되었고, 평민과 천민은 자료를 남기지 않는다는 난점을 극복하는 우회적 연구가 가능하기는 하다. 바로 민장(民狀) 분석이다. 김인걸은 19세기 사료 중 현존하는 민장치부책 연구를 통해 이런 갈증을 조금이나마 해소해 주었다.[18] 그는 당시 관에 접수된 민장(민이 관아에 올리는 소장)을 검토함으로써 향회와 동계에서 어떤 일들을 논의하였는지를 추론하고 대소민들의 세력 판도와 변화 양상, 그리고 수령이 향촌의 어떤 세력과 결탁하거나 어떤 이익을 좇으려 했는지를 보여 주었다. 그런데 그것은 농민층의 위상 변화와 저항 의식의 확산에 관한 한 우회적, 추론적 해석이지 일차적 사료에 근거한 정확한 해석은 아니다. 김인걸도 이런 한계를 조심스럽게 지적하고 있지만, 사족 지배에 대한 민의 부상을 입증하는 중요한 논거이다. 안병욱은 한 발짝 더 나아가 향회가 민회로 성격 변화를 일으키고 급기야는 19세기 저항 인민의 자치 조직이 되었다는 과감한 해석을 내놓았다. "처음에는 통문을 돌리는 것으로, 다음에는 향회를 열고, 그러고는 읍소를 올리고, 종래는 의송(議送)을 냈다는 것이다. …… 통문, 향회, 읍소, 의송으로 전개되는 과정이 이때 민중에게 통용 내지 용인되었던 최고의 운동 형태였다. 그렇다고 이것이 언제나 용납되었던 것은 아니다. 경산에서는 수삼인이 벌인 간계라고 배척당했고, 앞서 음성에서는 주창자에게 다른 엉뚱한 죄목이 씌워져 엄형에 처해졌다. 민중들은 그들에게 허용된 마지막 방법까지 다 동원하였지만 결국은 왜곡당하고 보복이나 받고 만 것이다."[19] 이렇게 쌓여 간 민중의 분노와 원억이 민란으로 폭발했다는 것이 안병욱이 주목하는 논지다. 여러 가지 사료를 통해 입증된, 대체로 설득력 있는 견해로 받아들여지고 있다.

그럼에도 양반 사족들의 경우와는 달리, 민중의 육성이 직접적으로 들리지 않는다는 한계는 여전하다. 민중사의 기반을 구축하려는 연구자의 의도에 비춰, 민중이 남긴 사료, 민중에 관한 사료가 태부족이기 때문이다.[20] 담론 분석에서 중요한 것은 그들이 무엇을 얘기했고 어떤 정보를 나눴고, 어떻게 전달했는가의 문제임은 앞에서 지적한 바다. 농민 의식은 분명 성장했다. 저항 인민의 탄생이 그것을 알려 준다. 농민 항쟁의 발생 원인을 수탈 구조와 농민의 빈민화에서 찾는 구조적 접근 방법이 해명하지 못한 부분이 바로 이것이다. 농민 의식의 질적 변화, 저항 의식과 자아의식의 형성 과정과 구체적 면모를 밝히는 일이 절실하다는 사실은 김용섭을 필두로 몇몇 연구자들이 제기하기는 했다.[21] 농촌의 피폐화, 유망인의 급증, 도시화와 고용 노동자의 형성, 부세 제도의 모순, 그리고 신분 질서의 와해 등 구조적 변인에 의해서 하범상(下犯上), 노범주(奴犯主)의 사회 문제들과 민의 반란이 확산되었던 것은 분명하다. 최윤오는 바로 이점에 초점을 맞춰 농민의 적대 의식과 계급 의식의 내면을 직접 들여다보고자 하였다.[22] 몰락 농민, 유민, 부객, 용고 등의 형편과 사정이 예컨대 '장시유랑지배'들을 계급 의식의 전초로 만들어 가고 있었다는 주장은 설득력이 있다. 가령 "하층 빈농이나 반프로층으로 나타나던 고용 노동층은 집단을 이루는 가운데 그들의 계급 이익을 관철시켜 나가고 있었다."라고 썼다. 이들의 계급 의식이 농민 반란의 에너지였음은 분명하나, 여기에도 구조 변인과 계급 의식 간 직접적 인과 관계가 설정되었을 뿐 '계급 의식의 형성'까지는 분석의 손길이 미치지 못한다. 영국의 노동사가 에드워드 톰슨의 저작 『영국 노동 계급의 형성(The Making of the English Working Class)』은 노동자들의 생활 양식, 사고방식, 종교 생활, 경제적 사정, 그리고 노동조합을 둘러싼 노동자들의 언설과 견해에 관한 일차 자료들을 체계화한 것인데, 그들의 '경험과 일상생활' 속에서 자라난 '의식'이 극명하게 드러난다.[23] 톰슨의 연구가 언술을 포함한 경험의 총체로서 계급 의식을 규명한 전형적 연구라면, 우리의 경우는 그것이 어렵다. 몰락 농민과 용고, 유랑민들이 가졌던 세계관과 계급 의식의 내면을 밝혀 줄 사료가 없기 때문이다. 조선의 민중사가 해결해야 할 가장 큰 과제가 이것인데, 정치 담론장의 분석도 동일한 난점에 직면하고, 이것을 돌파할 방법도 궁색하다. 다만, 이 방면의 연구들을 종합하여 '민중 의식'의 성장 일면을 우회적으로 엿보는 것에 만족할 수밖에 없다.

향중공론의 분열과 저항

민란의 발생은 민인에 대한 지배 구조, 즉 향촌 지배 구조(governance structure)의 와해를 뜻한다. 지배 구조에 균열이 발생하는 것은 두 가지 경우다. 첫째는 지배 세력 간 이해 갈등과 충돌에 의해 지배층이 분열하는 경우, 둘째는 지배 구조를 유지, 지탱하는 제도가 사회 경제적 조건의 변화를 수용할 수 없는 경우가 그것이다. 두 개 중 하나의 요인만이 진행되었을 때에는 지배 구조의 변화는 잘 일어나지 않는다. 비교적 통합된 지배 세력이 사회 경제적 변화를 수용하는 개혁적 조치를 통해 민의를 수렴해 나가면 체제 붕괴를 막을 수 있다. 또한 사회 경제적 변화가 그다지 크지 않을 경우 지배 세력 간 쟁투가 발생하면 정권 교체 정도로 사태가 마감된다. 그러나 이 두 가지가 중첩되었을 경우 내부 균열은 걷잡을 수 없이 빠른 속도로 진행되고 결국 체제 붕괴에 이르고야 만다. 조선의 19세기는 이 두 가지가 중첩된 사례였다. 18세기 초반 이후 진행된 사회 경제적 변화는 봉건적 질서로는 담아낼 수 없을 정도로 질적 차이를 드러냈다. 이양법의 보급에 의한 농업 생산력의 발달, 상공업의 발전, 도시분화, 무엇보다 신분 질서의 분화가 수분 공역을 기초로 한 사회적 운영 원리의 전면적 변화를 촉구하고 있었다. 지배 계급이 이러한 변화를 수용하는 제도적 개혁을 추진하였더라면 중세적 조선은 일찍감치 근대적 시간대로 이동하였을 것이다. 18세기 초반부터 나타난·개인주의적 경향의 문학 운동은 그런 요구의 지식인적 반응이었다. 숙종·영정조 시대에 추진된 주요한 개혁 조치들, 예를 들면 양역변통절목(良役變通節目)과 이정제(里定制, 1711년), 서류소통절목(庶類疏通節目, 1776년), 신해통공(辛亥通共, 1791년) 같은 혁신적 개혁들이 그러한 예이다. 그러나 그것만으로는 상공업층의 등장과 농민 분해, 빈농과 유랑민의 급증, 매관과 모록에 의한 양인층의 급감 같은 사회 경제적 변화상을 해소할 수 없었다. 조선의 지배 계급은 오히려 봉건적 지배 체제의 강화로 맞섰다.

이런 전반적 혼란상은 향촌 차원에서 보다 극명하게 나타났다. 관권과 향권의 충돌, 신향과 구향의 향전, 부세 제도의 강화와 모순 심화, 부를 축적한 요호부민의 등장과 몰락 농민의 급증 등이 향촌 차원에서 지배 구조의 변화를 재촉한 주요 요인들이다. 1860년대 전국을 휩쓴 민란은 이런 요인들의 복합적 결과물인데, 결국 인민의 봉기가 관권과 향권의 동반 약화를 초래하였으며 급기야는 동학 농민 전쟁이라는 대규모의 농민 저항으로 이어졌다. 국권 상실이라는 민족사적 비극은 19세기에 진행된 지배 구조의 붕괴에 이미 내재되어 있었다고 할 것이다. 이런 의미에서 민란은 지배 구조의 혁신이라는 시대사적 과제를 요구하고 있었고, 근대로의 이행을 위한 필수 요건이 무엇인지를 지배 세력에게 가르쳐 준 중대한 사건이었지만, 조선의 지배층은 그런 요구를 수용하기에는 역량이 부족했다. 경향 분리의 전반적 추세 속에 중앙 권력은 지방과 유리된 채 내부의 권력 유지에 급급했으며, 지방은 지방대로 관권을 둘러싼 향전에 매몰되어 있었다. 이 과정에서 인민들은 대민(大民)의 전유물이었던 향중공론의 한 축을 담당하면서 이른바 평민적 정치 담론장을 형성하여 나갈 수 있었다. 향중공론의 분열은 관권의 약진과 향권의 내부 균열(향전) 탓이기도 하지만 소민의 발언권 강화도 중요한 역할을 담당하였던 것이다.

연구자들이 민란과 민란 이전의 시기에 주목하는 것도 이런 까닭이다. 민의 등장, 대민에 대한 소민의 위상 강화가 어떤 기제를 통해 이뤄졌는가를 밝히는 것이 지배 구조의 균열을 규명하는 첩경이기 때문이다. 가령 진주 민란의 경우 양반 출신 유계춘이 향반의 동의를 얻기 위해 통문을 돌려 향임을 포함한 대민들을 다수 동원하고 있었는데, 이 경우 대민들은 관권의 횡포와 향리의 농간에 분노한 사족들이었을 가능성이 크다. 그런 반면 민란의 조직 기반은 수백 명에 달하는 초군이었음은 이미 알려진 바인데, 이들은 거사를 위해 한글로 된 초군 통문을 활용했다.[24] 이것이 바로 평민의 정치 담론장에 해당하는 사례이다. 말과 글이 일치하는 언문 통문의 경우 초군들이 품었던 적나라한 적개심과 행동 목표가 분명하게 쓰여 있었을 터이지만, 모든 연구자들이 궁금해하는 초군 통문의 내용은 불행히 사료가 남아 있지 않아 밝힐 수가 없다. 김인걸은 30개의 민란을 분석한 위의 연구에서 임술민란의 주도 조직을 네 가지 유형으로 분류하였다.[25] 양반 토호들이 중민을 동원하는 경우, 기존 향회와는 별도의 조직을 만들어 나서는 경우, 별도의 주동자가 주도하는 경우, 그리고 농민 스스로 조직을 만들어 집단 행동으로 나서는 경우가 그것이다. 이를 다시 대별하면, 향회와 같은 기존의 지배 기구를 활용하는 경우와 농민이 별도의 조직을 만드는 경우다. 평민들이 정치 공간으로 진출한 두 가지 통로가 바로 이것이다.

먼저 후자는 농민들의 자치 조직을 근간으로 한다. 앞에서 간략히 서술하였듯이, 조선의 농민들에겐 당제와 마을굿을 주관하던 주술 신앙적, 민간 신앙적 조직이 존재했는데, 그것이 향도(香徒)와 음사(淫祀)였다. 민간 신앙적 유형의 조직은 조선 정부의 음사일소 정책에 따라 점차 촌계류로 변모했는데, 이 촌계류는 지역에 따라 촌계(村契), 소계(小契), 각계(各契), 사계(私契) 등 여러 가지 명칭으로 불렸다. 이러던 것이 18세기에 이르면 '촌촌유계(村村有契) 가가유계(家家有契)'라는 표현처럼 촌락 단위와 가족 단위로 각종 계가 확산되어 읍사와 가족사를 공동으로 해결하는 민간 조직으로 발전하였다.[26] 박경하는 촌계류의 기능을 사신(祀神) 공동체, 생활 공동체, 노동 공동체로 식별하고 각 기능에 따라 별도의 명칭을 가진 조직이 독자적으로 분화하거나 때로는 복합적 기능의 조직이 출현했다고 분석했다. 당제와 동제를 주관하는 조직이 있는 반면, 촌락의 규율과 풍속 교정을 관장하는 동계 형태의 조직이 존재하고, 두레와 같은 노동 조직이 활성화되었다. 촌락 단위, 가족 단위의 각종 계를 두루 표현하여 '향촌결계(鄕村結契)'라 불리기도 하였는데, 성종대의 성현(成俔, 1439~1504년)은 『용재총화(慵齋叢話)』에서 향도를 미풍으로 묘사하고 있다. "지금은 풍속이 날로 야박해져 있지만, 오직 향도만은 아름다운 풍속을 간직하고 있다. 대체로 이웃의 천인들이 모두 모여서 회합을 하는데 적으면 7, 8, 9인이요, 많으면 혹 100여 인이 되며 매월 돌아가며 술 마시고, 초상을 당한 자가 있으면 같은 향도 사람들끼리 상복을 마련하거나 관을 마련하며……."[27] 즉, 흉사와 천재지변을 당한 사람을 위로하고 십시일반의 도움을 주는 일, 산신, 마을신 등에 제를 올리는 음사를 주관하는 일이 첫 번째 유형이었다. '길흉개계(吉凶皆契)'란 말이 여기에 해당된다.

한편, 동계는 촌락의 풍속, 분쟁, 촌민의 우애와 협동, 윤리와 강상을 규율하는 조직으로 일상적 질서와 관련된 중요한 조직 유형이었다. 이 유형이야말로 사회 경제적, 정치적 일상사와 관련된 자치 조직의 근간이다. 촌민들은 회의와 중론을 통하여 자치 규약을 만들었으며 마을 내에서 삼강오륜의 기강, 상부상조의 원칙, 유입 인구의 처리 문제, 위기 대응 등에 관한 세칙을 마련하여 지켜 나갔다. 전라도 지역에는 모정(茅亭)이라 불리는 농민들의 집회소이자 회의 장소가 있는데, 마을에 어떤 일이 발생하거나 논의할 중대사가 대두되면 촌민들이 모여 토론하는 공적 공간이며, 평상시에는 촌민들의 휴식처와 놀이터가 되는 그런 곳이다.[28] 촌민들이 모여 공동사를 논의한 공간이었기에 농사와 관련된 일이 가장 많이 언급되었을 터이고, 자연히 공동노동의 원칙과 일정을 만드는 일이 주된 쟁점이었을 것이다. 모정이 두레와 관련이 깊다는 것은 이런 까닭이다. 세 번째 유형인 두레는 밭갈이, 수확, 모내기와 김매기 등 공동노동을 수행한 노동 자치 조직으로서 이앙법의 보급과 더불어 활성화되었다. 이앙법은 노동력 감소와 함께 수확량을 늘려 주는 획기적 농법이었으므로 촌민들에게는 생산량 증대를 위한 공동 경작의 필요성이 더욱 절실했을 터이고, 따라서 두레가 각광을 받았을 것이다.[29] 두레는 농민들의 자치 조직이었던 만큼 지주의 간섭이 없었기에 평민들만의 정서와 세계관이 형성되는 데에 가장 기초적인 조직 기반으로 기능했다. 그런 까닭에 1860년대 민란에서 두레는 가장 중요한 소민들의 동원 조직이었다. 초군 조직도 공동 벌목을 위한 일종의 두레와 같은 범주에 속한다고 한다면, 평민들의 노동 조직이 민란의 동원 기반이 되었다고 하는 사실에 이의를 제기하기는 어려울 것이다. 이러한 농민 자치 조직들이 어느 정도 활성화되었는지는 확인할 수 없으나 어떤 식으로든 촌민들 사이의 회의와 토론을 관습화하는 제도적 기반임은 부정할 수 없다. 안확(安廓, 1886~1946년)은 『조선문명사(朝鮮文明史)』(1923년)에서 촌락 단위에 형성되었던 회의체의 전통을 강조하면서 그 운영 모습을 이렇게 상상적으로 설파했다.

개회 방법을 태고 역사적 방법으로 결정한바 그 제도는 습관에 기초하니 준엄한 좌석과 정연한 질서는 실상 현대 회의제보다 크고 발달한 것이다. 동민을 소집하는 방법은 소임이 동구에 서서 존위의 명령을 고성으로 발표하였다. 회의장에 나아가 개최할 때는 프러시아의 연초(煙草) 국회와 희랍의 연향(宴鄕) 국회같이 주식(酒食)을 베품에 미치니 회식상(會食床)이 곧 의사당이었다. 그 의결법은 어지러운 변론을 요하여 한 일의 의논이 수십 일에 걸칠지라도 찬부를 부르짖던 구두직결법에 비하면 매우 원만하여 재론이 일어나지 않도록 처리했다.[30]

아주 흥미로운 상상이다. 마치 촌로들이 모정에 모여 술과 음식을 앞에 놓고 주거니 받거니 하면서 마을 공동사를 논의하는 모습이 눈에 떠오른다. 안확의 묘사에 의하면, 모정에서의 토론은 다수결이 아니었고 합의를 이끌어 낼 때까지, 또는 반대가 없을 때까지 끝장 토론을 한다는 것이다. 반대하는 사람이 설득될 때까지 토론은 '수십 일이 걸릴지라도' 끝없이 이어지는 것이 특징이다. 그렇지 않으면 이탈자가 생기고 마을에 내부 균열이 발생할 우려가 있다. 신분적 강요, 지식의 편차, 경제적 불평등과 같은 강제 요인이 있는 경우 토론은 설득적 권위를 확보하지 못한다. 모정에서의 토론은 이런 장애요인이 없는 것을 전제로 하고, 일단 합의에 이르면 마을 성원들은 이의 없이 그 결의에 따른다. 하버마스가 '이상적 담화 상황(ideal speech situation)'으로 상정했던 것이 이런 모습이다. 그렇기에 임술민란에서 독자적 동원 조직으로 기능할 수 있었을 것이다. 김인걸은 임술민란 관련 자료를 검토하면서 함양, 강진, 평택, 회인 민란에서 향회와 같은 기존 조직과는 관계없이 초군 조직을 위시하여 농민들의 독자 조직이 봉기에 나서는 양상을 식별해 냈다. 이 독자 조직은 어떤 식으로든 두레나 촌계류와 연관되어 있었음을 지적하면서, 민란의 주체에 관하여 다음과 같은 신중한 결론을 내린다.

우리가 1862년 농민 항쟁을 고찰할 때 그 주류적 경향은 전자(향회와 같은 기존의 지배 기구)에 그 비중이 두어지고 있었음은 부정할 수 없다. 그러나 그 기본 동력이 후자(기존의 사회 체제에서 유리되고 있었던 농민들, 초군 조직)에 있었으며 그 같은 움직임이 동시에 분출되고 있었다고 하는 점 또한 주목해야 할 것이다.[31]

농민들의 독자 조직이 민란에 나섰다면 적어도 분규 지역에서는 사족 중심의 향중공론이 이미 분열되었고, 향촌의 질서를 유지할 수 없을 정도로 구심력을 상실했다는 뜻이다. 김인걸은 임술민란 분석에서 향회가 향중공론의 기능을 상실하고 특정 주동자에 의해 장악, 중민을 동원하는 기구로 활용된 사례로 금령과 함안 민란을 들고 있다. 주동자는 재지사족이었는데, 수령, 향임, 이서 집단의 농간과 갈취에 분노한 결과였다. 봉기에 동원된 사람들은 향민들, 중민과 고노용부(雇奴傭夫)들이었는데, 이들은 후에 봉기 주도층인 재지사족과 이해관계가 맞지 않아 별도의 움직임을 보였다는 것이다.[32] 향회가 민회로 전환되는 계기가 이런 것이었다. 안병욱은 향회의 성격 변화에 주목하여 하층민이 지배층과 대결하는 과정에서 향회를 적극 활용했다는 사실, 그리하여 "향회는 종국적으로는 민란과 역사적 기능을 거의 같이하게 되며 때로는 향회가 곧 민란을 의미하기도 하는" 국면으로 전환하였다는 다소 급진적 해석을 내린다.[33] 재지사족의 향촌 지배 기구였던 향회가 민회로 활용되고 저항 기구화하는 이 과정이 평민적 정치 담론장 형성의 또 다른 중요한 통로다. 이 과정은 사족 중심의 향중공론이 분열되고 '수령 · 이향 수탈 구조'에 대한 민의 저항이 구체화되는 경로이기도 하다.

향촌공론 혹은 공의는 읍사에 대해 재지사족들이 향회 토론을 통해 내린 집단 의사였고, 따라서 지배층의 대의였으며, 반드시 실행되어야 할 의사결정이었다. 그것은 재지사족들이 향촌민을 통제하는 명분이자 수단으로서 엄격한 신분제적 질서에 바탕을 둔 향권의 명령이었다. 향권의 토론, 의결 기구로서 향회는 3향 기준을 통과한 양반으로 구성되었고, 향안에 입록된 구성원들이 만든 향규를 집행한다. 향규는 재지사족들이 만든 일향 약속으로, 향헌(또는 향대부, 좌상)을 수장으로 하고 행정 사무원에 해당하는 향임을 두어 향규 실행 업무를 관장토록 하였다. 한편, 향회는 수령의 자문 기관인 향청에 좌수와 별감을 천거함으로써 수령과 향리가 행사하는 관권을 견제하는 역할을 담당한다. 향회는 재지사족의 집단 의사(공의)를 바탕으로 향촌 교화, 향풍 진작, 수령과 이서 집단의 견제 기능을 수행하는 명실상부한 향촌 지배 기구인 것이다. 향회가 수십 개의 자연 촌락과 대리(大里)를 묶은 군현 단위에서 작동하는 것이라면, 족계, 동계, 동약은 사족의 거주지역에 편재된 하부 조직으로 그 수장을 상존위(上尊位), 부존위(副尊位)로 부르고 행정 업무를 담당하는 면임(面任), 이임(里任)을 두었다. 이렇게 보면 향회와 동계, 향헌-존위로 이어지는 사족들의 조직은 군현에 편재된 면, 리, 동민의 교화와 통제를 실행하는 매우 효율적인 지배 기구였다. 따라서 재지사족들의 집단적 의사 결정에 입각한 향권은 수령·이서 집단이 가진 지방 관아의 권력을 견제할 뿐만 아니라 17세기에 이르러서는 관권까지도 좌지우지할 수 있을 정도의 위세를 갖추게 되었다.[34]

지방의 중소지주로 구성된 재지사족들이 이런 향촌 조직을 구축하게 된 배경에는 국가 권력, 훈척 세력, 이족(吏族)들에 의한 수탈에서 지방민을 보호하고 지역 안정을 꾀해야 하는 절박함이 놓여 있었다. 재지사족은 지주-전호제에 기반을 두고 있었는데, 관권의 횡포와 수탈은 지방의 안정을 위협하였고, 농업 생산력의 근간인 전호와 노비들의 유망을 낳는 원인이 되고 있었다. 향촌의 사회 경제적 안정과 신분 질서의 정착을 위해서는 관권의 일방적 지배를 견제하고 사족 중심의 통제력을 강화해 주는 제도적 장치가 필요했다. 16세기 전반부 재지사족들의 중앙 진출을 계기로 향약이 제안된 것도 이런 배경과 무관하지 않다. 퇴계와 율곡이 제안한 향약은 바로 재지사족 중심의 성리학적 전통을 수립해 나가는 과정에서 나타난 향촌 지배안이었다. 이런 일련의 움직임은 1603년 경재소(京在所) 혁파를 계기로 동력을 받기 시작하여 17세기에는 향권의 조직적 기반과 이념적 영향력이 확대 심화되는 양상으로 발전했다. 평민과 노비의 노동력을 토지에 단단히 결박하는 전호제가 정비된 것도 이 시기이며, 이앙법과 관개 기술의 보급과 함께 생산력이 급증하면서 소농 경제의 안정을 구가했던 것도 이때였다. 이른바 재지사족의 일향 지배력이 구축된 것이다.[35] 향규, 동계 등의 사족계가 하층민의 촌계류를 통합하여 상하합계의 형태로 운영될 수 있었던 것도 이런 사회 경제적 배경을 바탕으로 한다. 하층민의 각종 촌계류가 사족계에 포섭되었다는 것은 재지사족들의 정치적 영향력이 그만큼 커졌다는 것을 의미하기도 하고, 농업 생산성의 증대를 위하여 하층민의 노동력과 자율적 협력이 필요했다는 것을 동시에 뜻한다. 아무튼 상하합계 형태의 자치조직을 통하여 향권은 관권에 대한 견제 기능을 충분히 행사할 수 있었으며, 향촌 사회에 대한 지주의 집단적 이해를 관철할 수 있었다. 상하합계를 둘러싸고 사족과 하층민 간에 갈등이 빈발했다. 하회동계(1618년), 의령향약(1692년), 영천 망정동약(1735년)의 사례에서 보듯, 하층민들이 사계, 소계, 향도 결성과 운영을 독자적으로 시도하자 향규에 이를 금하는 조항이 명문화될 정도였다.[36] 아무튼 집단적 이해를 관철하는 가장 중요한 통로이자 수단이 교화와 부세였는데, 재지사족들은 향회에서 수렴된 향중공론을 내세워 교화와 부세의 원칙을 세워 나갔던 것이다. 다음의 사례는 부세 운영과 상하민 갈등 해결에 있어 향중공론을 기준으로 명시한 향규, 민이 제출한 등장(等狀)에 대해 수령이 내린 제음(題音), 그리고 수령의 효유문이다.

(1) 모든 공부요역(貢賦徭役)을 분정(分定)할 때에는 향소(鄕所)가 일향에

알려 첨의(僉議, 향중공론)로써 정탈(定奪)하고, 고헐(苦歇)을 분간하여 균일하게 할 것. 인리민부(人吏民夫) 등의 호역(戶役)은 고규에 따라 준행하고 …… 모든 대소 민막(民瘼)은 향소(鄕所)가 수소문하여 일향의 회의에 부쳐 모두 혁거할 것.³⁷

(2) 경식기사(耕食其士)한 즉 세미(稅米)는 누가 내야 하는가. 결코 양반의 행사가 아니다. 반드시 해리(該里)에서 상호(上戶)가 공의평결(公議平決)하고, 장민(張民)의 환(還, 환상)은 반드시 유노(柳奴)의 이름으로 다시 바치도록 하여 다시 소장이 올라오는 폐단이 없도록 할 것이다.³⁸

(3) 此後官民俱便之道 莫如里代定之規 …… 歲前構成節目 詢問各里大小民人 則咸曰便好乙 …… 有闕之代上下老少齊會 公論望納付標之地.³⁹

(차후에 관민이 모두 편하게 생각하는 도로 이대정규만 한 것이 없다. …… 몇 년 전에 만든 절목에 따라 각리 대소민인들에게 물어본즉 모두 그것을 더 좋아한다고 이구동성으로 말한다. …… 궐액이 생기면 상하노소가 모두 모여 공론을 만들고 기준으로 받아들이기를 바란다.)

(1)은 17세기 초반 현풍 향규의 일부분으로서, 부세와 요역을 균분할 때에는 첨의, 즉 향중공론을 통하여 할 것과, 향촌 사회에서 일어나는 폐해와 민원은 향회를 통해 해소할 것을 명시하였다. (2)는 헌종 때 영암 군민이었던 장만정이 올린 소지에 대한 수령의 뎨김(제음)인데, 양반들(상호)이 공의로서 평결하여 다시 소장을 내는 일이 없도록 할 것을 명하고 있다. (3)은 1745년 경기도 고양군 수령이 새로운 정책을 수행하면서 군민에게 내린 효유문으로 이대정법(이정법)의 정당성을 강조한 것이다. 궐액이 생기면 상하노소가 모여 공론을 만들고 이대정법을 따르라는 유시이다. 모두 향중공론

을 강조하고 있으며, 그것도 상호(上戶) 즉 양반들이 주도하는 공론에 따라 일을 처리하라는 내용이다.

향중공론에 바탕을 둔 재지사족의 향촌 지배는 성리학적 이념의 강화와 더불어 향촌민을 토지와 신분에 단단하게 결박할 수 있었다. 그러나, 18세기에 접어들면서 중앙 정부의 관주도형 통제가 새로이 시도되자 점차 조직 기반이 약화되기 시작했다. 숙종 37년(1711년) 반포된 「양역변통절목」은 『경국대전』에서 규정한 오가작통을 기초로 면리 단위의 관료 통제를 재정비한 것이었는데, 그것은 다른 한편 면리를 행정 단위로 한 공동납 제도를 도입하는 일대 개혁을 의미했다.(이정제의 도입) 면리를 기본 행정단위로 하여 관권의 통제력을 강화한 이 조치는 재지사족 중심의 향권과 충돌을 불러왔다. 향중공론에 의한 부세 원칙과 결정 권한이 현격히 축소되었으며 역으로 수령과 이서 집단, 그리고 재지사족의 공론을 집행하던 향집강 내지 향임층의 권한이 확대되었다. 공동납 제도는 부세 운영의 자율권을 향권에서 관권으로 이전하는 효과를 내포하고 있었으며, 급기야는 18세기 후반기에는 향회를 부세 기구로 전락시켰다. 이에 따라 이서직과 향임직에 진출하려는 신향과 전통적 사족(구향) 간의 세력 다툼이 벌어지기 시작하였고(향전), 부세 운영, 특히 잡역세의 면리 공동납 원칙을 둘러싸고 첨예한 이해갈등과 균열이 발생했다. 향중공론은 점차 소멸되어 향중쟁단(鄕中爭端)으로 변했으며, 급기야는 사족 지배의 약화와 동시에 수령·이향 수탈 체제에 대한 민의 저항이 폭발하기에 이르렀던 것이다. 공동납의 모순이 요호부민을 포함한 민인에 집중된 결과였다. 그러므로 평민적 정치 담론장의 형성을 고찰하려면 향중공론의 분열을 초래한 요인인 향전의 전개 양상과 이정제가 촉발한 수취 제도의 모순에 대한 검토가 필수적이다.[40]

정치 담론장의 전개

18세기 영조 때에 처음 등장하는 이 향전이란 용어는 신구향의 대립과 갈등을 뜻하지만, 신향이 대부분 경제력을 바탕으로 신분 상승을 꾀하려 했던 서민층이었고, 수령·이서 집단과의 결탁을 통해서든 매향(賣鄕)을 통해서든 향촌의 중간 지배층으로 진출했다는 점에서 중세와는 다른 근대적 면모를 갖고 있다. 신분 질서가 매우 엄정했던 조선 사회에서 서민층의 관리직으로의 진출, 그리고 매향을 통한 향안 입록이 도처에서 발생했다는 사실은 신분 질서의 와해라는 의미를 넘어서 민의 위상이 상승했음을 뜻하는 것이다. 향전이 전개되었던 18세기 중반 이후 민은 과거의 인민이 아니었다. 경제력이 뒷받침되지 않은 빈농 사족들은 부유층으로 부상한 요호부민과 심지어는 상한천류(常漢賤流)의 멸시와 모욕을 감수해야 할 정도로 신분적 차별 의식이 희박해졌으며, 그에 따라 신분의 혼류가 발생했다. 그것을 평등 의식의 확산이라고 부를 정도는 아니지만, 요호부민층에게는 모록, 매향, 평민과 천민들에게는 도망, 유망의 극단적 통로가 신분 질서를 이탈하는 창구였다. 정조 원년에 반포된 서얼 변통법은 향촌 각지에서 향안 입록을 둘러싼 서얼들의 도전과 불만을 야기했다. 향안 입록의 가장 엄한 잣대인 부·모·처 3향 사족 기준이 흐뜨려졌고, 향회에 서얼과 이족이 진출했다. 이때부터 전통사족들은 사우와 서원을 앞세워 가문을 중시하고 동성부락을 조성하여 배타적 신분 의식을 유지하는 쪽으로 바뀌어 갔다. 상하합계에서 하계류가 다시 떨어져 나오고, 반촌의 통제를 받았던 농민 촌락이 분동(分洞)을 요구하는 조류가 형성된 것도 이와 때를 같이한다.

향전은 향촌 지배 기구의 인사권과 부세 운영권을 둘러싸고 하층민 출신인 신향의 요구와 영향력이 확대되어 일어난 신구향 대립이다. 앞에서 간략히 언급하였듯이, 1711년 숙종이 단행한 「양역변통절목」에 따라 관 주도형 통제 정책이 강화되자 면리의 행정 업무를 담당한 면임, 리임의 역할이 커졌으며, 부세 운영권을 수령이 장악하면서 향촌에서 이족과 향임의 통제 권한도 더불어 증대되었다. 과거에는 향회에서 행사하던 향리층의 임면권이 수령에게 이전되자 수령과 결탁을 통해 향임과 이서직으로 진출하려는 서민들이 늘어났고, 부를 축적한 요호부민들에게는 신분 상승의 기회를 제공했다. 정조 연간에 충청도 목천현과 전의현 수령을 지냈던 황윤석의 일기에 의하면, 재직 기간에 두 개 현에서 모두 향전이 발생했고 이향과 사족의 대립을 결국 수령인 자신이 해결할 수밖에 없었다는 것이다.[41] 목천현에서는 향안인 청금록(靑衿錄) 입록을 둘러싸고 사민 유씨가 난입했기 때문이었는데, 이미 하품 향족과 서류가 청금록에 등록되어 있었음을 지적하고 있다. 그 외에도 향교의 교임직을 둘러싸고 신구향이 대립하였는데, 목천현에서는 신향의 세력이 우세하였다고 판단하고 있다. 그것은 신향의 경제력에도 이유가 있었지만, 중앙 권력이 향촌 통제와 사족 견제를 위해 신향을 비호하는 경향성을 보였기 때문이다. 전의현의 향청 갈등 역시 향임직을 둘러싼 세력 다툼이었다. 황윤석은 자신이 신임하던 자를 향임으로 앉히고 좌수와 별감을 전격 교체하는 인사를 단행하였는데, 이에 불만을 품은 세력들이 감영에 투서하는 일까지 벌어졌다는 것이다. 향족들이 감영의 감사나 한양의 고위 관료들과 연이 닿아 있기에 향임직 선출에 잡음을 없애는 것이 무엇보다 중요했지만, 과거에는 향회에서 맡았던 인사권이 수령에게 이전되었다는 점, 사족 간의 갈등, 사족과 향족 간의 쟁투를 수령이 해결해야 하는 상황은 향권의 와해를 입증하는 증거이다. 매임 현상이 확대된 것도 이런 배경에서이다. 매향을 통한 향회로의 진출, 매임을 통한 이서, 향임층으로의 진출이 동시에 이뤄지면서 향권의 퇴조가 빠르게 일어났다. 이향층의 대두는 사족들에게는 커다란 위협이었지만, 관주도형 통제 정책이 강화되는 가운데 달리 세력을 만회할 방법이 묘연했다. 사족들이 일향 약속을 고쳐 쓴 통탄 어린 발문이 그런 사정을 보여 준다.

신임(辛壬) 연간에 이르러 평지에 파란이 일어나고 일시에 궤멸되어 수습
할 수 없게 되니, 전후가 거꾸로 된 것이 하늘과 땅 사이가 되었다. 크게 도
당으로 나뉘어 번갈아 서로를 능멸하니 친소(親疎)가 거꾸로 되고 분의(分
義)가 땅에 떨어졌다. …… 까닭에 심지어 여염의 천부(賤夫)도 팔을 걷어붙
이고 말하기를 "나도 양반을 욕보일 수 있고 향소 면임도 가히 할 수 있다."
라고 하니 산승(山僧), 서리(胥吏) 들 또한 주인이 있어 명색이 분명하게 되었
다. …… 아, 교궁(校宮), 향당(鄕堂)이 과연 전투쟁탈의 장소가 될 수 있단 말
인가.[42]

향당, 향청, 향회의 구성원이 향족, 이서, 서얼로 뒤바뀐 상황에서 향중공
론은 불가능하고 또 사족이 공론을 만든다고 해도 신향과 사민들의 불만을
살 것임은 불 보듯 뻔하다. 실제로 그런 일이 다반사로 일어났다. 향회가 공
동납 제도의 부세 기구로 변질되면서 피역, 불균 징세, 족징과 인징, 포흠,
권분(勸分, 부민원납) 등의 문제가 향촌공론을 갈기갈기 찢어 놓았다.

향전이 하민층을 지배 기구로 진출하게 한 계기라면, 부세 제도와 그 집
적된 모순은 하민층들을 항조 운동에 나서게 했으며 급기야는 관권과 향
권에 정면으로 대항하는 민란 주도 세력으로 만들었다. 경제적 수취 제도
의 모순이 조선 역사에서 최초로 '정치적 인민'을 탄생시킨 것이다. 향회는
이 과정에서 하층민들의 정치 담론장으로 전환되어 '중세적 인민'을 '근대
적 인민'으로 변화시키는 조직 기반을 제공했다. 앞에서 언급한바, 18세기
후반 이래 조선의 부세 제도는 각종 공납의 지세화(地稅化)와 면리제, 이정
제에 따른 공동납으로 변화해 갔다. 공납의 지세화는 공물 납부의 번거로움
을 피하고 중간 수탈을 최소화할 수 있는 근대적 요소를 안고 있었다. 각종

부세가 토지 소유에 따른 도결로 부과되었고, 담세가 면리를 단위로 한 공동납 형태로 바뀌었다. 이는 수취 체제에서 사족들의 영향력을 배제하고 수령·이향 지배 체제가 강화된 것과 궤를 같이한다. 수령·이향의 관료적 통제하에서 각종 부세의 지세화와 공동납 제도는 적어도 결가의 임의성과 자의성을 배제한다면 수취 체제의 효율성을 기할 수 있는 방안이었다. 기존에는 향회가 부세 운영의 중심 기구였다면, 이제는 수령·이향 관료 체제가 향권을 제치고 결가의 결정과 수취를 주도하는 행위자로 들어선 것이다.

새로운 수취 체제에서 향회의 역할은 수령이 부과한 결가를 어떻게 부담할 것인가, 공동납을 어떤 방식으로 분담할 것인가에 한정되었다. 이정제는 전세(田稅)에서 총액제, 환곡에서 이환(里還), 잡역세에서 면리 단위의 공동납을 의미하고, 모두 토지와 결부된 도결로 운영됨을 뜻한다. 그러므로 부세 운영의 관 주도성, 각종 부세의 토지 수렴, 공동납을 골자로 한 새로운 수취 제도에서 향회가 할 일은 담세의 분배 기준을 정하는 일이었다. 얼핏 진일보한 제도로 보여지는 이 새로운 수취 제도는 징세자와 납세자가 갖고 있던 각각의 이해 관심이 충돌하면서 엄청난 모순에 직면하고 말았다. 징세자의 입장에서는 과다 징수와 수탈, 포흠 욕구를 통제하고 감시할 수 있는 국가 기구가 제대로 작동하지 않았으며, 납세자의 관점에서는 피역과 탈세 욕심, 하층민과 부민층에의 부당 전가를 막을 수 있는 방법이 존재하지 않았다. 그런데 양자의 모순이 한 부류에 집중되면 항세 의식이 발생하고 급기야는 저항 운동으로 발전한다. 조선의 19세기가 그랬다.

부세 제도의 모순은 우선은 토지를 많이 소유한 신향인 요호부민층에 가중되었고, 공동납의 압력은 하층민, 소빈농층에 집중되었다. 군역에서 양반과 향족은 제외되었으므로 상천민의 부담은 그만큼 가중되었고, 허액과 수탈분을 포함한 높은 결가로 부과된 전세는 토호층과 요호부민층의 몫으로 전가되었으며, 이환 형태의 환곡 납부는 향민 모두의 부담으로 귀착되었다.

도결은 근대적 방식이었지만, "결가를 올리는 간단한 조치만으로도 가혹한 수탈을 용이하게 할 수 있었기 때문에 수령·이향층에 의해 대민 침탈의 수단으로 이용되고 있었다. 그런 점에서 도결은 삼정 문란의 폐단이 집약되었고, 도결에 의한 부세 제도의 수탈적 운영이 담세자들의 강력한 반발에 부딪히게 될 것은 필연이었다."[43] 또한 새로운 수취 체제에서 지주제와 신분제가 철저히 관철되었는데, 높은 결가와 환곡, 잡역세가 대부분 요호 부민층과 소빈농층에 집중되었던 것이다. 신분제와 지주제를 고집한 향회의 향중공론은 더 이상 피수탈민들의 보호 기제가 아니었고, 수령·이서 집단에 기생하는 보조적 역할에 한정되었다. 이들이 사란(思亂)에서 작변(作變)으로 나아갈 수밖에 없었던 배경이다. 공동납에 의한 불균등 담세, 그리고 그것을 교정할 수 있는 자치 기구의 형해화가 민란 발생의 원인이다. 대부분의 연구자들은 수취 제도의 모순을 민란의 가장 중요한 요인으로 지목하는데, 가령 이 분야의 선도적 연구를 내놓은 고석규는 이렇게 고찰한다.

부세의 문제는 총액제에 기반한 공동납 체제에서 필연적으로 발생할 수밖에 없는 담세의 불균등 때문이었다. 불균등이란 이런저런 수단을 통해 부세대상에서 빠져나가는 층과 그로 인해 부담이 중첩되는 층이 있음에서 비롯된다. 총액제 운영은 그런 현상을 낳게 한 제도적 원인의 하나였다.[44]

19세기에 접어들면서 사족의 지배 기구였던 향회와 동계는 이미 사족의 것이 아니었다. 사족 간 내부 균열에 의해 향회 자체가 기능을 상실하거나 수령의 행정적 보조 기구로 위축되었다. 또는 요호부민이 향임직과 중간 관리층으로 진출한 지역의 향회는 요호부민의 상황에 따라 향회의 성격이 갈렸다. 요호부민과 일부 토호층이 수탈대상이 된 지역에서는 향회가 빈농층과 결합하여 민회로 전환하는 경향이 크게 늘었으며, 역으로 요호층과 수령이 결탁한 지역에서는 하층민 주도의 저항이 빈발했다. 1811년 정주에서 발생한 홍경래의 난은 삼정 문란과 수령의 탐학이 봉기의 직접적 원인이었다는 점에서는 당시 시대적 상황과 공통점을 같지만, 봉기군이 지역의 부호, 대상, 향임, 지식인, 군교, 하급 아전, 빈농과 유랑민들의 혼합체였다는 점에서는 특기할 만하다.[45] 즉, 홍경래의 난은 수탈 대상이 된 신분이라면 대소민인을 가리지 않고 관권과 저항할 의지가 있고, 인민의 사회적, 정치적 의식도 그 정도로 변화, 성숙하였음을 입증한 사건이다. 19세기 전반기 수취 체제의 모순이 심화되어 가는 과정에서 요호부민과 향임층은 사족 주도의 향회와 동계를 파기하고 성격 변화를 도모하는 데에 주도적인 역할을 수행하였다. 19세기 대구 부인동 동약의 분쟁 과정에 관한 연구에서 정진영은 그런 모습을 확인하고 있다. 부인동의 전통적 사족 지배 기구였던 동계가 부세 운영에서 매우 복합적인 이해 갈등을 야기하자 동계 파기를 요구하는 민의 저항이 거세졌다. 저항 세력이란 서얼과 신분 상승을 꾀한 중인, 양반층이었고, 토지와 노비 1구 정도의 경제력을 갖춘 요호층이었다는 것이다. "이들은 말하자면 요호부민으로 불릴 수 있는 계층이었다. 이들 중 일부는 또한 부인동약(夫人洞約)의 창계(創契) 당시에 참여하였던 약중지요자(約中之饒者)의 후손으로 촌락 공동체 조직인 촌계, 하계의 중심 인물의 후손들이었다."[46]

상상 속에서만 가능했던 하층민의 저항이 향촌에서 실제로 벌어졌고, 저항과 반발이 어떤 구체적 성과를 낼 수 있다는 인식이 일반 인민들에게 퍼져나갔다는 사실은, 서구 역사와 비교하여 뒤늦은 현상이었지만, 중세의 종말과 새로운 시간대의 도래라는 중대한 의미를 동시에 함축한다. 향권과 관권의 이중적 통제 속에서 수분공역의 의무만을 짊어졌던 인민이 권리 의식에 눈뜨기 시작했고, 그것을 집단 행동을 통해 표출하는 단계로 나아간 것이다. 경제적 수탈의 심화가 인민의 생존 위기를 집단 행동으로 표출시키는 기폭제였다면, 수취 제도라는 경제적 제도가 조선의 인민에게 정치적 공간을 생성시켜 준 것이다. 이 정치적 공간에서 인민은 '정치적 인민'으로 진화했고, 향권과 관권에 대한 항의가 벽에 부딪히자 '정치적 대중'으로 스스로를 변신시켰다. 민란과 함께 근대라는 새로운 시간대가 밝아 오고 있었다.

정치 담론장의 형성은 조선의 인민이 '통제의 객체'에서 '통제의 주체'로 전환하는 가장 중요한 역사적 계기이자 통로였다. 조선에서 최초로 출현한 정치 담론장이 공공성을 획득하려면 '전국적 차원의 네트워크'를 갖춰야 하고, 담론과 주장에 대한 정부 혹은 지배 세력의 '정치적 타협과 양보'가 있어야 한다. 전국 조직(기제)과 정치적 변혁 역량은 '담론장'을 '공론장'으로 승격시키는 두 가지 요건이다. 19세기 초반에 비로소 형성되기 시작한 이 담론장이 공론장의 모습을 갖추기까지는 거의 80~90년 정도가 걸렸다. 동학 농민 전쟁이 그것이다. 동학 농민 전쟁은 두 가지 요건을 두루 갖춘 '평민의 정치 공론장'이었다. 여하튼 최초로 출현한 이 정치 담론장은 다음과 같은 세 가지 점에서 공공성으로 가는 길을 열었다.

첫째, 조선은 인민의 원억이나 민원을 풀어 주는 정소(呈訴) 제도를 일찍이 마련해서 민유방본의 이념을 실현하고자 하였지만, 그것이 대부분 민인들 간 쟁투, 산송, 청원 등에 편중되어 사적 쟁점에 머물러 있었다. 그러던 것이 이 시기에는 향촌 민인들이 정소 제도를 수취 제도라는 국가의 가장 중요한 정책과 연결하고, 하층민들의 계급적 이해를 관철하려는 공적 통로로 활용하는 모습이 두드러진다. 하민은 자신들의 억울한 사정을 관에 호소하는 데 단자, 상서, 원정, 발괄, 등장, 의송 등의 방법을 쓸 수 있었지만, 그것을 집단 연명을 통해 관권에 항의하는 공적 수단으로 활용하는 경우는 지극히 드물었다. 국가 권력에 항의하는 것은 자칫하면 역모죄 내지 반란죄로 극형에 처해질 위험이 있었기 때문이다. 19세기의 인민들은 달랐다. 이들은 향임의 수탈이나 향회 결정의 부당성을 읍소(邑訴)를 통해 수령에게 해결을 요구했고, 그것이 소용없다고 판단되면 집단 연명을 해서 감영에 등장(等狀)을 제출하거나, 그것도 여의치 않으면 관찰사와 암행어사에게 의송(議送)을 보내는 매우 적극적인 행동을 취했다. 단성, 성주, 음성, 경산 등 민란 발생 지역에서 공통적으로 취한 방법이 이것이었다. 향회의 결정 사항이 관철되지 않으면, 읍소, 등장, 의송을 내는 점진적 단계로 나아갔다.

19세기 초중반에 관아에 제출된『민장치부책(民狀置簿冊)』을 분석한 김인걸은 부세와 관련된 민장이 절반을 넘었다고 지적했다.[47] 수동적 객체였던 인민이 이제 정치적 영역으로 나왔고, 이들이 항의한 주요 쟁점이 국가의 핵심 정책인 세금 제도였다는 점은 정치적 인민과 공공성의 접속이 이뤄졌다는 것을 뜻한다. 연명 등장과 의송에 대해 수령이나 관찰사는 공식적 처리의 결과를 곧 바로 제출자에게 알려줘야 한다. 그것이 사적 민원이나 청원이었을 경우라면 공공성과 관련성이 적을 것이지만, 국가 정책에 대한 항의이거나 관아의 불합리한 수탈에 대한 고발이라면 얘기는 달라진다. 공공성의 쌍방향적 소통이, 그것도 공식적 채널을 통해 이뤄지는 순간이다. 등장을 통한 공적 소통이 정소자의 피착취 상태를 해소하지 못한다고 판단될 때 정소자들은 공적 권위에 저항하거나 새로운 공공성을 요구하게 된다. 민란은 새로운 공공성에 대한 요구의 분출이었다.

둘째, 경제적 모순에 의해 출현한 정치 담론장에서 신분 사회의 기초를 무너뜨리는 '평등 의식'의 언어와 제도적 요소가 싹텄다는 사실이다. 그것은 새로운 공공성의 맹아였다. 안병욱은 그것을 '대동론(大同論)'으로 집약했다.[48] 모든 향회가 그러했던 것은 아니었지만, 준양(淮陽)현 향회에서는 군정에 궐액이 생기면 양반과 향임을 포함한 모든 대소민인이 군역을 공동 부담하기로 결의했다는 것이다. 홍경래의 난을 겪은 평안도 각 읍에서도 이런 흐름에 동참했다. 이를 '대동지역(大同之役)'으로 표현했는데, 관의 수탈과 부당한 징세로 향촌이 파괴되는 것을 방지하고자 신분적 차별을 초월하는 방책을 자치적으로 강구한 것이다. 향촌 안정을 위한 사족층의 양보로 나타난 대동론이, 안병욱의 지적처럼 "이 시대 피지배층의 사상적 기저를 이루었던 것"[49]으로 단정하기는 어렵다고 하더라도, 군역 대상에서 제외되었던 양반층이 포함되고 소민층이 부세 결정 과정에 참여해 목소리를 냈던 '무론반상(無論班常)' 인식은 분명 신분 사회가 강제했던 것과는 질적으로 다른 새로운 공공성의 언어를 내포하고 있었다. '대동지역'은 무론반상, 즉 평등적 질서로 가는 작지만 중요한 제도적 씨앗이었다.

셋째, 향회를 소집할 때, 특히 향임과 하층민들이 향회와 민회를 소집할 때 통문이라는 소통 양식을 활용했다는 사실이다. 통문은 민란 과정에서도 민인의 동원 방식으로 각광을 받았던 정보 유통 내지 소통 양식이다. 1811년 곡산 민란에서는 관의 횡포에 분노한 부유층들이 이서 한극일을 시켜 각 부락에 통문을 돌리게 했고, 이 통문을 본 농민들이 격분을 금치 못해 지정한 장소에 모여들었다. 농민 봉기군이 관군과 격전을 치를 때에도 통문은 전술 지침서로 쓰였다. 홍경래의 난에서는 지도자 중 한 사람인 김창시가 농민군 앞에서 격문을 낭독했으며, 홍경래는 관군과의 전투 중에 여러 차례 통문을 발송해서 봉기군의 전략 전술을 지휘했다. 진주 민란의 주동자인 유계춘은 한글 통문을 돌려 진주 읍내의 철시를 요구했고, 초군들을 동원하는 데에 한글 가사체의 통문을 작성해 돌렸다.[50] 주지하다시피, 국가 중대사가 발생하거나 향촌의 위급한 상황에 대처하기 위해 양반들이 서원, 향교를 통해 정보를 공유하던 방식이 통문이었으므로 하층민들도 바로 이 방식을 정치 담론장의 확산에 활용했다는 것은 새로운 것은 아니다. 그러나, 한문으로 표기되었더라도 하층민의 표현 방식과 언어 속에는 당시 인민이 가졌던 현실 인식과 세계관이 반영되었을 것이고, 그것을 통해 우리는 당시 저항 의식의 내면을 읽어 낼 수 있었을 것이다. 더욱이, 가끔 언문을 사용했다는 것은 '인지의 동원(mobilization of recognition)'과 관련하여 주목할 만한 일이다.

그 언어들은 하층민 각자의 상상 속에 느슨하게 형성된 현실 인식에 어떤 뚜렷한 형체를 입혀 주고 목적 의식과 방향성을 부여했을 터이다. 비공식적, 사적 언어인 언문은 통문이란 전달 수단을 통하여 인지 동원의 역할을 수행하는 순간 공공성을 획득한다. 통문이 양반 공론장에서 사족의 공적 인식을 공유하는 수단이라면, 19세기 민회와 민란에서 활용된 통문은 통치의 객체였던 인민을 주체로 승격하고 느슨했던 현실 의식에 뚜렷한 목표 의식과 현실 이미지를 부여했던 수단이자 정치 담론장의 지역 확산을 도모했던 정보 유통의 방식이었다. 이 방식은 동학 농민 전쟁에서 가장 중요한 매체로 각광을 받았는데, 그때에는 의사소통 문자로 언문이 한자를 교체했다.[51]

결론: 지식과 권력의 분리와 지체된 근대

　조선에서 근대의 기원을 탐색하는 많은 연구가 이뤄졌다. 흔히 맹아론으로 일컬어지는 근대 찾기는 일본 제국주의에 의해 조선 사회가 오랜 동면에서 깨어났으며 조선 근대화의 중요한 계기가 되었다는 이른바 '식민지 근대화론'을 극복해야 한다는 역사학자의 공통된 책임감에서 비롯되었다. 역사의 내재적 발전 역량을 찾아내야 대한민국의 독자적 정체성과 민족 주체성을 확립할 수 있다는 의미에서 그것은 역사학자의 책임감을 넘어서는 국가적 차원의 절박성과 당위성을 내포하고 있었다. 오랜 식민 통치로 심각하게 손상된 채로 잔존해 있을지 모를 내재적 발전 동력을 다시금 확인해야 제국주의의 통치를 수탈로, 민족의 고난으로 규정할 수 있으며, 그 발전 동력을 살려 내고 새로이 조명함으로써 식민지적 근대를 벗어나 자주적 근대로 전환할 수 있다는 믿음은 비단 민족주의적 요청만은 아니었다. 해방 후 많은 역사학자들이 근대의 맹아를 찾아 나섰다. 농업의 상업화와 경영형 부농의 출현에서 근대의 맹아를 찾아냈고, 보부상의 활동에 주목하여 상업의 발달과 시장 형성에서 그 단서를 발견했다. 사회사 분야에서는 신분 질서의 붕괴를, 민중사에서는 민이 역사의 전면에 등장하는 민란을 근대의 계기로 보았으며, 정치사에서는 민국 이념을 새롭게 해석하고 통치 원칙을 수정하려

했던 군주의 시도와 제도 개혁을 강조했다. 사상사 분야에서는 주자학적 사고 체계로부터 과감한 이탈과 지식 패러다임의 일대 전환을 꾀했던 실학을 근대 찾기의 전면에 위치시켰고, '근대는 민족'이라는 등식하에 민족의 발견과 민족주의 사상의 궤적을 근대의 표상으로 정립했다. 내재적 발전의 요인들을 찾아내려는 이런 시도들은 방법론적, 인식론적 관점에서 많은 비판을 받기는 했지만, 후세의 연구자들에게 과거 식민 유산으로부터 어느 정도 자유로울 수 있는 공간을 부여해 주고 나아가서는 제국주의와 대등한 입장에서 비교론적 연구를 해 나갈 수 있는 단단한 교두보를 만들어 주었다.

근대 찾기에 나섰던 연구자들의 소중한 공헌에도 불구하고, 그들이 발견한 요인들은 조선 사회를 500년 동안 유지 존속시켜 왔던 가장 중요한 골격의 한 단면이나 부분을 언급한 것에 그치고 있다는 느낌을 떨칠 수 없다. 필자가 앞 장에서 지적하였듯이,[1] 미시사적 접근과 목적론적 접근이 근대 만들기를 가로지르는 공통적 시선이다. 조선 사회를 구성했던 가장 중요하고 큰 버팀목, 조선이라는 국가를 500년 동안 유지·발전시켰던 동력의 구조, 다시 말해 사회의 '거시적 구조(macro structure)'의 성쇠와 변질에서 근대의 여명을 찾는 시도는 별로 발견할 수 없었다. 이 연구가 주목하고자 하는 것이 바로 '거시 구조의 전환'이다. '인민은 통치의 객체이자 교화의 대상'이라는 조선 사회의 가장 기본적인 명제가 유효성을 상실하게 되는 시점과 그 역사적 배경은 조선의 근대 찾기에 대해 매우 중요한 단서를 제공한다. 적자로서의 인민이 역사와 접속하는 그 순간, 역사의 객체에서 주체로 전환하는 그 순간이야말로 중세가 막을 내리고 새로운 시간대가 열리는 것을 뜻하기 때문이다. 새로운 시간대가 반드시 근대인지를 판단하기는 어렵겠으나, 그 이전의 중세적 질서와는 사뭇 다르고 우리가 근대라고 부르는 것과 유사한 면모와 경향을 어렴풋이나마 갖춰 나갔다는 점에서 근대라고 불러도 좋을 듯하다. 지배층인 조정과 사대부가 역사의 주체로 나서는 인민을 묵인하거나 허용할 수밖에 없었던 이유는 조선 사회 지배 구조의 골격인 '통치의 삼중 구조'가 이완되거나 와해되었기 때문이다. 인민을 결박했던 종교, 문예, 정치라는 통치 기제가 각각의 영역에서 민의 도전을 받거나 유효성을 스스로 상실해서 인민들이 유교적 통치 질서 밖으로 걸어 나가는 것을 허용해야 했던 그 시점에서 근대가 싹트기 시작했다. 그렇다고 유교가 반근대적이라는 말은 아니다. 일본처럼 유교적 통치 이념과 질서가 그대로 유지된 채로 인민의 주체화가 이뤄질 수도 있었다. 그러나 조선에서 인민의 부상은 유교적 통치 질서의 붕괴를 전제로 했다는 점이 특수한 사정이다. 앞에서 얘기한 근대 찾기의 각 연구들은 통치의 삼중 구조라는 거시적 골격에서 어느 한 부분, 한 단면, 하나의 요인을 들춰내 맹아론 또는 내재적 발전론에 편입했던 것이다. 그렇다면, 통치의 삼중 구조라는 '거시적 골격'이 와해된 가장 근본적인 원인은 무엇일까 하는 질문을 제기하지 않을 수 없다. 이 질문은 조선이 유교 문명권인 중국, 일본, 베트남 등과 통치 질서의 관점에서 무엇이 같고 다른가와 직결되어 있다. 조선의 통치 질서를 만들어 낸 가장 핵심적 동력은 무엇인가, 통치의 삼중 구조는 어떤 원리로 작동했으며, 무엇으로 내부 균열이 해소되고, 현실 관리 능력을 복원해 냈는가 하는 질문들 말이다. 현실 관리 능력의 복원이 중단되면 통치 질서는 와해된다.

단적으로 말해, 조선의 지배 구조의 핵심 동력은 '지식 권력(knowledge power)'이라 부를 수 있는 지식-권력의 일체성이었다. 지식-권력의 선순환 구조가 조선 사회를 500년 유지 존속시킨 가장 중요한 원리였다. 지식이 권력을 창출하고, 권력의 원리와 실행을 감시, 평가하고, 권력이 현실 장벽에 부딪히면 다시 지식 영역으로 불러들여 복원력을 강화해 내보내는 그런 선순환 과정이 지배 구조의 핵심 원리였다. 지식은 권력의 제작소이자 교정청이었고, 수선 창고였다. 지식인은 권력자였고, 권력자는 지식인이었다. 당파는 학파였고, 당쟁은 학문 정치였다. 남인, 노론, 소론 등 정파간 권력 분점 혹은 교체 현상은 통치권력을 뒷받침하는 논리의 타협 혹은 교체를 의미한다. 지식－권력의 선순환 과정이 흔히 당쟁으로 일컫는 정파 간 경쟁으로 이뤄졌다는 것은 현대 의회 정치와도 일맥상통하는 점이 있지만,[2] 그 경쟁이 수차례의 사화를 동반하였다는 사실이 조금 다를 뿐이다. 그런데 그것도 조선의 그 유명한 '문(文)의 전통', 즉 문이 신념이자 통치 이념이었다는 사실을 상기하면 이해가 가지 않는 바도 아니다. 다만, 다른 유교 문명권 국가에 비하면, 조금 유별났을 뿐이다. 지식과 권력이 이렇게 일심동체였던 나라는 지구상에 없었을 것이다. '사대부의 나라'란 그런 뜻이다. 사(士)가 지식 생산을 담당하고 대부(大夫)가 실천을 담당했다. 이론과 실천 간의 괴리를 용납하지 않았던 나라, 대부의 역할에 한계가 발생하면 사로 물러나 수기(修己)했고, 지적 역량이 충전되면 대부로 나가 치인, 치국했던 나라였다. 지식 권력의 선순환 과정이 통치의 삼중 구조를 단단히 결박한 동력이었다. 이렇게 보면, 당쟁은 지식－권력의 일체성 회복을 위한 지식 논쟁이었다. 지식－권력의 통합이 유지되는 한 조선의 통치 질서에는 이상이 발생하지 않았다. 이상이 발생한다 해도, 통치의 삼중 구조를 붕괴시킬 만한 충격을 가하지는 못했고, 지식－권력의 새로운 통합을 통해 내부의 도전을 해소할 수 있었다. 그러나 양자가 분리되기 시작하면서 조선은 질적으로 새로운 시간대를 맞아야 했다. 즉, 지식－권력의 분리는 조선을 질적으로 다른 공간으로 데리고 갔다. 지식－권력이 분리된 사회는 조선이 아니었다. 지식이 권력을 창출하지 못하는 상황, 권력이 지식의 견제를 받지 않게 된 상황, 또는 지식인과 권력자가 분리되는 상황이 전개되자 조선 사회를 유지했던 가장 중요한 골격은 지탱될 수 없었다. 통치의 삼중 구조가 이완되거나 와해되기 시작했는데, 지식－권력의 분리는 사회적 분화가 진전되던 18세기부터 서서히 나타나기 시작했고, 정조가 급서한 이후 19세기 초반부터 본격적으로 진행되었다.

19세기 초반 순조 연간에 지식-권력의 분리가 본격적으로 시동을 걸었던 이유는 바로 노론 세력에 의해 장악된 세도 정치 때문이다. 세도 정치는 지식과 권력의 선순환 과정을 끝장낸 권력 독점으로서, 어느 국가, 어느 시대를 막론하고 나타날 수 있는 일반적 정치 현상일 것이다. 이 일반적 현상이 조선에 가한 충격은 색다른 것이었다. 지식-권력의 선순환 과정이 중단되었고, 지식인들과 학파들이 권력으로부터 떨어져 나갔다. 중앙과 지방간의 인적 교류와 학문적 교류도 단절되었다. 경향 분리 현상이 현저해져서 지방 유림들은 영남, 기호, 호남, 평북 등 지역별, 종파별로 개별화되었다. 권력은 서울 권역의 경화사족들에 의해 장악되어 척족화(戚族化), 벌열화(閥閱化)된 세도가(勢道家) 내부에서 학문 논쟁이 이뤄졌을 뿐이며, 겨우 기호학파가 주변에서 거들 정도였다. 사화는 일어나지 않았지만, 지식-권력의 선순환 통로를 틀어막으면 조선의 통치 원리에 본질적 변화가 발생한다는 것을 당시의 지배 세력은 인지하지 못했다. 조선의 중세가 틀어막히고 새로운 시간대가 느닷없이 출발된 것이다. 조선의 근대는 그렇게 느닷없이 왔다. 지배층의 용의주도한 기획의 결과도 아니고, 인민의 각성에 의한 것도 아니었다. 당쟁을 종식시키려 감행한 권력 독점이 낳은 '의도하지 않은 결과'였는데, 권력 독점에 의한 지식-권력의 분리는 사실상 오래전부터 진행된 사회적 분화(social division)에 의해 서서히 나타나고 있었던 것이다. 조선의 고유한 통치 원리, 지식과 권력의 선순환 과정을 중단시킨 그 우연한 권력 독점 속에 새로운 시대의 씨앗이 내재되어 있었다는 것은 역설적이다.

　지식 권력이 독점 권력으로 바뀌는 것, 권력에 새로운 지식이 수혈되지 않는 것, 학문을 달리하는 지식인이 권력자가 되는 기회가 차단된 것은 모두 조선의 지식 사회적 본질을 바꾸는 가장 중요한 동인이었다. 지식-권력의 일체화라는 중세적 요건, 또는 '조선은 곧 지식 사회'라는 등식을 떠받친 원리가 와해되는 틈새로 종교, 문예, 정치 영역에서 형성되고 있었던 '평민 담론장'이 고개를 들었다. 역으로 지식인 공론장 내지 양반 공론장은 분열되기 시작했다. 양반 공론장은 이미 전국적으로 건립된 서원과 사우를 축으로 문중별, 지역별로 균열이 진행되던 중이었으며,[3] 앞 장에서 보았듯이, 19세기 부세 제도의 모순과 함께 양반이 주도하던 향촌공론도 유명무실화되었다. 평민 담론장의 부상과 양반 공론장의 퇴조가 엇갈린 것이 19세기 조선 사회였다. 신분 질서로부터 얼마간 자유로워진 개별화된 인민이 속출했다. 공노비의 혁파가 있었고, 18세기에는 볼 수 없었던 새로운 직업군도 평민층에서 다수 출현했다. 농업 생산성이 높아졌고 인구도 늘었다. 그런데 개별화 과정에 있던 인민들의 위상 변화에 주목하는 지식인은 별로 나타나지 않았다. 인민이 '역사의 주체'로 가는 길에 이미 진입한 상황에서도 인민의 권리를 새로운 질서의 원리로 편입시키는 지식인은 드물었으며, 그런 학문 체계도 성장하지 못했다. 양반 공론장은 분열과 함께 한층 다양화되었어도 지식과 인식의 패러다임적 전환은 발생하지 않았다. 박지원을 위시한 북학파처럼 개별화된 인민의 인간적 면모와 존재감에 주목하는 학자군이 더러 있기는 했지만 권력 중심에 편입되지는 못했다. 반면, 평민 담론장은 그런 변화의 필요성을 인지하고 학문적으로 체계화할 지적 능력이 결여되어 있었다.

지식-권력의 분리라는 근대적 요건이 주어졌지만, 근대의 형성은 요원했다. 평민 담론장에서 인민의 권리까지는 아니더라도 인민의 위상 변화와 그 의미 정도를 체계화하는 지적 논리가 나타났다면, 또는 양반 공론장 일각에서 제기된 실학적 문제 의식을 권력과 연계하기만 했더라도 조선의 근대는 보다 일찍 형체를 드러냈을 것이다. 그러나 1860년대까지 그런 일은 일어나지 않았다. 그러다가 1860년 최제우가 창시한 동학에 와서야 비로소 인민의 위상 변화와 천부적 권리가 평등주의적 세계관에 표명될 수 있었다. 양반 공론장에는 이보다 조금 늦게 1880년대 개화파에 의해 천부인권설이 유입되었다. 근대적 요건이 주어졌음에도 근대적 논리와 지식의 생산은 지체되었다. 조선은 왜 '인민에 대한 사회적 논리'를 일찍이 만들어 내지 못했는가? 그것이 근대의 중요한 지식 요건이라 한다면, 왜 지식인은 인민론 혹은 더 나아가 시민 사회론 같은 논리를 생산하지 못하였는가? 지식 사회인 조선에서 지식층은 그야말로 두꺼웠다. 전국 수천 개의 향촌에 산재하던 재지사족들이 대부분 지식인이었고, 양반 자제들은 너 나 할 것 없이 사서삼경을 독파했다. 교육, 수기, 독서, 작문이 직업이었다. 그런데 왜 인민의 등장에 대한 중요한 논고가 없는가? 18세기 유럽에서는 급속한 사회 변화를 뒷받침하는 시민 사회론이 출현해 인민의 시대를 구가할 수 있었다. 인민의 등장이 대규모로 이뤄진 후의 일이라 할지라도 시민 사회론은 '천부적 권리를 부여받은 개인'을 사회의 기본 단위로 상정하고 왕권이나 국가 권력은 개인적 권리가 위임된 것으로 간주하는 인식 혁명을 일궈 냈다. 그런데 왜 조선은 이런 지식 체계를 만드는 데에 실패했는가? 이 질문은 평민 담론장의 발전과 양반 공론장의 분열, 다양화라는 근대적 요건이 성숙하였음에도 근대가 뒤늦게 찾아온 이유, 개화기에 들어서야 비로소 근대가 논의되고 기획될 수 있었던 이유와 직결된다.

간략히 말하면 그것은 조선 성리학의 형이상학적 특성 때문이다. 앞 장에서 상세히 언급하였듯이,[4] 조선은 다른 유교 문명권 국가와는 달리 성리학의 형이상학적 측면에 경도되어 본질의 해석, 본질과 속성의 구분을 둘러싼 주리, 주기 논쟁에 편중되었다. 이기론에 성정론을 접목하고 그것으로 현실 질서를 규정하는 경학적 사고가 현실 진단과 개선책을 중심으로 한 경세학적 사고를 앞질렀던 것이다. 경세학이 없었던 것은 아니지만, 경학을 바로 세우지 않고는 경세학은 아무리 제대로 된 정책이라 해도 의미가 퇴색된다고 생각하는 경향이 짙었다. 이런 경향은 명청 교체기에 더욱 심화되었다. 조선은 주자학의 본고장인 명이 멸망하자 주자학의 계승과 발전이라는 역사적 과업을 자임하고 나섰다. 조동일의 지적처럼, "신유학의 근본이 되는 철학의 어렵고 복잡한 문제를 온통 한국에서 떠맡아 고민하는 시대가 중세 후기였다." 일본은 송학에서 인식론을 축소하는 형태로 수용했던 반면, 조선은 온갖 형이상학적 문제에 매달려 주기론, 사단칠정론(四端七情論)으로 17세기를 보내고, 18세기에는 호락(湖洛) 논쟁, 19세기에는 한송(漢宋) 논쟁과 명덕주리(明德主理), 주기론으로 나아갔다. 민란의 씨앗이 뿌려졌던 19세기 초반에는 양명학과 고증학적 사고가 일부 지식계의 관심을 끌었는데, 여전히 중앙 학계의 주된 관심사는 송시열의 주자학적 해석을 어떻게 계승, 발전시킬 것인가에 치중되어 있었다. 이항로(李恒老), 김평묵(金平默), 최익현(崔益鉉)이 중심을 이루는 가운데, 영남에서는 이진상(李震相), 호남에서는 기정진(奇正鎭)이 주기론을 개진했다. 개성 출신 최한기(崔漢綺)와 겸사로 불렸던 중인 전문가들이 기학을 발전시키고, 해외 여행 경험이 있는 지식층이 외국 문물을 수용하여 실학과 명물도수지학을 수립하는 데에 매우 귀중한 공헌을 하였지만, 벌열 지식층은 냉담했다. 중앙 권력이 노론 벽파에 의해 독점되고 정조 시대에 진출한 초계 문신들이 벌열화되고, 지식과 권력이 분리된 상황에서 몰락 지식층과 지방 유림들에 의해 시도된 학문적 다양화의 결과가 권력에 반영될 가능성은 없었다. 중앙 권력과 주변 지식층은 주로 이학에 경도되어 추상성이 높은 명제에 매달렸다.[5]

19세기 후반까지도 지속된 조선 지식계의 관념론적 경향은 17세기 말 숙종 이후 가속화된 조선 사회의 변화상을 어떻게 지식 체계로 흡수할 것인가 하는 경세학적 문제를 부차적인 관심사로 절하하는 결과를 가져왔다. 다른 한편, 유럽의 시민 사회론에서 보듯이 개별화된 인민이 등장할 때 사회 질서가 어떻게 가능할 것인가 하는 실질적 문제를 여전히 천리와 천도의 시대적 재해석을 통해 풀어 보려는 인식론적 경향이 유지되었다. 즉, 조선 지식계의 관념론적 경향은 사회적 분화와 개별화된 인민이라는 시대사적 과제를 형이상학 속에 증발시키는 형태로 대처했다고 할 수 있겠다. 반계 유형원, 성호 이익, 다산 정약용으로 이어지는 경세학적, 실학적 사고, 박지원 일파에 의한 북학파의 개방적, 실용적 사고가 권력과 접목될 수 없었던 이유이다.[6] 박지원과 정약용의 혁신적 사고도 이기론적 패러다임을 완전히 극복한 것은 아니었기에 이들이 내놓은 매우 귀중한 실학적 진단과 처방들 역시 '사회적 분화'와 '인민의 등장'을 성리학적 인식틀 내에서 해결하고자 했다. 인식 패러다임의 전환, 또는 성리학적 사고와의 결별이 일어난 것은 아니었고, 당시의 인식 지형으로 볼 때 결별이 가능한 것도 아니었다. 천도[理]로 모든 인성과 사물의 속성을 규정하는 관념론적 성리학에서 사대부는 도덕을 수기하는 통치 계급이고, 인민은 사대부의 규범에 따라 교화되어야 할 대상이었으므로 개별화된 인민, 새로운 규범을 습득한 인민이 설 자리는 없었다. 수기와 치인이 도덕 정치의 두 축이라면, 인민은 양자의 순환 과정이 제대로 이뤄지는지를 가늠하는 거울이지 도덕 정치의 구성원은 아니었다. 안민(安民)이 성립되는 한 도덕 정치에는 아무런 문제가 없었다. 정약용의 일표이서(一表二書)는 바로 유교 국가의 이상인 안민을 위한 국가와 관료의 지침서이다. 유럽의 시민 사회론에는 개인 – 가족 – 시민 사회 – 국가로 이어지는 논리적 연계가 뚜렷하고 각 구성 단위의 사회적 철학적 존재 이유가 설파되어 있다. 그런데 조선의 통치 철학에는 국가 – 사대부가 있고 조정과 향촌이 있을 뿐, 인민에 대한 존재론적, 사회적 논리가 자리 잡을 틈이 없다. 강상 윤리를 따라야 하는 존재, 그것으로 인민의 위상은 충분했다. 18세기 사회 변화상을 그런대로 반영해 보려는 노론학계의 시도인 호락 논쟁이 인물성론(人物性論), 성범론(聖凡論), 명덕분수론(明德分殊論) 등 본질 해석을 통해 변화된 현상을 해소해 보려는 전통적 인식론으로 흘렀던 까닭도 여기에 있다.

사회적 변화상과 개별화된 인민을 보려면 전통적 인식론을 버렸어야 했다. 그런데 그것은 조선의 사대부, 조선의 지식층에게는 거의 종교 개혁에 해당하는 것이었다. 천리에서 현실 질서의 모든 구성 원리와 운영 원칙을 추론하는 성리학적 지식 체계는 종교이자 학문이었고, 학문이자 정치였다. 종교, 학문, 정치가 일치하는 사회의 구현이 조선 사대부의 최종 목표였는데, 그것은 이 연구에서 분석한 '통치의 삼중 구조'에 정확히 대응한다. 중세 유럽에서는 루터와 칼뱅의 종교 개혁이 인민이 신과 접속하는 길을 열어 주었다. 신과 대면할 수 있는, 신을 내면화한 개별 인간이 탄생할 수 있었다. 그러므로 종교 개혁은 중세적 인간을 근대로 인도한 결정적 계기였다. 신학과 정치학이 분리되었고, 통치권과 신성이 분리되었다. 그것이 근대의 출발이었다. 이런 형태의 분리는 조선에서는 체제 혁명에 해당한다. 종교-학문-권력이 삼위일체가 된 사회에서 유교라는 최상위 심급을 바꾸면 학문과 권력에 연계적 변화가 발생한다. 조선에서 종교 개혁은 성리학적 지식 체계를 버려야 가능하기에 결코 그런 일은 일어나지 않았다. 천주교가 일만 수천 명의 순교자를 내고도 인정받지 못했던 이유이기도 하다. 언문 문예가 발달했음에도 한자가 19세기 후반까지 공식 문자의 위상을 잃지 않았던 까닭이고, 향권을 대체한 관권이 결국 외세와 부딪혀서야 붕괴했던 까닭이다. 지식-권력이 분리된 19세기에 지식계는 지식의 본질을 변화시키지 못했다. 그것은 국가 부정 행위이자 체제 혁명이기 때문이다. 양반 공론장이 다양화되는 가운데에서도 혁명적 지식 체계를 내놓지 못한 이유가 이것이다. 지식층은 여전히 지배층이며, 보국안민의 책임을 지고 있는 사(士) 계급이기 때문이다. 그러므로 지식 패러다임의 일대 혁신을 평민들에게 기대할 수밖에 없었다. 평민 담론장이 새로운 지식 체계를 만들어 낼 생산 기지였는데, 여기에는 그 정도의 역할을 수행할 지적 역량을 갖춘 인재가 부족했다. 1860년 한반도의 남동쪽 해안 도시에서 최제우가 드디어 그 역할을 자임하고 나섰다. 그동안 점진적, 산발적으로 형성된 종교, 문예, 정치 담론장이 하나의 종합 체계로 발전해서 이윽고 '평민 공론장'의 모습을 드러내기 시작한 것이다.(후속 연구로 이어짐)

참고 문헌

국사편찬위원회.『巡撫先鋒陣謄錄』. 한국사데이타베이스. (http://db.history.go.kr.)

국사편찬위원회. 2009.『유교적 사유와 삶의 변천』. 두산 동아.

국사편찬위원회 편. 2009.『고문서에게 물은 조선시대 사람들의 삶』. 두산 동아.

가라타니 고진 (박유하 역). 1997.『일본근대문학의 기원』. 민음사.

───────, (송태욱 역). 2003.『일본정신의 기원: 언어. 국가. 대의제 그리고 통화』. 이 매진.

가메이 히데오 (김춘미 역). 2006.『메이지 문학사』. 고려대학교 출판부.

강명관. 1997.『조선후기 여항문학연구』. 창작과 비평사. 1997.

────. 2007.『국문학과 민족 그리고 근대』. 소명출판.

강신항. 1987.『훈민정음 연구』. 성균관대학교 출판부.

강신항 외. 2007.『이재난고로 본 조선지식인의 생활사』. 한국학중앙연구원.

고석규. 1990.「18.19세기 봉건모순의 심화와 '민'의 성장」. 한국역사연구회.『역사와 현 실』 3.

────. 1991.「19세기 농민항쟁의 전개와 변혁주체의 성장」. 한국역사연구회.『1894년 농민전쟁연구』. 역사비평사.

────. 1991.『19세기 향촌지배세력의 변동과 농민항쟁의 양상』. 서울대 박사학위논문. 1991.

고성훈 외. 2000.『민란의 시대』. 가람기획.

권보드래. 2007.「근대 초기 '민족' 개념의 변화: 1905-1910년 '대한매일신보'를 중심으로」. 이화여대 한국문화연구원. 『근대계몽기 지식의 굴절과 현실적 심화』. 소명.

김남경. 2001. 「언간독과 증보언간독 비교연구」. 『민족문화논총』24집.

김명호. 2008. 『瓛齋 박규수연구』. 창비.

김슬옹. 2005. 『조선시대 언문의 제도적 사용연구』. 한국문화사.

———. 2005. 『〈조선왕조실록〉의 한글관련기사를 통해본 문자생활연구』. 상명대학교 대학원 박사학위논문.

———. 『28자로 이룬 문자혁명: 훈민정음』. 아이세움. 2007

김양식. 1989. 「고종조(1876-1893) 민란연구」. 용암화갑기념 사학논총.

김영모. 1981. 「조선후기의 신분구조와 그 변동」. 『동방학지』 26.

김옥희. 1983. 『순교자의 삶』. 한국가톨릭문화연구소.

———. 1983. 『최양업신부와 교우촌』. 천주교 청주교구.

김완진. 1967. 「세종대 어문정책에 대한 연구」. 『성곡논총』 3.

김용섭. 1956. 「철종조 민란발생에 대한 시론」. 『역사교육』1.

———. 1976. 「朝鮮後期에 있어서의 身分制의 動搖와 농지소유」. 『朝鮮後期 農業史研究』. 일조각.

———. 1977. 「조선후기의 경영형 부농과 상업적 경영」. 『조선후기 농업사연구 II』. 일조각.

———. 2011. 『역사의 오솔길을 가면서』. 지식산업사.

김윤희. 2009. 「근대 국가구성원으로서의 인민개념 형성(1876-1894): 民=赤子와 『西遊見聞』의 인민」. 『역사문제연구』21호.

김인걸. 1984. 「조선후기 향촌사회통제책의 위기: 동계의 성격변화를 중심으로」. 『진단학보』 58.

———. 1989. 「조선 후기 촌락조직의 변모와 1862년 농민항쟁의 조직기초」. 『진단학보』. 67.

———. 1990. 「민장을 통해본 19세기 전반의 향촌사회문제」. 『한국사론』 23.

———. 1991. 『조선후기 향촌사회 변동에 관한 연구』. 서울대 박사학위논문.

김준형. 2000. 『조선후기 丹城士族層연구』. 아세아문화사.

김진소. 1982. 「천주가사의 연구」. 『교회사연구』 3집. 한국교회사연구회.

김진소 편저. (양희찬 · 변주승 역). 2010. 『이순이 루갈다 남매 옥중편지』. 디자인 흐름.

김필동. 1992. 『한국사회조직사연구: 계조직의 구조적 특성과 역사적 변동』. 일조각.

김학준. 2010. 『서양인들이 관찰한 후기 조선』. 서강대학교 출판부.

김혁. 2008.『특권문서로 본 조선사회: 완문의 문서사회학적 탐색』. 지식산업사.

김흥규. 2002.『한국고전문학의 비평과 성찰』. 고려대학교 출판부.

노길명. 1988.『가톨릭과 조선후기 사회변동』. 고려대학교 민족문화연구소.

노용필. 2008.『한국천주교회사의 연구』. 한국사학.

노혜경. 2006.『조선 후기 수령행정의 실제: 황윤석의 이재난고를 중심으로』. 혜안.

──── . 2010.『수령의 사생활』. 경북대학교 출판부.

단재 신채호선생 기념사업회. 1980.『단재신채호의 민족사관』.

레오 바이스게르버 (허발 역). 1993.『모국어와 정신형성』. 문예출판사.

루치안 횔셔 (김성호 역). 2009.「개념사의 개념과 '역사적 기본개념'」. 박근갑 외.『개념
사의 지평과 전망』. 소화.

릴리어스 호톤 언더우드 (김철 역). 2008.『조선견문록』. 이숲.

마르크 블로크 (한정숙 역). 2001.『봉건사회 1』. 한길사.

마테오 리치 (송영배 외 역). 1999.『천주실의』. 서울대학교 출판부.

매티 윌콕스 노블 (강선미 · 이양준 역). 2010.『노블 일지. 1892-1934』. 이마고.

모리스 쿠랑 (이희재 역). 1994.『한국서지』. 일조각.

미셸 푸코 (이정우 역). 1992.『지식의 고고학』. 민음사.

민경배. 2007.『한국기독교교회사』. 연세대학교 출판부.

박경하. 1993.「조선 후기 촌락민조직과 촌계」.『정신문화연구』. 16:4(통권 53호).

박근갑. 2009.「말안장 시대의 운동 개념」. 박근갑 외『개념사의 지평과 전망』. 소화.

박명규. 2010.『국민. 인민. 시민』. 소화.

박병호. 1996.「문서와 생활」. 남풍현.「언어와 문자」. 한국고문서학회 엮음.『조선시대생
활사』. 역사비평사.

박성수 주해. 2003.『渚上日月』. 민속원.

박수밀. 2007.『18세기 지식인의 생각과 글쓰기』. 태학사.

박준호. 2001.「惠寰 이용휴의 眞文학론과 眞詩」. 한국학연구소 편.『18세기 조선지식인
의 문화의식』. 한양대학교 출판부.

박진우. 1991.「15세기 향촌통제기구와 농민」.「한국역사연구회」.『역사와 현실』5.

배현숙. 1984.「조선에 전래된 천주교서적」. 한국교회사연구소 편.『한국천주교회창설
200주년 기념 한국교회사논문집 I』. 한국교회사연구소.

백동현. 2009.『대한제국기 민족담론과 국가구상』. 고려대학교 민족문화연구원.

백두현. 2004.「조선시대 여성의 문자생활연구-조선왕조실록 및 한글필사본을 중심으로」.『진단학보』97호.

──. 2006.「조선시대 여성의 문자생활연구-한글음식조리서와 여성교육서를 중심으로」. 한국문학언어학회.『어문론총』42호.

베네딕트 앤더슨 (윤형숙 역). 2002.『상상의 공동체』. 나남.

사라 밀즈 (김부용 역). 2001.『담론』. 인간사랑.

샤를 바라 · 샤이에 롱 (성귀수 역). 2001.『조선기행』. 눈빛.

샤를르 달레 (안응렬 · 최석우 역). 1980.『한국천주교회사: 상 · 하』. 한국교회사연구소.

설석규. 2002.『조선시대 儒生上疏와 公論政治』. 도서출판 선인.

송갑준. 1996.「전승과 개신의 이중주」. 한국사상사연구회 편저.『조선 유학의 학파들』. 예문서원.

송재소. 2005.『한국 한문학의 사상사적 지평』. 돌베개.

송재소 외. 2010.『박지원, 박제가: 새로운 길을 찾다』. 경기문화재단.

송정남. 2010.『베트남 역사읽기』. 한국외국어대학교 출판부.

송찬섭. 1989.「1862년 진주농민항쟁의 조직과 활동」.『한국사론』21호.

신기욱 · 마이클 로빈슨 엮음 (도면회 역). 2006.『한국의 식민지 근대성』. 삼인.

신용하. 1987.『한국근대사회사상사연구』. 일지사.

──. 2000.『초기개화사상과 갑신정변연구』. 지식산업사.

──. 2005.『東學農民革命運動의 사회사』. 지식산업사.

신유한 (강혜선 역). 2008.『조선선비의 일본견문록』. 이마고.

아손 그렙스트 (김상열 역). 2005.『스웨덴 기자 아손. 100년 전 한국을 걷다』. 책과 함께

에밀 부르다레 (정진국 역). 2009.『대한제국 최후의 숨결』. 글항아리.

안대회. 2008.『고전산문산책: 조선의 문장을 만나다』. 휴머니스트.

──. 2010.『정조의 비밀편지』. 문학동네.

안병욱. 1981.「조선후기 민은의 일단과 민의 동향: 정조대 응지민은소를 중심으로」. 서울대 한국문화연구소.『한국문화』2.

──. 1986.「19세기 임술민란에 있어서의 향회와 요호」. 서울대 국사학과『한국사론』14.

──. 1986.「조선 후기 자치와 저항조직으로서의 향회」. 성심여대.『성심여대 논문집』18.

──. 1987.「19세기 민중의식의 성장과 민중운동: 향회와 민란을 중심으로」. 역사문제
연구소.『역사비평』1.

안병직 · 이영훈 편저. 2001.『맛질의 농민들: 한국근세촌락생활사』. 일조각.

안병희. 2007.『훈민정음연구』. 서울대출판부.

역사문제연구소 편. 1996.『한국의 근대와 근대성 비판』. 역사비평사.

예술의 전당 서울서예박물관. 2004.『秋史의 한글편지』.

오영교. 2005.『朝鮮 後期 社會史硏究』. 혜안.

오영교 편. 2004.『조선건국과 경국대전체제의 형성』. 혜안.

오오하시 타다요시(大橋正叔).「일본 근세의 독자 서설」. 이윤기 · 삼곡대번 · 정명기 편
저. 2003.『세책 고소설 연구』. 혜안.

오지영. 1984.『東學史』. 대광문화사.

우용제. 1992.「조선후기 서당교육의 양면성」.『교육사학연구』4집.

유길준 (채훈 역). 1975.『서유견문』. 대양서적.

유길준 전서 편찬위원회. 1971.『兪吉濬 全書 II』. 일조각.

유미림. 2004.「세종의 훈민정음 창제의 정치」.『동양정치사상사』. 4권 1호.

유봉학. 1998.『조선 후기 학계와 지식인』. 신구문화사.

──. 2008.『개혁과 갈등의 시대; 정조와 19세기』. 신구문화사.

유영익. 1998.『東學農民蜂起와 甲吾更張』. 일조각.

윤국일 역. 1998.『신편 경국대전』. 권 5「刑典」. 신서원.

윤사순. 1998.『한국의 성리학과 실학』. 삼인.

──. 1997.『조선시대 성리학의 연구』. 고려대학교 민족문화연구원.

윤희면. 2004.『조선시대 서원과 양반』. 집문당.

이광수. 1935.「천주교도의 순교를 보고」.『삼천리』1935년 11월호.

이광호. 2001.「세종의 언어정책과 훈민정음의 창제」. 한국정신문화연구원.『세종시대의
문화』. 태학사.

이근수. 1987.『조선조의 어문정책연구』. 홍익대학교출판부.

──. 1996.「훈민정음 창제와 조선왕조」. 홍대인문과학연구소.『인문과학』4.

이만규. 1946.『조선교육사 상 · 하』. 한국학진흥원.

이민희. 2006.『16-19세기 서적중개상과 소설.서적 유통관계연구』. 도서출판 역락.

———. 2007.『조선의 베스트셀러: 조선후기 세책업의 발달과 소설의 유행』. 프로네시스.

이사벨라 버드 비숍 (이인화 역). 1994.『한국과 그 이웃나라들: 백년 전 한국의 모든 것』. 살림.

이상배. 1999.『조선후기 정치와 掛書』. 국학자료원.

이석규. 1996.「여말선초(麗末鮮初) 신흥유신(新興儒臣)의 民에 대한 인식」.『역사학보』 151집.

이석규. 2004.「조선초기 관인층의 민에 대한 인식: 민본사상과 관련하여」.『조선시대사 학보』31집.

이수환. 2001.『조선후기 서원연구』. 일조각.

이영훈. 2001.「18.9세기 대저리의 신분구성과 자치질서」. 안병직·이영훈 편저.『맛질의 농민들: 한국근세촌락생활사』. 일조각.

이영훈·박이택. 2004.「농촌미곡시장과 전국적 시장통합. 1713-1937」.『수량경제사로 다시 본 조선후기』. 서울대학교 출판부.

이우성. 1985.「조선왕조의 훈민정책과 정음의 기능」.『한국고전심포지움 2집』. 진단학회.

이윤석·오오타니 모리시게·정명기 편저. 2003.『세책 고소설 연구』. 혜안.

이원순. 1986.『朝鮮西學研究』. 일지사.

이원호. 2002.『조신시대 교육의 연구』. 분음사.

이이 (김태완 역). 2007.『聖學輯要』. 청람미디어.

이존희. 1980.「조선전기의 대명서책무역」.『진단학보』44호.

이종호. 2004.『조선의 문인이 걸어온 길』. 한길사.

이준구. 1992.『朝鮮後期身分職役변동연구』. 일조각.

이태진. 1989.「17.8세기 향도조직의 분화와 두레 발생」.『진단학보』67집.

———. 2000.『고종시대의 재조명』. 태학사.

———. 2002.「조선시대 '민본'의식의 변천과 18세기 '민국' 이념의 대두」.『국가이념과 대외인식: 17-19세기』. 아연출판부.

———. 2002.『의술과 인구 그리고 농업기술』. 태학사.

———. 2008.『한국사회사연구: 농업기술발달과 사회변동』. 지식산업사(증보판).

이해준. 1996.『조선시기 촌락사회사』. 민족문화사.

———. 2007.『조선 후기 문중서원 연구』. 경인문화사.

이헌창. 1999.「반계 유형원의 경제사상연구」.『朝鮮時代史學報』10집.

───. 2002.「유수원과 박제가의 상업진흥론」.『韓國實學研究』4집.

이화여대 한국문화연구원 편. 2007.『근대계몽기 지식의 굴절과 현실적 심화』. 소명출판.

이황 (이광호 역). 2001.『聖學十圖』. 홍익출판사.

임형택. 1984.『한국문학사의 시각』. 창작과 비평사.

위르겐 쉬룸봄 (백승종 외 역). 2001.『미시사와 거시사』. 궁리.

위르겐 하버마스 (한승완 역). 2001.『공론장의 구조변동: 부르주아사회의 한 범주에 관한 연구』. 나남.

전정희. 2004.「개화사상에서의 민의 관념」.『정치·정보연구』7(2)호.

정민. 2007.『18세기 조선지식인의 발견』. 휴머니스트.

정병설. 2005.「조선후기 한글소설의 성장과 유통: 세책과 방책을 중심으로」.『진단학보』100집.

정병욱 외. 1985.『한국고전문학정선』. 아세아문화사.

정순우. 1985.『18세기 서당연구』. 한국정신문화연구원. 박사학위논문.

정석종. 1983.『朝鮮後期社會變動研究』. 일조각.

정진영. 1989.「16,17세기 재지사족의 향촌지배와 그 성격」.『민족문화논총』10집.

───. 1990.「16,17세기 재지사족의 향촌지배와 그 성격」.『역사와 현실』 3.

───. 1990.「18. 19세기 士族의 촌락지배와 그 해체과정: 대구 夫人洞 洞約의 紛爭을 중심으로」. 향촌사회사연구회 편『조선 후기 향약연구』. 민음사.

정재호·장정수 공저. 2006.『송강가사』. 신구문화사.

정하상. 1982.『上帝上書』. 한국교회사연구소 편.『순교자와 증거자들』. 한국교회사연구소.

조경달. 2008.『이단의 민중반란』. 역사비평사.

조경달. 2009.『민중과 유토피아』. 역사비평사.

조광. 1982.「19세기 민란의 사회적 배경」. 진덕규 편.『19세기 한국 전통사회의 변모와 민중의식』. 고려대학교 민족문화연구소.

───. 1984.「신유박해의 분석적 고찰」.『조선후기 천주교회사 연구: 그 사회사적 접근』. 고려대학교 대학원 박사학위논문.

───. 1985.「조선후기 천주교 지도층의 특성」.『역사학보』제105집.

───. 2010.『조선후기 사회와 천주교』. 경인문화사.

조동일. 1994.『한국문학통사 3』. 지식산업사.

─── . 1999.『하나이면서 여럿인 동아시아문학』. 지식산업사.

─── . 1999.『공동어문학과 민족어문학』. 지식산업사.

─── . 1999.『문명권의 동질성과 이질성』. 지식산업사.

─── . 2005.『한국문학통사』. 지식산업사.

조동일 외. 1994.『한국문학 강의』길벗.

조항래. 1972.『한말 사회단체사논고』. 형설출판사.

존 루이스 개디스 (강규형 역). 2002.『역사의 풍경』. 에코 리브르.

주강현. 1988.「조선후기 변혁운동과 민중조직」. 역사문제연구소.『역사비평』가을호.

진재교 외 (역·운문). 2009.『정조어찰첩』. 성균관대 출판부.

찰스 테일러 (이상길 역). 2010.『근대의 사회적 상상: 경제. 공론장. 주권』. 이음.

찰스 틸리 (양길현 외 공역). 1995.『동원에서 혁명으로』. 서울프레스.

최귀묵. 2010.『베트남문학의 이해』. 창비.

최제우 (윤석산 주해). 2009.『주해 동학경전: 동경대전. 용담유사』. 동학사.

최영진. 2008.「儒敎국가론에 있어 통치 主體와 客體의 문제」.『동양철학연구』53집.

최윤오. 1991.「18. 19세기 계급구성의 변동과 농민의식의 성장」. 한국역사연구회.『1894
    년 농민전쟁연구 1』. 역사비평사.

테다 스카치폴 (강승훈 역). 2010.『민주주의의 쇠퇴』. 한울.

E. P. 톰슨 (나종일 역). 2000.『영국노동계급의 형성』. 창비.

패트릭 J. 기어리 (이종경 역). 2002.『민족의 신화. 그 위험한 유산』. 지식의 풍경.

펠릭스 클레르 리델 (유소연 역). 2008.『나의 서울 감옥생활』. 살림.

프라젠짓 두아라 (문명기·손승희 역). 2004.『민족으로부터 역사를 구출하기: 근대중국
    의 새로운 해석』. 삼인.

하성래. 1985.「천주가사의 소멸과 변천」.『한글성서와 겨레문화』. 한국교회사연구소.

한국학연구소편. 2001.『18세기 조선지식인의 문화의식』. 한양대학교 출판부.

한상권. 1996.『조선 후기 사회와 訴冤제도: 上言.擊錚연구』. 일조각.

한스 울리히 벨러 (이용일 역). 2007.『허구의 민족주의』. 푸른역사.

한영국. 1979.「조선 후기의 도공-18.19세기 대구부 호적에서 본 그 실태와 성격」.『역사
    학보』81.

한영우. 1996.「유교이념의 실천과 신앙.종교: 조선초기 祀祭문제를 중심으로」.『조선초기 사상사연구논고』. 일조각.

──────. 2006.『다시 찾는 우리 역사』. 경세원.

한영우 외. 2006.『대한제국은 근대국가인가』. 푸른역사.

한우근. 1996.『朝鮮時代思想史硏究論考』. 일조각.

한정숙. 2001.「마르크 블로크의 역사학 세계와 '봉건사회'」. 마르크 블로크 (한정숙 역). 『봉건사회』. 한길사.

허경진. 1997.『조선 위항문학사』. 태학사.

──────. 2002.『허균평전』. 돌베게.

허동현. 2010.「대한제국 고종황제의 통치철학」. 백승종 외.『조선의 통치철학』. 푸른역사.

황문환. 2002.『16. 17세기 언간의 상대경어법』. 국어학회.

加藤周一. 1996.『일본문학사서설 2』. 김태준 · 노영희 역. 시사일본어사.

大谷森繁. 1985.『조선후기 소설독자 연구』. 고려대학교 민족문화연구소.

Althusser. L. 2001.『Lenin and Philosophy and Other Essays』. Verso.

Tocqueville. A. 1969. 『Democracy in America』. J. P Mayer (ed.). New York: Harper & Row.

Durkheim. E. 1933. 『The Division of Labor in Society』. trans. by G. Simpson. New York : Macmillan.

Foucault. M. 1988. 『The History of Sexuality: An Introduction』. Vol 1. Harmondworth: Peguin

Hegel, Frededrik. 1952. 『Philosophy of Right』. trans. with notes by T. M. Knox. London: Oxford University Press.

Hulbert. H. B. 1906. 『The Passing of Korea』. London. William Heinemann Co.(신복룡 역 주,『대한제국멸망사』, 집문당, 1973).

Moore. B. 1966. 『Social origin of Democracy ad Dictatorship』. Boston: Beacon Press.

Pollock. S. 2003. 『Literary Cultures in History: Reconstructions from South Asia』. Berkeley: University of California. Berkeley

Putnam. R. 1993. 『Making Democracy Work: Civic Tradition in Modern Italy』. Princeton: Princeton University Press.

————. 2000. 『Bowling Alone: The Collapse and Revival of America Community』. New York: Simon & Schuster.

주

책 머리에

1) 「고은과의 대화」, 《경향신문》(2011년 10월 8일).

서론: 인민, 담론장, 그리고 근대

1) 이 부분은 《한국사 시민강좌》 제48집(2010년)에 실린 필자의 글 「사회과학도의 즐거운 외출」에서 따왔다. 개화기 역사를 두루 살폈을 때 느꼈던 소감이자 탐방기인데, 외부자의 시선이 어떠한지 알리려는 목적으론 제격이다.

2) 동학에서 그리는 유토피아를 의미한다.

3) 이하의 서술 중 몇 문단은 《개념과 소통》 제6권에 실린 필자의 논문 「인민의 진화와 국문 담론」(한림대학교 한림과학원, 2010)의 내용과 중첩된다. 연구의 주요 관심과 그 이론적 배경을 소개하는 데에 적합하다는 판단에서 주요 문단을 따왔다.

4) 이하의 내용 역시 《개념과 소통》 제6권에 실린 필자의 논문 「인민의 진화와 국문 담론」에서 부분 발췌했다. 이 책의 '국문 담론' 장에서 상술할 예정이다.

I 부 조선의 통치 질서와 인민

개화기 인민

1) 『삼봉집(三峯集)』 권 4, 「기(記)」; 이석규, 「려말선초 신흥유신의 민(民)에 대한 인식」, 《역사학보》 151(1996)에서 재인용.

2) 최영진,「유교 국가론에 있어 통치 주체와 객체의 문제」,『동양철학연구』53집(2008).

3) 율곡 이이, 김태완 옮김,『성학집요』(청어람미디어, 2007), 12쪽.

4) 위의 책, 487쪽.

5) 이태진,「조선 시대 '민본'의식의 변천과 18세기 '민국' 이념의 대두」,『국가 이념과 대외 인식: 17~19세기』(아연출판부, 2002).

6)『삼봉집』권 13;『조선경국전(朝鮮經國典)』, 이석규; 위의 논문에서 재인용.

7) 이태진, 위의 논문.

8) 설석규,『조선 시대 유생사소(儒生上疏)와 공론정치(公論政治)』(도서출판 선인, 2002); 한상권,『조선 후기 사회와 소원(訴冤)제도: 상언(上言)·격쟁(擊錚) 연구』(일조각, 1996).

9) 실학을 '근대의 여명'으로 볼 것인가에 대해서는 많은 논란의 여지를 남긴다. 역사학, 국문학에서는 실학을 곧 근대의 씨앗으로 보는 견해가 지배적인데, 그것은 20세기 역사학의 '근대 찾기'의 요건에 부합하는 요인들을 다수 갖추고 있기 때문이다. 그러나 주자학에 대한 비판과 보완, 그리고 주자학에 대한 실용주의적 해석을 통하여 유교적 이상 국가를 지향하고 있었다면 얘기는 달라진다. 이와 관련하여 한문학이 왜 국문학의 범주에서 배제되었는가를 '민족주의적 역사 만들기'의 관점에서 설명하고 있는 강명관의 견해를 참고할 만하다. 그는 실학의 위치를 논하면서 이렇게 말한다. "중세란 말을 임시로 사용한다면, 실학은 중세에 대한 중세적 방법의 극복이라는 점에서 발전이다. 실학이 실천되었더라면, 그것은 아마도 조선의 모순을 상당히 극복한 새로운 중세를 탄생시켰을 것이다." 강명관,『국문학과 민족 그리고 근대』(소명출판, 2007).

10) 영정조의 민국 이념을 봉건 사회의 틀에 한정할 것인가 혹은 근세를 뚫고 새로운 시대를 여는 통치 이념으로 해석할 것인가는 한말 고종의 광무개혁을 평가하는 시각의 편차를 낳는다. 고종이 주도한 광무개혁을 일반 백성의 변화 요구와는 상관없이 황제권 강화를 위해 일방적으로 추진된 위로부터의 개혁이라는 점에서 오히려 독립 협회와 같은 민권 운동을 외면하고 탄압하는 폐단을 낳았다는 비판적 시각이 있는 반면, 민국 이념을 확장하려 했다는 점에서 고종의 광무개혁이 자주적 근대화를 향한 중대한 시도였다고 평가하는 긍정적 시각이 대립한다. 광무개혁에 관해서는 1970년대 말 신용하와 김용섭 사이에 일차 논쟁이 있었고, 2004년《교수신문》을 통해 이태진과 김재호 간 2차 논쟁이 전개된 바 있다. 허동현,「대한 제국 고종 황제의 통치 철학」(백승종

외), 『조선의 통치 철학』(푸른역사, 2010)에 대략적인 윤곽이 서술되어 있다.

11) 설석규, 위의 책; 한상권, 위의 책.

12) 오영교, 『조선 후기 사회사 연구』(혜안, 2005).

13) 국사편찬위원회, 한국사데이타베이스, 『순무선봉진등록(巡撫先鋒陣謄錄), 제1』, 1894년 10월 17일.

14) 문숙자, 『68년의 나날들, 조선의 일상사』(너머북스, 2009).

15) 펠릭스 클레르 리델, 유소연 옮김, 『나의 서울 감옥 생활 1878』(살림, 2008), 120~122쪽.

16) 오지영, 『동학사』(대광문화사, 1984), 128~130쪽.

17) 이사벨라 버드 비숍, 이인화 옮김, 『한국과 그 이웃 나라들: 백 년 전 한국의 모든 것』 (살림, 1994), 440~444쪽에서 발췌.

18) 릴리어스 호톤 언더우드, 김철 옮김, 『언더우드 부인의 조선 견문록』(이숲, 2008), 223쪽.

19) 한우근, 『조선 시대 사상사 연구 논고(朝鮮時代思想史研究論考)』(일조각, 1996), 305~310쪽.

20) 동학 농민 전쟁이 근대의 여명기에 발생했던 것만큼 대부분의 역사학 연구는 동학 농민 전쟁으로부터 근대적 변혁의 동력을 발견하고자 하는데, 「폐정개혁안」 12조에는 그런 요인이 들어 있는 것이 사실이다. 그러나 동학의 종교적 본질은 차치하고라도 동학 농민 전쟁의 성격이 근대적인 것인가에 대해서는 논란의 여지를 남긴다. 필자는 동학에서 민족의 징후를 찾아 '동학 농민 전쟁＝근대'로 곧바로 일치시키는 해석은 '의도적 오류'에 빠질 위험이 많다고 생각하는 편이다. 민족은 근대의 징후이지만 근대의 모든 것은 아니다. 예를 들면, 신용하, 『동학 농민 혁명 운동의 사회사』(지식산업사, 2005). 한편, 전봉준과 대원군 간의 정치적 비밀 거래, 폐정 개혁안의 보수성 등에 주목하여 동학을 보수주의 운동에 묶어 두는 시각도 그렇게 균형적 해석은 아니다. 유영익, 『동학 농민 봉기와 갑오경장』(일조각, 1998). 동학의 근대성, 민족성에 대해서는 2권에서 논의할 예정이다.

21) 예를 들면, 샤를 바라, 샤이에 롱, 성귀수 옮김, 『조선 기행』(눈빛, 2001); 아손 그렙스트, 김상열 옮김, 『스웨덴 기자 아손, 100년 전 한국을 걷다』(책과 함께, 2005); 매티 윌콕스 노블, 『노블 일지, 1892-1934: 미 여선교사가 목격한 한국 근대사 42년간의 기록』(이마고, 2010). 샤머니즘적 관습을 포함해서 한말 서양인들이 한국을 어떻게 보았는가를 국제 정치와 국제 관계적 관점에서 정리한 저술로는 김학준, 『서양인들이

관찰한 후기 조선』(서강대학교 출판부, 2010)이 있다.

22) 만민 공동회가 독립 협회가 주도한 모임이었으나 거기에 참여한 사람들은 반드시 독립 협회 회원이거나 동원된 사람들만은 아니었다. 여성들도 있었고, 노인, 아동, 부랑자, 일반 평민들도 소문을 듣고 자발적으로 참여했다. 호기심에서 또는 분명히 알 수 없는 어떤 목적의식을 갖고 말이다.

23) 아손 그렙스트, 위의 책, 242~243쪽.

24) 릴리어스 호톤 언더우드, 위의 책, 237쪽.

25) 이사벨라 버드 비숍, 위의 책, 49쪽.

26) 김윤희, 「근대 국가 구성원으로서의 인민 개념 형성(1876-1894): 民=赤子와 『서유견문』의 인민」, 《역사문제연구 21》(2009).

27) 『승정원일기』, 고종 13년 8월 9일, 關北接擥 윤음, 김윤희 위의 논문에서 재인용.

28) 이사벨라 버드 비숍, 위의 책, 511~512쪽.

인민의 진화

1) 고성훈 외, 『민란의 시대: 조선 시대의 민란과 변란들』(가람기획, 2000).

2) 이태신, 『고종 시대의 재조명』(태학사, 2000); 한영우 외, 『대한 제국은 근대 국가인가』(푸른역사, 2006). 이태진은 고종의 암약설이 광무개혁의 진가를 제대로 파악하지 못한 소치라고 비판하고, 대한 제국의 도시 계획과 산업 정책을 근대 국가의 기반을 만들고자 했던 개혁 정책으로 규정한다. 한영우의 시각도 대한 제국을 근대 국가로 규정한다는 점에서 궤를 같이한다.

3) 물론, 이러한 관점에 대하여 비판적 입장을 견지한 역사학자들도 많다. 고종 시대의 성격 논쟁과 학자들의 입장에 대해서는 허동현, 위의 논문 참조.

4) 《고종시대사 2집》, 국사편찬위원회 한국사데이터베이스 http://db.history.go.kr.

5) 《고종시대사 3집》, 위와 같음.

6) 《고종시대사 4집》, 위와 같음.

7) 노용필, 『한국 천주교회사의 연구』(한국사학, 2008).

8) 노용필은 정약종의 『주교요지』와 이류사의 『주교요지』의 내용을 비교 분석하여 정약종이 단순히 이류사의 교리서를 번역한 것이 아님을 밝혔다. 위의 책, 106~107쪽.

9) 노용필, 위의 책, 125쪽.

10) 모리스 쿠랑, 이희재 옮김, 『한국서지』(일조각, 1994); 노용필, 위의 책; 조광, 『조선 후기 사회와 천주교』(경인문화사, 2010); 노길명, 『가톨릭과 조선 후기 사회 변동』(고려대학교 민족문화연구소, 1988).

11) 송찬섭, 「1862년 진주 농민 항쟁의 조직과 활동」, 《한국사론》 21.

12) 『환재집』 권6. 「청설국정리환향소(請設局整飭還餉疏)」, 김명호, 『환재(瓛齋) 박규수 연구』(창비, 2008), 538쪽에서 재인용.

13) 송찬섭, 위의 논문; 고성훈 외, 위의 책.

14) 최제우, 「안심가」, 『주해 동학 경전: 동경대전 · 용담유사』, 윤석산 주해(동학사, 2009).

15) 최제우, 「포덕문」, 『주해 동학 경전: 동경대전 · 용담유사』, 윤석산 주해(동학사, 2009).

16) 위의 책, 「교훈가」.

17) 조경달, 박맹수 옮김, 『이단의 민중 반란: 동학과 갑오 농민 전쟁 그리고 조선 민중의 내셔널리즘』(역사비평사, 2008), 168~170쪽에서 재인용.

18) 조동일, 『한국문학통사3』(지식산업사, 2005), 198쪽.

19) 정병설, 「조선 후기 한글 소설의 성장과 유통」, 《진단학보 100》.

20) 채제공, 『번암집(樊巖集)』, 권 33; 정병설, 위의 논문, 272쪽에서 재인용.

21) 조동일, 위의 책; 허경진, 『조선 위항 문학사』(태학사, 1997).

22) 강명관, 『조선 후기 여항 문학 연구』(창작과비평사, 1997), 34쪽.

23) 조동일, 위의 책, 174쪽.

24) 강명관, 위의 책, 420쪽.

25) 임형택, 「위항 문학과 서민 문학」, 『한국 문학사의 시각』(창작과비평사, 1984), 451쪽.

26) 조경달은 『민중과 유토피아』(역사비평사, 2009)에서 이렇게 관찰한다. "농민은 소농 자립에 대한 지향을 차츰 강화시켜 마침내 스스로의 자율적 세계에 사의식을 끌어들임으로써, 반대로 재지사족이나 지방 권력에 강력하게 이의를 제기할 수 있는 존재가 된다." 27쪽.

27) 박명규, 『국민, 인민, 시민』(소화, 2010), 149쪽. 박명규는 갑오개혁 이후 인민 개념이 부상한 계기를 외국과의 조약 체결에서 찾는 김윤희의 논지를 참조해 그렇게 밝힌다. 김윤희, 「근대 국가 구성원으로서의 인민 개념의 형성(1876-1894)」, 《역사문제연구》 21호.

28) 박명규, 위의 책, 150쪽에서 재인용.

29) 박명규, 위의 책, 154쪽에서 재인용.

30) 문맹률이 높은 봉건 사회에서 국문 해독 능력을 갖춘 사람이 얼마나 되는가를 짐작
   하기는 어렵다. 그러나 언문을 읽을 줄 알았던 사람들은 상대적으로 많았을 것이다.
   1890년대에 조선에 입국한 선교사들은 글을 읽을 줄 아는 평민들이 의외로 많다는 사
   실에 놀라움을 표시한다. 이 점에 관해서는 뒤에서 상세히 논의할 예정이다.

31) Sheldon Pollock, *Literary Cultures in History: Reconstructions from South Asia*(Berkeley:
   University of California, Berkeley, 2003), 27쪽.

32) 위의 책, 27쪽.

근대 인민의 형성과 분화

1) 박성수 주해, 『저상일월(渚上日月)』(민속원, 2003), 112쪽.

2) 위의 책, 113쪽.

3) 조선 후기의 사회 변화상을 종합적으로 검토하는 글로 이태진, 「조선 후기 양반 사
   회의 변화」, 『한국 사회사 연구: 농업 기술 발달과 사회 변동』(지식산업사, 증보판,
   2008)을 참조하면 좋다.

4) 신분 직역제의 동요에 관해 참고할 만한 대표적인 것은, 김용섭, 「조선 후기에 있어서
   의 신분제의 동요와 농지 소유」, 『조선 후기 농업사 연구』(일조각 1976); 정석종, 『조
   선 후기 사회 변동 연구』(일조각, 1983); 이준구, 『조선 후기 신분직역 변동 연구』(일
   조각, 1992); 김준형, 『조선 후기 단성사족층(丹城士族層) 연구』(아세아문화사, 2000).

5) 박명규, 『국가, 인민, 시민』(소화, 2009); 이화여대 한국문화연구원 (편), 『근대 계몽기
   지식의 굴절과 현실적 심화』(소명출판, 2007).

6) Alexis de Tocqueville, *Democracy in America*, J.P Mayer (ed.)(New York: Harper & Row,
   1969).

7) Frededrik, Hegel, *Philosophy of Right*, trans. with notes by T.M. Knox(London: Oxford
   University Press, 1952).

8) Emile Durkheim, *The Division of Labor in Society*, trans. by G. Simpson(New York:
   Macmillan, 1933).

9) Theda Skocpol, *Diminished Democracy*(강승훈 옮김,『민주주의의 쇠퇴』, 한울, 2010);
   Robert Putnam, *Bowling Alone: The Collapse and Revival of America Community*(New
   York: Simon & Schuster, 2000); *Making Democracy Work: Civic Tradition in Modern
   Italy*(Princeton: Princeton University Press, 1993).

10) Skocpol, 위의 책.

11) 이현종,「구한말 정치사회단체 일람」, 조항래,『한말 사회단체사 논고』(형설출판사,
    1972)에서 인용.

12) 그것은『고종시대사』,『각사등록 근대편』,『동학 농민 혁명 자료 총서』,『주한 일본공사
    관 기록』,『한국 근대사 자료집성』(이상은 국사편찬위원회, 한국사데이터베이스)과,
    1909년에 조사해서 1910년에 관보에 발표된「학회현황」, 국사편찬위원회 간행『한
    국독립운동사 자료집』(60권)이다. 회사는 전우용,『19세기 말 20세기 초 한인회사 연
    구』(서울대학교 대학원 박사학위 논문, 1997)을 참고하여 작성했다.

13) 김필동,『한국 사회 조직사 연구: 계조직의 구조적 특성과 역사적 변동』(일조각, 1992).

14) 박성수 주해,『저상일월』(민속원, 2003), 78~79쪽.

15) 이영훈,「18·19세기 대저리의 신분 구성과 자치 질서」, 안병직·이영훈 편저,『맛질
    의 농민들: 한국근세촌락생활사』(일조각, 2001), 281쪽.

16) 위의 논문, 288~289쪽.

17) 정교, 조광 편, 변주승 역,『대한계년사』3(소명출판사, 2004), 282쪽.

18) 갑오개혁과 독립 협회에 대하여는 신용하,『갑오개혁과 독립 협회 운동의 사회사』(서
    울대학교 출판부, 2001).

19) 유길준, 채훈 역주,『서유견문』(대양서적, 1975), 98쪽.

20) 권보드래,「근대 초기 '민족' 개념의 변화: 1905-1910년 '대한매일신보'를 중심으로」,
    이화여대 한국문화연구원,『근대 계몽기 지식의 굴절과 현실적 심화』(소명, 2007); 박
    명규,『국민, 인민, 신민』(소화, 2009); 백동현,『대한 제국기 민족 담론과 국가 구상』
    (고려대학교 민족문화연구원, 2009).

21) 김동택,「'대한매일신보'에 나타난 국가 개념」, 이화여대 한국문화연구원,『근대 계몽
    기 지식의 굴절과 현실적 심화』(소명, 2007).

인민의 초상: 민족과 근대 만들기

1) Barrington Moore, *Social origin of Democracy ad Dictatorship*(Boston: Beacon Press, 1966).

2) 위르겐 슐룸봄, 백승종 외 옮김, 『미시사와 거시사: 역사를 바라보는 두 관점』(궁리, 2001), 21쪽.

3) 한정숙, 「마르크 블로크의 역사학 세계와 '봉건 사회'」, 한정숙 옮김, 『봉건사회』(한길사, 2001).

4) 존 루이스 개디스, 강규형 옮김, 『역사의 풍경』(에코리브르, 2002).

5) 루치안 휠셔, 김성호 옮김, 「개념사의 개념과 '역사적 기본 개념'」 박근갑 외, 『개념사의 지평과 전망』(소화, 2009).

6) 박근갑, 「말안장 시대의 운동 개념」, 박근갑 외, 위의 책.

7) 농업사 분야에서 김용섭의 경영형 부농개념, 상업사 분야에서 강만길의 보부상과 도고·객주 연구, 정치사 분야에서 이태진과 한영우의 고종 시대 및 대한 제국 연구가 대표적이다.

8) 이 점과 관련하여 식민지 근대성의 이해 방식을 논의하고 있는 신기욱의 연구가 참고할 만하다. 신기욱·마이클 로빈슨 엮음, 도면회 옮김, 『한국의 식민지 근대성』(삼인, 2006). 또한, 일본 식민지의 문제와 해방 이후 식민지성에 관한 이해 방식에 관해서는 역사문제연구소 엮음, 『한국의 근대와 근대성 비판』(역사비평사, 1996)을 참조.

9) 단재 신채호 선생 기념 사업회, 『단재 신채호의 민족사관』(1980). 이 책은 신채호 탄생 100주년 기념 논문집이다.

10) 강명관, 『국문학과 민족 그리고 근대』(소명출판사, 2007), 77쪽.

11) 조동일, 『하나이면서 여럿인 동아시아 문학』, 지식산업사, 1999와 『공동어 문학과 민족어 문학』(지식산업사, 1999) 참조.

12) 강명관, 위의 책.

13) 위의 책, 140쪽.

14) 신용하, 『초기 개화 사상과 갑신정변 연구』(지식산업사, 2000).

15) 신용하, 『한국 근대 사회 사상사 연구』(일지사, 1987).

16) 프라센지트 두아라, 문명기·손승회 옮김, 『민족으로부터 역사를 구출하기: 근대 중국의 새로운 해석』(삼인, 2004).

17) 베네딕트 앤더슨, 윤형숙 옮김, 『상상의 공동체』(나남, 2002). 앤더슨은 민족주의가 기

본적으로 상상의 산물이라고 말한다. 언어, 인종, 종교적 동질성을 갖고 있다고 상상되는 정치 공동체가 민족이며, 구체적으로 보지도 못하고 알지도 못하지만 구성원들 각자의 마음속에 인지된 어떤 이미지로서의 공동체이다. 겔너의 주장을 인용하여, 그는 "민족주의는 민족이 없는 곳에 민족을 발명한다."라고 단언한다. 민족과 병치될 수 있는 진정한, 현실적 공동체가 존재함에도 민족은 가상의 공동체를 창조해 낸다는 것이다.

18) 패트릭 J. 기어리, 이종경 옮김, 『민족의 신화, 그 위험한 유산』(지식의 풍경, 2002), 35쪽.

19) 프라센지트 두아라, 위의 책, 62~63쪽.

20) 한스 울리히 벨러, 이용일 옮김, 『허구의 민족주의(*Nationalismus*)』(푸른역사, 2007).

21) 가라타니 고진, 박유하 옮김, 『일본 근대 문학의 기원』(민음사, 1997).

22) 위의 책, 32쪽.

23) 위의 책, 55쪽.

24) 위의 책, 78쪽.

25) 가라타니 고진, 송태욱 옮김, 『일본 정신의 기원: 언어, 국가, 대의제 그리고 통화』(이매진, 2003), 27쪽.

26) 정인지 서문, 강신항, 『훈민정음 연구』(성균관대학교 출판부, 1987), 141쪽.

27) 『성종실록』 247권 11집 665면. "정의손의 공초에 이르기를 '수춘군의 아내가 諺文의 書狀으로 내용을 나에게 보여 주었으므로, 그것을 가지고 내가 眞書로 번역하여 禁府에 글을 바쳤고, 추납한 장초는 곧 진서로 기초한 것을 가지고 언문으로 번역한 것입니다.'" 김슬옹, 『조선 시대 언문의 제도적 사용 연구』(한국문화사, 2005), 11쪽에서 재인용.

28) "憲府啓: 蔡壽 作『薛公瓚傳』其事皆輪回 禍福之說 其爲妖妄. 中外惑信 或麟以文字 或譯以諺語 傳播惑衆." 중종 6년(1511) 14권 14집 530면. 위의 책 33쪽에서 재인용.

29) 찰스 테일러, 이상길 옮김, 『근대의 사회적 상상: 경제, 공론장, 인민 주권』(이음, 2010). 초기 사회 계약론자와 시민 사회론자들이 상상하고 체계화한 인민 주권 개념이 인민들에게 어떤 사회적 이미지를 만들어 주었는지, 그리하여 그 이미지가 어떤 사회 개혁을 몰고 왔는지를 추적하는 것이 테일러의 주요 관심사다. 원제인 *Modern Social Imaginaries*에서 Imaginaries는 허구적이지만 상상된 것이 실제적인 영향력과 힘을 갖고

제도 변화를 초래한다는 의미로 쓰이고 있다.

30) 여기에는 유길준의 스승인 후쿠자와 유키치의 영향이 컸다.

31) 유길준 전서 편찬위원회, 『유길준 전서 II』(일조각, 1971).

32) 읽는 능력을 문해력(文解力), 쓰는 능력을 문식력(文識力)이라 한다면, 문해력은 낮은 단계의 언어 능력일 것이다. 즉, 문해인민(文解人民)이란 문맹 상태를 벗어나 해독 능력을 갖춘 사람들을 뜻한다.

지식인과 문해인민: 조선, 일본, 베트남 비교

1) 에밀 부르다레, 정진국 옮김, 『대한 제국 최후의 숨결』(글항아리, 2009), 74~76쪽.

2) 프라센지트 두아라, 문명기 · 손승희 옮김, 『민족으로부터 역사를 구출하기: 근대 중국의 새로운 해석』(삼인, 2004); 패트릭 J. 기어리, 이종경 옮김, 『민족의 신화, 그 위험한 유산』(지식의 풍경, 2002); 한스 울리히 벨러, 이용일 옮김, 『허구의 민족주의』(푸른역사, 2007).

3) 이사벨라 버드 비숍, 위의 책. 비숍은 중세와 근세를 구분하지 않고 쓰고 있다. 관찰자의 눈에는 당시 조선 사회가 중세적인 것으로 비춰졌을 것이다. 그래서 '저물어 가는 중세'와 같은 표현이 이 책에는 자주 나온다. 이 논문에서도 중세와 근세의 시대적 구분을 하지 않았다. 근세 혹은 근대라고 하여도 서민들의 삶에는 중세적, 근세적인 외양들이 섞여 있기 때문이다.

4) 개화기 조선의 실상을 알려면 외국인이 쓴 여행기를 읽는 것이 더 유용하다는 역설이 성립된다.

5) 문해인민이 근대적이었는가의 문제는 뒤에 자발적 결사체를 분석하면서 상세히 고찰할 예정이다.

6) 찰스 틸리, 양길현 외 공역, 『동원에서 혁명으로』(서울프레스, 1995).

7) 중세와 근대를 공동 문어와 민족어의 대체 관계로 파악하는 조동일의 3부작은 비교문학론을 발전시키는 디딤돌이 될 만하다. 그는 세 권에 걸친 심도 있는 연구에서 동아시아 문학의 비교 방법론을 구체화하고 유교 문명권에 속하는 세 나라, 조선, 일본, 베트남의 한문 문학과 민족어 문학을 비교 분석하였다. "동아시아 문학은 하나이면서 여럿이고, 여럿이면서 하나"인 까닭을 밝히는 그의 시각은 한국 문학과 사학계를 오

랫동안 괴롭혀 온 중국 중심의 중화주의적 시각을 극복할 수 있는 매우 신선한 실마리를 제공한다. 책봉-조공 관계를 정치 종속적 관계로 보지 않고 '문명의 파트너'로 본다든지, 유교 중심부의 한문 문학이 변방에서 오히려 혁신적 모습을 띠고 나타날 수 있다는 주장과 그것을 입증할 수 있는 실제 근거를 조선, 일본, 베트남의 문학과 역사에서 찾아내 체계화하고 있는 것은 이 방면의 연구자들이 심사숙고해야 할 후속 과제를 던져 주고 있다. 조동일, 『하나이면서 여럿인 동아시아 문학』(지식산업사, 1999); 『공동 문어 문학과 민족어 문학』(지식산업사, 1999); 『문명권의 동질성과 이질성』(지식산업사, 1999).

8) 조동일, 『공동 문어 문학과 민족어 문학』(지식산업사, 1999), 32쪽.

9) 조동일, 「한시가 같고 다른 양상」, 「번역으로 맺어진 관계」, 『하나이면서 여럿인 동아시아 문학』(지식산업사, 1999).

10) 베트남어를 쯔놈이라 하고 이를 자남(字喃)으로 표기하는데, 최귀묵은 이것이 일본에서 들어온 잘못된 한자 표기라고 한다. 굳이 한자로 표기하자면 남자(喃字)가 옳다는 것이다. 베트남의 민족어 문학으로는 자남으로 표기된 '쯔놈 문학'과 프랑스인이 베트남어를 알파벳으로 표기한 '국어 문학' 두 가지로 구성된다. 앞의 것은 국음(國音), 뒤의 것은 국어(國語)로 통용된다. 최귀묵, 『베트남 문학의 이해』(창비, 2010).

11) 조동일, 「번역으로 맺어진 관계」 위의 책, 436쪽.

12) 최귀묵, 『베트남 문학의 이해』(창비, 2010), 452쪽.

13) 송정남, 『베트남 역사 읽기』(한국외국어대학교 출판부, 2010); 가메이 히데오, 김춘미 옮김, 『메이지 문학사』(고려대학교 출판부, 2006); 가토 슈이치, 김태준 · 노영희 옮김, 『일본문학사서설 2』(시사일본어사, 1995).

14) 가토 슈이치, 위의 책.

15) 문해인민을 근대 혁명과 직접 연결하는 것은 약간의 논리적 무리가 따른다. 그럼에도 다음과 같은 언명이 가능하다고는 본다. 일본은 개혁 세력화한 전통적 지배 세력이 문해인민층을 메이지 유신으로 동원하는 데에 성공했고, 베트남은 전통적 지배 세력이 식민 세력에 의해 심각하게 약화되거나 붕괴된 상태에서 소수 지식인 중심의 개혁 운동이 일어났지만 문해인민층이 두껍지 않아 근대화 시도가 좌절된 사례이다. 이는 곧 인민 주도의 각성으로 이어져 밑으로부터의 혁명이 설득력을 얻게 되는 상황이 전개되었다. 조선은 지식인 중심의 사회 운동이 문해인민을 동원하는 과정까지는 갔으나

외세의 개입에 의해 중단되고 말았다.

16) 이 점에 대해서는 조동일의 논리를 따랐다.

17) 중국의 명나라 연간에 번국(蕃國)으로 규정된 총 17개 국가들의 조공 횟수가 『태조실록』에 기록되어 있는데, 그것에 의하면, 유구 171회, 안남 89회, 조선 30회, 일본 19회로 나타난다. 조동일, 「책봉체제」, 『문명권의 동질성과 이질성』(지식산업사, 1999), 34~35쪽.

18) 가토 슈이치, 위의 책, 238쪽.

19) 쯔놈은 베트남인의 발음에 맞춰 한자를 읽는 발음 기호인데, 기본적으로 한자를 썼기에 한자보다 더 어려워졌다. 두 개의 한자를 합쳐서 만들기도 하고, 거기에 다른 한자를 겹쳐 새로운 글자를 만들기도 했다. 더욱이 베트남 남부 지역의 발음을 반영하면서 표기상의 차이가 확대되었다. 1999년에 편찬된 『쯔놈대자전』에 의하면 쯔놈 글자 수는 3만 7000자가 넘고, 이에 대응하는 음은 7000개에 달한다는 것이다. 최귀묵, 위의 책, 49쪽.

20) 최귀묵, 위의 책, 50쪽.

21) 허흥식 외, 『조선 시대의 과거와 벼슬』(집문당, 2003).

22) 조동일, 위의 책.

23) 조동일 외, 『한국문학 강의』(길벗, 1994), 12쪽; 최귀묵, 위의 책, 21쪽.

24) 임형택, 위의 책, 364쪽에서 재인용.

25) 조동일은 『하나이면서 여럿인 동아시아 문학』에서 일본, 조선, 베트남의 공통점과 차이점을 '번역으로 맺어진 관계'로 살핀다. 중국 경전의 번역이 삼국에게 주어진 문명적 과제였으나 민족어의 언어학적 차이, 정권의 성격, 그리고 유교 이념을 추구하는 정도의 차이 때문에 번역 작업의 결과가 달라졌다는 것이다. 조선은 그중 가장 철저하게 번역 작업을 수행한 국가이다.

26) 안병희, 『훈민정음연구』(서울대출판부, 2007), 227쪽.

27) 조동일, 위의 책, 434쪽.

28) 조선 총독부의 통계에 의하면, 1910/11년에 전국적으로 1만 6540개의 서당이 운영되고 있었고, 14만 1604명의 학생이 다녔다. 1920년대에는 2만 5482개로, 학생은 29만 2625명으로 증가했다. 『조선통독부통계연보』(1911, 1920). 우용제, 「조선 후기 서당교육의 양면성」, 『교육사학연구』 4집(1992)에서 재인용.

29) 언해서로는 번역 소학이 중종 13년에 간행되었고, 임란 전까지 『소학언해』, 『중용언
해』, 『대학언해』, 『논어언해』, 『맹자언해』가 유통되고 있었다.

30) 강신항, 위의 책, 252~253쪽.

31) 가토 슈이치, 위의 책, 115쪽.

32) 오오타니 모리시게, 『조선 후기 소설 독자 연구』(고려대학교 민족문화연구원, 1985).

33) 허경진, 『조선 위항 문학사』(태학사, 1997); 강명관, 『조선 후기 여항 문학 연구』(창작
과비평사, 1997).

34) 정병설, 「조선 후기 한글 소설의 성장과 유통」, 진단학회, 《진단학보》 100집. 263~297쪽.
정병설은 세책 소설과 방각 소설의 출현을 1710년대로 파악하고 당시 수십만 종 이상
의 한글 소설이 전국에 유통되고 있었다고 본다.

35) 정병설, 위의 논문. 263쪽.

36) 김영모, 「조선 후기의 신분 구조와 그 변동」, 《동방학지》 26, (1981); 한영국, 「조선
후기의 도공 ― 18·19세기 대구부 호적에서 본 그 실태와 성격」, 《역사학보》 81,
(1979).

37) 이태진, 위의 논문.

훈민정음과 문해인민의 형성

1) 레오 바이스게르버, 허발 옮김, 『모국어와 정신 형성』(문예출판사, 1993).

2) 조동일, 『공동 문어 문학과 민족어 문학』(지식산업사, 1999).

3) 개화기에 나타난 국한문혼용체를 권력적 측면에서 조명한다면 이런 언명이 가능할 것
이다. 다시 말해, 무너져 가는 지배층과 떠오르는 서민층의 권력적 타협이 국한문혼용
체로 귀결되었다.

4) 강신항, 『훈민정음 연구』(성균관대학교 출판부, 1987).

5) 김완진, 「세종대 어문 정책에 대한 연구」, 《성곡논총》, 3, (1967); 이광호, 「세종의 언어
정책과 훈민정음의 창제」, 『세종 시대의 문화』(한국정신문화연구원, 2001); 이근수,
「훈민정음 창제와 조선 왕조」, 《인문과학》, 4(홍대인문과학연구소, 1996); 『조선조의
어문 정책 연구』(홍익대학교출판부, 1987); 유미림, 「세종의 훈민정음 창제의 정치」,
《동양정치사상사》, 4권 1호,

6) 강신항, 위의 책.

7) 훈민정음 제자해(制字解).

8)『예기(禮記)』권 37. 강신항, 위의 책, 26쪽에서 재인용.

9) 강신항, 위의 책, 27쪽.

10) 정초의『칠음략(七音略)』서에 다음과 같은 구절이 있다. "중국이 이를 따라 정하되 삼
    십육으로 자모를 삼으니 중·경·청탁이 그 차서를 잃지 않고 천지만물의 소리가 갖
    추어져 있어서 학 울음소리, 바람 소리, 닭 울음소리, 개 짖는 소리, 천둥 번개가 우지
    끈 뚝딱하고 모기나 등에가 귀를 스쳐 가더라도 모두 다 옮겨 적을 만하거늘, 하물며
    사람의 말은 말하여 무엇하랴." 강신항, 위의 책, 32쪽.

11)『동국정음(東國正音)』서(序); 강신항, 위의 책, 221쪽에서 재인용.

12)『홍무정음언해(洪武正音譯訓)』서; 강신항, 위의 책, 228쪽에서 재인용.

13) 안병희,『훈민정음 연구』(서울대학교 출판부, 2007), 235~252쪽.

14) 조동일,『한국문학통사』권 2, 127~146쪽.

15) 김슬옹,『'조선왕조실록'의 한글 관련 기사를 통해 본 문자 생활 연구』, 상명대학교 대
    학원 박사학위 논문, 2005. 이 논문의 말미에 부록 형식으로 조선왕조실록에 나오는
    언문 관련 기사 제목과 내용을 요약한 문건이 실려 있다. 그 밖의 여성의 문자 생활을
    실록 중심으로 검토한 글로는, 백두현,「조선 시대 여성의 문자 생활 연구」, 진단학회,
    《진단학보》97호.

16) 김슬옹,『28자로 이룬 문자 혁명: 훈민정음』(아이세움, 2007), 209쪽.

17) 구체적인 내용은 백두현, 위의 논문.『내훈』은 이후 영정조 시대의 이덕무가 지은 여성
    교육과 가치관 정립을 위한 교양 지침서인『사소절』로 이어진다.

18) 김슬옹, 위의 책, 224쪽.

19) 강신항,「연산군 언문 금압에 대한 삼의」, 위의 책.

20) 김슬옹, 위의 책 211쪽에서 재인용.

21) 안병희, 위의 책, 231쪽. 1970년대에 대량으로 출토된「순천김씨언간」은 16세기 후반
    의 편지이고,「현풍곽씨언간」은 17세기 전반(1602~1640년)의 편지이다. 이 자료들
    은 모두 양반 사대부 집안의 여성이 쓴 언문 서찰이다. 백두현,「조선 시대 여성의 문
    자 생활 연구」, 한국문학언어학회,《어문론총》42호.

22) 안병희, 위의 책, 216쪽에서 재인용.

23) 정순우, 『18세기 서당연구』, 한국정신문화연구원, 박사학위 논문(1985).

24) '지식인과 문해인민: 조선, 일본, 베트남 비교'의 28번 주 참조.

25) 정순우, 위의 논문.

26) 정순우, 『18세기 서당 연구』, 한국정신문화연구원, 박사학위 논문, 244쪽에서 재인용.

27) 정병설, 위의 논문. 그는 이렇게 서술한다. "정치적 공동체로는 하나라고 말할 수 없지만, 사회 텍스트 공동체로는 하나로 묶일 수 있는 것이다. 다음 시대 곧 근대의 주역으로 부상할 이 공동체가 훈민정음의 창제와 함께 형성되었던 것이다." 위의 논문, 265~266쪽.

한문과 언문의 정치학

1) 이황, 「도산십이곡(陶山十二曲)」, 정병욱 외, 『한국고전문학정선』(아세아문화사, 1985).

2) 「청구영언(靑丘永言)」, 작자 미상의 시조, 위의 책.

3) 허균, 『홍길동전』.

4) 최제우, 「룡담가」, 윤석산 주해, 『동학경전: 동경대전. 용담유사』(동학사, 2009).

5) 강명관, 『국문학과 민족, 그리고 근대』(소명출판사, 2007), 112쪽.

6) 임형택, 「국문시의 전통과 도산십이곡」, 위의 책, 52쪽에서 재인용.

7) 임형택, 위의 책, 56쪽.

8) 정철, 「장진주사(將進酒辭)」, 정재호·장정수 공저, 『송강가사』(신구문화사, 2006).

9) 김춘택, 『송강별집추록』.

10) 임형택, 「허균의 문예사상」, 『한국 문학사의 시각』; 허경진, 『허균 평전: 시대를 거역한 격정과 파란의 생애』(돌베개, 2002).

11) 『동경대전』은 2대 교주 최시형이 그의 제자들과 함께 창시자 최제우의 가르침을 집대성한 것이다.

12) 오영교 편, 『조선 건국과 경국대전 체제의 형성』(혜안, 2004).

13) 윤국일 옮김, 『신편 경국대전』, 권 5 「형전(刑典)」(신서원, 1998), 419~423쪽.

14) 이상배, 『조선 후기 정치와 괘서(掛書)』(국학자료원, 1999), 26쪽.

15) 『추안급국안(推案及鞫案)』권 27 282책, 이상배, 위의 책 210쪽.

16) 조동일, 『한국문학통사 3』, 382쪽.

17) 이종호, 『조선의 문인이 걸어온 길』(한길사, 2004).

18) 김인걸, 『조선 후기 향촌 사회 변동에 관한 연구』, 서울대학교 대학원, 박사학위 논문, 1991.

19) 김용섭, 「조선 후기의 경영형 부농과 상업적 경영」, 『조선 후기 농업사 연구 II』(일조각, 1977); 이태진, 「조선 후기 양반 사회의 변화」, 『한국 사회사 연구: 농업 기술의 발달과 사회 변동』(지식산업사, 2008).

20) 한영우, 『다시 찾는 우리 역사』(경세원, 2006), 388쪽.

21) 김영모, 「조선 후기의 신분 구조와 그 변동」, 《동방학지》 26(1981); 한영국, 「조선 후기의 도공 ── 18·19세기 대구부 호적에서 본 그 실태와 성격」, 《역사학보》 81(1979).

22) 이태진, 위의 논문.

23) 박성수 주해, 『저상일월(渚上日月)』(민속원, 2003).

24) 이영훈, 「18·19세기 대저리의 신문 구성과 자치 질서」, 안병직·이영훈 편저, 『맛질의 농민들: 한국 근세 촌락 생활사』(일조각, 2001).

25) 이태진, 「조선 시대 '민본'의식의 변천과 18세기 '민국' 이념의 대두」, 『국가 이념과 대외 인식: 17-19세기』(아연출판부, 2002).

26) 한상권, 위의 책.

27) 허경신, 『조선 위항 문학사』, 태학사, 1997; 강명관, 『조선 후기 여항 문학 연구』(창작과비평사, 1997).

28) 안대회, 『고전 산문 산책: 조선의 문장을 만나다』(휴머니스트, 2008).

29) 안대회, 위의 책, 381~384쪽.

30) 이상의 다른 수필 「산촌여정(山村餘情)」은 제목 자체가 「봉성문여(鳳城文餘)」를 연상케 한다.

조선의 통치 질서와 국문 담론

1) 이사벨라 버드 비숍, 이인화 옮김, 『한국과 그 이웃 나라들』(살림, 1994).

2) 이황, 이광호 옮김, 『성학십도(聖學十圖)』(홍익출판사, 2001), 26~28쪽.

3) 율곡은 이것을 이렇게 풀었다. "사람이 소리[聲]를 내게 하는 것은 기(氣)이고, 기를 작용하게 하는 것은 심(心)이며, 심을 심으로 작용케 하는 것은 천지(天地)이고, 천지

를 천지로 작용하게 하는 것이 무극이태극(無極而太極)이다." 임형택, 『한국문학사의 시각』, 40쪽.

4) L. Althusser, *Lenin and Philosophy and other Essays*, New York: Monthly Review Press, 1978.

5) 이 부분의 서술은, 한영우, 「유교 이념의 실천과 신앙·종교: 조선 초기 사제(祀祭) 문제를 중심으로」, 『조선 초기 사상사 연구 논고』(일조각, 1996).

6) 사직단은 태종 7년 5월에 완성되었다.

7) 비숍 여사는 랜디스 박사의 저서를 인용하여 한국 귀신들의 神譜[서열]를 열거하고 있는데, 하늘의 귀신이 으뜸이며, 콜레라 귀신이 36번째로 나와 있다. 비숍, 위의 책, 479~480쪽.

8) 이 부분의 서술은 다음의 저서를 참고했다. 이만규, 『조선 교육사 상, 하』(한국학진흥원, 1946); 이원호, 『조선 시대 교육의 연구』(문음사, 2002); 이수환, 『조선 후기 서원 연구』(일조각, 2001); 오영교 (편), 『조선 건국과 경국대전 체제의 형성』(혜안, 2004); 정순우, 「18세기 서당 연구」, 한국정신문화연구원, 박사학위논문(1985).

9) 위르겐 하버마스, 한승완 옮김, 『공론장의 구조 변동: 부르주아 사회의 한 범주에 관한 연구』(나남, 2001).

10) 평민 공론장(plebeian public sphere)은 19세기에 들어서야 그 맹아가 보이는데, 천주교도들의 포교 활동이 그것이고, 19세기 중반에 들어 전국적으로 빈발한 민란과 1860년대 동학에서 나타난다고 하겠다.

11) 사라 밀즈, 김부용 옮김, 『담론』(인간사랑, 2001), 35쪽.

12) M. Foucault, *The History of Sexuality: An Introduction*, Vol 1. (Peguin, Harmondworth), pp.100~101.

13) 조서에서 가톨릭 신앙 공동체가 처음 출현한 것은 1777년 주어사(走魚寺)에서 비밀리에 개최된 강학회라는 설이 일반적이다. 권철신, 권상학, 김원성, 이용억, 정약전, 이벽 등 소장실학자들이 모여 가톨릭 교리를 연구한 것이다. 노길명, 『가톨릭과 조선 후기 사회변동』(고려대학교 민족문화연구원, 1988); 샤를 달레, 안응렬·최석우 옮김, 『한국천주교회사, 상 하』(한국교회사연구소, 1980).

14) 송영배 외 역, 『천주실의』(서울대학교 출판부, 1999).

15) 샤를 달레, 안응렬·최석우 옮김, 『한국천주교회사, 상 하』(한국교회사연구소, 1980).

16) 임형택의 흥부전과 춘향전에 대한 해석을 참조. 임형택, 『한국문학사의 시각』.

17) 강명관,『국문학과 민족, 그리고 근대』(소명출판사, 2007).

18) 김인걸, 위의 책; 김필동,『한국 사회 조직사 연구』(일조각, 1992); 정진영,「16, 17세기 재지사족의 향촌 지배와 그 성격」; 안병욱,「조선 후기 자치와 저항 조직으로서의 향회(鄕會)」,《성심여자대학교 논문집》18집(1986). 고석규, 위의 책.

19) 담론을 담론장(談論場)으로 해도 좋겠으나(예. 정치적 담론장), 담론장이라 한다면 매체, 기제, 기록물, 참여인 등이 그 영역에 존재한다는 것을 가정하기에 현실과 부합하지 않는 측면이 있다. 각 담론이 담론장으로 발전하는 것은 19세기에 들어와서야 가능했다. 다만, 천주교도들이 비밀 결사를 조직하고 언문 성경을 구비하고 있었다는 점에서 종교적 담론은 처음부터 담론장의 요건을 갖추고 있었다고 보인다. 하버마스는 공론장의 구조 변동에서 정치적 공론장과 문예적 공론장 등을 별도로 분석하기를 제안한다.

20) 그런데 평민들이 남긴 역사적 기록들, 특히 언문으로 쓰인 문서와 서책, 기타 자료가 각 영역별로 얼마나 가용한지가 연구의 난제다. 한문 기록물과 문서들은 넘치는 데에 반하여, 언문 기록은 대단히 희소하고 그나마 자료적 가치를 갖고 있는 것들은 특히 정치적 담론일 경우 거의 존재하지 않는다는 난점이 있다.

21) 하버마스의 분석은 부르주아 공론장의 발생과 기능을 겨냥하고 있는데, 이와 대립적 관계에서 생성, 발전한 평민 공론장 역시 연구해야 할 중요한 대상임을 지적한다. 분야에 따라 '정치 공론장', '문예 공론장'도 같은 맥락에서 주목을 요한다.

II 부 담론장의 형성과 전개

종교 담론장: 유교의 균열

1) 정하상,『상제상서(上帝上書)』; 한국교회사연구소 (편),『순교자와 증거자들』(1982), 125쪽.

2) 이광수,「천주교도의 순교를 보고」,《삼천리》1935년 11월호.

3) 1549년 예수회 수사인 사베리오가 일본에 포교한 이후 1600년 무렵 일본 천주교 신자의 수는 약 30만 정도를 헤아렸다. 1614년 대 박해가 일어나가 상당수가 처형되었다. 샤를 달레, 안응렬 · 최석우 역주,『한국천주교회사』상권(한국교회사연구소, 1979),

279쪽.

4) C. H. Robinson, *History of Christian Missions*(Edinburgh: T&T Clark, 1915), 249쪽; 민경배, 『한국기독교교회사』(연세대학교 출판부, 2007), 113쪽에서 재인용.

5) 샤를 달레, 위의 책, 282~283쪽.

6) 샤를 달레의 저술은 이런 순교 장면으로 가득 차 있다. 그 패턴은 1791년 신해박해로부터 1866년 병인박해에 이르기까지 변함이 없었다.

7) 천주교를 신앙으로 처음 받아들인 것은 양반 계급이었다. 대표적인 양반 가문에서 태어난 이승훈이 북경에서 서학서와 종교서적을 반입하고 혈연관계와 친교 관계를 통해 천주교를 포교할 당시 그들은 천주교를 신앙으로 섬겼다. 1777년부터 1779년까지 천진암 주어사에서 열린 강학회는 일단의 양반들이 천주교를 신앙으로 받아들이기 시작했던 계기였을 것이다. 당시 강학회에 참석했던 이벽은 이미 천주교도였고, 이승훈, 권철신, 권일신, 정약종 등은 신자로 되어 가는 과정에 있었다.

8) 샤를 달레, 위의 책, 중권, 540쪽.

9) 신도들이 구경꾼들에게 한 이 말은 참수형에 처한 모든 신자들의 공통된 신념이었다. 김옥희, 『순교자의 삶』(한국가톨릭문화연구소, 1983).

10) 샤를 달레, 위의 책, 하권, 319쪽.

11) 조광, 『조선 후기 사회와 천주교』(경인문화사, 2010); 노용필, 『한국천주교회사의 연구』(한국사학, 2008).

12) 조선 서학에 관한 심층적 연구로는 이원순, 『조선 서학사 연구』(일지사, 1986)를 참조.

13) 이원순, 「명청래(明淸來) 서학서의 한국사상사적 의의」 위의 책; 천주교 관련 서적에 관해서는 배현숙, 「조선에 전래된 천주교 서적」, 한국교회사연구소, 《한국천주교회창설 200주년 기념 한국교회사논문집 I》, 1984.

14) 부경사 행원들이 개인적으로 서책을 구입한 경우도 있고, 왕이 명하여 정책적으로 서적을 구입한 경우도 있다. 숙종 연간에는 52종 1400여 권을 구입했으며, 영조도 서장관들에게 명하여 1만 권 5200책을 규장각 소장을 위해 구입하기도 했다. 이존희, 「조선전기의 대명서책무역」, 《진단학보》 44호, 1980.

15) 홍대용, 「유포문답(劉鮑問答)」, 『연기(燕記)』, 민족문화추진회, 『국역담헌서』 IV, 노용필, 위의 책, 97쪽에서 재인용.

16) 1791년 윤지충의 위패 소각 사건을 계기로 천주교도를 검거하고 참수에 처한 신유박

해가 일어났는데, 이때 홍문관이 소장한 한역 서학서도 소각 명령이 내려졌다. 이 당시 소각된 서학서는 주로 종교 관련 서적이었다. 예를 들면, 『태서인신개설(泰西人身槪說)』, 『주교연기(主敎緣紀)』, 『외천애인극론(畏天愛人極論)』, 『성수기언(聖水記言)』, 『수신서학(修身西學)』, 『인회약(仁會約)』, 『천주성교사말론(天主聖敎四末論)』 등이다. 이원순, 위의 책, 90쪽.

17) 안정복, 「천학고(天學考)」, 『벽위편(闢衛篇)』 1권, 이원순, 위의 책 160쪽에서 재인용.

18) 이원순, 「성호 이익의 서학 세계」, 「안정복의 천학논고」, 위의 책; 송갑준, 「전승과 개신의 이중주」, 한국사상사연구회 편저, 『조선 유학의 학파들』(예문서원, 1996).

19) 안정복, 『순암집(順菴集)』, 이원순, 위의 책, 179쪽에서 재인용.

20) 이원순, 위의 책, 92~93쪽; 조광, 위의 책, 96~97쪽.

21) 정약용, 『여유당전서(與猶堂全書)』, 제 1집 권15, 조광, 『조선 후기 사회와 천주교』(경인문화사, 2010), 94쪽에서 재인용.

22) 마테오 리치, 송영배 외 옮김, 『천주실의(天主實義)』(서울대학교 출판부, 1999), 39~110쪽.

23) 마테오 리치, 위의 책, 99쪽.

24) 위의 책, 177쪽.

25) 샤를 달레, 위의 책, 상권, 341~344쪽.

26) 샤를 달레, 위의 책, 상권, 345~346쪽.

27) 샤를 달레가 안정복의 『천학문답』을 인용한 글이다. 샤를 달레, 위의 책, 상권, 445쪽.

28) 샤를 달레, 위의 책, 상권, 577쪽.

29) 조광, 「조선 후기 천주교 지도층의 특성」, 진단학회, 《역사학보》 제105집(1985), 35~66쪽.

30) 조광, 「신유박해의 분석적 고찰」, 『조선 후기 천주교회사 연구: 그 사회사적 접근』, 고려대학교 대학원 박사학위 논문(1984).

31) 노길명, 「가톨릭 신앙 운동의 전개와 그 변모」, 『가톨릭과 조선 후기 사회 변동』(고려대학교 민족문화연구소, 1988), 117~118쪽.

32) 조광, 「황사영백서의 사회사상적 배경」, 『조선 후기 사회와 천주교』, 133~152쪽. 당시 신도들 사이에 '聖歲仁富之間 夜舶千艘(성스러운 해, 인천과 부평 사이 밤에 천척의 배가 정박하리라)'라는 말과, '華澤之間 萬艘橫江(강화와 평택 사이에 만천의 배가

강을 비껴 가리라)'이란 말이 유행했다고 한다.

33) 1801년 신유박해 때에 참수당한 유항검 추안에는 사학죄인 유항검이 고백한 이런 내용이 적혀 있다. "큰 배가 마땅히 서양에서 올 것인데 그 인물과 풍채가 우리나라보다 훨씬 뛰어날 것이다. 그리고 보화를 많이 싣고 와서 조선의 재화를 쓰지 않고서 천주당을 세울 것이며…… 신도들을 크게 모아 놓고 교법을 펴며 서학을 가르치고……." 『신유사학죄인유항검등추안(辛酉邪學罪人柳恒儉等推案)』, 권 13, 조광, 위의 책, 140쪽에서 재인용.

34) 황사영, 『백서(帛書)』, 1801, 제 110~112행, 조광, 위의 책, 147쪽에서 재인용.

35) 샤를 달레, 위의 책, 중권, 214쪽.

36) 대박은 프랑스 신부를 죽인 것을 항의하러 프랑스 함대가 파견되었던 1849년 처음 모습을 나타냈다. 그러나 별 문제를 일으키지 않은 채 북경으로 돌아갔다. 대박의 꿈은 병인양요에 이르러 비로소 실현되는 듯했다.

37) 1791년 신해박해 이후 3대 박해로 불리는 신유박해(1801), 기해박해(1839), 병인박해(1866)을 비롯하여 을묘박해(1795), 을해박해(1815), 정해박해(1827), 병오박해(1846), 경신박해(1860)가 그것인데, 병오박해 때 죽임을 당한 1만 명을 포함하면 순교자의 수는 1만 수천 명에 달하는 것으로 추산된다.

38) "주신부가 조선에 오기 전에는 조선의 천주교인은 약 4000명을 헤아렸는데, 몇 해 후에는 그 수가 1만 명에 이르렀다."라는 샤를 달레의 서술에 기대면 그렇다. 샤를 달레, 위의 책, 상권, 394쪽.

39) 조광, 「19세기 민란의 사회적 배경」, 진덕규 (편), 『19세기 한국 전통 사회의 변모와 민중의식』(고려대학교 민족문화연구소, 1982), 188~189쪽.

40) 조광, 위의 책, 196~207쪽; 이태진, 『의술과 인구 그리고 농업 기술』(태학사, 2002).

41) 노길명, 「프랑스 선교사들의 입국과 가톨릭 교회의 성격 형성」, 위의 책, 145쪽.

42) 노길명, 위의 책, 146쪽.

43) M. Foucault, *The History of Sexuality: An Introduction*, Vol. I(Harmondworth: Penguin), 1988, pp. 100~101.

44) 앞의 '국문 담론' 참조.

45) 조광, 「조선 후기 서학서의 인간관계에 대한 이해」, 『조선 후기 사회와 천주교』(경인문화사, 2010).

46) 정약종, 『주교요지』 하, 39a, 조광, 위의 책, 430쪽에서 재인용.

47) 노용필은 이류사의 원본과 정약종의 저술을 비교하여 정약종의 『주교요지』가 단순히 번역만 한 것은 아니고 『천주실의』와 『성세추요』의 내용을 간추려 종합적으로 저술하였다고 판단한다. 노용필, 『한국천주교회사의 연구』, 90～128쪽. 노용필의 연구에 의하면, 정약종의 『주교요지』는 상권 32항목, 하권 11항목으로 구성되어 있는데, 이류사의 것은 12항목에 불과하다.

48) 김진소 편저, 양희찬 · 변주승 옮김, 『이순이 루갈다 남매 옥중 편지』(디자인 흐름, 2010). 46쪽.

49) 위의 책 32쪽.

50) 조광, 위의 책, 435～437쪽.

51) 노길명, 『가톨릭과 조선 후기 사회 변동』(고려대학교 민속문화연구소, 1988), 102쪽.

52) 『성경직히』 권 7 강림 후 22주일 107ab, 조광, 위의 책, 443쪽 주 47에서 재인용.

53) 조광, 위 책, 444쪽.

54) 샤를 달레, 위의 책, 상권, 563쪽.

55) 샤를 달레, 위의 책, 중권, 33～34쪽. 이 편지는 1812년 로마 교황청에 전달되었다.

56) 김진소 편저, 위의 책, 13쪽.

57) 샤를 달레, 위의 책, 상권, 473～474쪽. 그는 1801년 정약종과 같이 처형되었다.

58) 샤를 달레, 위의 책, 상권, 485쪽.

59) 노용필, 「남회인의 교요서론 저술 간행과 그 내용상 특징」, 위의 책, 155～183쪽.

60) 샤를 달레, 위의 책, 상권, 579쪽.

61) 샤를 달레, 위의 책, 상권, 315쪽.

62) 샤를 달레, 위의 책, 중권, 361～362쪽.

63) 샤를 달레, 위의 책, 중권, 17쪽.

64) 샤를 달레, 위의 책, 중권, 56쪽.

65) 샤를 달레, 위의 책, 중권, 116쪽.

66) 샤를 달레, 위의 책, 상권, 607쪽.

67) 『정조실록』 12년 8월 2일, 조광, 위의 책, 260쪽에서 재인용.

68) 조광, 위의 책, 262쪽. 이는 『사학징의(邪學懲義)』에 실린 윤현의 부인 「任조이供草」에 나온다.

69) 달레는 이 윤음을 전국 방방곡곡에 선포한 긍정적 효과에 주목했다. 윤음은 천주교의 존재를 전 인민에게 알리는 계기였으며, 이것으로 인해 천주의 말씀이 폭풍에 날려 사방으로 흩어졌다고 썼다. 샤를 달레, 위의 책, 중권, 540쪽.

70) 「십계명가」와 「천주공경가」는 이승훈의 시문집인 『만천유고(蔓川遺稿)』에 수록되어 있다.

71) 하성래, 「천주 가사의 소멸과 변천」, 『한글 성서와 겨레 문화』(한국교회사연구소, 1985), 321~322쪽.

72) 김진소, 「천주 가사의 연구」, 《교회사연구》 3집(한국교회사연구회, 1982).

73) 샤를 달레, 위의 책, 하권, 299쪽.

74) 이 책들은 집필과정에 있었으나 필사하는 도중 병인박해가 일어나 원고가 소각되거나 일부 유실되었다. 이후 1880년대 초에 입국한 코스트(Eugéne Coste) 신부에 의해 1881년 『한불자전(韓佛字典)』과 『한어문전(韓語文典)』으로 출판되었다.

75) 노길명, 위의 책, 207쪽; 샤를 달레, 위 책, 하권 363~364쪽에 1864년 간행된 교리서의 이름이 명기되어 있다.

76) 샤를 달레, 위의 책, 하권, 364쪽.

77) 모리스 쿠랑, 이희재 옮김, 『한국서지(韓國書誌)』(일조각, 1994); 노용필, 위의 책, 191쪽.

78) 샤를 달레, 위의 책, 중권, 34쪽.

79) 샤를 달레, 위의 책, 중권, 294쪽.

80) 교우촌의 명칭에 살티, 배티같이 '티'자가 붙은 것이 많은데 그것은 '높은 고개'를 뜻하는 치(峙)이다. 김옥희, 『최양업 신부와 교우촌』(천주교 청주교구, 1983), 150쪽.

81) 샤를 달레, 위의 책, 중권, 335~336쪽.

82) 샤를 달레, 위의 책, 하권, 253쪽.

83) 샤를 달레, 위의 책, 하권, 269쪽; 김옥희, 『최양업 신부와 교우촌』, 1983.

84) 《청춘》, 1917년 7월호.

문예 담론장: 언문의 사회적 상상

1) 베네딕트 앤더슨, 윤형숙 옮김, 『상상의 공동체: 민족주의의 기원과 전파에 대한 성찰』 (나남, 2002).

2) 위르겐 하버마스, 한승완 옮김,『공론장의 구조 변동: 부르주아 사회의 한 범주에 관한 연구』(나남, 2001), 19쪽.

3) E. P. Thompson, *Making of the English Working Class*(London), 1963. 이 외에도, Paul Willis, Stuart Hall, R. Williams 등의 연구가 있다.

4) 한상권, 위의 책; 설석규, 위의 책.

5) 베네딕트 앤더슨, 위의 책, 48쪽.

6)「용부가(庸婦歌)」, 정병욱 외,『한국고전문학정선』(아세아문화사, 1985), 341쪽.

7) 조동일,『한국문학통사 3』(지식산업사), 333~334쪽.

8) 이종호,『조선의 문인이 걸어온 길』(한길사, 2004); 박수밀,『18세기 지식인의 생각과 글쓰기』(태학사, 2007); 김홍규,『한국고전문학의 비평과 성찰』(고려대학교 출판부, 2002).

9) 박준호,「혜환 이용휴의 진(眞)문학론과 진시(眞詩)」, 한국학연구소 편,『18세기 조선 지식인의 문화의식』, 한양대학교 출판부, 2001.

10) 이용휴,『혜완잡서(惠寰雜書)』, 안대회,「이용휴 소품문의 미학」, 위의 책, 231~232쪽.

11) 이민희,『조선의 베스트셀러: 조선 후기 세책업의 발달과 소설의 유행』(프로네시스, 2007), 18쪽.

12) 오오타니 모리시게(大谷森繁),『조선 후기 소설 독자 연구』(고려대학교 민족문화연구소, 1985).

13) 오오하시 타다요시(大橋正叔),「일본 근세의 독자 소설」, 이윤석, 오오타니 모리시게, 정명기 편저,『세책 고소설 연구』(혜안, 2003).

14) 이민희,『16-19세기 서적 중개상과 소설·서적 유통관계 연구』(도서출판 역락, 2006), 188~207쪽.

15) 오오하시 타다요시, 위의 논문.

16) 신유한, 강혜선 옮김,『조선 선비의 일본 견문록』(이마고, 2008), 242쪽.

17) 베네딕트 앤더슨, 위의 책, 59쪽.

18) 위의 책, 69쪽.

19) 이민희, 위의 책, 212쪽.

20) 강신항 외,『이재난고로 본 조선 지식인의 생활사』(한국학중앙연구원, 2007).

21) 이헌창,「18세기 황윤석가의 경제 생활」, 강신항 외,『이재난고로 본 조선 지식인의 생

활사』(한국학중앙연구원, 2007), 425~436쪽.

22) 이헌창, 위의 논문. 1781년 당시의 일인데, 방각본은 서울과 전주 지역에 한정적으로 존재했다는 기존의 연구는 창평 지역의 방각본 인쇄업자의 출현으로 인해 약간 수정 될 필요가 있는 것으로 보인다.

23) 기록에 의하면 목판인쇄인 방각본 중 가장 빠른 것이 1654년에 나온『동몽선습』이고, 이후 서당용 교과서를 주로 내다가 1725년 한문본『구운몽』을 출간하면서 소설 출판 이 시작되었다고 한다. 한글 소설 방각본은 1848년 출간된『삼설기(三說記)』가 가장 오래된 것으로 본다. 필사본은 이보다 일찍 시작되었지만, 지금까지 발견된 세책 필사 본 중 가장 시기가 이른 것이 1860년대의 것이다. 이윤석, 정명기가 정리한 세책 소설 자료목록 참조.「세책 고소설 연구의 현황과 과제」, 이윤석, 오오타니 모리시게, 정명 기 편저,『세책 고소설 연구』(혜안, 2003).

24) 구자균,『조선 평민 문학사』(문조사, 1948); 오오타니 모리시게, 위의 책, 77쪽에서 재 인용.

25) 모리스 쿠랑, 이희재 옮김,『한국서지』, 일조각, 1994(1894).

26) 임형택,「18, 19세기 이야기꾼과 소설의 발달」,《한국학논집》2집, 291쪽에서 재인용.

27) 김흥규,「조선 후기 예술의 환경과 소통 구조」,『한국 고전문학과 비평의 성찰』(고려대 학교 출판부, 2002), 21쪽.

28) 임형택, 위의 논문, 303쪽.

29) 정약용,『목민심서』, 김흥규, 위의 책, 23쪽에서 재인용.

30) 찰스 테일러, 이상길 옮김,『근대의 사회적 상상: 경제, 공론장, 주권』(이음, 2010), 43~44쪽. 사회적 상상은 영어 social imaginary의 번역어인데, 그것이 허구적인 것, 상 상에 의한 것일지라도 사회적으로 상상된 것, 그리고 많은 사람들에 의해 공유된 것을 뜻한다. 그것이 허구일지라도 사회적 실천과 연결되는 어떤 이미지를 의미한다.

31) 마르크 블로크, 한정숙 옮김,「느끼고 생각하는 방식」,『봉건사회 1』(한길사, 2001), 213~241쪽.

32) 정병욱 외『한국고전문학정선』, 280~281쪽; 조동일,『한국문학통사』3, 392쪽.

33) 오오타니 모리시게,『조선 후기 소설독자 연구』(고려대학교 민족문화연구소, 1985).

34) 진재교 외 번역·윤문,『정조어찰첩』(성균관대 출판부, 2009), 128번. 한글에 대한 해 석은 안대회,『정조의 비밀 편지』(문학동네, 2010), 118쪽.

35) 진재교 외, 위의 책, 538번.

36) 안대회, 위의 책, 120쪽.

37) 김남경, 「언간독과 증보언간독 비교 연구」,《민족문화논총》, 24집; 황문환,『16, 17세기 언간의 상대경어법』(국어학회, 2002).

38) 청주출토언간 191, 남동생이 누이에게 보낸 언간. 황문환,『16, 17세기 언간의 상대경어법』(국어학회, 2002), 333쪽.

39) 달성출토언간 17, 남편이 아내에게 보낸 편지. 위의 책 342쪽.

40) 달성출토언간 45, 딸이 어머니에게 보낸 편지, 위의 책 349쪽.

41) 백두현, 위의 논문.

42) 백두현 위의 논문, 183쪽, 부록 4항과 10항.

43) 이우성, 「조선 왕조의 훈민정책과 정음의 기능」,《한국고전심포지움》2집(진단학회, 1985), 7쪽.

44) 김혁,『특권문서로 본 조선 사회: 완문의 문서사회학적 탐색』(지식산업사, 2008), 63쪽.

45) 백두현, 「조선 시대 여성의 문자 생활 연구: 조선왕조실록 및 한글 필사본을 중심으로」, 진단학회,《진단학보》97, 184~185쪽.

46) 백두현, 「조선 시대 여성의 문자 생활 연구: 한글 편지와 한글 고문서를 중심으로」, 한국문학언어학회,『어문론총』42호(2005), 70~73쪽.

47) 박병호, 「문서와 생활」, 남풍현, 「언어와 문자」, 한국고문서학회 엮음,『조선 시대 생활사』(역사비평사, 1996).

48) 안승준, 「평민생활」, 위의 책.

49)『중종실록』권 52.

50) 임형택, 「홍길동전의 신고찰」,『한국문학사의 시각』.

51) 임형택, 위 논문, 120쪽. 임형택은 어무적이 관노였지만, 모계가 천비(賤婢), 부계가 사족(士族)이었을 것이라고 추정한다.

52) 조동일,『한국문학통사 3』, 379쪽.

53) 조동일,『한국문학통사 3』, 158쪽.

54) 조동일, 위의 책, 92쪽. 오오타니 모리시게,『조선 후기 소설독자연구』.

55) 조동일, 위의 책. 그렇다고 이것이 민족 문학에 대한 각성이라고 평가하기에는 조금 미흡한 면이 많다. 이 점에 관한 비판적 검토로는 강명관,『국문학과 민족 그리고 근대』

를 참조할 만하다.

56) 이종호, 「탈주자학적 선언과 새로운 문예 의식의 출현」, 『조선의 문인이 걸어온 길』(한
길사 2004).

57) 조동일 위의 책, 161쪽.

58) 에밀 부르다레, 정진국 옮김, 『대한 제국 최후의 숨결』(글항아리, 2009), 74쪽.

59) 하버마스는 이성(reason)의 공적 사용, '이성에의 호소'를 논의 형식으로 실행하는 대
중을 공중으로 정의한다. 영국, 프랑스에서는 공중(the public, le public)이 17세기 중
반에 탄생했고, 독일에서는 18세기에 등장한다. 독일어의 공중은 publikum이다.

60) 이에 대한 상세한 분석은 뒤에 나오는 '결사체의 탄생'에서 행할 예정이다.

61) 민중의 대안이 있기는 했다. 동학이 그런 것이었는데, 그것은 새로운 시간대에 대한 보
수적 대안이었다.

62) 위르겐 하버마스, 한승완 옮김, 『공론장의 구조 변동』(나남, 2001), 95~127쪽.

63) 위의 책, 87쪽.

64) 위의 책, 100~103쪽.

65) 샤를 루이 바라, 성귀수 옮김, 『조선 기행』(눈빛, 2006), 119~120쪽.

66) 릴리어스 호톤 언더우드, 김철 옮김, 『언더우드 부인의 조선 견문록』(이숲, 2008), 98쪽.

67) 이태진, 『한국 사회사 연구』(지식산업사, 2008), 574쪽.

68) 이헌창, 「반계 유형원의 경제사상 연구」, (『조선시대사학보』, 10집)에서 재인용.

69) 이헌창, 「유수원과 박제가의 상업진흥론」, (『학국실학연구』, 4집)에서 재인용.

70) 『중종실록』 권 52. 한우근, 『한국 개항기의 상업연구』(일조각, 1970)에서 재인용.

71) 『일성록(日省錄)』, 고종 1년 1월 24일조; 한우근, 위의 책, 215쪽에서 재인용.

72) 고동환, 「18세기 서울의 상업 구조 변동」, 이태진 외, 『서울 상업사』(태학사, 2000); 고
동환, 『조선 후기 서울 상업 발달사 연구』(지식산업사, 1998); 김대길, 『조선 후기 시
장연구』(국학자료원, 1997); 김대길, 「조선 후기 시장의 사회적 기능」, 국사편찬위원
회, 『국사관논총』, 37집, 173~200(1992).

73) 이영훈·박이택, 「농촌 미곡 시장과 전국적 시장 통합, 1713-1937」, 『수량 경제사로
다시 본 조선 후기』(서울대학교 출판부, 2004), 227쪽.

74) 위의 논문, 273쪽.

75) H. B. 헐버트, 신복룡 역주, 『대한 제국 멸망사』(*The Passing of Korea*, London, 1906), (집

문당, 1999), 282쪽.

정치 담론장: 향중공론의 균열과 저항

1) 정민, 「18세기 조선 지식인의 벽과 치 추구경향」, 『18세기 조선 지식인의 발견』, 휴머니스트, 2007. 그 외에도 한국학연구소 편, 『18세기 조선 지식인의 문화 의식』(한양대학교 출판부, 2001)과 박수밀, 『18세기 지식인의 생각과 글쓰기 전략』(태학사, 2007) 참조.

2) 『일성록(日省錄)』, 고종 31년 2월 22일조; 고석규, 「19세기 농민 항쟁의 전개와 변혁 주체의 성장」, 한국역사연구회, 『1894년 농민 전쟁 연구』(역사비평사), 338쪽.

3) 『임술록(壬戌錄)』; 정진영, 「19세기 향촌 사회의 지배 구조와 대립 관계」, 위의 책, 300쪽에서 재인용.

4) 최윤오, 「18, 19세기 계급 구성의 변동과 농민 의식의 성장」, 위의 책, 323쪽.

5) 고성훈 외, 『민란의 시대』(가람기획, 2000); 김양식, 「고종조(1876-1893) 민란 연구」, 용암화갑기념 사학논총.

6) 이사벨라 버드 비숍, 이인화 옮김, 『한국과 그 이웃 나라들』(살림, 1994), 409쪽.

7) 이 글에서 참고한 향촌 지배 구조에 관한 주요 연구를 들면 다음과 같다.

김인걸, 「조선 후기 향촌 사회 통제책의 위기: 동계의 성격 변화를 중심으로」, 진단학회, 《진단학보 58》, 1984; 「조선 후기 촌락 조직의 변모와 1862년 농민 항쟁의 조직 기초」, 진단학회, 《진단학보 67》, 1989; 「민장을 통해 본 19세기 전반의 향촌 사회 문제」, 《한국사론 23》, 서울대 국사학과, 1990; 『조선 후기 향촌 사회 변동에 관한 연구』, 서울대 박사학위 논문, 1991.

고석규, 「18, 19세기 봉건 모순의 심화와 '민'의 성장」, 한국역사연구회, 《역사와 현실 3》, 1990; 「19세기 농민 항쟁의 전개와 변혁 주체의 성장」, 한국역사연구회, 『1894년 농민 항쟁 연구 1』, 1991; 『19세기 향촌 지배 세력의 변동과 농민 항쟁의 양상』, 서울대 박사학위 논문, 1991.

안병욱, 「조선 후기 민은의 일단과 민의 동향: 정조대 응지민은소를 중심으로」, 서울대 한국문화연구소, 《한국문화 2》, 1981; 「19세기 임술민란에 있어서의 향회와 요호」, 서울대 국사학과 《한국사론 14》, 1986; 「조선 후기 자치와 저항 조직으로서의 향회」, 성심여대,《성심여대 논문집 18》, 1986;「19세기 민중 의식의 성장과 민중 운동: 향회와 민란을 중심으로」, 역사문제연구소,《역사비평 1》, 1987.

정진영,「16, 17세기 재지사족의 향촌 지배와 그 성격」, 한국역사연구회,《역사와 현실 3》, 1990;「18, 19세기 사족의 촌락 지배와 그 해체 과정: 대구 부인동 동약의 분쟁을 중심으로」,『조선 후기 향약 연구』(민음사, 1990).

이해준,『조선 시기 촌락 사회사』(민족문화사 1996).

이태진,「사림파의 유향소 복립 운동」,「조선 후기 양반 사회의 변화」,『한국사회사연구』(지식산업사, 2008) 등이다.

8) 조선 시대에는 향촌의 규약을 지칭하는 용어가 상당히 많은데, 대체로 재지사족 간의 자치적 규약을 말할 때는 향규, 향헌, 향목, 일향 약속 등의 개념이 쓰였고, 이것을 자연촌이나 동단위에 한정하여 사용할 때에는 동약, 동계, 동헌, 동규로 불렀다. 반면, 이를 군현 단위로 넓혀 수령과 사족이 공동으로 관장하는 경우는 향약, 향약사창계로 불렀다. 박경하,「조선 후기 촌락민조직과 촌계」,《정신문화연구》, 16권 4호(통권 53호), 1993.

9) 이해준, 위의 책.

10) 김인걸, 위의 논문, 1991.

11) 고석규, 위의 논문, 1991.

12) 김인걸, 위의 논문, 1984, 1990; 안병욱, 위의 논문, 1986, 1987.

13) 안병욱,「조선 후기 자치와 저항 조직으로서의 향회」,《성심여대 논문집 18》, 1986, 3쪽.

14) 국사편찬위원회 편,『고문서에게 물은 조선 시대 사람들의 삶』(두산 동아, 2009).

15) 추사 김정희가 아내와 첩에게 보낸 한글 편지는 유명하다. 예술의 전당, 서울서예박물관,『秋史의 한글 편지』, 2004.

16) 광해 원년에 대왕대비가 왕의 직인을 찍은 언문 교지를 빈청에 내렸다는 기록이 나오고, 인조 1년에 인목대비가 승정원에 언문 서찰을 내린 것을 문제시하는 기록이 나온다. 때로는 사대부 관리가 왕실 여인에게 글을 보낼 때에 언문을 사용하였다. 궁중에서 언문은 '여자의 글'(암클)로 통용되었다.

17) 김슬옹,「조선왕조실록의 한글 관련 기사를 통해 본 문자 생활 연구」, 상명대학교 대학원 박사학위 논문, 2005. 조선 사회에서 소원제도와 상소제도에 관해서는 한상권,『조선 후기 사회와 소원(訴冤) 제도: 상언. 격쟁 연구』(일조각, 1996); 설석규,『조선 시

대 유생 상소와 공론 정치』(도서출판 선인, 2002) 참조.

18) 김인걸, 위의 논문, 1990.

19) 안병욱, 「조선 후기 자치와 저항 조직으로서의 향회」, 125쪽.

20) 이런 점에서 동학은 민중이 남긴 사료가 가장 풍부한 최초의 사건이다. 민중사적 연구
    가 동학에 집중되어 있는 것은 이런 까닭과 무관하지 않다.

21) 김용섭, 「철종조 민란 발생에 대한 시론」, 『역사교육』, 1956.

22) 최윤오, 「18, 19세기 계급 구성의 변동과 농민 의식의 성장」, 한국역사연구회, 『1894년
    농민 전쟁 연구 1』, 1991.

23) 에드워드 팔머 톰슨, 나종일 외 옮김, 『영국 노동 계급의 형성』(창비, 2001).

24) 김인걸, 「조선 후기 촌락 조직의 변모와 1862년 농민 항쟁의 조직 기반」, 1989, 61쪽.

25) 김인걸, 위의 논문,

26) 이해준, 위의 책; 박경하, 위의 논문.

27) 성현, 『용재총화(慵齊叢話)』, 권 8; 박경하, 위의 논문에서 재인용, 59쪽.

28) 이해준, 위의 책; 박경하, 위의 논문.

29) 이태진, 「17, 8세기 향도 조직의 분화와 두레 발생」, 진단학회, 《진단학보》, 67집, 1989.

30) 주강현, 「조선 후기 변혁 운동과 민중 조직」, 역사문제연구소, 《역사비평》 가을호,
    1988, 194쪽에서 재인용.

31) 김인걸, 위의 논문, 1989, 68쪽.

32) 김인걸, 위의 논문, 1989, 59~60쪽.

33) 안병욱, 위의 논문, 1986, 104~108쪽.

34) 이해준, 위의 책; 박진우, 15세기 향촌 통제 기구와 농민, 「한국역사연구회」, 《역사와
    현실》 5, 1991.

35) 정진영, 「16, 17세기 재지사족의 향촌 지배와 그 성격」, 한국역사연구회, 《역사와 현
    실》 3, 1990

36) 이해준, 『조선시기 촌락사회사』, 205~206쪽.

37) 1621년 작성된 현풍향규(玄風鄕規), 정진영, 위의 논문에서 재인용, 116쪽.

38) 김인걸, 「민장을 통해 본 19세기 전반 향촌 사회 문제」, 1990, 251쪽에서 재인용.

39) 안병욱, 「조선 후기 자치와 저항 조직으로서의 향회」, 1986, 3쪽에서 재인용.

40) 향전에 대해서는 김인걸, 『조선 후기 향촌 사회 변동에 관한 연구: 18, 19세기 향권 담

당층의 변화를 중심으로』(서울대학교 박사학위 논문, 1991)을, 부세제도의 모순에 관해서는 고석규, 『19세기 향촌 지배 세력의 변동과 농민 항쟁의 양상』(서울대학교 박사학위 논문, 1991)을 주로 참고하였다. 그 밖에, 이태진(1993), 안병욱(1986, 1987)을 참조하였다.

41) 황윤석은 자신의 목민일기인 『이재난고(頤齋亂藁)』를 남겼는데, 이를 분석한 연구서로는 노혜경, 『조선 후기 수령 행정의 실제: 황윤석의 이재난고를 중심으로』(혜안, 2006); 『수령의 사생활』(경북대학교 출판부, 2010)이 있다.

42) 『장성향교지(長城鄕校誌)』, 권 1, 김인걸(1991), 186~187쪽에서 재인용.

43) 고석규(1991), 163쪽.

44) 고석규(1991), 157쪽.

45) 고혜령, 「홍경래의 난」, 고성훈 외 『민란의 시대』(가람기획, 2000).

46) 정진영, 「18, 19세기 사족의 촌락 지배와 그 해체 과정: 대구 부인동(夫人洞) 동약(洞約)의 분쟁을 중심으로」, 『조선 후기 향약 연구』(민음사, 1990).

47) 김인걸(1990), 271쪽.

48) 안병욱(1986), 9~10쪽.

49) 안병욱, 위의 논문, 10쪽.

50) 김용곤, 「전국을 휩쓴 민란의 열풍」, 고성훈 외, 『민란의 시대』, 190쪽.

51) 이 통문이 개화기 신문과 연장선상에 있다고 한다면, 조선의 통문은 17세기 유럽에서 등장했던 *Gazette*에 해당한다.

결론: 지식과 권력의 분리와 지체된 근대

1) 제1부의 '인민의 초상: 민족과 근대 만들기' 참조.

2) 당쟁을 의회 정치의 조선적 형태라고 보는 견해로는 김용섭이 있다. 김용섭, 『역사의 오솔길을 가면서』(지식산업사, 2011).

3) 윤희면, 『조선 시대 서원과 양반』(집문당, 2004); 이해준, 『조선 후기 문중서원 연구』(경인문화사, 2007); 이수환, 『조선 후기 서원 연구』(일조각, 2001).

4) 제1부의 '지식인과 문해인민: 조선, 일본, 베트남 비교' 참조.

5) 이상의 서술은 다음의 연구를 참조했다. 국사편찬위원회, 『유교적 사유와 삶의 변천』

(두산동아, 2009); 유봉학,『조선 후기 학계와 지식인』(신구문화사, 1998)와『개혁과 갈등의 시대: 정조와 19세기』(신구문화사, 2008); 윤사순,『한국의 성리학과 실학』(열음글발, 1987);『조선 시대 성리학의 연구』(고려대학교 민족문화연구원, 1997).

6) 송재소 외,『박지원·박제가: 새로운 길을 찾다』(경기문화재단, 2010); 송재소,『한국한문학의 사상사적 지평』(돌베개, 2005);『한국사시민강좌』48집에 실린 논문들, 예를 들면, 유봉학,「실학의 계보와 학풍」, 조성산,「실학 개념 논쟁과 그 귀결」, 고동환,「조선 후기 지식 세계의 확대와 실학」.

찾아보기

인민의 탄생

공론장의 구조 변동

1판 1쇄 펴냄 2011년 11월 25일
1판 5쇄 펴냄 2015년　9월 10일

지은이　송호근
발행인　박근섭, 박상준
펴낸곳　(주)민음사

출판등록 1966. 5. 19. (제 16-490호)
서울특별시 강남구 도산대로1길 62(신사동) 강남출판문화센터 5층 (우편번호 06027)
대표전화 515-2000 │ 팩시밀리 515-2007
www.minumsa.com

ⓒ 송호근, 2011. Printed in Seoul, Korea

ISBN 978-89-374-8398-1　93330